古本屋的！

東京古本屋大全

中山信如 編著
東京古書組合 後援

本の雑誌社

古本屋的！東京古本屋大全　目次

記憶に残る古本屋を訪ねてみよう

仕入れも値付けも悩みはつきない

ネット販売、即売展、古本屋考現学

大先輩たちの話にも耳を傾けたい

女性店主だから古本屋は楽しい

古本以外の趣味だってあるのだ

買取こそが古本屋の醍醐味である

デザイン　重実生哉

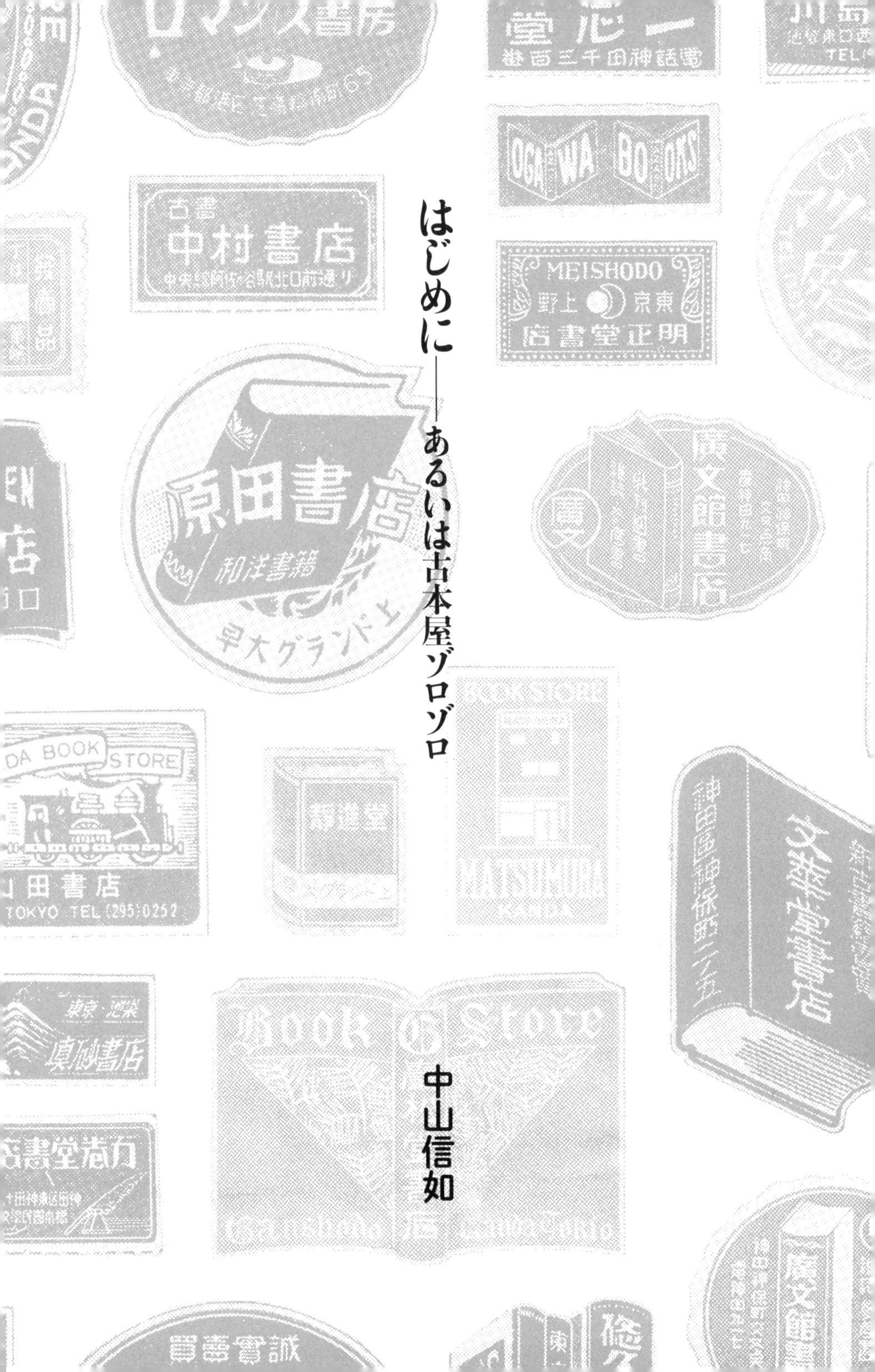

はじめに——あるいは古本屋ゾロゾロ

中山信如

本書のタイトルは結局『古本屋的！』と決まったが、当初はなんだか聞いたことがあるような気がしてならなかった。なんだろうなんだろうとあれこれ考えてたら、五、六年前、同業の催す古本屋講座の語り手として呼ばれたことがあったが、あのときの講座名が「古本屋的!!」というのだったのを思い出した。でも、あれはささやかな催しだったし、主催者側に了承をとってなんなくクリアしたけれど、まだなんだかひっかかる。なんだろうなんだっけと考えながらかたわらの自家用書棚をながめていたら、あったあった、「彷書月刊」誌でよく一緒した、昔なじみの坪ちゃんこと坪内祐三の本が並んだ一角に、毎日新聞社刊『古本的』なる未読の本が。

これかァ。読んでなかったので気付かなかった。さっそく今回の本の版元本の雑誌社の編長におうかがいをたてると、書名に著作権はないから大丈夫との心強いお言葉。でも、なんだか知っててパクッたと思われるのもシャクだから、発想を百八十度変え、なにかリアルでなじみやすいものはないかと、夜ごと風呂場で湯船につかりながら、あれこれあれこれ考えた。

そもそもはこんどの本、大本となったのは先に刊行された『東京古書組合百年史』中の一章、『古書月報』寄稿傑作選寸評集」なるものだったのである。古書組合内で延々出されていた機関誌「古書月報」のなかから、おもしろいものを選りすぐり一覧に供せば、この業界の幅広さ、奥深さがわかってもらえ、理解も深まるだろうとの目論見。つまりコンセプトはズバリ古本屋の多様性のアピール。だから章のタイトルも「見よ、古本屋の豊穣なる世界」。でもこの企画、あとでまた言い訳するけど、選び始めたらあまりに多くて選びきれず、少数精鋭収録の道はあきらめ、別途外部出版の道を模索し、ついに本の雑誌社での刊行にこぎつけたというわけなのである。

で、そうと決まったからには、「見よ、豊穣なる」ウンヌンなんておおぎょうなタイトルなんかでなく(付けたのはこの私だが)、なんかもっと本の雑誌社らしい、一般読者にもウケるなじみやすいものにしなければと、日々ボォーと湯船につかりながらあれこれ思い浮かべ、風呂あがり、忘れぬうちにと片ッ端から書きとめてみたのが以下の通りである。

いわく、あっちもこっちも古本屋、どこをとっても古本屋、ピンからキリまで古本屋、よりどりみどり古本屋、なんだかんだで古本屋……あるいは天地ひっくり返して、古本屋全員集合、古本屋フルコース、古本屋喰い放題、古本屋ゾロゾロ……でもゴキブリじゃあるまいし、豊穣なる同業諸氏の世界を、ゾロゾロ、ホイホイではまずいか?

じゃァやっぱりこれだと、湯船につかりながら一番気に入った「古本屋てんこ盛り」に決めかけたとたん、湯あがりに見てたケーブルテレビの深夜映画の広告が目にとまった。これが〈オリジナルエロ満載〉をうたうアダルトチャンネルのコピーらしく、その名も「エロエロてんこ盛り」。「いろいろ」ならぬ「エロエロ」かァ、しかも次週予告はシカと読みとれなかったが、「巨乳てんこ盛り」だか、「爆乳てんこ盛り」。巨乳にしろ爆乳にしろ、そう来られてはさすがのわが古本屋軍も影が薄い。

ギャフンとなってアイデア撤回。再び方針百八十度転換、つまりは三百六十度ぐるっと回って、やっぱりタイトルは『古本屋的』。でも、こうなりゃせめてもの抵抗にデカい雨だれ一つ!バンと付け、おまけに〈東京〉〈古本屋〉っていう基本フレーズを入れたサブタイトルまで足して、決まった正式表題が『古本屋的!——東京古本屋大全』。これでどうだァ。

それにしても、ゾロゾロだろうとてんこ盛りだろうと、古本屋といぅこの世界、いろんなヤツが確かにゾロゾロいるもんだ。私がそう初めて感じさせられたのが、もう二十年以上も前、義理にからまれ引き受けた東京組合本部総会議長職のときだった。毎年みんなと一緒に、参加者側に座って見上げてたときは気付かなかったが、攻守交代、壇上にあがって向い側の同輩諸氏を見渡してみると、想像を超えるほどいろんなやつの姿が目にはいってきた。服装ひとつとってても、キチンとしたスーツ姿から、気軽な半袖やポロシャツ、果ては真夏とはいえ派手なTシャツ一枚まで、まさに千差万別。髪形に目をやれば、銀行員ふう七三分けから、職人ふう角刈り、芸術家ふうボサボサ頭、かと思えば、いまだ山寺に修行中の身かと見まごうばかりのツルツル頭まで、部外者が見たらなんの集まりだか皆目見当もつかぬ、百花繚乱（?）の混乱ぶり。が、この不統一さこそ、古書業界が誇る融通ムゲさを表す証しなのだと、しみじみ感じ入った覚えがある。

それからさらに二十数年、この業界を内から見続ければ見続けるほど、ここに集いくる同胞たちの幅広い生態が見えてきた。マジメなやつ、トッポいやつ、リチギなやつ、セコいやつ、有名なやつ、無名なやつ、儲けたやつ、カツカツなやつ、素直なやつ、ヒネクレたやつ、キチンとしたやつ、だらしないやつ、おしゃべりなやつ、無口なやつ、パソコン得意なやつ、いまだ手書きのやつ（私だ）、古本屋になって喜んだやつ、後悔したやつ、市場のヌシ、市場嫌い、大酒飲み、マンジュウ派、良家の出、ビンボー育ち……たしかにいろんなやつがいろいろいて、だからこそあきもせず、いつまでもいられるのだ。

その典型を一つ示そう。本書にも収録した二〇一九年四月号の座談会「プロ野球と古本屋」。

これはスゴい。なにせこの広い業界、ふだんなら顔を合わせることも口をきくこともないだろうバラバラの立場の六人が、たまたま熱烈なプロ野球ファンというだけで集められ、一人野球はまったく知らぬというフザけた司会者のもと、やれ巨人だ阪神だ広島だ、いやいや中日だDeNAだと、カンカンガクガク、とうとうと自説を訴えるコントンたるさまは、まさにわが古書業界の多様性がかもしだす、カオスの魅力そのものだ。

一人はオリンピックに出場して銀メダルも取った本物の野球人にして、神田神保町の仏教書屋の三代目（先代は業界人なら誰でも知ってる、あの長島と同時代の巨人軍選手だ）。一人は同じ神保町で珍本発掘に精出す和本屋の二代目（初代のことは本書収録のインタビューを読め）。一人は神田のクリスチャン書店で修業しながら、郊外で詩歌書専門の目録屋を始めてしまった変わりダネ。一人は支部の一等地で実直な店売りを続けて盛業中の店の三代目。一人は即売展を主戦場とする支部のフッーの古本屋の二代目。そしてなぜか巨人イノチの組合広報課職員（なぜか書くものはいいが）。これを業界のレジェンド元巨人軍選手も知らず、たまたま機関誌部員だったからというだけで司会を受けたというトボけた男の誘導で語る数時間の話は、本人たちが真剣にヒートアップすればするほど、おもしろいことこの上ない。

ほかにもこの業界、書くのはニガテだがしゃべるだけなら得意という手合いも多く、「岡島秀夫インタビュー」、「ひらめきの東部支部に聞く」など、下町地区はじめ愉快な話には事欠かない。

もちろんわが業界の奥深さは、こうしたしゃべりものだけにあるわけじゃない。先行する『東京古書組合五十年史』刊行以降の五十年、私が一人読み通した二九八冊の「古書月報」の記事の中心は、組合録事を除けば、特集随筆など独立した文が大半で、これが読ませるもの多く、おもしろいのだ。

たとえばおもしろい話の宝庫、市場《いちば》＝交換会の話。売れた買えた、取った取られたの売り買い話。店持ちなら店頭での売り買い話、客の話。店がなければ古書会館やデパートでの即売展、外売り話。目録販売にしぼってる者の目録話。近年はやりのネット販売話。あるいは外からはうかがい知れぬ在庫や倉庫の話。そしてそれらから派生する古書そのものの話。その他除外したレギュラーページの中にだって光るものもあり、このまま埋もれさせるに忍びないものも多い。

内堀弘、鈴木吉繁、蝦名則、中野智之、佐藤真砂、伊藤昭久、伊藤俊一、有馬浩一、狩野俊など私が古くから感心愛読してきた名文家はじめ、石尾光之祐、横田盛夫、山崎有邦、山崎賢、向井透史などケッサクを物し楽しませてくれたクセ者、そして堀口稔、崔恒一など怪作を提供してくれた変わりダネまで、なるほど奇才ゾロゾロ多士済々、世に誇るべきホイホイ軍団だとウナらされるばかり。

さあどうだ。これで少しは古本屋の実力、おわかりいただけたか。いただけたなら、そろそろ巨乳爆乳ならぬ、「古本屋てんこ盛り」のはじまりはじまり。

この本を読む前に知っておきたい古本屋用語集

【うぶい】

初《うぶ》い。新鮮な。手付かずの。「初めて取り扱われる」という意味で、古書はじめ古物業界では歓迎される。客より仕入れて、そのまま市場に出した出品物のことを「初口《うぶくち》」「初荷《うぶに》」などと呼ぶ。


【ゴタ】

値にならない（売り物にならない）品物の総称。ゴタゴタ、ゴタまぜが語源か。古書業界では「ツブシ」と同義に近い。


【三枚札、四枚札】

入札市の場合、記入できる金額の数を「札《ふだ》」と呼び、一枚の札で記入できる金額が段階的に決められている制度。

例— 一万円未満：二枚札
一万円以上：三枚札
十万円以上：四枚札
五十万円以上：五枚札
百万円以上：六枚札　など

【タテバ】

建場。廃品回収業者により持ち込まれた廃品を買い取る問屋、またはその場所。古紙回収の場合は新聞紙などの紙と一緒に廃棄された本も回収され、古書市場の重要な出品源となっている。


【（本を）ツブす】

本を捨てること。廃棄すること。廃棄される本そのものを「ツブシ」とも呼び、ツブされた本は原紙材料とされる。


【荷出し】

振り市の際、振り手の脇に控え、出品者毎に分けられた荷を内容や金額に合わせ出品に適した冊数に仕分け、次々と振り手に渡していく役。


【ヌキ】

買主別に仕分けられた「買上品明細書」。落札した商品、価格などが記され、現在ではパソコンで処理された「付合用明細書」のこと。振り市では落札者・落札価格を記録した基本台帳「山帳」から抜き出して作成する。また、作成する役のことも「ヌキ」と呼ぶ。


【バタ屋】

廃品回収業者、資源交換業。


【振り市】

交換会（市場）の実施方法の一つ。海産物や野菜の競《せ》り市のように、参加者の発声を競わせ、最高値に落とす方法。「振り市」を省略して「振《ふ》り」とも呼ぶ。進行役は「振り手」または「中座《なかざ》」と呼ばれ、古本屋としての知識と経験が要求される、重要かつ花形的存在である。


【明古】

東京古書組合にて開催されている交換会の一つ、「明治古典会」の略称。近代文学の初版本、作家の肉筆物などを中心に、明治以降の学術・文化・芸術分野の貴重な資料が取り扱われる。


【ヤマ帖】

山帳。振り市の際に振り手の横に座り、落札者・落札価格を筆記する係。または売買の基本台帳とも言うべき、その台帳そのもの。

記憶に残る古本屋を訪ねてみよう

東京古書組合百年史外伝

岡島書店・岡島秀夫氏インタビュー「下町古本屋の50年」

（聞き手・山崎　賢／古書ことば）

――今日はよろしくお願いします。まず東部会館が建設されたのが昭和四十一年なんですよ。僕の調べたところによるとですね、東部支部報として昭和六十年に東部支部二十周年記念誌が発行されたのが最も充実した東部支部に関する最後の手掛かりなんです。で、それ以降なにもなく、今の今まで平和にきちゃってちょうどその空白の時代と言いますか、そのあたりを岡島さんにお伺いしたいと思いまして。いちおう僕も百年史の東部支部執筆担当なんですけど、あまりにも情報少なくて困っているんです。

岡島　そういえば、昨日百年史の編集している人から、組合がどういう運送を使ってきたかを聞かれてさ、当時車がなかった時代に東部支部の運送屋とか、池袋支部の運送屋とか神田の運送屋とかいたわけよ。

――そのとき岡島さんも運送屋さんにお世話になっていたんですよね。

岡島　俺は古江運送に世話になってた。

――それは昭和四十五年の産業会館での即売会の頃ですか。

岡島　いや、古江運送はもっとずっと後。

――じゃあその前はどうやって市場で買った本を運んでいたんですか。

岡島　当時はね、自転車いっぱい積めば飯が食えたんだよ。バイクとかで三十キロくらい買えば十分だったんだ。あの頃いちばん初めに自動車を買ったのは誰だったかなぁ。月島（文雅堂）の親父かなぁ。

――ちょうど神田の古書展以外の即売会が出始めた時代だったんですね。その時は東部の人たちは儲かっていたんですか。

岡島　儲かってたよ！　だって週に三日くらいキャバレー行ってたもん。

――キャバレーってどこのキャバレーですか。

岡島　鶯谷のスター東京とかワールドとか。キャバレーってのはお前記憶ないだろ。

――銀座の白いばらとかですよね。そんなところ週三日行ってたんですか。すごいな！　だいたい夜何時くらいまで飲んでたんですか。

岡島　みんなと一緒にねーちゃんと飯食ってたりしてたから二時三時くらいかなぁ。

――青春ですね。

岡島　白いばらは俺何回も行ってたよ。

――その頃おいくつだったんですか。

岡島　結婚してたからなぁもう。

――結婚して行ってたのか。

岡島　景気よかった頃のバブルの前の……紙の高い時代。紙の高い時代調べるとわかるね。古紙の高い時代。鶯谷行ったら古本屋が十人、チリ交が十人くらいでみんなで酒飲んでたよ。

――一人飲んだらいくらくらいだったんですか。

岡島　ひとり五、六千円かなぁ。でもハンパじゃないよな。高いよ。昭和五十年か、そこいらだったと思う。

――当時どの業界も景気よかったんですかね。やっぱり。

岡島　よかった。チリ交は車一台やると四、五万になったんだよ。だって新聞が五十円でゴタが三十円っていう時代があったんだから。それで一トン積めば五万円くらいになるじゃない。

――とすると、それはバブルの前からそんなだったってことですかね。バブルは八〇年代後半から九〇年代の始めまでなんですよ。

岡島　そうだな。とにかく儲かったんだよ。荒っぽかったんだよ、古本屋が。

――その荒っぽさというのはどういう感じだったんでしょうか。

岡島　要するにタテバに行くじゃない、そうすると昔の「奇譚クラブ」なんかあるでしょ。あれを何冊か探してくれれば十冊で二千円から五千円になったんだよ。あの時代で。そうすると一週間酒飲めるんだよ！

――どういうお客さんが買っていたんでしょう。

岡島　市場に出していたんだよ。

――なるほど。東部の人たちとタテバとどういう関係にあったのかは非常に興味があるところなんです。会館の近くに隅田川駅というのがありましたよね。偶然なんでしょうけど、物流の駅の近くにタテバがあったのと東部の古本屋とどういうつながりがあったのでしょうか。

岡島　特にタテバと関係が深かったのは第九支部。日暮里の近辺が圧倒的に多かった。

――日暮里というとだいたい……。

岡島　高木の親父、それから星野さん、二六さん（北部石川書店）、（東部）石川さん、それから名沢の親父とか。タテバも今みたいに本はツブさなかった。当時は本はツブすものじゃなかった。探して買いにいくものだったんだ。毎日とか一日おきに本が積んであるから自分で欲しいのを買ってくるわけ。

――当時はいろんな本が入っていたでしょうね。タテバの方でもお客さんから買ってくる場合、結構な買い取り金額を払っていたと聞いたことがあります。

岡島　それは紙としての金額で、当時は紙は高かったからね。

――なんで昔は紙がそんなに高かったんですか。

岡島　紙がないから古紙から作るしかないし。段ボール作るにしろチリ紙作るにしろ、新しいパルプじゃ大変だからだよ。

――こういう全体の社会の流れってなか

なか表に出てこないですよね。

岡島　東部が神田で大市やってたとき……。

――神田で大市やってたんですか。

岡島　やってたよ！　いつから神田でやり始めたのか覚えていないけど、その前は東部会館でやってて、会館が狭くてどうしようもないのと、もう一つは、神田とか本郷のおじいさんが、山谷へ歩いていく途中で（労務者に）「タバコくれ」とか言われるから「あすこには行きたくない」って話になったの。

――昭和四十年代から五十年代は怖かったでしょうね。

岡島　それで神田を借りて大市をしようということになった。二年に一度の全連大市の東京でない年に限って東部は大市を何年か続けたんだよ。

――それは昭和五十年代？

岡島　いや、もっとずっと後。はっきりとは覚えていないけど、神田での大市は何回もやったよ。そのうち神田で東部の大市やる必要ないんじゃないかって言い出したんだ。

――それは誰が言い出したんですか。

岡島　俺達若手が支部会議で言い出したんだ。

――神田で東部の大市をやっても振るわなくなってきたからですか。

岡島　振るわなくなったっていうかさ、メリットも何もないわけだよ。だって東部の連中が買うんじゃなくて、余所から集めたのを神田が買ってるだけだからさ。

――ボランティアみたいな。

岡島　それがバカバカしいみたいになってきたわけよ。

――その頃もまだ経営員は大変だったと思うんですけど、まだまだ東部だけで十分に市場が運営できていたんですよね。

岡島　そうだね。荷物もあった。だから神田で大市やるのはあまり意味がないんじゃないのって言ったんだ。

――神田での大市を取りやめにしたときは経営員同士は仕事の割に儲からないといったような不満は出てきやしませんでしたか。またそれと同時に借地権の問題が出てきて何らかの不穏な空気は東部にありましたか。

岡島　いや、借地権の問題はそのときはみんな頭になかった。景気悪くなってからだ、その問題が出てきたのは。

――そうすると結構ものすごい勢いでいろんな流れがあったんですね。八九年（平成元年）の時点で、支部座談会に岡島さんが出席されているんですけど、この時点でみなさん「もう東部ダメかもしれない」という雰囲気で話をされているんです。市場の出来高も落ち始めて本の読者も少なくなっていくような感じを受けました。このあたりの前後がほんとうに何も見えないんです。それまで景気がよかったってことですよね。

岡島　そう。よかった。

――じゃあ、また景気よかった頃に話を戻しますが、キャバレー時代っていうのはよく東部で旅行には行かれましたか。

岡島　毎年行ってましたね。支部旅行ってのがあったし、経営員旅行ってのがあったね。経営員旅行はずいぶん長くまであったし、景気のよい旅行だったよ。

――外国にも行ったんですか。

岡島　外国はなかった。でも展覧会の旅行もあったしね。東部の場合は月四千円溜めて、組合から運営費の補助が出て、それで行ってましたね。いっぱい溜めて旅行行くときに一気に使おうってんで二泊の旅行を三回くらい行ってたよ。

――なにかこれがきっかけで景気がよくなったっていう感じはありましたか。

岡島 バブルなのかなぁ。俺はバブルの記憶ないんだけどねぇ。

――やっぱり売れたときっていうのは売れ方が尋常じゃないっていう感じするときはありましたか。

岡島 下町は今まで店しかなかったんだ。それまで誰も展覧会をやったことがない。初めて浅草の観音様で売ったのが昭和四十四年、観音様の境内で外売りをやったの。これが東部の人たちがやった初めての展覧会（浅草観音境内・市の市）。これが九支部で市場をやっているときに八木さんのところへ話が来たんだと思う。それで下町だからやらないかということで受けた。そこで浅草の産業会館？ 浅草振興会みたいなのがお客さんを呼ぶために、植木市とぶつけて何日かやりませんかと話が来た。その代りテントを張る費用はこちらもち。これで初めて外売りってのをやったの。今までみんな外売りやったことないから売れないと思っていた。テントを張って、一人畳一畳分の売り場で並べるのに箱とか自分で持ってきて売った。

――何店参加しましたか。

岡島 二、三十店は参加したね。会計が大変にならないようにテントの出口を一つにしてね。そしたら入場制限したの。中が満員になっちゃって。

――イメージとするとビニールハウスみたいな感じですか。

岡島 そう。テントは新門がやったの。浅草の新門。鳶の新門。それから当時覚えているのは台が三台くらい余って入札させたんだ。もう一台やりたい奴は買ってくれと。それが二万か三万くらいで、売れる自信のあるやつは買ってたんだ。

――そんな高くなっても実際にやってみたらどうだったんですか。ウハウハだったんですか。

岡島 ウハウハだったよ。これを覚えて外売りをやっていこうとなったんだ。

ともかくね、五日か一週間で十万から二十万売れたと思う。昭和四十四年だからね。びっくりしちゃうよ。毎日売れちゃうから俺、夜中の二時ごろまで値段つけてたもん。そんでまた翌日運ぶの。

――それはすごい！ 売れたらまた仕入れなくちゃならないから、仕入れは東部で賄えたんですか。

岡島 あとはもう何でも売れちゃうから店に残っているものを何でも持って行ったよ。

――昔の市場ではなかなか品物が買えないということをよく聞きました。新人なんかは買わせて貰えなかったということは東部の場合はありましたか。

岡島 買わせてくれないということはないけど、図々しい奴は平気だし、声の出せない奴はそれは性格だから。振りの難しいのはそこなんだよね。

――僕が振り手をやっていたときは全くそんな感じではなかったです。

岡島 ことばが振ってたときは誰も買うやつがいなかったよな。売り手しかいなかった。

――みなさんタテバとの関係があったから市場にもいくらでも本が入ってきてたんですね。

岡島 品物はあったよなぁ。

――岡島さんが経営員だったとき品物は

バンバン入ってきてましたか。

岡島　俺は昭和三十八年で古本屋になって、一年目で経営員をやれって言われて最初はヌキかヤマ帖で入って、昔は職員なんてのはいなくて、東部は東部で会計は完結していたんだ。それで会計を任されて、そのうち振らせてくれって文句言ったら振り手になった。ヌキやって、荷出しになって振り手になった。

――じゃあ、岡島さん何年振っていたんですか。

岡島　振りはね、おそらく二十年くらいやってた。ただ文章を書くのが苦手で記録に載っていないところもある。二十周年記念誌にも文章も書いていないんだ。理事として招待される側だったし。

――なるほど。入ったばかりの東部ってどんな本が取引されてましたか。

岡島　おふくろが行ってたかもわかんない最初は。おふくろが市場行ってたから。ばあさん買ってたんだから。振りで声出して買ってたんだよ。なんでも売れたからなぁ。あの頃は貸本雑誌みたいなのがあったからね。雑誌と読物。

※昭和四十五年から台東産業会館にて開催された浅草古書展の目録を眺めながら

――目録に掲載されている本の値段が二百円とか五百円とかですね。時代を感じますね。注文はまんべんなくきましたか。

岡島　こない。なんでこなかったかというと、市の市は目録をやっていなくて名簿がないまま産業会館での展覧会を始めたから。だから第一回目は小林（静生）さん、（おもしろ文庫）夏目一郎さんとほか俺を含めた五、六人が毎日集まって、紳士録とか大学の名簿とかを集めていったんだ。で、来たお客さんには名前を書いてもらったから最初の一回目はひどかったの。

――なんか信じられないですね。添田知道『香具師の生活』千円。本山荻舟『名人奇』八百円。

岡島　もっとどんどん高くなっていったんだよ。

――この時代って本当に忙しくって、儲かっていたんですね。

岡島　とにかく働いたよ。で、このあと俺が一番稼いだのは西友やってた頃かねぇ。昭和五十五年頃に、俺と浅草御蔵前書房八鍬のお父さんと千葉に古書山ってのがいて、その三人で月の二、三回くらい千葉の西友の店頭で売ったんだ。一週間で二〜三十万売ったよ。とにかく売れたんだ。

　これは笑い話なんだけどさ、よくわかんないからとにかく本をたくさん持って行ってよ。はじめて西友で四台か五台の平台に本を並べて、やっと並べ終わってふっと振り返ったら一台目がもう三分の一以下しか残っていないんだよ！

――えー！　それはほんと!?　コントみたい！

岡島　ほんとだよ！　児童本が猛烈に売れた。もうそれくらいみんな本に飢えてた時代だったんだ。だって五百円の児童本が百円、二百円で売られているんだから、お母さんからしてみたら最高なわけよ。

――百科事典も売れた時代ですよね。

岡島　うんうん。百科事典もいくつも売れたんだから。全集の時代だったなぁ。やっぱり。そのあとほるぷが一挙に月賦売りみたいなのを始めてダブつきだした。本の月賦売りみたいなのを始めたのがほるぷが先駆けだったんだ。出版社と書店の間にほるぷが入ってお客さんを直接勧誘して月賦で買わせていたんだよ。

――出版業界もすごかったんですね。エロ本とかビニ本はどうでしたか。

岡島　エロ本は下町と郊外しか扱ってなかったね。

――エロ本はすごい売れたって聞きました。売れたらお金使わないといけませんよね。岡島さんはよく旅行に行かれたと思うのですが、行った先で仏像を見始めたのはいつくらいからですか。

岡島　そうだな、五十歳くらいになってからかな。俺が理事になったとき、理事旅行で大阪と奈良に行ったんだ。そのときに事務局長の八十島さんから教わって、何年か経ってから仏像を見に行きだしたんだ。

――八十島さんは仏像お好きだったんですか。

岡島　あの人は京都が好きだったからそれで仏像も好きだったんだ。六十歳であの人死んじゃったよ。

――またそれはお若い……。

岡島　俺んちのばあさんの葬式中に死んじゃったんだ。

――いろいろすごいなぁ。それまで仏像は興味なかったんですか。

岡島　興味なかった。俺はね、一番最初は百済観音だと思うんだよ。あれはびっくりしてこんなにすごいのかと思ってから見るようになった。

――古いなぁって思いませんでしたか。

岡島　わははは！　古い！

――奈良の仏像がお好きだっておっしゃっていましたよね。

岡島　そう。乾漆か塑像が好き。金銅仏とか木造は好きじゃない。

――乾漆というとあのお坊さんが有名ですよね。好きですか、あれ。

岡島　鑑真。大好きだよ。唐招提寺にいるんだよ。ただほとんど見れないよ。

――もう秘仏になっているのでしょうか。

岡島　秘仏じゃないけど、東山魁夷の襖絵で有名な部屋の中にいるんだよ。見せてくれるんだけど、真っ暗で幕がかかっていてね。鑑真が上野の博物館にきたとき、鼻が高いのと肩がいいんでびっくりしたよ。後ろから（仏像を）見ることないから。

――仏像を後ろから眺めるという見方を僕は岡島さんから教わりました。東博は特別展より常設展の方がいいじゃないですか。展示変わるとたいてい見に行きます。

岡島　法隆寺系の小さい奴がたくさんあるよな。

――そうなんです。で、後ろから見るとやっぱり仏像は俄然良さが違って見えますね。

岡島　全然いいだろ。

――岡島さんから言われるまでまったく気づきませんでした。年取って好きなものが変わってきましたね。例えば若かった時は運慶・快慶が好きだったけど、今好きじゃないですね。うますぎて。

岡島　運慶・快慶は俺は昔から嫌いだもん。大っ嫌い。だめ。結局最後は東大寺。三月堂、戒壇院、修二会にはまって、七、八年は東大寺ばかりになった。

――僕が組合に入ってから十六、七年経つんですけど、なんかこないだみんなと飲んでて年取ったよなぁ、って思ったんです。岡島さんからみたらガキが何言ってんだって話なんですけど。ところで、この立石あたりはどうだったんでしょうか。昔も今もあまり変わりませんか。

岡島　本屋何軒あったかな。古本は浅草へ移転した協立さん、岡田、杉浦、俺で三軒、それから須沢がいて四軒くらいあった。

――新刊本屋はありましたか。

岡島　協立さんと……三軒くらいあった。小さい新刊屋があったよ、昔は。

――欲しい本があったら新刊本屋で取り寄せることってありましたもんね。新刊本も売れていたんですね。

岡島　店も売れていたんだよ。下町の古本屋は新刊屋になることがステータスだったんだ。新刊屋は何百万か補償金を入れなくちゃならない。古本屋で頑張って、金貯めて古本屋やめて新刊屋になるのが出世だったの。だから昔の名簿見ると新刊屋がいっぱいいるんだよ。新刊屋になったけど、昔の付き合いで古本の組合だけは入っていたのが。

夢だったんだよね。古本屋から新刊屋になるのが。

――今とはまるで逆だなぁ。

岡島　そういう意味では東部で一番世話になったのは（熊一書店）熊田さんなの。熊一さんが支えてたの。東部の人は全員。だって支部長やりながら事業部長やって、若い者も育てたし。京王デパートも熊さんが話つけたんだもん。もうどのくらいごちそうになったかわかんないよ。

――僕も一度だけお店の方へ集荷にお伺いしたことがあります。なんか懐かしいです。すごく昔のような気もするんですが、あっという間でした。全集なんか一気に売れなくなったけど、でも僕が組合に入ったときはまだ売れていたような気もするし。どこを切っても時代なんですが、ひとそれぞれに夢中なときがありますね。

岡島　うん。バブルがはじける前から二十年は本屋はものすごくいい時代だった。ともかくいい時代だった。稼げば遊べた。

――一生懸命だったんですね。遊ぶのも稼ぐのも。

岡島　その代り、稼ぐ奴は金残したよ。遊ばないで。当時世話になった人に「一流の本屋になるには明古かなんかに入ってもっと本を勉強しろ」って言われたの。でも俺は「八百屋でいい。飯が食えれば本の勉強なんかしたかねぇ」って言ったんだ。で、その頃は東部で店売りだけで遊べたんだから。だからとうとう勉強しなかったの。だから今困ってんの。当時勉強してたやつは今伸びてるよね。

あんたの時代には趣味で特化したものだけをやってるやつが残っているだろ？　それからちょっとすると商売のやり方で残ってくるやつが出てきた。もう知識じゃない。空白の時代というけど、当時は本屋そのものがいろいろ考えることがなかった。店は売れるし、外行けば売れるし。バブルの前からね。次第にじりじり悪くなった。たぶんバブルのはじけるのと本を読まなくなってきたのは同じ時期のような気がする。

――僕個人は完全に出遅れたからもういいやと思ってるんです。一番面白いのはお酒飲んでることだけでいいです。

岡島　俺もそっちのほうがいい！

（498号／2020年12月号）

記憶に残る古本屋

渋谷宮益坂上の中村書店に行ってみなさい

なないろ文庫ふしぎ堂
田村七痴庵

石神井書林、内堀弘さんが、青山学院大学の、どうせろくでもない学生さんだった頃、非常勤の講師として、詩人・黒田三郎さんの講義の時間があったんだそうだ。

内堀弘は、一九五四年生まれ。中退となる青学に入ったのは、七〇年安保がおわってケンカ過ぎての棒千切れ状態の一九七二年か七三年。

黒田三郎さんのこえが聞きたくて教室にいる内堀たちを前にして、黒田さんは、こう言ったそうだ。

「ぼくなんかの講義を聞くより、中村書店にいってるほうが勉強になる」

実はその時、中村書店をつくった中村三千夫さんはすでに亡い。亡いのだが、棚は残っていた筈で、良子夫人が、こどもを育てつつ店を守っていた。中村三千夫さんが亡くなったのは、一九六八年八月十七日。夏のまっさかり、恵比寿にあった古書市場で、市のたっているただ中であった。友人であった富岡書房・富岡弦さんが書いている。中村さんが、すすめていた共同目録「雲の会」第一号の原稿を持って、市にやってきた、その日、その場所。

——山帖を書いていた私の後ろの椅子に座って居た時、突如鼾をかき昏睡。其後意識を回復しなかった。——

享年四十六歳。

中村三千夫。大正十一年七月十一日生まれ。西暦ならば一九二二年。生まれたのは神奈川県横浜の新羽《にっぱ》というところ。実家は素封家というべきなのだろうか、その地域の地主であり、《うわだいの中村》と呼ばれていたそうだ。

三千夫はその名の通り、四人のこどもたちの三番目。長女の満里子さん（今回の資料となった聞き書きを、息子の中村正彦さんに依頼し、快諾を頂いて、月の輪書林南部支部機関誌部長ともども五反田の中華料理屋の二階で話をうかがったが、彼のニュースソースの多くは、まだお元気な、満里子さんから得ているそうだ）、すでに亡くなっている長男さん、そして次男の三千夫、その下に次女がいらっしゃる。

どのような幼年時代、少年時代をすごしたのかはわからないが、時代は、大正十二年の関東大震災、昭和二年の大恐慌をきざみつつ動いている。三千夫少年も横浜にいて、多感な胸をふくらませつつ、中学は関東学院へとすすむ。関東学院がその頃、どのような学校であったのかは学院史をひもとけばよろしいのであろうけれど、今回はパス。

「つまりおぼっちゃんだったんだろうね」

と、正彦は言う。それは、その頃か、大学に入ってからか、月に百円のこづかいをもらっていた、という証言にもよる。

その大学は東洋大学。おばけ博士井上円了開くところの、所は白山。

「学部はどこだったんだい」

「ウーン、文学部か、仏教学部か」

どちらなんだろう。その東洋大学に入った年を類推する。一九二二年生まれが大学に入る年。旧制高校と関東学院が重なるのかどうか、三千夫が二十歳の年は一九四二年。昭和十七年である。すでにこの年は、大学にいる筈なのだ。というのは、いろいろ不明ながら、一度逆算して考えてみる。

昭和二十四年　中村書店創業。

その年夫人と入籍しているそうだが、実はそれ以前に結婚。結婚の時三千夫は無職！だったというのだ。

その前、渋谷明世堂出版に勤めたことがあるという。年次は不明。渋谷明世堂出版がどのような出版社であったかも、わたしにとっては不明。御教示をおねがいしたい。

そしてその前にも勤務先があった。そこが「大倉精神文化研究所」であったというのだ。二年程そこに勤めたという。

その前が東洋大学ということになるのだが大学には六年間通ったというのだ。

では整理してみよう。こういう具合か、

一九三九〜四四（昭14〜19）17〜22歳　東洋大学

一九四四〜四五年（昭19〜20）22〜23歳　大倉精神文化研究所

一九四六〜四七年（昭21〜22）24〜25歳　渋谷明世堂出版

一九四八年（昭23）26歳　無職

一九四九年（昭24）27歳　中村書店創業

類推です。三千夫にとって重要な筈の十年。

やはり富岡弦さんの証言。

——詩の分野に入った動機は何か。私の憶測は、東洋大時代、近くの明治文学物の草分的窪川書店への出入り。勤めた渋谷明世堂出版の前露地が新詩社跡であったこと。店の前に、生涯、最も崇敬した、明治文学の開拓者で歌人、玄誠堂芥川先代が居られたことなどではないだろうか。——

その東洋大学時代の三千夫の風体は、長髪に、わざわざ仕立てさせた黒いワイシャツを着て、実家近くのひとたちから《うわだいの中村の次男坊は変人だ》という噂をたてられていた。ウーム『シュギシャ』だな。時代にむかってすねている青年像がうかぶ。

実は、とあらたまることもないけれど、この時代のひとたちにとって戦争体験はぬきがたく切迫したもんだいであった筈。

「中村さんは戦争に行った？」

「おばさんが言うには、なまむぎ（生麦＝生麦事件で有名な横浜の生麦？）の、砲車隊に行ったって言うんだけど。親父は、戦争とか、天皇が大キライでさ、家でも戦争の話はまったくしなかった。親父の戦時の体験は聞いたことがない」

戦地におもむかずにすんだとすれば、キーワードは〈大倉精神文化研究所〉だと思われるのだが、この時代に、中村三千夫が何を考えていたのか知るすべはない。わたしは少し安易に、たとえば東洋大学時代に、詩心が目覚めて、若書きの詩など書いていた文学青年だったのではないか、とも思っていた。

「書くのは不得意だったんじゃないかな。詩どころか、書いたものは何にもない。物を書いているのを見たこともないし」

《古本屋から見た文学》という文章を『新潮』の昭和三十七年八月号に載せているが、それも、

「だれかに話して書いてもらったんじゃあないかなあ」

と正彦は言う。

しかし、おそらく、富岡さんの言う様に、窪川書店、玄誠堂といった明治文学の血脈をどこかで中村三千夫は受け、それをはぐくみつつあったのだ。月百円のこづかいのほとんどは本代に消えていった。たとえば昭和十四年、西條八十『少年詩集』は講談社で一円五十銭。その頃の百円はけっこう使い出のある金額だったと思う。その月々百円が中村三千夫を中村書店へと育てていったのに違いない。そして、おそらくは、友人たち。どんな友人たちがいたのか。

「そういえば、お坊さんが親父のとこへ来てたりしたなあ。うちの以前の店を、知ってるかもしれないけど帳場の奥に小さな部屋があって、そこで、たずねてきたひとと話をしてたのをおぼえている」

そりゃ、坊主だったら東洋大学の時の友達に違いない。

変人は変人を知る。その後、中村三千夫は古本屋になってからも、気を許しあう、そのような友だちを得ることになる。

「おふくろとおやじがいっしょになったとき」

中村三千夫が無職であったとは先に書いた。それで嫁さんの良子さんは何の不安も感じなかったのだろうか。

「おふくろの実家もおやじの実家の近くでさ、見合いだと思うんだけど、実家を知ってたからね」

成程、ここんちなら大丈夫と思ったわけだ。

そして昭和二十四年、中村三千夫は、中村書店を創業する。宮益坂上に、なんと、実家の納屋を横浜から移築して、はじめたという。立派な納屋じゃないですか。それには実家からの援助もあったのだろうけれど、そこでまず自分の持っていた本を売りはじめたという。そればかりでは勿論、ない。

「店を開いた時は、店ばかり広くて売る本がなかったんだよ。とうさんは、友達の家から本をかりてきたので体裁だけはどうにかなったんだけど、お客さんが、やっと買ってくれると思うと、友達の本だろう、断るのに一苦労さ。ハッ、ハッ、ハッ」

とは、娘の中村千恵子さんから聞いた話。その友達はだれだったのだろう、あの坊さんだったかもしれない。その年から二十年。中村三千夫は詩書の専門店・宮益坂上の中村書店として、ひた走ることとなる。

あけて昭和二十五年から、三千夫は、中村書店の古書目録『ビブリオフィル』をつくりはじめる。おおよそ昭和三十年まで、Ｂ５判ガリ刷り五百点ほどがのるその目録の表紙を北園克衛がつくった。九号に一九五七・六のメモがあり十二号では活版となっている。

さまざまな詩人とのふれあいがつづくが、北園克衛もその一人。中村書店のしおりも、北園による。その頃北園克衛は広尾に住み、北園やＶＯＵの詩人たちの詩集、又『ＶＯＵ』も、取り扱っていたという。

そういう詩人たちとのつきあいの中で、たとえばこういうことがある。

――戦後、間もなく中村書店の中村三千夫氏が出版を申出られたが、私はすでに切抜帖を失ない、その後の多くは戦中の検挙の際に持ち去られ、残ったものも戦火で焼いてしまったので、中村氏の努力で『妖精の距離』はじめ資料の多くを集めていただいた。しかし残念ながら技術上の故障や、何よりも私の怠慢のために機を逸したまま年月が流れた。やがて「ユリイカ」の伊達得夫氏から、当時企画された『鰐叢書』の一冊として選集刊行を申し出られたが、途中、むしろ戦前の全詩集を出してみてはという熱心な意向に変った。しかし不幸にして同氏は病に倒れ、一頓坐したかに見えたが、ある日退院静養することになり、一日も早く促進したいので中村氏にも諒解をえたいという電話があった。それから旬日を経ず、伊達氏は他界したのである。――

瀧口修造執筆による『瀧口修造の詩的実験１９２７―１９３７』添え書き、の一部である。この本が刊行されたのは一九六七年十二月。中村三千夫が亡くなる八ヶ月前。この文章を三千夫は読むことができた。中村三千夫の集書努力を思えば、涙数行《なんだすうこう》くだるを禁じ得ないというべきか、いかに瀧口修

造から、

――多く散佚し忘れられた旧稿の探索には前記の中村氏はじめ、鶴岡善久、長田弘、堀内達夫、鍵谷幸信、山中散生の諸氏、ほかにもおそらく間接にもしろ労を煩わしたであろう諸氏にあつくお礼を申しあげる――

と申しあげられているにもせよ。中村三千夫は、これを自分こそが出してみたかったのだから、伊達得夫もそれを果たせなかった、それを苦い無念で読んだか、あるいはこの本がでたことで、よしと思ったのか、聞くすべがないのは、堀内達夫さんも、同じ、である。この『瀧口修造の詩的実験1927―1937』という、魅力的な書物に、その奇跡的な出現に二人の古本屋が介在していたことは、古本屋は覚えておいていい。


中村三千夫にはこのように詩書出版への思いがあった。今、手にとってみることのできるものが三冊。いずれも昭和三十二年刊。『大地の商人』谷川雁。ただし再版、九州「母音社」からでた初版が品切となり、同じかたちで再版を中村書店がひきうけたものだろう。その谷川雁も今は亡い。そして『独楽』高野喜久雄と『子供の夕暮』加藤八千代、の二冊。


その志をともだちが、ついだ。

――中村三千夫さんは戦後、某出版社を辞して古書店経営に転じ、詩書の専門として東奔西起、歿後も詩人、詩書愛書家の間に名を伝へられてゐるが、学生の私はそこに入りびたりで、本を読むにはこれに限ると同業者となってしまった。ユリイカの伊達得夫さんの悪戦苦闘の姿もそこで知った。――

麦《むぎ》書房、堀内達夫である。


中村三千夫が友人に恵まれていたのか、中村三千夫という人を知って、そのひとたちが応じたのか、木内茂さん、高橋光吉さん、富岡弦さん、高橋理さん、飯田淳次さん、鈴木鈴之介さん。多くの友がその死を悼んだ。

「おう、これはどうしたことだ」

と江口了介さんが嘆き、

「中村は商人だったが、魂は詩人だった」

と山王書房・関口良雄さんが泣いた。

――当時彼は三茶さん、山王さん、江口さん、麦さんたちと勉強会をしていた。本屋になりたてで右も左もわからない私にとってこの勉強会ほど魅力的なうらやましいものはなかった。――と書く、高橋理さん(奥沢の高橋書店さんだ)。

――彼は、自分だけでなく、共に伸びようとした。皆五十迄に自分の店を、と説き、榊原さんの奔走などで「クロレラの会」が、江口さんを会長に二十一人で発足。東商金庫を利用、積み立てを開始。会員の積立金を担保に店舗取得資金を借入れようというものだったが、彼の死後一つの成果を実らせて解散した。――


中村三千夫に思いの深かった富岡書房・富岡弦さん。

そして共同目録をつくろうとした「雲の会」、はたまた

「若い研究者の著述の自費出版を組合でやってみたらどうだろうか、書店にとって本が増えるのはよい事だし、専門店がそれぞれの分野で販売に協力すれば若い研究者も助かるのではないか」という理事をひきうけた頃の卓見。卓見はまだあって、

――地方の出版物とか、日販、東販へ乗らない特殊な本ですね。それを古書組合あたりがもうちょっとうまく運営していって、全部キャッチできるようにするといいですね。そういうことはやっぱり古本屋がやらなきゃいけない大きな仕事だと思うんですけどね。――

至文堂『近代文学雑誌事典』（昭41）の座談会《収載雑誌の市価一覧と有利な売り方買い方》中での発言。この座談会出席者は、広田栄太郎（文部省国語課）、西秋松男（日本書房）、中村三千夫（中村書店）、小梛精以知（一誠堂書店営業部長）、内藤勇（文学堂書店）。

すでに三十有余年前だけれど、やっぱり為になるところは為になるのである。

さて、中村書店、中村三千夫の店に、もどろう。そこは詩人たちのいきから場所だった。すれちがうというのかな、かの有名な白山南天堂ではないけれど、西脇順三郎がかけこんできたり、北園克衛が本を持ってきたり。福永武彦が棚をみていて、安東次男が立話をしていたりというふうな。

吉祥寺の、金子光晴が店の看板を書いてる古本屋で、金子さんをみたことがある。わたしが上京したての頃。ふらふらーっと着流しで入ってきた老人の眉が異様に長く。あっ金子さんだ、と思ったら、どきどきと、気にしない風をよそおいつつ、気にしていた。金子さんは棚をみながら、

「このごろ『北越雪譜』もみないねえ」

なんて言ってたもんだ。わたしは、そうか古本屋ってそんなところなんだ、と、妙に感心して、それに感激していた。きっと、中村書店にその頃行ってた人には、そんな感じがあったんじゃないかな。古本屋ってそんなところなんだ。

「そうだ。店に、ふろおけセットおいてるお客さんがいたんだ。あれは、青学の先生だったのかなあ」

と正彦クンが言う。

「うちにきて、それ持って、銭湯に行って、又帰ってきたら、おいて帰るんだよ。うちも銭湯に通ったけど、親父につれられて行った」

そりゃあ江戸っ子は銭湯だ。親父さんは横浜生まれだけど、酒は好きだったんだろ。

「晩しゃくは、おちょうし三本。そういえば、死んだら、墓に花はいらないから、酒をいれてくれよな、と言ってたことがあった」墓に花はいらない。

三千夫が亡くなった時、姉は高三、次女は中二、正彦クンは小学校四年、十歳だったんだ。「本屋なんてつまんないやって言ってたんだってな。

死期を早めたかもしれない、酒と仕事。昭和四十二年『西武デパート』古本市に参加する。

「突然やると言い始めて、富岡さんが値札の帯をかいてくれたんだって」

そのせいだろうか、死んだあと、堤清二が五千円を包んでやってきた。（勿論、そのせいではなく、詩をキチンと扱う、堤清二は、中村書店の客でもあり、辻井喬として、詩をキチンと扱う、ということへの尊敬心があったのだな、）普通千円位の時代であった。それを記帳してくれたのが巽さん。多くの同業者、詩人たちが中村の死を悼んでかけつけてくれたのだ。

「死ぬ三日前にね、棚のどこかで、ねずみが死んでで、それで、棚がくさくなるからって、棚をそうじして、棚の本を並べかえてたんだけど」

それを、さっさっさっ、と刊行順に、本のツラをみただけで棚に並べていたんだそうだ。そうだね、棚の編集。目録をつくるように、棚をならべる中村三千夫は、優秀な編集者だった。三日後にその編集者の頭の中で、脳卒中がおきるとも思わず、そりゃ思わんと思うけど。

古本屋の命脈は、その血縁もあるけれど、それればかりでなく、つながっていく、中村三千夫が、窪川書店、芥川玄誠堂につながったように、師匠と弟子のたてばかりでもなく、つながりあうくもの糸のように、樹の枝葉のように、そのようにあるのだと、中村三千夫も知っていた。そのような古本屋の命脈の大きなひとつを中村三千夫がながしつづけたこととなる。たかが二十年というなかれ、樋口一葉が奇跡の十四ヶ月というならば、古本屋の店をあけての奇跡の二十年がつづいたのだ。

「日曜はかならずといっていいほど家にいなかったなあ」

セドリに行ってたんだ。全国各地の同業から、自店向きのものを集めるために、セドリと言えば、利ザヤをかせぐという商行為のことばかりに比重がかかるが、それればかりではない。いい本をさがすために。

――市場は振り市の為、都内近県を毎日、即売展、各店舗と、精力的に巡った。その間東海京阪、信州等も行動範囲で、時々私も同行。各店ともベレーを脱ぎながら入ると、快く迎えてくれ、奥から本を出してくれた。随分入手出来、送って貰うこともあった。――（富岡　弦）

――特長のあるベレー帽をスッポリと頭にのせて、店先で一寸と頭を下げ〳〵よく店へも来てくれました。二週間に一度ぐらいの間隔で、必ず廻って来てくれたものです。（中略）何か試験を受けるような感じの抜かれ方だったが、決していやな感じは残らない不思議な交流だった。（中略）しかし彼はうちの歌集・句集には決して手を出そうとしなかった。彼の折り目正しさのひとつだったかもしれない。――

この人も又伝説の古本屋。鶉屋・飯田淳次さんの思い出（「明治古典会通信」3号昭51年）である。

「新幹線ができたのを、すごくよろこんでいたなあ。セドリに麥さんといっしょに行くと店の前でジャンケンをして、右左どっちから入るか決めてたんだって」
よくわかる。大の男が、古本屋の前でジャンケンをしてるなんて、見ておきたかったなあ。うれしいこともくやしいことも、なつかしさにつながっていく。
「そうだ、渋谷の貨物駅に時々連れていってくれた。店の本を送ってたんだと思う。いや、お客さんにではなくて」
寄付していたらしい。地方の文庫に。そのようなやさしさがひとにつたわる。
中村正彦さんが父の三千夫の三十三周忌に四十九頁の小さな冊子をつくった。家族用に限定七部ときく。そのコピーをいただいた。目次は以下。
古本屋から見た文学　中村三千夫（「新潮」昭37年8月）
ある書店主の死　安東次男（「東京新聞」昭43年10月）
中村三千夫氏を憶う　にんじん生（「古書月報」昭43年9・10月号）
在りし日の中村さんを想う　木内　茂（〃）
中村三千夫君哀悼　高橋光吉（〃）
古書漫筆　福永武彦（「サンケイ新聞」昭46年11月）
古本のバカ値　安西　均（「詩学」昭46年10月）
中村さんのこと　富岡　弦（「南部支部報」平2年4月）
中村三千夫の仕事　高橋　理（「古書月報」平3年2月）
安規本曼荼羅　伊東　昭（「銀花」12号　昭47年冬）
中村さん　飯田淳次（「明治古典会通信」昭51年11月）
小林秀雄の思ひ出　群司義勝（「別冊文藝春秋」平4年夏）
背の高い詩人　三木　卓（「図書」平12年3月）
読者よ、『異国の香り』を繙いて見給へ　堀内達夫（「詩学」昭59年9月）
幸福について　秋本　潔（「図区」22号　昭43年10月）
私の父　中村千恵子（昭和女子大付属中学校二年生　昭43年）
貧しい本稿の豊かな証言引用は、全てこの小冊子によっている。
本稿のために中村三千夫さんの写真をおねがいしたところ、それがナイという。
「仏壇の写真しかないんですよ」
まさか、仏壇の写真を持ってきてくれとは言えない。しかし、さっぱりしたものではないか、これも中村三千夫のダンディズムというべきか。
表題は、版画家伊東昭氏が谷中安規の本を探して、大森の山王書房で『居候匆々』『百鬼園随筆』の正と続、『百閒座談』を手に入れ、帰りしなに言われた言葉である。
「渋谷の中村書店に行ってみなさい」
（395号／2002年12月号）

中村三千夫の仕事

高橋書店　高橋　理

中村書店の中村三千夫さんが亡くなってもう二十年以上になる。

当時木内茂さんが追悼を書き、南部支部報に富岡さんが書いているので彼の人柄はそれで尽くされているといってよい。今、私が書こうとしているのは専門店として歩みつづけた仕事の問題である。彼自身仕事について書いているわけでもなく、系統的に話をしてくれたわけではないので、いきおい私の眼に写った「中村さんの仕事」という事にならざるを得ない。

「僕が本屋を始めた時はね」酔って眼を少しすえながら話しだした。「詩集はネ、碁や将棋の本と共に趣味の棚にならべてあったんだ」「詩が趣味だよ」いかにも腹立たしいという調子で続けた。「詩というものはネ文学の根本じゃないか、どうしても詩を中心にした本屋をつくろうと思ったんだ」私には今でもこの話をした時の彼の顔が忘れられない。そしてこの思いを持った時、彼は専門店の道を歩き続けたのだと思っている。勿論これはスタートで、彼がその仕事を仕上げる為に多くの先輩の仕事を学んでいった。中でも彼が一番影響を受けたのは、先々代の芥川玄誠堂さんだと思う。私には芥川さんの仕事はわからないが芥川さんが中心でなさったという木曽馬籠の藤村記念館の新体詩コレクションを見て感動したことがある。又、一度だけ三人がおちあった時、中村さんの芥川さんに対するやさしい態度を見て、二人のつながりの深さをしみじみ感じたものである。業者以外で彼が頼りにしていたのは故広田栄太郎さんだと思う。「本は買って貰わないけど、うちの一番大切なお客さんなんだ」彼は私に話した。彼の死後、一度広田さんの家に呼ばれた事がある。書庫の中で本を見せられながら、いろ〳〵と話を聞かせていただいた。私の幼い質問にもていねいに説明して下さった。中村さんの言っていた「一番大切なお客」とはこれだなと感じた。時代屋さんの鷗外、山田さんの荷風、日本文学の西秋さん等彼が注目していた先輩だった。当時彼は三茶さん、山王さん、江口さん、麥さんたちと勉強会をしていた。本屋になりたてで右も左もわからない私にとってこの勉強会ほど魅力的なうらやましいものはなかった。「本屋の勉強はネ」後に彼とこんな話をした「学者の勉強とは違うのだ」学者は文献をしらべ考えて論文を書けばよい。本屋は「値をつける」という形でしか評価を表せない。しかも値という事になれば、内容以外にも本の稀少性とか、現在の人気という要素も加わってくる。本の評価のむつかしさはこの点にある。「市場の相場」を詳しくしらべている人達がいる。これも重要なことだろう。しかし市場というものは本の流れや人気を教えてくれるが、それ以上でも以下でもない。「売り値があるから仕入れ値がきまる」彼はよくそう言った。〇〇がこれ〳〵で売ったから自分はその上で売ればよいとか、高い、さわがれているモノだけを追いかければいいという訳でもない。「大きな器（建物）に売れない作家のモノをキチンと集めるという店をやりたいね」彼とこんな話をしたこともある。

近代詩全体から近代日本文学全体の評

価体系をつくる。こんな事を考える時、よく三本の柱をたてる。彼がどこにそれを立てたか、一つは萩原朔太郎の『月に吠える』であり、一つは西脇順三郎の『あんばるばりあ』であろう。もう一つの柱は明治詩運動の初期の『新体詩鈔』や透谷の『蓬莱曲』においたのか、戦後詩の田村隆一、谷川俊太郎等の仕事においたのか私にはわからない。二つの点が直線を決め、三つの点が面を規定する様に、三本の柱が近代詩全体の評価をきめたに違いない。

彼の死後、安東次男さんは、東京新聞の追悼文の中で「有名な詩集から無名詩人の詩集までキチット評価されている。この点こそ中村書店の功績と言ってもよい」と書いておられる。

彼は自分の仕事に自信を持っていた。しかしそれは唯我独尊というひとりよがりではない。彼の疲労の大きな原因ともなった第一回の西武池袋展に誘われた時「他の専門店の仕事振りを勉強したいから」と参加を決めた。この仕事はイロ〳〵な事を教えてくれた。特に「本が足りないのではないか」と多数のお客さんが協力してくれた事は、本屋としてやって来た自分の歩みが間違っていなかったと感じて嬉しかったらしい。商売人であるから儲ける事を考えなかったわけではない。しかし彼はお客さんの立場も考えていた。彼が理事をしていた時「若い研究者の著述の自費出版を組合でやってみたらどうだろうか、書店にとって本の増えるのはよい事だし、専門店がそれ〳〵の分野で販売に協力すれば若い研究者も助かるのではないか」しかし理事会ではこの提案は一顧もされなかったそうだ。中央公論やその他の出版社が自費出版に手を出す前の話だから、やはり卓見だといわざるを得ない。この意見も単なる思いつきではなく、詩専門の本屋をやりながら若い詩人達やユリイカの伊達さん等の苦しみの相談をうけて真剣に考えていたからだと思う。彼の葬儀に多くの詩人達が来られ「詩学」に安西さん、「大波小波」欄をはじめ各新聞が彼の追悼の文を載せたことは彼のやさしさと眼の広さを示している。

晩年の彼は古本屋の協同化の問題をかなり突込んで考えていた。「ラジオの新しい農村を聞いといてくれ」私に向って彼はよく言った。個別の生産体系の農民だって協同化に向って歩きだしているのに古本屋の協同の仕事が古書展くらいでは淋しいと思っていたらしい。「これからは人を集めなければ仕事は出来ない」彼と富岡さんと私とでこんな議論がよく出た。「雲の会」をつくろうとしたのは若い人達を育てることの人切さを考えていたからである。そして第一回目の原稿が彼の絶筆になりそれを届ける為にきた「エビスの市場」が彼の最後の場所になった。

「彼が倒れた」と電話を受けて病院にかけつけた私の前で二度と眼を開かなかった。「おう、これはどうしたことだ」江口さんが自分より若い友の死に驚き嘆いていた姿を忘れることが出来ない。

火葬場に向う車の中で「ここにいるのは皆、中村より小さな本屋ばかりだな」とポツリと言った。彼の葬儀の中心になって働いた人々は彼に育てられた若い人々だった。余りにも早かった死「もっと生かしておきたかった」と私は思う。あの仕事とアイディアを充分に発揮させれば、イロ〳〵な事が出来たのに、かえす〳〵

も残念な事であった。しかし夫人の努力で正彦君（当時小学生だった）にバトンが引き継がれた事をもって、よしとしなければならないと思っているのである。

（324号／1991年2月号）

先輩から聞いた話

からさわ書店　唐沢英雄

今は亡き、渋谷の中村書店の御主人から、生前にお聞きした話です。

店番をしていると、おさげ髪の少女（と云っても高校生ぐらい）が本を買ってくださいと店先に現れた。

それは見ると谷崎潤一郎の『春琴抄』の朱色漆塗本である。黒漆本は割合多く時折見かけるが、朱漆本は発行部数も僅少と云われ誠に珍らしく、自ら値段も十倍くらいの違いがある。

ご存じの通り中村さんは文学書の専門店で特に詩集や初版本・稀覯本の分野では業界でも随一であったから勿論知らない筈がない。

何故、この少女がこの本を？、と一瞬嫌な予感が脳裏を走り、そして迷ったのだったがつい黒漆本の買値をつけてしまった。するとその少女は一寸不思議そうな顔をして、

「そんなに安いんですか……、じゃ父の勘違いかしら……!!」と、そして、

「実は私の父は××××（同書店の得意先）で父に小遣をねだったところ、この本を差し出し渋谷の中村書店へ持って行き買って貰いなさい。あそこなら専門店でもあるし御主人も信用出来る人だから、私の云う小遣ぐらいには充分買ってくれる筈だ。と云われてわざわざ来たのです」と云う。

嫌な予感はこれであったか。頭が「カッ」と熱くなり、冷汗が背筋を伝って流れた。何か云い訳をしようと思ったが、頭が混乱してしまったのと、余りの恥ずかしさに、いや、自分自身の情なさにただ／＼愕然として何んにも云うことが出来なかったそうだ。

知らないで安買いをして高くなったと云う話は良く聞くが、持ち込まれた本が知っているものであったら、人を見て買値を上下することなく、どんな場合でもある程度までの買値はつけなくてはいけないものだと、つくづく感じたそうである。

若しある程度の買値をつけておれば、客に「安いナァ」と云われても、そこはそれなりに云い訳けも出来るし、云い逃れも出来るのであるが――。

眼先の僅少な儲けに眼が眩んで永年かけて築き上げた信用を一瞬にして失うことになる。

一寸した心の迷いが、いや一言、口を滑らせたことが人の一生を左右するようなこともあるのではなかろうか。全く恐しい話である。

私共古本屋が商売をして行くのに充分に気を付けなければならないことの一つではなかろうか。最近は宅買も、店への持ち込みも、どうでもいいような本ばかりが、やたら多くなり、さして教訓と云うこともなかろうが、私は私なりに中村さんのこのお話を大切に心の奥にしまってある。そして買値をつける度毎に、このことがチラッ、チラッと脳裏をかすめるのである。

（246号／1978年2月号）

記憶に残る古本屋

豪放磊落な自由人 友愛書房 萱沼 肇さん

出席者
石神井書林 内堀 弘
二朗書房 日野原 功
名雲書店 名雲純一
司会 機関誌部

萱沼肇さんプロフィール
かやぬまはじめ 大正五年山梨県富士吉田市生まれ。昭和十五年応召、二十一年帰国。兄と家具屋をやったあと、昭和二十五年七月、神田神保町一丁目に友愛書房を開業。専門はキリスト教関連古書。ほか明治、江戸期の古書など広範囲に及ぶ。東京古書組合理事長、明治古典会会長などを歴任。

本屋は度胸と才覚だ

——今日は友愛書房の萱沼肇さんについて、店員として萱沼さんと一緒に仕事をされていたお三方に語っていただこうと思います。まず、自己紹介と、何年に入店してどのくらいお勤めしていたかということから。

名雲 僕は、阪神タイガースが優勝した年だから、八五年四月からですね。

内堀 僕は七八年八月に入って、二年ぐらいしかいなかった。八〇年五月にやめて、六月に石神井書林を始めて今に至っています。僕の後に二朗書房の日野原さんが入ったのでしょ。

日野原 そう。八〇年四月から。約三年、実質は二年半ぐらいかな。後半は親父の具合が悪くなって、それでやめてしまったから。

内堀 その間に静岡の安川さん、七七年から丸七年、八四年ぐらいまでいらしていた。

名雲 安川さんと入れ替わるようにして僕が入って、丸二年。それでやめて高崎に帰って、親父の店に入りました。

——きっかけはどういうことでしたか。

内堀 店員を探しているからと、紹介してもらって、本当に偶然ですね。「来たかったら来い」みたいな感じでした。「何も知らないけど勤まりますか」って僕が聞いたら、「本屋は知識はいらない。

度胸と才覚だ」と。最初、友愛書房のことは何も知らなくて、入ってからキリスト教関係が専門なんだと知ったのです。

日野原　僕は親父の関係で入れてもらいました。友愛さんと親父は理事をやっていたときからのおつき合いみたいです。

名雲　僕は八五年より五年前に遡るんです。高校生だったとき、僕は親父についてしょっちゅう東京に来ていたんです。高校卒業するころ、市場で友愛さんにお会いして、「お前が名雲のせがれか。高校卒業するのか。大学なんか行かなくていいから、俺のところに来い」と言われたんです。その言葉をずっと覚えていて、大学を卒業してどうするかというときに、親父に友愛書房に行きたいと言ったのです。親父は何でという顔をしていましたけれど……。大学のとき、ゼミの先生からシーボルト事件の話を聞いて興味を持っていたのですが、友愛書房に入ってみたら、それらの本がたくさんあるのでラッキーと思いました。

内堀　名雲君が入ってきたとき、社長が「あいつは志願兵だ」って言っていたよ（笑）。

一日中、目録の原稿を書かされた

――最初の印象はどうでしたか。そして、店員はどんな仕事をしたのですか。

内堀　僕は家が本屋でなかったから、古本屋の世界は全然知らなかったし、どういうタイプの人がいるのかもわからなかった。社長はとにかく恐かったですよね。店員の仕事って、店番もありましたけど、愛書会の目録を作るのが主な仕事なんです。

名雲　そう、目録を作るのが仕事。二ヶ月に一回、十二ページの目録を作るんです。毎日、朝から晩まで原稿を書いていました。あとは青展（神田青空古本まつり特設会場のこと）も大事にしていましたね。

――目録では、品物を萱沼さんが選んで？

日野原　そう、カードがあって、それに値段もついていて。

内堀　資料を見て、一冊一冊解説を書く。何行書いてもいいんです。

名雲　ものすごい分量を書けと言われた。

内堀　僕らには調べられるだけ調べて書けって。今考えると、それで勉強したのかなと思うけど、実際に目録になるときは社長がどんどん削って一行になったりする……。

――でも、それは勉強になりますね。目録を作るとき調べる習慣もつくだろうし。

名雲　自分の目録を作るときに結構役に立っています。今、調べ方は違いますけど。

――二朗さんはどんな印象？　やっぱり恐かったのですか。

日野原　恐かったですよ。僕が友愛さんに初めて会ったのは、大学のときで、東京古典会で経営員のアルバイトをしているときでした。友愛さんのことを知らなくて、トイレに入ったら、いきなり「お前、何で挨拶をしないんだ」と怒るんですよ。何だこの人は、おっかない人だなと思いましたよ。

――それでも友愛さんに入った？

日野原　そうですね。それで入ってみて……、やっぱりおっかなかった（笑）。

名雲　あんまり恐いのでビックリしました。気が短いから、言われたことにすぐに反応しないと怒るし、ひものしばり方が悪いとか、市場でどう歩いても歩き方が悪いとか、怒られていましたよ。今にして思えば、怒ることがコミュニケーションの取り方だったのかなって。

内堀　そういうことはあるね。昔はおっかない人多かったよね。今は少なくなった……。

専門で食って、遊びで儲けろ

――友愛書房は昭和二十五年に神田神保町一丁目に開業。最初は洋書を扱っていて、戦後すぐにはよく売れた時期があったようですね。そして昭和二十九年に初めて「キリスト教洋書目録」を発行しています。

内堀　専門はキリスト教文献、あとは明治文献とか……。

名雲　キリスト教から東西交渉史に入って、あとは手塚治虫のマンガとか樋口一葉の書簡が出れば買うし……。幅広かったですね。

内堀　専門はあくまでもキリスト教。今は息子の元さんがしっかり引き継いでいます。社長は専門で食って遊びで儲けろと言っていましたからね。

名雲　そのとき市場で目立つものは何か、と目を光らせているんですよ。『製陶余録』まで買っていましたからね。

内堀　明治古典会の最後、クリスマス大市会で買ったんですよ。

名雲　当時。四五〇万円ぐらいだったでしょ。市場から店まで歩いて運んで、あれぐらい緊張したことはなかった。

――新しい分野を開拓していったわけ……。

内堀　『製陶余録』とか一葉の書簡とか、珍しいものが好きでしたね。

日野原　大正天皇の侍従長の日記なんか一千万円からつけていたでしょ。

名雲　買いっぷりは良かったですよね。

内堀　どうしてもほしいというものに対する情熱はすごかった。あそこまで突っ込める人はそういないですよ。

――ほしいとなったら、それが売れるかどうかなんてことは、頭から飛んじゃうのかな。

名雲　おそらくそうでしょうね。そういうことからは逸脱している感じですよ。俺がこれを買わなかったら格好悪いだろうというか、絶対意地ですよね。

内堀　自分が初めて見るのは大珍品というのが、社長の鉄則でしたからね。店の目録、古いものから綴じられたものをいつも見ていた。売れたものには線が引いてあるから、どういうものがいくらで売れるとかが、頭に入っていたのでしょうね。

名雲　市場に一緒に行くでしょ。ほしいものがあると、僕にあれを見て来いと言うんですよ。それでその本のところに行くと、「お前は馬鹿だ。一直線に見に行くやつがあるか。遠回りをするとか、もう少し芝居しながら見て来い」なんて言うんです（笑）。

内堀　ライバルの内藤さんとかがよそ見をしているときに見て来いとか、札を渡されて直行すると、そんなことではすぐわかってしまうじゃないか、もっとウロウロ回って、ポッと入れるんだとかね（笑）。

名雲　そういうことでは集中していましたね。駆け引きには異常なほど。札も改め、改めで、何回も入れ直していました

よ。

内堀　誰が入札したかとか絶対見ているしね。絶対ほしいとなったら絶対だったから。

名雲　だからほしいものは改めで、結構下札で落としていましたね。

内堀　市場の隅っこの方に座って、じっと見ているんだけど、そういうときは、あっ、ねらっているってわかりそうなもんだけど。

日野原　完全にバレてるんですよ（笑）。それを知らないのは本人だけ。そういう意味ではキュートな人だったよね。

内堀　専門はキリスト教関係だったけど、あれだけオールラウンド・プレーヤーというのかな。ああいうタイプの本屋さんはこれからはそう出ないかもしれませんね。

名雲　そんなにいろいろな分野を扱えないものね。物も出ないし。当時は品物が多かったからできたのかな。

買取は？　売り方は？

——だけどそれだけ買って、売り先は？ちゃんとお目当てがあったのでしょうね。

名雲　ある程度の目安はあったでしょう。

日野原　でも確実にはないから、たまには買いっぱなしで倉庫に眠っているというのもあったけど。

内堀　図書館や学校にはよく挨拶に行っていたよね。こういう本が入ったからって。あとは市場でも売ったり……。

名雲　あのころは右肩上がりだったからよかったのでしょうね。

内堀　とにかく市場は好きで毎日行っていましたね。特に明治古典会は好きだったでしょ。お孫さんに明子ちゃんと名前をつけたくらいだから。明古の会長は連続二期やったし、中央市会の会長もやったしね。

——明古で親しい人は？

名雲　内藤さんが仲もよかったけど、最大のライバルだったんじゃないですか。扱う分野も似ていたし、買いっぷりも似ていた。僕が友愛さんと飲みに行くと、必ずといっていいほど、内藤さんの親父さんには世話になったと言っていました。駆け出しのころ経済的な援助もしてもらったみたいですよ。昔はこういう世話の仕方があったようです。

——買取はどんな具合でしたか。

内堀　買取に社長と一緒に行くでしょ。本を運ぶのが僕らの仕事。社長はお客さんと話しながら本の仕分けをするんですよ。多分こっちがいい本とか悪い本とか分けるんですね。そしてポーンとある山をたたいたの。本当はそれを最初に結わいて運び出さなければならなかったのに、僕は自分の近くにあるものから結わいて運び始めた。そしたら、「これはやめておくわ」と言って、売り手がその山を片付けてしまったの。帰ってからすごく怒られた。とにかくいいやつから結わいて運んでしまうんだと言って……。ポーンとたたいたのが合図だったんだね。

名雲　それは鉄則ですよ。相手の気持ちが変わらないうちに早く積んでしまえ。とっとと持って行くんだとよく言われました。モタモタしているとすごく怒られた。あとは持ち込みも多かったですよ。ある明治から続いているすごい家があって、そこの人が売りに来ていました。

——特に買入情報を出しているわけではないのに……、人伝てですかね。広い人脈を持っていたんでしょうね。

名雲　持っていたと思います。

——買い値は高かったですか。売り値は？

名雲　買い値が高かったことは事実でしょうね。今、僕が同じようなものを扱わせてもらっていますが、高かったと感じます。だから、売り値も高かったですよね。

日野原　でもよく売れていて、打率は三〜四割ぐらいだったでしょう。

名雲　高いのはお客さんも知っていました。

日野原　でも珍しいものだから、お客さんは高い値段でも買うことになる。売り値は友愛さん、本を見た瞬間に決まっていたよね。

力を入れていた目録、即売会

——自家目録にも力を入れていましたね。

名雲　キリスト教関係の目録、ペラ一枚裏表で四〇〇点ぐらい入るものを、二ヶ月に一回ぐらい出していて、愛書会の目録が二ヶ月に一回、十二ページでしょ。

内堀　僕は古本屋さんというものがどういうものか知らないから、驚きました。お店で本を売らなくても、愛書会の目録を作って発送したり、市場に出品したり、即売会に出品したりして、そうやってやっていけるんだなって、初めて知りました。

名雲　最初に友愛書房に行ったときは小さな店でビックリしました。それで大きな商売をするでしょ。店は関係ないんだなとつくづく思いましたね。そういう商売のやり方もあるんだって……。

日野原　僕は学生のとき親父の展覧会などを手伝っていたけど、うちで扱う商品といったら千円とか、何百円とか、安いものばかり。友愛さんに来て、愛書会一回で何百万円売れるというので、新鮮な驚きでした。

内堀　僕は逆に友愛さんしか知らないから、即売会やれば何百万円とか売れると思っていたでしょ。独立して驚いたなあ。自分のところでは一冊三百円とかねえ（笑）。

名雲　うちは群馬ではまあまあの店だと思っていたんだけれど、東京の神田に出てきて、こんなに大きく商売するところがあるんだって。やっぱり東京に出てきてよかったと思いましたよ。

専門持って七年辛抱しろ

――独立するときに何か言われましたか。

内堀　七年間辛抱しろと言われました。店を持たなくてもいいから専門を持て、専門で食えるようになれ。食えなくとも七年間は諦めるなって。

――それで辛抱し、今、詩歌句集という専門分野で頑張っているわけですね。

内堀　社長が亡くなる少し前に、みんなで伊東に旅行に行って、そのとき初めて社長に褒められた。「お前のは目録らしくなったな」って。「七年間辛抱しろと言われたから頑張ったんです」って言ったら「そんなこと誰が言ったんだ」だって（笑）。とにかく七年間はインスタントラーメンすすってでも頑張れと言われて。その言葉を信じて、あと三年、あと二年って思っていたのに（笑）。

名雲　僕の場合は親がいましたから、そういうことは言われなかったけど、僕が友愛さんをやめて一番印象に残っているのは、明治古典会で会って、入札しているときですよ。「お前、何を入れたんだ。入札するのはまだ早い」なんて言われてね（笑）。

日野原　僕も展覧会をやっていたでしょ。そうすると市場で、友愛さんがあれを買え、これを買えと言うんですよ。

内堀　そう言われるけど、買えというのが友愛さんの出品だとわかるわけ。僕がデパート展やったときも、「内堀、これが売れるからこれを買わなきゃ駄目だ」と言ってね。

日野原　それがくやしいけど案外売れるんだよね。

内堀　そうなんだ。それで「そら、俺の言った通りやっていれば売れるだろ」なんて、大きな声で自慢するんだよ。

日野原　それでも売れなかったりすると、買っていってくれたりして（笑）。

愛すべき人だったね

内堀　友愛さんは厳しかったけど楽しかった。

日野原　楽しかったね。

名雲　僕は厳しいのを望んでいたから……。

日野原　俺は望んでいなかったけど（笑）。

内堀　社長のやっていることとって、一つひとつを見るとおっかないし、理不尽なことも多いけど、何か憎めないというか……、愛すべき人だったよね。僕は大好きですけどね。

名雲　僕も大好き。

日野原　何か、笑えるよね。

内堀　僕は社長に本屋にしてもらったと思っているし……。店員が独立した後も面倒見よかったですよね。大阪の市とか地方にもよく連れていってもらったもの。大阪の市から帰るときなんか、ずっと食堂車で飲んでいるんですよ。熱海を過ぎた辺りで食堂車が終わりになるから席に戻ろうといって、適当に空いている指定席に座っちゃうんです。ここは指定席ですから駄目ですよと言うと、自分は自由席だから、どこに座ろうと自由なんだと言って。ああ、社長はこんな風に生きている人なんだと思ったね。なつかしいよね。今考えると早く亡くなった気がする。今から十五年ぐらい前。七十ちょっとだったんだね。

名雲　僕がやめて一年目ぐらいだった。

内堀　僕が独立して八年目。あの七年が過ぎて一年経ったときだった。死因は敗血症だったでしょ。退院して一時よくなったようだったから、店員仲間で社長を招待して快気祝いを伊東でしたんだよね。その一週間後に亡くなった……。

名雲　あれに行くために生きていた感じ。

日野原　伊東では最後まで飲んでいたから。死んだのは俺たちのせいかな……。

内堀　豪放磊落、何の摂生もしないで死んでいったんだ。弱い姿って記憶にないもの。

名雲　うちの親父もそうだったけど、そういう死に方がベストだよね。

日野原　朝、家族の人が見に行ったら亡くなっていたということでしょ。通夜の日は、誰だかが、こいつらを泊まらせますからと言って、俺ら三人とあと一人で二晩泊まって、社長のそばにいたんだよね。社長の思い出話をしながら。こんな怒られ方をしたなんてみんなで話した。お茶目な人だったから、怒られた話でも何だかおかしくてね。

内堀　友愛さんの時代は古書業界もいい時代だったんでしょうね。いろいろおもしろい出物もあったし、おもしろい話がある時代だった。友愛さんはそういう時代にこそふさわしい人だったという気がする。友愛さんのいない市場なんて想像がつかなかったもの。

名雲　明治古典会なんかで、みんながガヤガヤ騒いでいても、反町さんとか友愛さんが市場に入って来ると、急にシーンとなった。僕よく覚えていますよ。昔はそれぐらいの人がいましたよね。

――今、不況の時代に、友愛さんが生きているとしたら、市場でどんな買い方をしただろうか。どんな商売の仕方をしただろうか。再登場して、我々に見せてもらいたい気がしますね。

（400号／2003年10月号）

記憶に残る古本屋

大衆小説で一時代を築いた古本屋
江東文庫　石尾光之祐さん

出席者
岡島書店　岡島秀夫
志賀書店　志賀忠廣
古書芳林文庫　島田克己
白鳳書院　鈴木吉繁（司会）
機関誌部

プロフィール
大正十年十月二十九日熊本生まれ。広告代理店を営んでいたが倒産したため、昭和五十二年八月二十五日に「江東文庫」開業。目録と展覧会が中心。平成八年十二月、肺ガンのため亡くなる。

盛んだった船橋・西武のころ

鈴木　石尾さんのこと、どの辺から話しましょうかね。東部支部では昭和六十年に『東部支部二十周年記念誌―下町古本屋の生活と歴史』という本を出しています。ここに、組合員へのアンケートがあって、石尾さんも答えています。「ある日の東部市風景」で写真も載っていますね。

岡島　本当だ。お互い若いねえ。とにかく石尾さん格好よかったよ。

俺も石尾さんが書いた本や雑誌を持って来てみた。これは『無邪気な季節』という本で、石尾さんの私家本。自伝的なもので限定三十部刷って親しい人に配ったものだけど、古本屋になってからの話はないんだ。これは『古本屋』という雑誌で、青木さんや小林さんたちが作ったもので、創刊号が昭和六十一年一月発行、確か十号まで出したはずだよ。石尾さんも毎号のように書いている。この創刊号の「日の丸堂・その他―東京・葛飾・新開地」という石尾さんの文章の日の丸堂というのは、俺の家のことなんだ。

志賀　この第八号の「ひとそれぞれ」には、僕のところで飯食っていった話が出てくる。

島田　僕も何冊か参考になればと持ってきました。『煉瓦』（第20号・99年8月）は同人誌ですが、ここに青木正美さんによる「古書店・江東文庫伝」というのが載っていて、青木さんがかなりくわしく書いています。これは『麒麟』（第五號・昭和五十一年冬）といって、大衆文芸愛好家による同人誌です。石尾さんはこの号から仲間に入れてもらって交流を深めているようです。それからこれは船橋・西武古本まつりの目録です。石尾さんのも出ていますが、かなりいい内容です。

志賀　なつかしいですねえ。第三回とある。何年ごろだろうか。

島田　昭和六十年の八月です。石尾さんの一番いいころではないでしょうか。

岡島　大衆文学だよね。探偵ものもあった、推理ものもあった、戦前ものがズラリでしょ。あれだけの目録、最近見ないね。

島田　見ませんね。僕は当時石尾さんと面識はあったのですが、まだミステリーに狂っていないころだったから買ってはいないんです。わかっていてもなかなか買えないけど。

岡島　石尾さんからはあなたのことをよく聞いていたけれど、何年に本屋になったの。

島田　僕が本屋になったのは昭和六十三年です。その前はお客として石尾さんとつき合っていたんですが、本屋を開いてからは石尾さんは先輩であり、先生でした。岡島さんや志賀さんの話はよく聞いていました。

岡島　そうなんだよな。お互い石尾さんを通して知っているんだ。

島田　船橋・西武のころは石尾さん、産業会館なんかでも展覧会やっていたようでした。「日本小説文庫」ってあるでしょ、春陽堂の。あれが石尾さんの平台にだあっとあって、ある人が自分の風呂敷をかけて全部召し捕ったというので大騒ぎになったと後日談で聞きました。あのころ僕が古本に目覚めていたら、ああいう場に居合わせたのにって思うんですよ。

志賀　石尾さんの本はとにかくよく売れるんだ。下町展なんか、棚を三台使って雑誌を並べる。一冊が薄っぺらだから数は並ぶんだ。僕も隣の島でやっていたけど、石尾さん、帰るときは紙袋二、三袋でしたね。

鈴木　ほとんど売れるから残りがそういうことになるわけですか。

志賀　そうそう。よく売れるんだ。

岡島　それに古い汚い本ばかりでしょ。だから終わるころには、本のくずが一杯台の上に散らばっているんだ。石尾さんは大衆文学には猛烈に詳しかった人。同時代的にそれらの本や雑誌を読んでいたよ。

志賀　大衆ものの分野を自分で切り拓いた人だね。一時代を築いた人ですよ。

岡島　こういう分野を扱う本屋はあったけれど、これだけやる人はいなかった。

志賀　この分野を専門店のようにやるようになったのは石尾さんですよ。そのおかげで今、この分野の人気が出たような気がします。

島田　それでも当時は安かったですよね。

志賀　安かった。こんなに売れるんだから、もっと高く売れるでしょと、我々が石尾さんに言うんですよ。そうすると石尾さん、これ以上には売れない。こんな馬鹿みてえな本は高く売ってはいけねえんだと言うんですよ。

岡島　この間市場に戦後の大衆文学が出て、とてつもなく高い値で、二人でこぼしたけど。戦後のものなんか石尾さんほとんど……。

島田　馬鹿みたいな安い値段しかつけて

いませんでしたね。戦前のはそれなりに高くてなかなか買えませんでしたけど。

「広告屋のなれの果て」が口癖

鈴木　東部支部の二十周年記念誌のアンケートによると、石尾さんの本屋の創業は昭和五十二年八月とあるから、五十五歳のとき、もう少しで五十六歳になろうというときです。

岡島　熊本の生まれとあるけれど、あの人は立石で育っているんだ。うちのすぐ近く。それで子供のころから朝から晩までうちに来てただ読みしていたらしいんだよ。うちの親父は当時、本屋でただ読みするのは迷惑だからって、貧乏学生なんかに二階でゆっくり読ませていたんだ。石尾さんもその一人。とにかくそのころから大衆文学は大好きで……。結婚したころは市川に住んでいたんだな。大きい広告代理店に就職して、その後独立して広告会社の社長になった。四谷に事務所を構えて、何人も人をつかっていたみたいだよ。

昭和四十四、五年のころかな、会社が駄目になってきて、偶然に立石に来たんだ。そしたら子供のころ入り浸っていた岡島書店がまだ本屋をやっているというので、ビックリして入ってきた。そうして、当時こんなに小っちゃかった坊主が、つまり俺が店主になっているというので、またまたビックリして。

会社がいよいよ駄目になってくると、金がないわけですよ。そのかわり、本は猛烈に持っていたんだな。それで俺のところに電話をかけてきて、五万円持ってきてくれとか言うんだ。それで言われるままに持っていくと、「今月の給料はこいつが持ってきたぞ」なんて。まだ一人二人社員が残っていたからね。そして持っていった金額に見合うだけの本を出して、この本は一万円で売れとか、五千円で売れとか言って、一冊一冊値段をつけてくれるわけ。当時、俺はまだ大衆文学なんか何も知らないから言われるままに値段をつけると、これが百%売れるんだ。

鈴木　それが昭和四十年代の終わりから、石尾さんが本屋をやるまで続くわけでしょ。

島田　そういうことができたのは、『麒麟』のつながりがあったからでしょうね。

岡島　そう。『麒麟』は大衆文芸愛好誌だからね。岩本さんとか宮下さんとか大衆文学のグループがあったんだよ。

島田　野頭さんとか秋山さんとか。今でも活躍している人は八木昇さんとか、種市登さんとかね。

鈴木　だから詳しいんだ。自分も好きだし。『麒麟』第五号が出たのが昭和五十一年で、石尾さんが本屋を開いたのが五十二年か。

岡島　そう。会社がつぶれた後、俺のところにやって来て本屋をやりたい、保証人になってくれと言うんだ。俺はよせといって保証人にもならなかったけど、それで落合の小島さんに頼んで本屋になったみたい。東部支部に入ったのは、当時石尾さん、聖蹟桜ヶ丘に住んでいたんだけど、お兄さんが住んでいる向島を拠点にしようということだった。目録と展覧会で店を持たなかった人だから、そこに注文葉書が届くようにして、葉書がいくらかたまったころに取りに行っていたみたいね。

島田　僕がお客だったころ、目録を見て店を訪ねてみようと、目録の住所のところに行ったら……なかったね。普通の家だった。

鈴木　僕も行ったらなかった。

岡島　事務所だけだからね。だから本屋の名前も東京の東の江東文庫……なんですよ。

島田　今なら商売の形もいろいろあるとわかるけど、当時は本屋と言えば店があるものと思っていましたからね。

鈴木　何で目録だけで商売しようとしたのかな。

岡島　商売やろうという感じではなかったよね。

鈴木　じゃあ、道楽で？

島田　本が好きだったんじゃないかな。

鈴木　五十歳半ば過ぎてから始めたわけでしょ。石尾さんはよく自分のことを「広告屋のなれの果て」、なれの果てに本屋になったという言い方をしたらしいんですよ。広告代理店をつぶしちゃったんで、自分の一つの人生は終わったというように思ったのかな。

岡島　そうでしょ。

鈴木　自嘲気味の人なのかな。

岡島　自嘲というより、人生を達観していた人だと思う。好きなことで余生をやろうとしていたんですよ。

好きだったし、先見の明があったね

鈴木　石尾さんは本屋になる前はコレクターみたいなものだったの。

岡島　大衆小説も純文学もずいぶん集めていた。自分で読むためとコレクターの両方だね。俺を呼び出して大衆小説を金に変えていたけど、純文学なんか、神田の文学専門店に持っていって売っていたらしい。とにかく大衆小説や純文学のことは猛烈に知っていたよ。何がすごいって、戦前の探偵小説持ってきて、これはもともと函があったものだが、あとからぞっきになってカバーがついたんだとか、全部わかるものね。

島田　挿絵の絵柄なんかも、聞くとスパーっと答えてくれましたから。

鈴木　雑誌で読んでいたんですかね。

島田　『少年倶楽部』とか『譚海』などはリアルタイムで読んでいたでしょう。

岡島　それを記憶しているからすごい。頭よかったんだな。

志賀　自分でも好きだったんじゃないかね。

島田　好きだったし楽しみだったね。僕、最初は石尾さんのお客だったけれど、本屋では先輩であり先生でしょ。特に大衆小説についてはね。神田の市場では張り合う立場でもあったわけです。それで明治古典会に行くと、石尾さんがいきなり来て「こういうのが出ている。芳林、今日はとりあえず俺に買わせてくれ。お前はおりろ」なんて言うんですよ。張り合って変な値段でつかまされるのは嫌だからというのがあったと思うけど、「楽しみで来ているから、とりあえず買わせてくれ」と。こういうの談合というのかどうかわかりませんけれど、楽しみで来ているという、そういう意味のかわいらしさがありましたよ。純粋の意味の商売というより、今日一日楽しませてくれというようなね。

鈴木　石尾さんの商売としては目録だけですか。

岡島　目録は古書通信に昭和五十二年から出している。自家目録も何冊か出していたようだけど……。そして展覧会、船橋・西武とか下町展とかね。あとはお客と直で売り買いをしていたね。展覧会だって年に二〜三回だから、そんなに大きい商売ではなかったね。だから悪いけどいつもお金はなかったよね。神田の市場に行くのに、金がなくなると二十〜三十万貸してくれと来る。しょうがないから貸してやると、次の船橋・西武の目録を作るからって言うんだ。つまり石尾さんが自分の買った本で俺のところの目録も作ってくれるわけだよ。それがまたよく売れて、貸した金の分以上に売れるから、貸した金を返してもらって、残りを石尾さんにあげるとかしていた。俺も所帯をもってからはそんなに貸してあげられなくなったけど。

鈴木 自分の目録のほかに岡島さんのところの目録を作るわけね。目録をつくることで満足していたのかな。余生だから呑気に……。

島田 でも、目録を見るとはっきりわかるんですよ。岡島さんのところの目録でも石尾さんの本だなってこと。

岡島 そう、わかるの（笑）。当時、俺は大衆文学はわからなかったし……。

志賀 岡島はその後急に、大衆文学をやりだしたものね。

岡島 何でやり出したかというとね、その船橋・西武で、石尾さんの本が半分ほど残ったんですよ。それで俺に、これを全部付け値の半分で買えと言うんだね。時代小説も探偵小説もあった。それでそれを三年間寝かせろと言うんだ。そしたらそのときの付け値より高く売れるからと。それで初めて自分で売り出すようになったんだ。

鈴木 それで、それは儲かったの。

岡島 儲かったよ。全部売れたもの。ちょうどあのころ探偵ものが値上がりし出してね。

鈴木 石尾さんが自分で持っていれば……。抱え込むだけの財力がなかった？

岡島 いやあ、そうではなくて、面倒くさかったんだね。持って帰るのが。要するに商売人ではなかったんだな。道楽でやってそれが楽しかった……。

機関誌部 石尾さんは書誌とか作っていなかったのですかね。収集したものや扱ったものを研究するような。

岡島 そういうものは作っていなかったでしょ、あの人は。

機関誌部 生き字引のような人だったからね。

岡島 あの人が作っていたら面白いものができたでしょうね。先を見通す目もあったしね。これからは時代小説はだめだよ。読むヤツがいなくなるから値が上がらないって。乱歩や横溝正史は若いヤツが読んでいるから、そのうち上がるってよく言っていた。

島田 この『麒麟』が出ている昭和五十年代というのは時代小説が高くて探偵小説が安かった。石尾さんは古本屋になる少し前、こういう会に入ってじっくり見ているわけですよ。この会は時代小説、チャンバラ小説を好きな人もいっぱい入っていて……。それでも一方で探偵小説が好きな人がいるということを敏感に感じ取っていたと思いますね。

志賀 でも時代小説は今でもちゃんとしたものは高いでしょ。

岡島 一流のものは今でも高いよ。でもちょっと落ちると客がいなくなる。探偵小説なら、今三十代の人間が平気で買うからね。

鈴木　先見の明があった。でもお金がなかった。そこが面白いねえ。だって本来自分のお金で買っていれば儲かったわけでしょ。

お客の好みやツボを知っていた

鈴木　石尾さん、昔は東部の市にもよく来ていたみたいね。昔は東部もよく売れたようで、二十周年の記念誌を見ると桁違いだとわかる。だんだん品物が少なくなったからか、石尾さん優良書市ぐらいしか来なくなったんじゃない？

岡島　そうね。でも東部にたまに出てくるとよく買ってくれたよ。石尾さんが最初に本屋になって探偵小説を扱ったのは、赤い箱の『黒死館殺人事件』という本で、二万円で出ていたんだ。石尾さんが俺のところに電話をかけてきて、あれをともかく買っておけと言うんだ。それで麒麟の会の宮下さんのところに持っていこうというので一緒に行った。宮下さんは当時大企業の社員だったはずだよ。「こんな珍しいものをありがとう」といって、ケーキなんかご馳走してくれて、その本を四万円で買ってくれた。ああこういう本は高く売れるんだなと思ったね。そして石尾さんは、俺は宮下さんから他の本を引っ張り出すからって言うんだ。俺が買った本を人に売りつけて、自分の好きな本を引っ張り出す材料にしているんだなと、そのとき思ったよ。

志賀　僕も石尾さんに言われたことがある。上林暁の署名本が二冊入ったときだよ。神田で二冊五〜六万で売ってやるといって持って行ってね。それでその通り売れるんです。署名もよかったんだろうと思うけど。それで、石尾さんは自分の好きな本を取ってくるんだよ。

鈴木　まるで撒き餌だね。

岡島　こんな風に俺らに儲けさせてくれるんだけど、自分の買い道楽はしょっちゅうしていたわけだよ。本はよく知っていたから。

鈴木　セドリはしなかったの？

岡島・志賀　セドリはしない、あの人は。

機関誌部　石尾さんという人はお客の好みやツボを知っていましたね。お客が何を集めているかも見抜いていたと思います。だからどこに行けば何が売れて、何が手に入るかがわかっていた。市場で相場ができていくということもあるけれど、それが成立する前に、お客と店主で値を決めていくということができた人でしょうね。

志賀　下町展の今の目録の下地になっているのが石尾さんのものなんですよ。石尾さんが頑張っていたころは下町で文学書がずいぶん売れたの。石尾さんの関係ですよ。

島田　東部の大市が旧本部会館で行われた最後のときだと思いますが、前々から僕に譲ると言っていた『名作挿絵全集』に使った原画を「頼まれて、（大市の）目録に出しちゃったから、芳林、勘弁してくれ。但し、思いっきりの札で買いいて、お前に譲るから」と言われたので、注目していたら、石尾さんの言う思いきりの札上の値がついちゃって、買い引き値段の二倍以上していた。石尾さんの言う思いきりの札も安かったんですね（笑）。

志賀　下町展の名簿も石尾さんの客が多くを占めていてね。あるときおもしろ文庫の夏目一郎さんのところにすごく注文が来たことがあって、ああこれは石尾さんのお客だなと思ったことがある。まあ、今は石尾さんのお客はほとんどいなくなっていると思いますが。

島田　半分くらいは亡くなって、残っている人も年金生活に入っているんでしょうね。で、その人たちの蔵書が処分されているかというと、そうでもないみたいで、市場には出てこないですよね。ご家族はこんな汚いものという感じで価値がわからないだろうから、つぶしているんじゃないかと思う。収集家は、たとえば自分が十万円で買ったとしても家族には絶対に正直に言いませんからね。

志賀　特に大衆文学はそうだと思います。立派な本なら家族も大切にすると思うけど。残された家族には価値はわかりませんよ。

島田　前みたいにちり紙交換が動いていれば、拾ってもらえる可能性があるんですけど。資源ゴミかなんかでつぶされているかもしれませんね。

機関誌部　そういうゴミのような本を宝物にして、石尾さんは光りを当てたわけですよ。

島田　今、大衆小説は石尾さんが好んだような戦前のものでも活字だけのものは売れなくなりましたけどね。今はやっぱりビジュアルなものとかまんがとか……。

機関誌部　石尾さんの目録を見せてもらいましたが、案外幅広いですね。芳林さんが売れなくなったというけど、探偵ものので子供ものはまだ高いし。石尾さんが扱ったものの中にまだまだ面白いものがある気がしますね。

岡島　それはあると思いますよ。小学校時代から猛烈に読んでいた人だから。

機関誌部　読みたいから買うのかな。いいね。

鈴木　好きだからやっていたんでしょうね。目録でも何でも、大衆文学で一時代築いたというけど、ただ好きだったという……。

志賀　本人は何かを確立しようなんていう意識はなかったかもしれないけれど、好きとか嫌いだけで本を判断していたわけじゃないと思います。

岡島　純文学もよく読んでいたし……。

志賀　刷り物や付録も扱っていたし……。

機関誌部　そういう意味ではこまめに行き届いていましたよ。普通は本だけになってしまうけど。

志賀　『少年倶楽部』『少女倶楽部』の付録とか。今では付録の方が高いですね。

岡島　戦前の雑誌は何でもやっていたね。

志賀　本を直すのもうまかった。背に入っている花切れとか、いろいろ直すための小道具を持っていたね。器用で、僕の本も何回も直してもらいましたね。

岡島　石尾さん、うちの親父が本を直すのをずっと見ていたからね。

お酒も煙草も好きだったね

機関誌部　お酒もよく飲まれたんでしょ。

志賀　酒はよく飲んだよね。

島田　僕は自分が余り飲めない方だから、昼間つき合って。よくチョン寿司に行きましたよ。寿司を二人前とると、石尾さんは寿司はちょっとつまむ程度で、あとは僕が食べて、二時間ぐらいチビチビ飲むんですよ。

志賀　チビチビ飲むんだ。帰ろうかというともう一本。それが四～五回続くんですよ。

機関誌部　どんな話を？

岡島　本の話はするけど、商売の話はあまりしなかったな。

志賀　お金がないから安いところで、市場の帰りにしょっちゅう飲んでいた。

岡島　俺らよりすごい年上だけど、俺より二十歳、志賀さんより二十五歳ぐらい上でしょ。でも、ほとんどお金出さなかったね。

志賀　僕らもないけど、あの人、それに輪をかけてないから。

岡島　それでもそれがなんの不思議もない感じなんだよな。年があんなに離れていたのに、年の差を感じさせないでつき合えたもの。

島田　僕も相当離れているけど、そんな感じがしなかった。

志賀　週二〜三回は飲んで、それでよく僕の家に泊まっていったんだ。二十年ぐらい前、古書展の後に、よく泊まりましたよ。

岡島　当時、聖蹟桜ヶ丘に住んでいたから、遅くなってタクシーで帰るんじゃ大変だからって、俺の家にも泊まったりしていたよ。石尾さん月報に「夜明けのラーメン」という題で書いているけど、そのまま新宿の映画館に行って夜を明かすとか、一晩中屋台で飲むとか、サウナに行ってまた飲み直すとかもしていたらしい。

志賀　映画は好きだったんだよね。朝まで見ていたらしいよ。時代ものと大衆ものと三本立てなんかをね。石尾さんは本屋で金儲けをしようとかではなくて、ただただ本が好きで、本にさわっていたかっただけだったような気がする。

鈴木　亡くなるころは、青木さんが面倒みたみたいですね。病院に車で連れていったり。

岡島　俺も高木も車乗れないし。

志賀　病院に見舞いに行くと、肺ガンなのに咳しながら煙草吸っていましたよ。

島田　いやあびっくりしましたよ。最初国分寺の病院に見舞いに行ったときに、病室を抜け出して、煙草をスパスパ吸っているんですよ。石尾さんだめじゃないですかと僕が言うと、いやあ大丈夫なんて、むせながら……。

岡島　もう（肺ガンに）なってんだから、今さらやめてもだめだろうって言ってね。

志賀　亡くなったのはちょうどクリスマスのころでね。

鈴木　平成八年の十二月二十三日ですね。

志賀　ちょうどその一年前のクリスマスのころ、僕と石尾さんと（夏目）一郎さんと飲んでいて。一郎さんとは仲が良かったんですよ。二十年くらい前、三人で年一回京都に一週間ぐらい旅行して、酒飲んでいるだけなんだけど、そんなことが三回ぐらいあった。それで、そのクリスマスのころ三人で飲んでいて、一郎さんが何の話からか、「俺は石尾さんが死んだら泣くだろうな」なんて言うんだ。そしたら本当にその翌年のクリスマスのころに亡くなってしまって……。亡くなる前に、石尾さん、生まれ故郷の熊本に行ってきたんですよ。思い出の場所を全部回って……。昔つき合っていた人にも会ってきたとかって。

岡島　終戦のときには種子島にいたからね。

機関誌部　死ぬことをわかっていたのかな。

島田　僕は、石尾さんから本を買ったし、教わったし、公私ともに本当にお世話になりました。石尾さんはお客さんを本当に大事にしていて、長くつき合っていた。『麒麟』に投稿している瀬名さんなんかも長いつき合いでしょ。僕なんかが少し本を処分してくださいよと言っても相手にされないけれど、石尾さんが言ったなら、しようがないなといって出していた人を僕は何人も知っている。

岡島　石尾さんは電話してきて、芳林さんがこの本を買ってくれるとか、こういう本を捜しているとよく言っていたよ。

志賀　石尾さんは貧乏していても、それが苦ではなかったのかな。そんな気がしてしょうがない。飲んで人に払ってもらっても違和感ないし。

岡島　お金がなくなれば人に借りて欲しい本は買っていたし。本人は借りているという意識なかったんじゃないかな。

鈴木　まるでお殿様のような人だね。

志賀　まさにそういう感じですね。

岡島　うちに泊まっていっても、朝食はパンだというと、みそ汁がないとだめだとか言うんだからね。

志賀　うちでもそうだった。それもひょうひょうとしていてね。

岡島　広告代理店をやめたとき、もう人生おりた感じ。だから楽しかったろうね。

鈴木　なれの果てのお殿様という感じかあ。まわりがみんなで面倒見ているんだね。

岡島　青木さんも、小林さんも面倒見た。

志賀　話をしていて何か楽しかったね。

島田　年が二回りも違うのに、お前は若いからではなくて、同じように接してくれた。

志賀　頭がやわらかかったんだよ。

岡島　うちのせがれも、変なおじさんだったけど面白かったたって言っていたもの。

志賀　面白い人だった。いい男でしたね。

鈴木　背高いし、スマートだし。

岡島　格好よかったよ。

（４０３号／２００４年４月号）

追悼　先人に捧ぐ

秘密基地の旗

文生書院　目時《めとき》美穂
（元彷書月刊編集員）

記憶の底をはたいても、ひっくり返しても、笑っている顔しか思い出せない。そんな人は、あの人のほかいない。

田村さんはいつも笑っている人だった。

にこにこというより、へらへら、にまにま笑っている人だった。

このあいだ、小沼良成社長に、釣りの疑似餌の見本が貼付けられた本のコレクションのことをうかがいながら、ふと、田村さんが『彷書月刊』編集部に持って来た、同じく現物見本付きの本を思い出した。それは、大正時代の軍用避妊具《コンドーム》の見本が貼付けられた代物だった。

「突撃一番」に始まるそれの歴史を、喜々として、浪曲でもうなるみたいに一時間に亘って滔々と語りつづけ、さすがに堪忍袋の緒が切れた副編集長の皆川さんに一喝されて、にたにた笑っていた。そんな人だった。

にまにまして、よく唄う人だった。労働歌とか、軍歌とか、わらべ唄とか、いまでは、ほとんど唄う人などいなくなった歌をいっぱい知っていた。引き出しは無限にあって、興が乗ると、得意げな顔をして、酔っぱらいみたいにちょっと調子はずれな懐かしい感じのする声で、いかにも楽しげに、いつまでもいつまでも唄っていた。子供のころどこかで聞いて、それこそ草迷宮の主人公みたいに探し求めていた幻のかぞえ歌を、その田村節で聞かせてもらった。

価値の見いだされていないものの価値を知らしめるなんて高尚なことじゃなく、ただ、自分が好きだと思うものを素直に好きと言える人だった。

何より、人間が好きな人だった。

もう田村さんが病気をして、あまり会社に来られなくなっていた頃だろうか。忙しさのあまりぎすぎすしていた編集部に突然ひょろりと現れ、ひとしきり一人ずつの愚痴を聞いてくれたのち、「金なんぞ、どうにでもなる。だけど、人間関係は壊しちまったらおしまいだ」そんな風なことを言った。最後は皆で笑って、一杯呑んで終わりにしたいと。

金はどうにもならなかったけれど、人間関係は無傷で残った。いや傷だらけかもしれないが、皆で苦労した思い出は、『彷書月刊』で出会った人たちを懐かしい大切なものとして残してくれた。『彷書月刊』を閉める終わりの一杯は、田村さんの自宅で、手料理をつまみにいただいた。優しい味のする料理を作る人だった。

　いくつか前の夏、取材の途中で拾って会社で飼うことにした猫のため、ベランダに筵や日よけをはりめぐらせた。道路から三階の事務所のベランダを見上げると、ちょうどにわか造りの基地のように見えた。

「旗をたてましょうか?」

　冗談めかして言うと、

「いいねえ」

　と、田村さんはにんまり笑った。

　結局、笑っただけで旗はたてなかった。

　けれど、今も、心のなかには、旗が翻っている。田村さんと皆と一緒にかかげた、一銭五厘の旗のような、つぎだらけの、ぼろぼろの旗が、今も誇らしく、勇壮に、もうなくなってしまったわたしたちの秘密基地で。

（445号／2011年4月号）

あばよ、七痴庵
――追悼田村治芳兄

稲垣書店　中山信如

　前号勝手なことを書かせてもらったばかりだし、もう今期はおとなしくしていようと思ってたけど、そうもいかなくなってしまった。

　新年早々亡くなってしまった七痴庵の葬儀告別式で、友人を代表して弔辞を読んだところ、それをそっくり月報に載せたいとの申し出を受けた。ほかにもっと適任者がといったん辞退したが、たっての希望ということもあり、友の死を月報にとどめておくことも意味なくはないかなと思い直し、了承することにした。ただし同業の皆さんがたのなかには、カンにさわるような表現もあるやもしれぬと思い、一言お断りしておきたく、前文を添えることにした。

　今回の葬儀は故人の幅広い交遊に加え、朝日はじめ新聞数紙の訃報欄に載ったこともあり、わが古書業界だけでなく、予想をはるかに上回る人々が弔問におとずれてくれた。とりわけ新聞のとりあげかたが、古書情報誌「彷書月刊」編集長という立場に焦点を合わせていたこともあって、編集者や執筆者など出版関係者を多く見かける結果となった。

　故に代表して一人弔辞を述べる私としては、そちらの方面にも配慮した内容にせざるを得なかった。もちろん故人との長き付き合いを踏まえ、本人の思いをソンタクして代弁したつもりだが、同業からすると、ややもすると同意しかねる言い回しがあるやもしれぬ。だとすれば、その責は書いた私個人にあり、だんじて故人や遺族にあるのではないということを、お断りしておきたい。私自身高いもの珍しいものに引きずられつづけてきた一人ではあるが、その真意は、さまざまな業界人の共棲にある。

　それよりなにより、極論すれば、私はこの弔辞を遺族のために書いた。もっと言えば、大人として物事を充分わきまえている満子夫人にではなく、わずか十四歳、中学二年の多感な少年期に父を喪うことになってしまった、遺児治郎《じろう》君のために書いた。

　見ていたろう。日頃は気づかなかったかもしれないけど、おまえのお父さんは、あのこごえるような寒さのなか、お通夜だけでも四百五十人、翌日の告別式を加えれば、六百になんなんとする人がかけつけてきてくれるほど、すごい人だったんだぞ、好かれていたんだぞと、言いたかったのだ。これから大きくなって、一人前の大人になってからも、この日の長く果てなくつづく弔問の長蛇の列を思い浮かべては、お父さんのことを思い出してもらいたかったのだ。

私自身は親になることのないままこの歳になってしまったが、そう伝えたい一心で、この弔辞を書き、遺影に向かって献じたのだ。それだけは、この場を借りて言っておきたい。

弔詞——別れの言葉

なないろ文庫ふしぎ堂主人・「彷書月刊」編集長・田村治芳さん、なんてかた苦しい呼びかけかたは私にはできないし、したくもない。だからいつものように、ななちゃんと呼ばせてもらうよ、いいだろう？

ななちゃん、同じ歳のわれわれが知りあって、もう二十五年になるね。ちょうど「彷書月刊」が創刊されたころで、オレは東部支部、ななちゃんは南部支部の機関誌部員として、神田の部会で出会って以来だ。お互い物を読んだり書いたりするのが好きなこともあって、気が合い、「彷書月刊」は一号からの定期購読者となった。

思えばあの頃のななちゃんは、屋号の通りフシギな風体をしていたね。髪を長く伸ばせるだけ伸ばしていたかと思うと、ある日バッサリと切って丸坊主になるのを繰り返し、仲間には、まるで〈焼畑農業〉のようだと笑われたりもした。業界の口うるさい長老からは、まるで〈西洋乞食〉のようだと言われたりもした。でもオレは、そんなななちゃんの奇抜さが好きだった。それまで旧態依然たるところが色濃く残っていた古書業界に、思いっきり風穴をあけ、風通しをよくしてくれたと思っているよ。

ななちゃん、そんなななちゃんの自由さは、若き日に巣立ったフシギな学校「美学校」の、校風そのものだったのかもしれないね。オレも一度だけ連れてってもらったけど、あのなにものにもとらわれず、てんでバラバラ好き勝手なことに熱中してる生徒たちの気風は、ななちゃんそのものだと思ったことだった。その「美学校」の人脈を総動員して、「彷書月刊」の執筆者の幅も、大きく広げていったしね。

ななちゃんよ、それ以来オレたちは、「彷書月刊」上での付きあいがいちばん多かったね。なにか事あるごとに、声がかかって書かせてもらった。オレの最初の本もここに連載したものだったし、二冊目の本の半分近くも、ここに書いたものだった。

その二冊目を出したとき、ななちゃんが目録「ナナフシの散歩道」で書いてくれた言葉が、忘れられない。「この人は物を書くのが大好きで、大好きなために、読まれるためにどう書くか、その切歯扼腕の結晶がこれなのだ」。これはうれしかった。オレがいちばん言ってもらいたかったのに誰も言ってくれなかったことを、ななちゃんだけはわかってくれていた。このときオレはななちゃんを、編集者として信頼に足る人物だと思ったもんだよ。

商売がらとはいえ、ななちゃんは読むことじたい好きだった。どんなジャンルのものであろうと、先入観なしに、送られてきた本や雑誌すべてに目を通し、コメントしていた。もちろん、それ以外のものも、よく読んでいた。ななちゃんはその昔、どんなに飲んで遅く帰っても、寝床にはいってちょっとでもページをめくらないと寝つけないんだと、打ち明けてくれたことがあったしね。

だからななちゃんよ、そんな本に対する愛情が、「彷書月刊」を二十五年もの長きにわたって続けさせ、さまざまな種類の読者を取り込んでこられたんだろう。一度編集部で、壁に貼られた、購読者からのクレームに対する、ななちゃんの返信というのを見かけたことがある。クレームはある連載を取り上げ、こんなおもしろくないものはすぐにでもやめろとの抗議だった。たしかにその連載は、オレの目からみてもおもしろいものではなかったが、それに対するななちゃんの返答は、たとえあなたにとってつまらなかろうとも、おもしろいと思う人がいるかもしれないし、私はそう信じる。だからやめない。そうあった。それを読んでオレは、ななちゃんの編集者としての気概、編集者魂を見せつけられた思いがしたものだった。

ななちゃんよ、オレは同じことを商売の面でも感じていたよ。おおかたの古本屋が、こぞって高いもの珍しいものになびいていくなか、ななちゃんはゴミ本といわれて打ち捨てられるようなものにまで目配りし、丹念に目を通し、販売目録の形で生かしてやろうとしていたね。それは市場での働き手としての姿勢にも通じていたようだ。支部市に持ち込まれる雑本の山を、丁寧に仕分けて売ってあげてるその姿は、南部でも絶大な人気があったそうだね。それもこれも、日頃高額品にばかり目が行きがちな業界と業界人に対する、ななちゃんの、本への愛ゆえの、ななちゃんなりの疑義表白だったのかもしれないね。

そんな思いは、生前に出した著『彷書月刊編集長』にも充分詰まっていたと思う。オレはあの本を、ななちゃんが入院中のベッドにまで持ち込み、むりやりサインしてもらったね。献呈先のかたわらに、「同じように古本の山の中にすむ友へ」と書き添えられたその本は、今ではオレの宝物だよ。

ななちゃんよ、ななちゃんのそんなやさしさは、家庭においても同じだったみたいだね。一度目の結婚を解消して以来、市場と編集部と酒場をぐるぐる廻り、「不規則な生活を規則正しく続けている」と豪語してはばからなかったななちゃんの長いひとり暮らしも、満子さんの出現で、やっと終りを告げたんだったね。その二度目の結婚式の司会はオレがつとめさせてもらったけど、その後治郎君をさずかり、三人仲良く暮らしている様子は、オレの耳にもはいってきていたよ。

ななちゃんよ、オレがなによりいいと思ったのは、世間体など気にせず、勤めに出る満子さんに代わって、満子さんと学校へ行く治郎君の弁当を作って持たせ、ついでに残り物で自分の分も作り、編集部で食べてたという逸話だった。そんな自由闊達さが、いつも世間体を気にし、体裁をとりつくろうとばかりするオレには、正直うらやましかったよ。坊主頭にカッポウ着をつけ、台所にひょうひょうと立つななちゃんの姿は、さぞかし可愛いかったことだろう。

ななちゃんよ、それでなくともななちゃんには、憎めない、えもいわれぬ愛嬌があったよ。もう十五、六年にもなろうか、古書組合の機関誌を一緒にやってたときも、時間には遅れる約束には来ないと、困らされることがよくあったけど、ひどいときは中央線の果てでの取材の帰り、酔いつぶれたななちゃんを非力なこのオレがかついで帰ってきたこともあったけど、それでも憎めはしなかった。しょうがねェやつだなァとは思っても、あの愛嬌ある笑顔には勝てなかった。

ななちゃん、憶えてるかい。その機関誌をやってたとき阪神大震災が起こって、全古書連の本部代表として、見舞と取材にあの広い神戸のガレキの町を、二日がかりで横断往復したときのことを。あのときななちゃんはまだひとり身だったというのに、なぜかポットにお茶をいれて持参し、ふるまってくれたっけね。やっと見つけて泊まった宿の帰りがけにも、いそいそとお茶をつぎたしてくれたっけね。なにも残ってないガレキの原っぱで飲んだポットの番茶は、ななちゃんのハートと同じように、しみじみと暖かかったよ。あのあったかさは、終生変わらなかったと思う。

でも一方でななちゃん、あんたは想像以上に強い意志を持ってたね。ガンとわかり余命半年と宣告されても、臆することなく二年三ヶ月も戦いつづけ、とうとう宿願の「彷書月刊」三百号にまでこぎつけた。この執念はすごかった。到達記念の謝恩パーティに出てきたときはつらそうで心配したけど、昨年暮最後の見舞に行ったときは、晴れ晴れとした元気な顔を見せてくれて安心したのに、やっぱり来る日は来ちまった。

ななちゃんよ、古書業界という池の中で、必ずしもヒトの流れに合わせず、自由気ままにスイスイのびのび泳ぎまわるあんたのようなやつがいたからこそ、この池も澄みきりすぎず、適度な濁りをもった、居心地のいい場所でありえたんだと、オレは思ってる。

その意味でも、あんたは偉大なる異端児、愛すべき心やさしい異端児だったと、オレは思う。ななちゃんの泳ぐ姿を見ているだけでも、ホッと心がなごんだよ。そんな思いを抱いていたのは、オレだけじゃないだろう。今日ここに集まってくれたみんなも、同じ思いにちがいない。

だからオレは、そんなみんなを代表して言うよ。オレたちは、みんなななちゃんが好きだった。あなたの残してくれた思いの、広さと深さは忘れません。なないろ文庫ふしぎ堂主人・「彷書月刊」編集長・田村治芳さん、ありがとう。

だからあの世へと旅立ってからも、こちらに残るみんなのことを、満子さんや治郎君はもちろん、ほかのみんなのことも、いつもの哲学者みたいな、はたまた悟りを開いた高僧みたいな、あのやさしい笑顔で、ずっとずっと見守っていてくれよな。頼むよ。じゃ、あばよ、さよなら。

二〇一一年一月七日
友人代表　稲垣書店　中山信行
（444号／2011年2月号）

智《トモ》ちゃんの文章

稲垣書店　中山信如

私もほかの多くの人たちと同じように、中野書店中野智之さんを、親しみをこめて智ちゃんと呼ばせてもらおう。智ちゃんとは文車《ふぐるま》の会や明治古典会の同僚として、それなりの付き合いをさせてもらってきたが、そのあたりのことについては、もっとふさわしい人が書かれるだろうから、私は触れない。私がここで書きたいのは、書いておきたいのは、智ちゃんが書く文章のよさについてである。

話は飛ぶが、私はここ数年、正月ともなると〈なないろ忌〉なる小さな集まりに顔を出すのが恒例となっている。四年前の元旦に亡くなった、なないろ文庫田村治芳を偲ぶ会で、今年も石神井書林、月の輪書林ら縁《えにし》の深い数名が集まり、居酒屋の奥座敷で酒を酌み交わしながら、思い出話に花を咲かせた。今年はそれが昂じ、年末に亡くなってしまった智ちゃんの思い出話に発展し、それぞれが、それぞれの内なる智ちゃん像を語りあった。

そこで私が力説したのは、近年における智ちゃんが書いた文章の、よさだった。たとえば年中送られてくる目録「古本倶楽部」の冒頭の挨拶、あれはよかった。折々の季節の出来事にからませながら、さりげなく本文へといざない込む洒落た手立ては、なかなかのものだった。「お喋りカタログ番外編」の名で古書通信に連載していた文も、同様によかった。若い頃からずいぶん読書家だったらしいことは知っていたが、その豊富な読書量に裏打ちされた幅広い知識、それも学者的ではない、古本屋としての興味の上に立った雑学的知識がにじみでているのが、なんともらしくて、よかった。

そんないい文章の典型として、私が持ち出したのが、一年前の古書通信に書いた、玉英堂斎藤孝夫さんの追悼文「孝夫さんのネクタイ」で、あれはよかった。孝夫さんの、ちょっと癖のある人となりを、ひと刷毛あざやかに描いてみせた筆力は、なまなかのものではなく、うなった。まいった。私の文にみられるような余分なケレン味やヒネリがない、素直で後味のいい文章で、あれなら業界の内外でファンが多かったというのも、うなずける。あんないい文章に送られて、あの世へと旅立てたんだから、孝夫さんもさぞや満足だったに違いない。

　ここ七、八年を通し、わが業界で一番いい文章を書いていたのは、智ちゃん、あなただったと思う。あなたの文章は、一見サラッと書き流しただけにも見えるけど、芯には中味の濃さと心のゆとりがうかがえる、達意とも言える、いい文章だった。文は人なりと言うけれど、そんなセリフがピッタリくるのは、智ちゃん、あなたの文だったと思う。

　そういえば、3・18お別れの会の、チラシもよかった。〈わたしたちは、あなたが大好きでした〉、〈故人の人柄のような温かな時間を共有できれば〉というコピーもよかったけど、なにより写真がよかった。神保町公式ガイドブックあたりに使った写真なんだろうけど、智ちゃんの文章にあった人となりがよく出ていて、よかった。頭を指さし、ニガ笑いを浮かべながらこちらを見てるその顔は、かつて私が、なにかのパーティーなどで、やりすぎの言動を振りまいたりした次の日、決まって送ってよこした顔だった。まったく、ようやるヨ。しょうがねえなァ。と思いながらも、こまった悪ガキに見せる、慈愛に満ちた大人のやさしい顔だった。

　たしかに智ちゃんは、私より四つも若かったというのに、大人《おとな》だった。体も大きかったが、中味も大人《たいじん》だった。いまだ大人になりきれない自分と違って、風格すらあった。

　商売面では、とうの昔に抜かれているというのに、文章面でも、こんなに水をあけられたのでは、立つ瀬がない。正直私は、アセッていた。そんな矢先の、突然の訃報。これでもう、アセる必要もなくなったかと思うとホッとしたが、だからといって、これから先、すでにできてしまっている溝を、私はどうやって埋めていけばいいのか。智ちゃんよ、気が重い。

（469号／2015年4月号）

「さようなら銀杏《ぎんなん》書房　高田さん」

西書店　西村忠雄

銀杏書房・高田和さんが亡くなられました。

　機関誌からのご指名もあり同じ町内の同業者としてまた故人の後輩として、少しばかりお伝えいたします。

　JR国立駅前から真南に伸びる大学通りの桜は例年より数日遅れの四月二日に開花し、その日、高田さんは静かに息を引き取られました。享年95歳。

　その大学通りのお店をいつ覗いても高田さんはきちんと座って仕事をされておりました。ここ数年は体調のこともあり、お店は高田さんの両輪となって長いこと働いておられる女性社員に任せ、ご自分は少しばかり離れた市内の閑静な住まいで古書目録作りに集中されておりました。そうした折の何年か前、仕事のことでご自宅を訪ねると〈この前ね、夜中に寝返り打ったら骨折したのよ、もう骨がスカスカで〉と笑っておりました。笑ってはいるもののその躰の不自由さへの対峙の気概に年齢は関係ないものでした。

　ご自宅の仕事部屋&書斎はリファレンスの書物で埋まり、晩年、博物学関係洋書原書収集への情熱はこうした雰囲気の中で培養されたのかとも思いました。十六〜十八世紀の古典書にそっと触れる指先を見ていると若しかして、彼女がその書物を産み出し、ひねり出してもおかしくないと思う程で、つまりそれにはワケがあります。高田さんはとにかく人も知る好事家で、有ろうことか、一通りの製本技術をマスターし機械工具、古活字型洋文字、皮革までの一切を自宅に取り揃え金飾文字総革装幀古刊本もどきの製本をあの小さく細い躰で始めてしまったのです。ご自分用の造本に飽き足らず〈あなたにも一冊造って差し上げますよ、何がいいの〉と言われたこともありました。生涯独身、着物姿で古本業の三位一体。朝日の多摩地方欄等に数度、キリリとした姿と口調、多摩女性名士のひとりとして紹介もされております。そう言えば、複数回に及ぶヨーロッパ古書仕入旅行にも和装で通されておりました。以前、女性古書店主それも洋書専門とあっては珍しいほうでしたが東京洋書会の会員でもあり、その頃の彼女について知る同世代同業のお方から聞いた話、それは会員旅行先宿であった武勇伝の一端でしたが、なに、改めてご披露するほどのものではないですね。さて普段に「ぎんなんのおばさん」の愛称で学生や研究者更に、商店街、近隣の方々からも呼ばれたそのおばさんは、文字通り慕われた生涯を通されました。故人のご遺志でフォーマルな葬祭の儀はなく、ご自宅でのお通夜は近親者と七、八人の一橋大学関係者（かつて学生時代から高田さんがあれこれ世話をし、今では現役教授と旧職者）の皆さんと大好きな生花に囲まれたものでした。若しあるとすれば、それは「銀杏サークル例会」とでも謂うべき風景で、その晩、広い吹き通しのひと間の真ん中の、高田さんは普段と変わらぬ愉しい談笑を、休息し耳を澄まして聞いている様子でした。幸せでしたね、高田さん。晴れた日の落陽の様に穏やかで綺麗なお顔でしたよ。

（453号／2012年8月号）

おもいだされること
神田・東陽堂書店　高林恒夫さん

魚山堂書店　伊藤俊一

大リーグの松井選手の球団去就がとりざたされている。野球のことでは故高林社長のわすれられない思いでがある。ある年の日本シリーズ、好調だったピッチャーの西本聖は後半みるみるくずれはじめ、結局逆転サヨナラ負けをきっした。西本を続投させた藤田元司監督の采配への批判をマスコミは騒ぎたてていた。あの続投は今年がんばった西本への監督からのボーナスなんだと社長はそういっていた。その頃の仕事仲間は、ひいきチームのリーグ順位をスポーツ新聞で拾い読む程度の素人だったからか、職場という遠慮があったからか、職場でスポーツの話はしたことがない。僕らは社長の野球選手としての華々しい経歴をしるよしもなく、ただの古本屋の経営者として接していたと思う。西本投手にたいする温情的な言葉は、普段は気がつかなかった社長の別の一面にふれられたことで強い印象としてのこっている。

　ときはバブルにむかい本はダイナミックにうごいていた。閉塞感はなく、土地価格と同様、古書の値段が下がることはないという確信が古書業界の根底にあった時代だったので毎日がいそがしく、活気にみちあふれていた。社長は毎日の本部会館の仕入、毎週土曜日は各支部の入札会。都内のみならず地方のデパートの即売会や市場があれば、ついでに同業者の店に足をのばし、また客買いやら市会の役員やらと仕事をこなし東奔西走。従業員は毎日入荷してくる本の落丁を繰り、整理して店にならべ、注文を発送すると一日がおわっていく。おたがいにゆっくり話をする余裕もなかったのだろうが、つめたい職場ではなかった。朝の掃除が靖国通り一画でいっせいにはじまると挨拶の声がとびかい、毎日均一棚をのぞきにくる常連が数人うろうろしはじめ、荷台に本を満載した自転車が往来きしはじめ、一日がはじまっていく。街や市場が職場のようなものだった。再開発もすすまず間口一間の取次屋が通りのうらに軒を並べていた頃の話である。

　社長の商売のやり方は慎重で堅実だったとおもう。店の在庫がいつ仕入れていつ売れたかを把握していた。この本はこの値段で私が売ったという経験を付け値の基準とし、いたづらに古書価格をあげることはなくひねった値つけもしなかった。だからヨタ札もきらいだった。そのころ社長は、店売りから専門書への経営転換を図っていた時期でもあり、基本図書の在庫を充実させていた。動きつづけていた社長の機動力と、堅実で前向きな姿勢はいまでも業界人として尊敬できるし、おおくのことを学んだ。私の退社の際には、どこでどんな商売をやろうとも展覧会にはこまめにいけ、といっておくりだしてくれた。それが社長の商売の基本のひとつだったのだろう。そんな恒夫社長の顔を展覧会の帳場でみることはもうない。

　青空がたかくなりだした初秋、社長と横浜に仕入れにいったことがあった。いまとなっては場所も学校も思いだせないが、指定された駐車場のとなりは高校で野球部が練習をしていた。社長はくわえ煙草でその練習をじっとみつめている。厳しい顔ではなかった。みちたりたような顔をしていた。伊藤君あのバッターはいいよ。同意をもとめられても私はどうこたえていいかわからない。社長はもう一度、念を押すように、あのバッターいいよとつぶやいていた。私はなにもこたえなかった。

合掌

（437号／2009年12月号）

上野文庫 駆け抜けた男

白鳳書院　鈴木吉繁

　上野文庫・中川道弘氏が亡くなった。東京はもとより全国的にも最も有名な古本屋の一人であったことは間違いなく、善かれ悪しかれ話題になることが多い人だった。私は人が言うほど嫌いではなく、その行動にあまり打算を感じなかった。彼を動かしていたものは例えば少年が兜虫を夢中で追いかけるような、どこか無邪気さが根底にあって、蝶マニアが全国の山々を探しまわるように、全国の古書店を廻っては彼の眼鏡にかなった本を集めていたのではないかと思う。もとより商売をしている訳だから利益を出すことが重要なのだが、おそらく彼の情熱のほとんどは本を掘り出すセドリにあったように思われ、あの熱心さは仕事と言うよりもマニア、書痴・漁書の領域に属するものだったような気がする。

　さきほど嫌いではないと書いたが、これはさほど深い関係ではなかったと言う意味で、不快な思いをしたことがなかったと言うことだ。いつだったか神田のそば屋で上野文庫さんと稲垣書店の中山さんと私で食事をした際、蜿蜒と御園京平のことを中山さんに尋ねていた。おそらく何を食べたのか、その席に私がいることすら彼の眼中にはまったくなさそうで、たぶん一日中彼の関心は本に向いていたのだと思う。昨夜のナイターの結果がどうしたとか、旅やゴルフの話がどうしたとか、いい飲み屋ができたとか、凡人はとかくそういう世間話をするものだが、ごく一部の人間にはまったくそういう俗事に興味がなく、朝から晩まで一つのことしか考えていない人種があって、きびしい理想を持って生きている。他人《ひと》はそれを変人と呼んだり天才と呼んだりするが、かかる対象に出会えた本人の幸福はいかばか

古本界の裏おもてを軽妙なこばやしや川柳でつづった著書『古書まみれ』

りかと想像する。

上野文庫さんはセドリで全国を廻っていてホテルが取れないときなどは、ラブホテルに泊まるのだと言っていた。寝る所など彼にとってはどうでもいい問題で、肝心なのは先々でいい本があるかないか、それしかなかった筈である。今年の春頃、花川戸の靴屋で中敷を買ってきたとひょっこり私の店にやってきた。浅草には料亭や古い旅館や寺院が多いので、集中して古書買入のビラを配っていると私が言うと、彼は笑って買物がありますかと聞くのでまったく反響がないと言うと、当り前だと言う。広い家は本の置場所がいくらでもあるので処分しないものなのだと。つまり私は最も効果のない家々を選んでビラを配っていたことになる訳で、二人で笑った。

あれから半年もたたないで上野文庫さんは亡くなった。分身であった店も同時に消えた。店は彼のすべてであっただろう。中川さんの死と共に上野文庫は伝説になった。これから多くの古書マニアの間で語り継がれてゆくに違いない。店を開いて十二年、古書業界を古書マニアの間を疾走して彼岸へと渡られた。古書一代、上野文庫を天晴と思いたい。

（401号／2003年12月号）

追悼　天誠書林・和久田誠男さん

石神井書林　内堀　弘

天誠さん。

去年の春、「本の散歩展」の目録に天誠さんが書かれた、なないろ文庫の田村さんへの追悼文は、心にしみるものでした。またどこかでお会いしたら、そんなお話しもできると思っていました。

あの追悼文に倣うなら、天誠さん、何もあんな寒いときに死ななくたっていいじゃないですか。もっと暖かくなって、九段の桜をみんなで見てからだってよかったじゃないですか。

なないろさんに、なにも還暦だからって死ぬことはないじゃないかと歎かれたけど、天誠さん、あなただって古希だからって死ぬことはなかったじゃないですか。喜寿だって、米寿だって、喜寿と米寿との真ん中あたりだって、いろいろあったじゃないですか。

市田さんの理事会でご一緒しました。楽しい二年間でした。古書会館の再建築を決議した理事会でしたから、本当によく話し合いました。会議でも、三階の応接間でも（あそこは私たち機関誌部の砦でした）、忘年会でも、二次会でも、旅先でも、どこでもよく話し合いました。煮詰まれば、天誠さんの一言で場は和み、風通しが良くなる。そんなことを私たちは何度も経験しました。天誠さんのおかげで新会館が出来たようなものです、と軽口をたたけば、「あなたねえ、私が作ったようなもんですよ」って満面の笑顔が浮かびます。

痩せていて、温厚な読書人という印象の天誠さんが、あの気骨の力士天龍三郎の息子だと聞いて驚いたものでした。和久田誠男というお名前と、お父様の天龍から一文字ずつをとっての屋号でした。

もっと驚いたのは、いつだったか三島由紀夫の芝居のパンフに「演出和久田誠男」とあって、お訊ねすると「そう、これ私なの」と笑っていたことでした。六十年代後半、浪漫劇場の舞台監督や演出家として和久田さんは三島の片腕となって仕事をされていた。三島没後の『サロメ』も和久田さんの演出ですが、それが三島の遺言であったというのを、私は最近になって知りました。そういうことを、決して得意げに話す人ではありませんでした。

告別式の最後に「夢だった古本屋になれて幸せだったと思います」とご家族が挨拶されました。天誠さん、本当になによりでした。

天誠さんが中学生の頃から通っていた山王書房の関口さんの奥さんが、息子さんに付き添われて、笑顔の遺影をじっと見つめていらっしゃいました。

底冷えが続いた通夜と告別式に、天誠さんが大好きだった南部の若い人たちが、あんなに大勢駆けつけて、黙々とお手伝いをされてました。

古本屋天誠書林らしい最後でした。

（452号／2012年6月号）

土屋書店のこと

石神井書林　内堀　弘

市場ではじめて土屋さんをお見かけしたのは一九八〇年の夏のことでした。私はまだ二十五歳でした。

あの頃、詩歌集の古本屋といえば、谷中の鶉屋さん、神戸元町の黒木さん、大森のわかばさん、そして茗荷谷の土屋さん。文学書全般ではなく、詩歌集専門という、いかにも偏ったこの人たちが、古書店街や繁華街でなく、なぜか街のはずれのちょっと不便なところで店を構えているのが、魅力的で、頼もしく思われたものでした。土屋書店も、茗荷谷から小石川へ降りてゆく、住宅街のなだらかな坂の途中にありました。

それまで勤めていた大手の印刷会社を五十を過ぎて辞めて、よりによって詩歌集の古本屋をはじめたというのは、思えばずいぶん無謀なことをなさったものでした。それが一九七五年。ということは、初めてお会いした夏、土屋さんは古本屋五年目で、五十八歳の新鋭だったことになります。

私も詩歌集の本屋を作りたかったので、市場ではぶつかってばかりでした。メジャーなものはベテランの同業に敵うべくもなく、新人はいきおいマイナーポエットに活路を求めます、いや、評価の定まったメジャーなものより、こちらの方がよほど面白いからでした。

しかし、そのジャンルで土屋さんは本当に強かった。六十年代、七十年代（私の学生時代です）の詩歌に明るく、旺盛な好奇心をお持ちでした。私は自分の父親より年上の土屋さんに、前衛俳句をやられ、『凶区』や『バッテン』をやられ、反措定叢書をやられ、菅谷規矩雄や『あんかるわ』をやられたのでした。土屋さんはいつも手を抜かない、いや気持ちを抜かない札を書かれました。

いつだったか。私はお客さんから歌人山崎方代の面白さを教えてもらいました。この無頼な歌人にまだ古書価はなく、しかし探してみると第一歌集の『方代』はどうにも見つからない。何年か経って、郵便局側に積まれた何もなさそうな歌集の山にそれが混じっていたのを、私は法外な札で落としました。独り相撲をとったのかと思っていたら、土屋さんが「いいのを買ったじゃないか」と一声かけて下さいました。

土屋さんはどう思っていたかはわかりませんが、私にはライバルでした。あの頃、着の身着のままで市場に来て、無理に無理を重ねて落としていたのですから、土屋さんから「いいものを買ったじゃないか」と言われるのは、実は涙が出るほどありがたいことでした。

昨年お見かけしたときは、もう目が見えないんだといいながら、付き添いの息子さんに書名を読んで貰いながら入札をされてました。

土屋さん。私も五十八歳になりました。三十三年前、初めてお会いしたときの土屋さんの歳です。これから、親子ほども歳の離れた若い同業を蹴散らし、目が見えなくなるまで市場に通い続けるというのは、私にはとうていできそうにありません。享年九十一歳。愉快な古本屋人生であったと信じます。

（457号／2013年4月号）

『えびな書店店主の記』のこと

石神井書林　内堀　弘

蝦名さんとは、もう四半世紀を越えるお付き合いだけど、この人の頑固なところは、歳をとっていよいよ見事なものになっている。

私たちは、以前から無店舗の目録販売で、お互いに古書目録を送りあっていたが、ある日、「もうこういうことはやめにしよう」ときっぱりと言われた。別に不機嫌ではなく、言わんとすることは私にもわかる気がした。目録販売といっても、当初はそこで懸命に物語を編もうとし、そんな話もずいぶんしたものだった。しかし、在庫量が増え情報環境が大きく変化すると、いつしかルーティンな媒体になっていった。そうしたことへの苛立ちが蝦名さんにはあったのだろう。同業者との目録交換は今後お断りしますと、皆に葉書まで出したと聞いて、頑固なギアを一段上げた、といえば冗談になってしまうが、もう一度背筋をぐぐっと伸ばす姿が思い浮かんだものだった。

どれほどかあって、久しぶりに蝦名さんから目録が送られてきた。一緒に『四月と十月』という瀟洒な雑誌が同封されていて、そこに蝦名さんが文章を載せている。その続きが目録の後記にあるというのだ。私には嬉しい贈り物だった。

実は、えびな書店古書目録で、たまに載る後記の文章を読むのが私は楽しみだった。「達意の文章」という言葉をいつも思い出す。古書の話題は、ともすれば自慢話や楽屋話になりがちだが、蝦名さんの文章は率直で、それを発見できた歓びや幸せが生で伝わってくる。読んでいて心地がいいし、ものをそう書けるのが羨ましかった。

だから、『えびな書店店主の記』を、古書目録の美味しいところ取りと言えば、蝦名さんに怒られるかもしれないが、これを一冊にまとめたいという編集者の気持ちが、私には有難かった。

蝦名さんが駆け出しだった頃、いきなり『工芸』の大揃を落札したことがある。私も同じ駆け出しだったから、それは途方もない金額に感じたものだった。真面目に心配する私に、定期を崩すではなく、家中の貯金箱を壊すと彼は真顔で言うのだった。そのときの市会の会長が、私が以前勤めていた友愛書房の先代の主で、この人も相当破天荒だったが、さすがに「蝦名は大丈夫か」と心配をした。しばらくして支払いが終わったのだろう。主はすっかり晴れやかな顔になって、「いいか、お前も蝦名のような買い方をしなければ駄目だ」と、今度ははっぱをかけられたものだった。

その『工芸』が載ったのが古書目録の第一号で、この本の締めくくりには九十三号の目録の後記が載っている。美術本の古本屋のときどきのトピックに耳を傾けていると、つくづく自分にというか、モノと向き合う自分にこの人は頑固なのだと思った。市場にはこういう人がいる。だから、こちらもぐぐっと背筋を伸ばして臨まなければいけない。

巻末の奥さんの「追い書き」が素晴らしい。これを読んで私はしみじみ蝦名さんと友人でよかったと思った。家族だったら大変なことになっていた。

（447号／2011年8月号）

刻刻拾聞録

伊東さんのこと

コクテイル書房　狩野《かりの》　俊《すぐる》

「俺は人の三倍……、いや、四倍は生きたな。全部なんて話せないよ、やばい話もあるから。古書月報にも品位っていうのがあるから、書けない話もいっぱいあるぜ。」

伝法と言うのだろうか、歯切れのいい口調で、とんとんとんと話が流れる。内容も豪快だ。常識という枠を平気ではみ出す。面白い。ふと見ると、右手が小刻みに揺れている。ビールを飲む手つきもどことなく慎重だ。小金井の伊東書房さん。話のめちゃくちゃとは裏腹な、鼻筋の通った端整な顔立ちだ。

「昭和二十二年の生まれでさあ、そのころ親父たちが戦争から帰ってきて、ガキがいっぱい生まれたんだよ。俺らのクラスだって六十人もいたんだぜ。古本屋になったのはいくつだろう……、十九の時にはもう振り手やってたからなあ。」

景気のいい時代の話が続く。定価三万六千円の世界大百科事典を二万で仕入れ、右から左に三万で売りさばく。その売上だけで一日七万円。マル優の枠三百万円はあっという間に埋まった。税務署の目を恐れて、残りは現金で置いておくしかなかった。日々溜まる現ナマ。そのうちに置き場所に困り、金庫代わりのマンションを千駄ヶ谷に購入する。税務署対策のために他人名義で。

「とにかく儲かって儲かってしかたがないんだよ。使い切れねえんだもん。店売りもそうだよ、古本なんて棚に差したら三十分も経たない内に売れるんだから。

そのころは日本も余裕が出来てきて、みんなが家を建て始めたときなんだよ。書斎を作ったけど本が無いので、なんでもいいから見栄えがいいのを棚に置いてくれって客がいっぱいいてね。

市場で百科事典を三千円で落として、それを二十万円で売ったり。それでも喜ばれたよ、立派な本をありがとうって。古本屋が駄目になるのは博打と女だって言われた時代だよ。地方へセドリに行けば、東京の市場では十倍になる本がごろごろしてたから。金なんかいくら使ってもすぐ入ってくると思ってた。千駄ヶ谷のマンションも人にあげちゃった。」

クレージーキャッツがラスベガスの大通りで「銭だ、銭だよ、キンキラキンのキン」と歌い踊った時代、古本屋も乗りに乗って踊っていた。まさに乱舞。市場では派手な売り買いが行われ、戦争帰りの店主どうし競り声を張り上げ、殺気だった雰囲気さえあった。市場が終わると女や博打に精を出す。金曜の市場の後にマージャンを始め、翌週の火曜まで打ちっぱなしという猛者もいた。

「マージャンはやらなかったんだ、あれは身体に悪いから。座りっぱなしでしょ、その間にタバコを吸い続けるじゃない、終わると黒い汗が滲み出てくるんだよ。マージャンをやるとベトベトになるって。俺は競輪とオートレース。競馬？　やらない。人間にしか賭けない。このあいだも車に布団積んで、旅打ちに行った。九州まで行こうと思ってたけど浜松で討ち死にしちゃった。ギャンブルは趣味じゃないなあ、もうこれは習慣だな。そうそう、俺んちはパチンコ屋もやってたんだよ。昭和二十年代に。なべ底不況が来て、いっとき本が売れなくなったんだよ。その時に親父が始めて。ものすごい儲かったよ。その金をたかりにヤクザが一ダースは来たな。そいつらが来たときのために、事務所に日本刀置いてあったから。だけど昭和三十年に連発式を規制する法律が出来て、それで止めちゃった。」

十九の年には父親が市議会議員選挙に立候補。その応援のために政治活動を始める。

「未成年は政治活動やっちゃ駄目なんだよ。法律で決まってて、単純労務以外はやれないんだ。こっちはそんなこと知らないから、最初から応援演説なんかしてさあ、うまいものだったんだけどね。

選挙は小さいほうが面白いんだ。結果が見えるから。あそことここを動かして五百票出させて、なんとか候補を当選させるとか。自分で局面を動かせるからな。国政だと大きすぎて、自分のやってることの効果が見えないんだ。

いろいろ面白い話はあるよ、ピース箱の後ろに千円札挟んで渡すとか、札入れて握ったおにぎりを配るとか、田中角栄なんて石炭ばら撒いたんだってな。

田舎の選挙は金持ちがみんなに金を配るためにあるようなもんだよ。選挙する前に貯金通帳見せて、これだけの金をばら撒きますって話しすんだから。出るほうにすれば、選挙の時に札っぴらで人の頬をひっぱたくのが面白いんじゃねえの。」

殺人の現場を二度も目撃した。一度目は新宿西口。路上を歩いていると、いきなり目の前の男性が崩れ落ちた。過激派が鋲打銃で振り向きざまに警察官を撃ったのだが、弾は右脇腹をえぐり、そのまま男性の胸に命中。いきななりの出来事で何が起こったかしばらくわからなかったという。

「正確に言うと死んだかどうかはわかんねえんだよ。係わり合いになるのが嫌でそのまま歩き去ったから。生きてても相当の重症だろうなあ。
　二回目はラーメン屋でさあ、喧嘩っぱやい腕に自信のある男とビール飲んでたんだよ。横に居た着流しの人がそいつに何か言ったんだなあ、『ラーメン屋だから静かにしてください』とかだと思うんだけど、そしたらそいつはいつもの調子で生意気な口を聞いたんだよ『うるせえ』とかなんとか。そしたらその人が『そうですか』って静かに言って、すぐに『パン』って音がしたと思ったら、奴がいきなり椅子からドサッと落ちたんだよ。首筋に割ったビール瓶の口が刺さってて、たぶん即死だろう。足が竦むっていうだろ、あの時がそうだよ、逃げようとしても走れないんだよ、身体がスローモーションになったみたいに。未だに残ってるよ、ビール瓶を割った時の『パン』って音が。これ書くとヤバイかもしんねえぞ、あれまだ捕まってねえから。」

　家業の傍ら、新宿で夜の仕事に従事した時期があった。昭和三十年後半から昭和四十年初め、新宿という土地は伊東さん曰く「ジャングル」だった。あの狭い空間に、野獣や猛獣が跋扈し、小動物は生き延びるために必死に走り回り、そして夜の蝶も飛び交っていた。縦横に走る路地はまさに獣道。目を瞑っていても自分がどこにいるのか分かった、そしてそれくらいにならないと遊びながら生きていくことは出来なかった。狭くはあるが、どこに底があるのかわからない深い街。そしてそれはどこまでも伸びるような広さ、でもあった。

「二丁目なんてまだ安全なもんだよ。本当にヤバイのは要町。あそこは本当に危ねえ。こっちもいつカッ上げにあってもいいように、靴下の中に金を詰めて歩いたり。日が暮れてから新宿御苑の辺りをうろつくなんて命がけだよ。
　新宿で遊んで十年もつ奴はいなかったね。酒で身体をやられたり、酔って道路で寝て車に轢かれたり、あとは自殺だな。いきなりいなくなる奴とか。なんせ寝ないで遊ぶんだから。最後はシャブ。あれやったら終わりだよ。」

　物事というのは、何でも身を入れてやらないと、詰まらないものである。中途半端は一番いけない。だからだろう、うな重の「竹」は白けてしまう。
　身を入れるには、好きなことしかしないのが一番である。そう思い至り、私は去年から、好きなことしかしないと心に決めて、本当にそう過ごしている。そうなると、ロクデナシと呼ばれていたのが、人でなしと後ろ指を指されるようになった。それなりに難儀で、辛くなるときもあるが、好きなことをするのは楽しい。そしてようやく「遊び」の輪郭を掴めたような気になった。無駄ゆえに尊い「遊び」。

好きなことの中には全て「遊び」がある、改めてそう思った。それから今までの世界の色が一変した。料理を作るのも、酒を出すのも、目録を編むのも、本に値札を貼るのも、全てに「遊び」を垣間見、生きているのが楽しくなった。

伊東さんという、古本と政治と新宿の三題噺をとくのは「遊び」なのかもしれないと、話を聞きながら思った。

「三億円事件の犯人の容疑者にもなったんだよ。ヘルメット被ったモンタージュ写真あったろう、あれが俺にそっくり。警察署に引っ張られて、アリバイがあったからすぐに容疑は晴れたんだけど、誰か知ってる奴はいないかって は大分聞かれたよ。俺はバイクのマニアだし、府中の側の小金井に住んでたから。バイクの写真を見て教えてあげたんだよ、メタリックの塗装に精通してるだとか、改造の仕方が相当凝ってるだとか、最後には捜査協力で感謝されたよ。」

駆け抜けるような人生を象徴するように、伊東さんは速い物が好きだ。モトクロス競技をやったり、車をチューンナップして峠を攻めたり。競輪もオートレースも一番速い選手を予想する博打だ。どんなに速い乗り物に乗ろうとも、年を重ねるということからは逃げ切れず、伊東さんももう還暦を越えた。

「四十で結婚したんだよ。なんでって、親が孫の顔を見たいっていうからさあ。子供はすぐ出来て。娘で今は高校三年。お袋はまだ生きてるよ。月報も読んでるから、あんまり変なことは書くなよ。女遊び？　しないよ。酒と一緒で、女もなきゃあないでいいんだよ。」

どんな面白いところにいようと、古本の世界とは繋がり続けた。というよりは古本の周辺を回りながら、生きてきたような印象さえ持った。

「自分の能力が還元されるというのが、古本屋としての面白みだろうな。いわゆる「センス」というのは手にした本に面白みを感じ中に入って、そしてそれをどこまで派生できるかということだと思うんだよ。読まない本屋は駄目だってこと。よく言う「筋が通っている」とか「骨のある」という言葉も似たような意味だと思う。

死んじゃった正さん（竹岡正さん）や昭さん（竹岡昭さん）なんかはセンスの塊だろうな。あの二人はタイトルとか目次なんかは独文でも読めるんだから。センスをエスプリと言い換えても良いかもな。」

人は死んで名を残すというが、いったい何人の人間が後世まで記憶されるのだろう。浪六全集に三百五十円の札を貼りながら、そんなことを考えた。この戦前の大ベストセラー作家を、現在何人の人が愛読しているのだろう。「本は永遠」ともいうが、神田の市場の横にある廃棄本を、即売会の後のツブシの山を見ながら、そんな言葉を紙切れのように、薄く小さく感じる。古本屋という時代の記憶を後世に送り届ける仕事は、裏ではこのような光景を見つめ続ける宿命を背負わされてもいるのだ。

「一度聞いたことは二度と忘れない」と言う伊東さん。歴史に関しては江戸中期までの詳しい年表が入っているという。「極端な話、江戸時代の人とも話せるよ」。歴史が詰まった人なのだ。

古本という歴史の記憶装置を扱う仕事をし続けてきたことと、本気で遊び利那的なまでに「今」を生き抜いてきたということが、伊東さんの中でようやく落ちつき所を見つけ、一つに溶け合ってきているような気がした。それには「人の四倍を生きた」という人生をやりつづけ、さらに六十年という時が必要だったのだろう。それは伊東さんという一つの「歴史」になった。そして、そう、自身が大きな歴史の流れにも乗れたような。

（426号／2008年2月号）

刻刻拾聞録

父を探す旅、終える

コクテイル書房　狩野　俊

大腸にできた癌の手術をしてから、辰さんの酒の飲み方が変わった。

「飛ぶぞ！」と叫んで二階家から飛び降りてあばら骨を折る。路肩に置いてあったゴミ箱を蹴り倒し、反動でゴミ袋の山に倒れこみゴミまみれになりながら寝てしまう。二人で歩いていて立ち止まると、とつぜんチャックを開けて「コクテイル君、おれの息子、よろしくね」と見せびらかす。

普段の紳士具合からは想像も出来ない酒癖は、ある人にいわせると「野生に帰る」ということらしいのだが。

そんな破天荒な酒が影をひそめ、酒席でも少し飲むと「もう結構」などとお茶をすすっている。病のことを考えれば当たり前なのだが、夏の終わりのような寂しさを感じる。

久しぶりに、相談にかこつけて、辰さんを呼び出す。腸に優しい豆腐料理をつまみに、酒もほどほどという約束で。

痩せてはいても、衰えた気配は見せない。ぴんと張った背筋と、きびきびとした切れの良い話し方は、昔の軍人を彷彿とさせる。雪駄履きの、さむえ姿で現れる。いんちき臭い書家か、能書きの多い料理人のような格好だが、辰さんが着るとそれなりに様になるから不思議だ。

肉が好き、脂っこい物が大好きな辰さんだが、腸の病にはそれらはご法度。料理を頼むのにも気を使って「奴と湯葉の刺身、それにおひたしでどうですか」「いやあ、コハダの寿司と、鰻も取ろうよ」「だって、脂はだめなんですよね」「そんなことないだろう」。

脂の乗った蒲焼を日本酒の冷やで美味しそうに食べる。「酒はいいんですか?」うるさいな、と言わんばかりにちょっと睨んで「すいません、二合徳利でください」とこれ見よがしに注文する。なんだ、元気じゃないか。ほっとする。安心して嬉しくなる。こっちのピッチも上がってくる。

古本屋になって十年、いろいろな人に出会えた。

若いころは大阪で真剣師をしていたという天堂書店さんは、文筆の仕事もやっていて、つげ義春に漫画の原作を提供したりしていた。自他共に認めるアル中で、サンプラザの即売会の途中で抜け出し、コンビニでワンカップを買ってきては店番をしていた。百万円近い売上を、飲み屋に忘れたときもあった。「あんたも酒が好きなんだってね。こんど町田まで飲みに来なよ」と言ってくれたが、機会を得ぬままに、アルコールが身体の隅々まで行き渡り、身体を蝕んで、最後には足が壊疽になって、骨に穴が空いてしまったという。

「富士正晴に『こいつは女を上手に書いている』っていわれたんだ」とよく言っていた、西鶴堂書店さんは優しい人だった。西鶴さんがいるだけで、即売会の会場の空気が和らいだ。若い古本屋に目を掛けてくれ、僕がチョンボをするとよくかばってくれた。入院したと聞き代々木の病院にお見舞いに行った。病室の扉を開けると僕らの反対側を向き、娘さんと話をしていた「医者に、白血病なのかどうか、はっきり聞いてくれよ」。静かに扉を閉めた。亡くなられたあと、辰さんが中心になって、蔵書の整理を古本屋数人でやった。マンションの部屋に入り口までびっしりと本が詰め込まれていて、雪かきのように本を取り出して中に入った。思えば、あれがお弔いだった。

弘栄さんはダンディーな人だった。阿佐ヶ谷の紙問屋の御曹司で、どんな事情でか、大衆文学専門の古本屋をやっていた。「おい、コクテイル。近頃の若い奴は、中途半端に無頼なんだ。本当の無頼って言うのは、やることを完璧にやって、誰からも突っ込まれないように生きてこそだぞ」と言われた。無頼ぶるのと、本当の無頼との違い、を教えられた。身体の不調を押して、即売会の準備をしていたという。近所の人が見つけたときにはもう冷たくなっていたそうだ。

無頼に憧れていた。自由に憧れていたと言っても良いと思う。市民社会から外れている、外れていながらも生活が出来る、これが古本屋の最大の魅力だと思っていた。

「影というのが古本屋の一側面だよ。古本屋が単純じゃないというのは、影の部分ばかりではなくて、光の部分も知っているということなんだ。織田作のような作家に成りたかった西鶴さんがいるだろ。成れなかった、成りそこねて古本屋になったと思うんだ。ここだけ取ると影の部分だけど、知的なものである本を扱うっていうのは、その周辺の事や人なんかをも巻き込むよな、これは光に触れるということでもあるんだ。光も影も知っているのが古本屋なんだ」

辰さんはもと三一書房の編集者だ。田中小実昌の処女作「かぶりつき人生」というストリップ劇場探訪記の担当だった。古本屋になってからも、人に物を書かせ、書く人間の側に、フリーの編集者として居た。だからこそ知りえる、影の暗さと、光のまぶしさ。

「古本屋っていうのはね、謙虚じゃなくてはいけないんだよ。知というものに、本というものに。だって我々は何も作ってないんだから。目の前に来た本を右から左に流しているだけだろ。しょせんは古本屋なんだ……。間違えるなよ、所詮っていい言葉なんだぞ」

卑屈になることなく、それでいて傲慢に陥らず、生きていかなくてはいけないと思う。それは「所詮」という謙虚さと、「されど」という自信がぶつかり合ってできた、波頭に立って歩いていくようなきわどい物だろう。

所詮は古本屋だが、されど古本屋でもあるのだ。それはまさに、光も知り影も知る、古本屋の生き方にも通ずるのだろう。

「愛ってなに？」「生きるってどういうこと？」こんな青臭い、漠然とした問いと同じようなものなのだろう。「古本ってなんですかね？」「古本屋ってどういう生き方なんですか？」というのは。

「古本屋になるって、ものすげー難しいことだぜ。つまんねえ本売って威張ってる奴ばっかりじゃない。君なんかその典型にも成れてない。早く古本屋になりなさい」

本当のことというのは頭にくるものだ。いささかムキになりながら、数人の古書店主の名前を上げては「この人は古本屋ですか？」と聞くが一度も首を縦に振らない。「辰さんご自身は？」と聞くと「まさか、そんなに立派になりきれてない」と笑いながら否定する。

何本目のお銚子だろうか。猪口を勢い良く、机に叩きつけるように「トン」と置き始めると、酔いが進んだ兆候なのだが、この日は時間が経っても音が聞こえてこない。

何度か泥酔した辰さんを家まで送ったときがある。二人がかりで抱えて、タクシーに乗せて練馬まで送った。軍歌を口ずさみながら合いの手に「貫徹！」と叫ぶ。新左翼に属しているが「誰よりも軍歌を悲しく歌うことが出来る」という辰さんは、正体がなくなると決まってそれらを口ずさみ、時には閉じた瞼から涙がこぼれる。「革命は起こると思ったら絶対来るからな」と口ずさむときもあった。

「俺の周りで最近死ぬ奴が多くてさあ。これは古い仲間なんだけど、身体が不自由になって、自殺して。病気でいく奴も多いし……。身寄りがない奴が病院に入るのには保証人がいるんだよ。だいぶ保証人になったよ」

かく言う辰さんも、数年前に大腸がんの摘出手術をした。それいらい腸に苦しめられ、腸閉塞で去年だけで六回も病院に入った。細身だが、鍛えられた筋肉質の身体は、痩せ細り、首筋の線は鶴のようにほっそりしている。

「男の生き方っていうのは、男っていうのはな、これは本当にどうしようもねえぞ。所詮はイデオロギーなんだよな。マルクスがいくら偉大なイデオロギーを構築して、世界を揺すぶっても、それに乗っかって生きた奴がどれだけ無様だったか。思想は違うけど、甘粕正彦の生き方みても分かるだろ。しょうもない人生だぞ」

病に負けたのか、右傾化するこの国への敗北宣言なのか、そう思って聞いていると、力を込めた一言が響いてくる。

「俺は最後まで諦めないけどな。最後の召集令状が届くまで。届きますよそれは、必ず。そこが死に場所だな」

痩せても衰えず、ファイティングポーズは崩さずに、前を見据え、自ら千切って身の中に入れた言葉を、ふたたび吐き出すように話す。人間は破壊することはできても、屈服させることは出来ない、という作家の言葉を思い出す。

無頼の果てに何が在ったのだろうか。何かがあったのだろうか。死ぬ前に見たのは光なのか、闇なのか。肉体を無くし、完全な自由になった、無頼な古本屋店主たちに、問い掛けてみたい。

それは、古本とは何か、古本屋とは何か、との問いかけと一緒のような気がする。

辰さんも酒を飲みながら、大きな問いを発していたのだろう。問いが大きすぎて、いつも飲み込まれ、理性が吹き飛ばされて、野生に帰るしかなかったのかもしれない。

これぞ男の生きる道。無頼の果ての茫漠。何もないというのは、なんて澄んでいて美しい物だろうか。

（429号／2008年8月号）

記憶に残る古本屋

麦《むぎ》書房・堀内達夫さん

なないろ文庫ふしぎ堂　田村七痴庵

麦書房・堀内達夫さんに会ったのは昭和五十二年。麦さんは四十九歳、わたしは二十七歳だった。すでに二十七年も前のこと。

伊藤信吉さんの詩集『上州』がその前年出たばかりだった。その版元が麦書房。

わたしは小田急線梅ヶ丘駅近くにあった印刷屋さん、七月堂・木村栄治さんに誘われていっしょに古本屋をやることになった。道路沿いのスペースを利用して七月堂古書部の準備をはじめた頃、七月堂の知人のいろんな人が古本をわけてくれた。

麦さんもその一人だった。

すぐ近くの梅ヶ丘、根津山の入口にあった図書館のすぐ前に麦書房はあった。

ガラスケースの中に新刊書がかざられていたような気がする。

すでにその頃麦さんは出版社だった。

勿論、古書組合には入っておられたから、同じ北沢班であり、すぐ班長になったわたしは配り物、集金等で、麦書房さんを訪れることもあり、麦さんも、七月堂に、ちょっとした用事で顔を見せることもあった。

その頃に、麦さんから、雑誌『本』を何冊もいただいている。後述するが、この麦さんが単独で出していた書物雑誌で、なにも知らなそうな若造のわたしに、ちょっとこれでも読んで勉強してみなよ、と気にかけていただいたわけである。

何度か、お酒を飲んだこともある。飲みはじめると、麦さんはどんどん悪口を言いはじめる。もう二十七年も前のことなので、覚えていることは二つだけ、一つは、萩と荻の字を混同して使っているだれかへの悪口。もう一つは山口瞳の悪口。

それがトッサに山口瞳とはわからなかった。やまぐちひとみ、と音で聞いているので、だれか、女優か、歌手の悪口かと思って、ウロできいていたんだと思う。だから、あっ、作家の山口瞳か、と気がついた時には、その悪口の内容は忘れてしまっていて、ただ、麥さんが山口瞳の悪口を言っていた、という記憶だけが残った。

麥さんと、山口瞳は、おそらく〈鎌倉アカデミア〉で出会い、そして、親しい関係でもあっただろうな、と思うのは近頃になって、である。

本年六月号（五月二十五日発売）『彷書月刊』の特集は〈鎌倉アカデミア〉で、山口さんの奥様、山口治子さんにお話をうかがいに行った。その折、――そういえば、瞳さんは、アカデミア出身の方たちとつきあうようなことは、恥ずかしがってしなかったけれど、そういえば、古本屋さんみたいな人がいたわねぇ、――となつかしそうにおっしゃった。

それは、きっと堀内達夫さんです。麥書房さんという、古本屋さんでした。


谷沢永一さんの『日本近代書誌学細見』（和泉書院'03年）に、堀内達夫さんの項目がある。堀内さんの仕事を評価して、

――堀内の細心な「覚書」は小林を深く読むために忘れてはならぬ貢献である。――

と、その項は結ばれる。

『書誌小林秀雄』は吉田凞生との共著で、図書新聞社（昭42年）の刊行。

貢献、と書いた谷沢永一さんは周知の如く古本世界大魔王の一人。昭和四年生まれ。

堀内達夫さんは昭和三年七月四日生まれ、『書誌小林秀雄』の仕事は、彼の三十代になされていることになる。そのような書誌家の道を歩むことになるその履歴をたどってみたい。

仙台市生まれ。父は堀内洪、母は清了《スガ》。

三歳の時、父が弘前大学病院赴任の為、青森県弘前市へ移転。弘前大学病院の副院長、後に独立。弘前で堀内医院を開業。耳鼻科。

弘前の堀内医院、医者の子だったんだ。

耳と鼻がいい筈だ、というのは冗談だが。

『NHK趣味の手帳より 本とその周辺』（文化出版局・昭52年）という本がある。

丁度、わたしが麥さんに会った頃の刊行だけど、NHKラジオの「趣味の手帳」昭和五十年四月一日放送〈幻の雑誌をめぐって〉には堀内達夫が収録されている。この本は、古本屋にとっても、読書好きにとっても興味深い文章が集まっているけれど、おそらく自筆の、簡単な経歴がついている。

〈旧制青森県立弘前中学校。鎌倉アカデミア出身。現在文藝書出版・麥書房を独立経営。共著に『書誌・小林秀雄』。『小林秀雄全集』の書誌担当。『中原中也全集』資料、書誌担当。『立原道造全集』『津村信夫全集』編輯委員。（著者の希望により写真は省略いたしました。）〉

写真省略に麥さんのダンディズムとへそまがりぶりがうか

がえるけれども、この本の中で堀内さんの文学的出会いが語られる。

——敗戦直後の昭和二十一年の暮ですが、当時では目を見張るような「創元」という豪華な季刊雑誌で、小林秀雄という署名のある「モオツアルト」を読み、ひどく感動した。——

十八才の青年、堀内達夫が、小林秀雄書誌へと向かう一歩である。こうつづく。

——さて、私の資料蒐集への妄執ともいうべき動機について今一度考えてみますと、まえに申したことの他に戦争体験の影も落ちております。少年であった私にとって敗戦は、天地のひっくり返るような諸価値の混乱の怒濤に身を晒すことでしたが、その時、朧げに考えたことは、過去、現在を問わず、我々を押し込み、押し流す虚妄の社会通念からの〈精神の自由〉或は〈真実の追究〉といった精神の自律性の問題でした。今に続く私の仕事は、書誌学上の、それも極く限られた範囲のことですが、既成の史観に頼らず、虚心に文学成立の現場の記録である雑誌や新聞に叮嚀に接していると、そこに記録されている現象は、今日も見る如く複雑を極め、決して特定の歴史観で整理がつくというものではありません。この人間精神の諸々の現象の前で、小さく固定し勝ちな〈私〉を打ち砕き、眺め返すごとに生き生きとした感銘を汲みあげる、そのことで私たちは〈世界〉に新しく参加し得る。そのように歴史の真実に成心なく向い合うことは〈精神の自由〉と深く関わり合うことと思います。——

〈精神の自由〉。思えば麦書房の麦はどこからきているのだろう。アンドレ・ジイドの『一粒の麦もし死なずば』があり、ミレーの「種蒔く人」の種は麦だっけ。〈精神の自由〉という言葉と〈麦〉という一字のあいだにはなにか関連があるに違いない。

旧制青森県立弘前中学校を卒業後、昭和二十二年頃には上京、昭和二十三年に鎌倉アカデミアに入学。

今日この一文を書くにあたって、堀内達夫さんの奥様、堀内圭様から、経歴ほかのくわしいお便りをいただいた。昭和二十二年頃には上京している筈というのも、その御手紙によっている。

昭和二十一年に始まった鎌倉アカデミアも二十三年には三期目となり、〈精神の自由〉をもとめる生徒たち、先生たちが結集していた。まさに戦後の、教育の一実験場として、鎌倉アカデミアはあり、それが、堀内達夫さんのすすむ方向をさし示してくれたのかもしれない。

同じ三期に、やはり、旧制青森県立弘前中学校（弘前高校）卒の鈴木清太郎さんがいる。鈴木清太郎は軍隊から復員して弘前を経て、鎌倉アカデミア映画科百二十五人の中の一人として入校する。後の鈴木清順である。

堀内さんは、おそらく文学科六十五人の中の一人だったのではないか。

鎌倉アカデミアの中ですごした青春について、やはり誇らしげに〈鎌倉アカデミア〉を自らの履歴に加えることでもわかるように、実り豊かな数年だったのに違いないのだ。

しかし、昭和二十五年九月、鎌倉アカデミアは閉校においこまれる。刀折れ、矢尽きて、先生たちも無給の数ヶ月。当時在籍の学生たちは、先生たちの働きかけもあって、いろんな学校に取得単位をもって移籍することになるが、堀内さんは東洋大学英文科に移籍となり、昭和二十七年に卒業となる。

東洋大学。文京区白山。かの、中村書店、中村三千夫が出た学校でもある。卒業の昭和二十七年にはすでに、宮益坂に、中村書店が店を開いている。昭和二十四年からだ。

「渋谷宮益坂上の中村書店に行ってみなさい」で書いた通り、堀内さんは

——学生の私はそこに入りびたりで、本を読むにはこれに限ると同業者になってしまった。ユリイカの伊達得夫さんの悪戦苦闘の姿もそこで知った——（「読者よ、『異国の香り』を繙いて見給へ」「詩学」昭和59年9月）

のだ。

鎌倉アカデミアの頃からか、東洋大学の頃からか、中村書店、大正十一年七月十一日生まれの中村三千夫と、堀内達夫は六歳違い、同じ七月生まれの縁もあったか、客と主人の関係がいつからか友情のようなものに変わっていったに違いない。堀内圭さんの御手紙によれば、

——昭和二十八、九年頃貸本店開業、三十年中村さんのお世話で渋谷宮益坂に古書店開業。昭和三十一年三軒茶屋、三十二年中目黒、梅ヶ丘へは昭和三十五年に移る。——

とあった。

その昭和三十五年。

三月に出された『明治古典会会報』第十号の編集者として、堀内達夫と中村三千夫が、二人並んで刊記に座っている。

会長　三橋猛雄

副会長兼会計部　鴨志田三郎

庶務部兼副会計　諏訪正二

交換会部　萱沼肇

〃　木内民夫

〃　内藤勇

会報部　堀内達夫

〃　中村三千夫

昭和三十五年の明治古典会役員の布陣である。この号に「明治雑誌便覧」（一）という文章があり執筆は〈編輯子〉とあるがおそらくは堀内達夫。この一年を、二人は同じ会報の編集をしながらすごしている。すごしながら、第十三号（昭和35年12月）では、木内誠さんの追悼を斎藤昌三が書くという号でもあるのだが、後記にこうある。

——さて編集子堀内は店舗移転の疲労にかまけて、御期待に応えること薄く、散漫な刊行ぶりをここに深くおわび申し上

げます。――

梅ヶ丘への移転である。宮益坂への出店は中村書店のお世話だったというが、梅ヶ丘への移転は、白樺書院・大輪好輝さんのすすめもあったのではないか、古本屋同士というか、まだ若い古本屋のネットワークが息づいているのが感じられる。それは後述するが、その四年後、書物誌『本』の誕生にも関連する。

翌、昭和三十六年、明治古典会の新しい布陣が決定する。

会長　内藤徳治
庶務　鴨志田三郎
会計　諏訪正二
会報　山田朝一
〃　堀内達夫
交換部　萱沼肇
〃　杉原彰
〃　平沢米三

この号には〈「アルス」の書評〉も堀内姓で執筆。十六号（昭36年9月）には〈座談会「古書と文学」〉が掲載されている。野田宇太郎、紅野敏郎両氏に、内藤徳治、三橋猛雄、芥川徳郎、山田朝一、堀内達夫、出席という今思えば目がくらむようだ。この号には〈「私の珍雑誌」〉も寄稿、「青い花」、野田書房のパンフレット「手帖」、同人雑誌「四人」「虹」「未成年」。劉生の追悼座談会号の「浮世絵新聞」。好学社の「文芸評論小林秀雄特輯号」について楽しそうに記している。

十九号（昭37年9月）二十号（昭37年12月）編集名は堀内達夫一人となっている。

『彷書月刊』連載の〈古本屋畸人伝〉の第21回（01年9月）が「麦書房・堀内達夫」で、青木正美さんはこう書いている。

――堀内は会員として残ることはなかった。いや、すでに別の道を歩もうとしていた。――

それは『本』のことなのだが、この、明治古典会での成果を、麦さんは自家目録に結実させていた。

中村書店が『ビブリオフィル』をつくっていたように、麦さんは『サロン・ド・ムギ』をつくっていた。

その十号がでるのが昭和三十七年。『明治古典会会報』を編集していた頃。一号がでたのはいつか、わたしにはわからない。

七号、八号、十号共、昭和三十七年。七号はFévrier、八号Juin、十号Décembre。

――市に自分の欲しい詩書、文学書が出るとかまわず高値で落とすので他の書店さんから〝麦《ムギ》さんじゃなくて無理さんだ〟と噂されていたようです。そして本人もそんな云われ方を別段嫌がってはいませんでした。――

とは堀内圭さんの証言。そうだね、それはむしろ誇らしい。うずら屋さんが、うらず屋と呼ばれたような。そういうふうに無理算段で集められた書物の宝物を、この『サロン・ド・

ムギ』に見た多くのひとたち。その中の一人に伊藤整がいて、たとえば、その十号には八十一点もの注文を出している。

文学書、伝記、雑誌、追悼号、新聞。

それらは伊藤整の『日本文壇史』として結実していった筈だが、結実していく裏には、麦さんのような、多くの古本屋の仕事があったのだと思う。

目録をつくりながら、この頃、すでに、麦さんの頭の中には書物雑誌のことがあったのかもしれない。目録と『明治古典会会報』、勿論『日本古書通信』や、斎藤昌三の『書物展望』も含めて、書物雑誌を創刊したいという思いが、現実となるのが、昭和三十九年二月二十日。『本』の創刊である。

しかも月刊。

先の青木正美さんが語る。

「やっぱり、少し早過ぎたんでしょうかね。すごい雑誌でしたよね」

たとえば手元にある六号（昭39年7月）を見てみよう。〈特集・文献 堀辰雄を語る。〉執筆陣を見ると目がくらむ。

富士川英郎、神西清、春山行夫、永井龍男、井伏鱒二、津村信夫、野村英夫、竹中郁、兼子蘭子、森達郎、久保隆一郎、山本容朗、藤原定、品川力。

巻末の全国古書店販売カタログも面白い。

大阪・津田書店、川崎・小林書店、杉並・克書房、三鷹・中野書店、北沢・白樺書院、渋谷・中村書店、京都・赤尾照文堂、京都・北川白州堂、神保町・山田書店。

麦さんをめぐるネットワークは、広告にもある。友愛書房は『無教会』復刻を、明治文献は『明治社会主義史料集』他を、そして、中央公論社の『日本文学』の広告が表4にある。

『本』は昭和四十一年三月二十日発行の二十四号で〈休刊〉となる。この二十四冊は、今読んでも十二分におもしろく、様々なヒントに満ちている。この『本』を出しつつ、麦書房の出版活動が始まっている。

麦書房・堀内達夫さんのしてきた仕事。

書物研究家、書誌研究家としての仕事。

古本屋として、書物を客に渡す仕事。

業界人として、市場人としての仕事。

編集者として雑誌をつくり客に届ける仕事。

そして、出版社として、今までの仕事をここにつぎこんでいったのだ。

1立原道造の生涯と作品　田中清光　昭40
2新版・堀辰雄論　小久保實　昭40
3詩集・舞い男　松村由宇一　昭40
4江戸後期の詩人たち　富士川英郎　昭41
◎第19回読売文学賞・第10回高村光太郎賞受賞
5論集・小林秀雄1　大岡昇平他編　昭41
6福永武彦詩集　福永武彦　昭43
7詩人八木重吉　田中清光　昭44

8復刻版・山羊の歌　中原中也　昭45
9葉鶏頭——辰雄のいる随筆　堀　多恵子　昭45
10八木重吉未発表遺稿と回想　田中清光　吉野とみ子　昭46
11ぎたる弾く人—萩原朔太郎の音楽生活　伊藤信吉　昭46
12内なる中原中也　青木　健　昭47
13地平と喪失　桜井琢巳　昭48
14わが隣人中原中也　深草獅子郎　昭50
15詩集・上州　伊藤信吉　昭51
16詩集・山脈韻律　田中清光　昭51
17東海のほとり—評伝小川國夫　山本恵一郎　昭51
18小川国夫の手紙　丹羽　正編　昭52
19幻視者萩原朔太郎　藤原　定　昭52
20「菜穂子」創作ノオト及覚書　堀　辰雄　福永武彦　昭53
21やまとうた夢まんだら　木島　始　昭53
22詩集・毛男　藤田晴央　昭54
23復刻版ゆふすげびとの歌　立原道造　昭55
24新訂復原版　学校詩集　昭56
25黒い鐘楼の下で—萩原朔太郎その文化的自由主義　伊藤信吉　昭57
26田中克巳詩集　昭57
27新訂復原版・暁と夕の詩　立原道造　昭57
28新訂復原版・萱草に寄す　立原道造　昭58
29頬笑みよ返れ—追憶の津村信夫　室生犀星他　昭58
30杳かなる日の—生田勉青春日記　昭58
31詩歌集・神聖な約束　田中克巳　昭58
32絵入版春のごろつき　立原道造　昭61
33森ゆく人　シュティフター　松村団隆訳　昭62
34復刻版『日曜日』と『滑稽読本』　立原道造　平3
35立原道造源氏筆写および小品『花散里』　平3

昭和四十年から平成三年まで、おおよそ三十年のあいだ、その死の前年まで、出版をつづけていたわけである。この書誌制作は、堀内圭さん。

——これは、これ等を全部書いて下さいと云う意味ではありません、こんな仕事をした参考迄に同封するものです。——と控え目に御手紙にあったが、この書誌をなんで載せないでおられようか、この出版社としての仕事が、一冊一冊の書物が、おそらく様々な人々にたどりついている筈なのだ。

その出版とともに、古書部として『麦通信』も発行。手元にあるのは四号（昭42年9月）。

三好十郎詩集孔版50限。レッエンゾの不揃22冊。詩歌句集から文学美術、雑誌に至る品揃えの目のたしかさが感じられる目録だ。

もう一度青木正美さんに登場していただく。

——平成元年、私が明古の会長をしている頃に堀内が古本屋に戻り、移られた豊中市から毎回のように会へ出席することで話をするようになる。――

その頃のことをうかがってみた。

「よく美術雑誌など見ていましたよね。そう、買いに来ていたんです。もう若い人には麦さんを知らない人が多くなっていて、わたしは必ず、近寄って話しかけるようにしていました」

その頃、わたしも声をかけられている。久しぶりだなあ、麦さんは相変わらずダンディで、ベレー帽をかぶっていて、古書会館の入口付近、お久しぶりです、と頭を下げるわたしに、つかつかと近寄ってきて、

「君、今、なんか、アルツィバーシェフのもの持ってないかね」

とおっしゃられた。

五秒ほど考えたかもしれない。

「スミマセン、アリマセン」

と頭を下げた。そうか、じゃ仕方がない、といった風で、麦さんとの会話はそれでおわった。

現役だったんだな、と今は思う。まだ新《あらた》な出版計画の中にアルツィバーシェフがあったのかもしれない。それとも探求書だったか。

わたしが麦さんと顔を合わせたのはそれが最後となった。

平成四年四月十四日に麦さんは旅立った。

享年六十四歳。

麦さんと小さな縁でしかなかったわたしがこのような文章を書くのはおこがましいと自分でも思う。しかし、古本屋になって、初めて会った古本屋さんが麦さんだったということが、わたしにとっては何か大きな因縁であって、何だか、なつかしく思えるんです。と書いてみたかった。

今でも耳の奥で麦さんの声が聞こえる。

「君、今、なんか、アルツィバーシェフのもの持ってないかね」

（404号／2004年6月号）

仕入れも値付けも
悩みはつきない

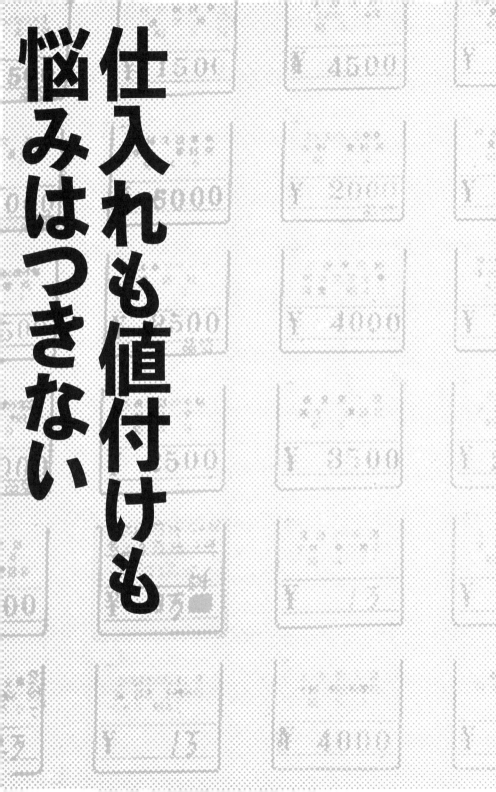

アンケート構成

「古書」と「古本」

私たちの業界をひとつの島に喩えるなら、そのほぼ正反対の二方向から押し寄せる大きな波に岸辺を洗われ始めている。

一方は、先に『全連ニュース』でも取り上げた、大型店による大量販売を目指す組合非加入フランチャイズチェーンの展開という波であり、もう一方は、かねて予測され、早晩実現するであろう、オークション会社などの進出という波である。（更につけ加えれば、別の方向から、情報の電子化という、もっと大きな波が押し寄せようとしている）。

近頃マスコミにも、しばしば取り上げられた古本チェーン「ブックオフ」の社長によれば、古本業界はニッチ・ビジネスであるという。ニッチ（niche）とは、花瓶や燭台を置くためにうがたれた壁のくぼみなどを表す言葉で、マーケティング用語としては、特殊な要因で小さく区分された市場という意味を持ち、それを区別しているセグメント（要因）を見いだすことで、その市場を獲得することをニッチ戦略などと呼ぶ。

この業界が、島であるか、ニッチであるかはともかく、周りからいくつかの大きな力が及びつつあることは確かだろう。そのようなとき、私たちの業界が、業界として成り立っている足場を見つめ直すことは、決して無意味なことではない。

先の特集「古本商品学」は、そのような考えによるひとつの試みであったが、その特集を進めるうち〈「古書」と「古本」〉という使い分けされているような、いないような二つの言葉が浮かび上がった。

どのようにこだわったところで、言葉は言葉に過ぎない。それは承知の上で、各人がその言葉に預けようとしている意味、あるいは排除しようとしている意味を語っていただくこと。それもまた、ある個人の古本（古書）という商品、それを扱う業界に対する認識を語っていただくことになるのではないか。

それを見渡すことで、この業界の今後を考える、ある手がかりになるのではないか。

以上が今回の特集の、主なねらいとするところです。例によって、お忙しい中、一方的なお願いに対し、快くご回答をお寄せいただいた各位には、厚く御礼申し上げます。

アンケート依頼文面（一部省略）

　私たちはふだん、二つの言葉を恣意的に使い分けています。「古書」と「古本」――では、どこがどう違うのか。それとも違わないのか。

　まじめに考え始めると、実に多くの問題を含んでいます。

　そこでこの際、あなたの言葉で「古書」と「古本」に違いをつけてみていただけないでしょうか。

　それでも二つに違いはない、とストレートに反論して頂いても結構です。

　ユニークなご回答、大歓迎です。

　長さ、書き方は自由です。回答は、原則として店名、個人名入りで、原文のまま掲載します。（人選は東京古書組合機関誌部が独断で行いました）

渥美書房　渥美洋司

『町の古本屋』に対して『古書店』はそれなりの見識をそなえている……。」と本屋側が自らを言う呼称かも知れません。が、個人的には「古本屋」と呼ばれた方が居心地が良い。

『玉石混淆』の店でありたい。「玉」であるか「石」であるかを判断するのは客である。

泰雲堂書店　金沢　肇

　古本とは、博学多識で、世情に通じていると一般には思われているかもしれないおじさんが、しょぼしょぼと商いし、時には、掘り出しものがあるという幻想を人に持たせるもの。

　古書とは、汚い本でも薄紙をかけ貴重品として扱い、もうけをたくさんのせて、書留速達でお客様に送る本。

丸沼書店　茅沼賢二

　反町茂雄著『一古書肆の思い出』によると、古本とは、まだ新刊在庫のある本のことであり、それに対して、古書とは絶版本のことを言うんだそうである。現在の新刊ラッシュは不景気とはいえ、まだまだ相当なものであるが、その大部分は二、三年で新刊書店の店頭から消えていく。だとすると、古本も数年経過すれば必ず古書に昇格？するのだろうか。その上にまだ古典籍というのがある。ならば何世紀かの後、古本のあるものは古典籍に大出世するのだろうか。「古本屋」といわれると何か屈辱的な響きを感じる。我々にはそんな悲しい思い入れがあるからこんな表題で何か書けと言うのだろう。私見だが、古本屋は、多少のセコハン物が混じるのはいたしかたないとしても、あくまで絶版本を取り扱うのが本筋だと思う。だから「古書店」と言ってくれ、などと言うつもりはない。古書でも古本でもどちらでもいい。古本屋の実体をよく把握しているお客様にしてみれば、そんな区別はどうでもよい事かもしれない。なあご同業、だれでも一度や二度の経験はあるだろう。この商売多少の偏見はつきものだ。

友愛書房　萱沼　元

「古書」と「古本」は意味ではなく、場

所で使い分けられているようです。

　鮮魚商である「魚屋さん」が魚類である「さかな」を売っているように、古書籍商である「古本屋さん」が古書である「古本」を売っています。

　時の流れで「古書」と「古本」に異ったイメージを持つ人がふえているような気もしますが、そうでない方が良いと思っています。
※「古本」（こほん）と読んだ時は別の意味で、お客さんに「こほんを売りたい」等と簡単に言ってもらいたくない。

小島書店　小島正光

　今まで私自身この二つの用語を区別して感じ取っていましたが、更めて問われれば元来は弁別されるべきものではない様に思います。

　通常、古本より古書という言葉に優越性を附帯して使われているのでしょうが、具体的に何に依拠するかとなればそれを客観的に定義づけすることは不可能でしょう。

　時代、分野で区別は出来得ませんし、結局は漠然と価格面で差異をつけているとしか思えません。併し、では何処にその線を画するかとなればその規準を説き明かすことは至難でしょう。又書物に備わる品位、風格の差としてもそれが内容に依るか装幀に依るか一概に云い切れませんし、たとえそのいずれかとしてもそれも飽くまで主観的なものにならざるを得ません。

　そもそもはこの二つの用語は同意語であって分け隔てられるものではないと思います。

琳琅閣書店　斎藤兼蔵

　例えば「源氏物語」の古写本を古本（ふるほん）と呼ぶ人は、世間にもあまりいないでしょう。世間もその程度の漠然さで、「古書」と「古本」を区別しているように思います。そして、その漠然さをもっとはっきりさせて自分達の店の性格づけに使いたがっているのが我々業者でしょう。又、実際に「古書店」と「古本屋」をはっきりと区別したほうが、世間にも我々にも便利なように思えます。となれば、出来るだけ判りやすい定義を付け（意外にむづかしい）世間に喧伝し、定着するように努めたら良いと思います。

　蛇足ながら「古書業界人」というイメージの中に、格式、高級、紳士、専門家という意味合いを、もし盛り込みたいのなら、今の我々には、ものすごい努力が必要でしょう。「古本屋のおやじ」の方が、ふさわしいのでは…。

風光書房　重田秀範

　何よりもまず、語感の違いが大きいと思います。

　ことばのひびきの違いです。

「古書」を辞典で引くと「御所」の前にどでんと居て、えらいもんですが、古書月報とか古書目録とかの場合はいいにもかかわらず、単独で「コショ」というとどうもひびきが刹那的で古書らしくない。それに、コソコソとか。コセコセとか、シコシコとかを連想させて語感はよくないですね。

　一方の「古本」のほうは、ゆったりとしていて、深々とした風情を含んでいますし、「フルホン」というといかにも古々しいという感じです。

　我々古本屋がこの古々しい感じをなく

してしまったらおしまいではないでしょうか。

月の輪書林　高橋　徹

たとえば漱石の初版本があるとする。

玉英堂さんがあつかえば「古書」、私があつかえば「古本」。

お店の「格」によってつかいわけられる便利な言葉だと思います。今はその違いを考えることよりもただ入札あるのみです。

高山本店　高山富三男

私等は日常使用している場合、神田古本まつり等で使っております事は、青空で売るような本は古本、特設会場で売る本は古書として説明しております。貴重図書、古文書等は常識として古書として判断しております。

組合も古書組合、センターも古書センター。

古本は普通ジャンパー姿、古書は背広姿。

竹内書店　竹内敏夫

古書…人によって考え方が違いますが、一般的に古典籍を含む明治より昭和前期（戦前）の書籍を指すのではないでしょうか。

通称黒ッポイ本と呼んでいますが、私もその様に解釈をしたいと思います。

この本の特徴は儲けさせてくれるが、うっかりすると損をさせられる隠れた一面を備えている厄介な書物でもあります。

古本…いわゆる戦後の書籍で数年経ち流通性に富み、あるいは欠けている通称白ッポイ本（たとえば新書、ハードカバー、コミック等）。現在生活をささえてくれている誠に結構な本でもあります。

難点は薄利多売的な性質で、魅力に乏しい小金持ち向きの商品。

戸川書店　戸川茂一

古本は私達にとって原材料。「ほんやさん」というフィルターを通して古書になる。

古本になるも、古書になるも、古典籍になるも「ほんやさん」次第。

なないろ文庫ふしぎ堂　田村七痴庵

古本も本、古書も本、古典籍も本、人の日記も本、人の手紙も本、古本屋、人ん家《ち》にあるもの、柱と壁以外皆食べる、柱だって、棟方が絵描いてりゃ食べちゃう、壁だって、秋艸道人が、イタズラしてりゃ食べちゃう、チャブ台だって持ってきちゃう、扱えるものすべて本、いいも悪いもないンダ、全てを本として、世間に売るために、生まれてきたンダ。

今現在、本をつくっている出版社を、本屋と呼ぶ、取次屋さんも本屋さんと呼ばれる。で、新刊本を扱っている書店さんも本屋さん、本扱う人は皆本屋さん、どしてわたしだけ古本屋さんか！古本屋さんだからじゃないか！　あはは、でも古本屋さん一番たくさん本扱える（語調もどさなくっちゃ）、わたしが奈良絵本を扱うこた、松田聖子とねるより、むつかしいだろうけれども、だ。すべてを本として、時代もかたちもこえて、文化のすべてをひっくるめて、本というかたちを考える。

だから、古本でも古書でも、耳かきでも便所のフタでも、本であるかもしれんのです。世間の定義とは関係なく、わたしは、本やさんで、古書古本えとせとら、向かうところ、すべて本。ツブシも本なんだ、けどなア。

司 書房　中野照司

「古本」とは、今だから活用できる本。現在だから活きる本。逆を言えば、今しか生きない本。

「古書」とは、歴史的価値がついた瞬間から古書。今も将来も活きる本。

（注釈）例えば、ほんの十年前の本は、五十代にとってはただのツブシだが二十代にとっては十分に古い歴史的価値があったりするもので、つまり、歴史的価値が見出された瞬間から古書となる。

従って、歴史的価値とは、個々の古本屋、個々のお客様独自の勝手な解釈、何を古本として扱っているか、何を古書として扱っているか、それぞれの本に対する歴史的価値の見いだし方の違いこそが、古本と古書の認識のズレ具合こそが、我が業界最大の価値・歴史的財産ではないでしょうか。年代で区切ったりするのが最も愚かな事かと思います。

かつて漫画は「一時のあだ花」、映画のポスター・チラシは「一過性のノスタルジー」と言われた事があります。それが今では東京だけではなく、地方自治体運営の漫画専門図書館が出現したり、映画資料専門の資料館が地方にまでオープンしたりしてきています。つまり歴史的価値を公共施設までが認識するようになってきていると思います。

最近では、広告ポスター、看板など、かつてデパート展会場で私に「本じゃないから引っ込めろ」といっていた方々まで、広告資料、デザイン資料、歴史資料として目録にまで扱ってきている。（誠に結構な事と私は思っている。）

私的見解でいえば、古書と古本の違いなど例えマスコミの質問攻勢にあっても永久にズレたままの方が良いと思っています。

中野書店　中野智之

語義を問い正そうと云うのではない。古本屋が書物の評価をする際に持つ規準に、両義があるのだ、と考えたい。

古本（的価値）…実用的価値。曰く名作である駄作である、面白いつまらない、情報が新しい旧い、高級だ低俗だ等など。その実用度によってのみ価値判断される本。つまり世間一般に云う「読みもの」としての書物の値打《ねうち》はここに在る。

古書（的価値）…附加価値。曰く絶版だ初版だ、処女作だ、代表作だ。カバー、函、帯、識語、版画入りだ云々。或は題簽付きだ、原装だ、初印、○○家旧蔵、○○筆、料紙等々。さらには時代、美醜、人気、流通の多寡など、一冊の本の持つ実用（内容）プラスアルファの諸条件の評価。これらの価が零もしくは可成り低い場合、その本の評価は「古本」としてのみ成り立つ。

或る人々には残念なことかも知れないが、人が（本屋が）思う以上に本を評価する際の実用的価値は低く低く見られ、附加価値の占める割合は高い。「吾輩ハ猫デアル」の文庫本と、初版カバー付三冊揃の値段との差異の如くに。

おお書物よ、汝、ロバか英雄か。

沙羅書房　初谷康夫

古書とは個人の著したもので江戸期、明治期位迄に書写、刊行された書物と一般的に云われている。今日では戦前期までに拡大して称していると思う。
古本は新本に対し古本
定価に対し取引される書物
その中で戦後の絶版書も含めての総称
出版社により直接古本店へ持ち込まれた新本でも古本と称す。

金井書店　花井敏夫

基本的には、同義語と思う。

実際、自分で製作するパンフレット等には、「古書・古本」「古書店・古本屋」と併記して使用している。何故ならば、イメージの問題であると思うが、セカンドハンドの本を安く売るだけでなく、貴重な本迄も扱うのだと言うことを説明するためである。

その時の意味合としては、「古書」は絶版書の価値のあるもの、高級なもの、「古本」は前記以外の安価に売られるものと捉えることが出来ると思う。更に、和書は「古典籍」として区別していることがある。

書物を必要とする人々（仕事上、趣味的に）は上記のような区別も理解できるであろうが、一般的にはその必要がないと思うし、理解してもいないと思う。ほとんどの人は、「我が業界」＝「古本屋さん」と思っているであろう。

ブックマート村上書店　村上照信

個人的なイメージでは、「古書」は余所行きの文語体。「古本」は日常的な口語体であると思う。

ただ、郊外で雑本を商う者としては、古本という言葉を使います。が専門店の方々は日常的会話の中でも、古書という使い方を優先しておられると思います。

安土堂書店　八木正自

定価以下で売られるものを古本。絶版であってしかも価値があるもの、又は戦前のものを古書。更に、明治初期を含めた和装本の時代のものを古典籍、という分類の説があります。

松村明編、三省堂刊「大辞林」を見ますと、
古本①読みふるした本。②刊行されてから時を経た本。古書。

古書①昔の書物②古本。特に、名ざしで買われるような価値ある古本をいう。

と、あります。お互いの項目に古書、古本が出てくるのですから、極めて明快に意味が違う、ということではないようです。

要するに、業者以外の目では、古本も古書も同じような意味でとらえ、敢えて分けようともせず、分ける必要もないのでしょうか。一方で業者だけがこだわっているのでしょうか。

西洋の場合、「古本」に相当する言葉としては、used book, second-hand book があります。「古書」には、old book, antiquarian book というのが当たるでしょうか。更に、rare book というのもあります。この場合、一般的な目と、業者の分け方は一致しています。

日本と西洋では、なぜこのような違いがあるのでしょうか。私は、日本において明治の前期から本の形態が洋装に変わったことが、大きな原因だと考えます。和装本の時代にも、「古本」「古書」という言葉はあったでしょうが、特に意識して使っていたとは思えません。すこぶる古く、内容にも古い系統のものを古本（こほん）と言うことはあります。和装

本の時代は長く千年以上の歴史がありますが、新本、古本の区分けはあまりなかったのでしょう。江戸時代初期に商業出版が始まってからも、「本屋」では新刊も、古い本も「本」として扱っていたのではないでしょうか。幕末になってようやく古本専門店の達磨屋五一が現れ、自らを珍籍商と豪語しました。明治の洋装本時代になって、活字印刷による大量の出版が可能になってから、世の中に多量の読み古しの本が出て来るようになりました。そこで、古本屋が発生したのでしょう。洋装本を扱う古本屋と、再生産が出来なくなった和装本、唐本を扱う古本屋とが出来たのです。更にその業界が発達して、現代においてようやく達磨屋的な意識をした業者が現れるようになってきたのでしょう。

西洋では、大量活字印刷の歴史は五百年余あります。十分な時間の中で古い本を扱う業者は独自の発達を遂げました。日本は古い本専門の業者達磨屋が現れてからまだ百五十年と経っておりません。それが言葉の未分化に現れているのではないでしょうか。

ちなみに中国では、旧書、古書、古籍、善本と言う言葉が使われております。

渋谷古書センター　山路 茂

私にとっては古書と古本は同じである。

一般的には古本はセコハンブックであり、古書は何らかの付加価値の付いた本ということだと思います。しかし稀覯本でなくても過去の普通の古本に付加価値が付いていく。その境目は無くなりつつある。

新刊屋と古本屋、古書店の違いでは、新本店でも買えるもので、安価に売っているものが古本で、雑本でも稀覯本でも新本店では見付けられない、個人が探求しているものは古本であり古書でもある。

私は特別に分けることはないと思う。しかし自分の職業を書き表すとき、古本屋とは書かず、古書籍業と書く。世間の人には（米屋、八百屋、魚屋、酒屋等それぞれ別な呼び方があるが）同じ様に古本屋のほうが親しんでもらっているでしょう。私の所へも「渋谷ふる書センター」ですかと、けっこうな割合で電話がかかってくる。

「本」と「典」のあいだ

上野文庫　中川道弘

古本と古書。誰しもが漠然と、そのくせ判然と感じている語感の違いは、遠く両者の出自に負っているようだ。

ひとまず、上の「古」を省いてみよう。「書」が、書かれた物つまり書物、あるいは書籍などの略である事は明らかである。往時、漢字の読み書きには、当然ながら相応の地歩を要した。「書」は精神的営為の、かたちある賜物であった。「タダ書ヲ読ミテ栄ユルヲ見ル（王安石）」（注1）。

対して、「本」とは何であるか？「木」の象形に根もとを示す横棒を加えて、木の根もと、ひいては元、初め、中心の義。それがどうして表紙とページをもつあれを指すのか？語源はともかく（注2）、ここで重要なのは、「本」が「冊」（注3）とおなじく書物を数える助数詞としても伝わった事である（注4）。わが国では「一本を購なう」などの言い回しに残る程度だが、中国語は今もって「一冊」ではなく「一本」を使う。「本」は中国では「冊」や「版」（後述）のニュアンスが強く、さっさと普通名詞に変じた日本でこそ「本」なのだ。

由来の便宜性により、物質的な「本」は権威臭を帯びた「書」とはすでにハンディがついていよう。

なお、文字・文章の「文」を「ふみ」と読んで、「書」と通じさせていたことも忘れてはなるまい。

「大なる三巻の書を作りて参らせたり（平治物語）」

「ひとり灯のもとに文をひろげて、見ぬ世の人を友にするこそ（徒然草）」

「物語、集などかきうつすに、本に墨つけぬ（枕草子）」

手近な引用とはいえ、ココロ的な「書」「文」と、モノ的な「本」の使い分けが感じ取れないだろうか。

さて、「古き本」をつづめただけの「古本」という語である。二字の繋がりが、いわゆる「湯桶よみ」であることにも注目あれ。

康成とて「コウセイ」と呼ばれかねないように、質と時間にともなって訓から音読みに移る傾向は知られている。「ふるホン」は、あるグレードに至れば「コホン」と呼ぶのが流れだったかも知れない。が、「コホン」は漢語の本家

中国で改編本の「今本」に対比させての命名であったため（注5）、本邦でも古来の伝本、現在では江戸初期以前のそれをさすにとどまった。識者のこだわりで、古本はこの方向でのステップアップを閉ざされたのだと思う（注6）。

「ふみ」はもとより「ブン」もしくは手紙の意が優勢で、「ふるぶみ」つまり「古文」をもって古い本、とは強弁できずに脱落。

しかし、唯に古い本ではなくクオリティーを伝達するには、適する語が求められよう。

よって自ずと定着したのが、別系統、「古き書」の略「古書」である。キリシタンの編さんした「日ポ辞書」にも採録という流布ぶりで、渇いた強いK音と湿ったSH音をO音が連結し、語調もなかなかに姿勢が高い。

問題はここだ。新刊で買われた書籍がセカンドハンドしたからといって、即「古書」と呼ぶのには違和を感じよう。それは、単に「古い」プラス今で言う「書籍」なのではなく、読む物がそれだけで貴重だった時代に熟した言葉であるからだ。「籍」なるものが、皮ひもで綴じた竹の薄板、つまり紙の先駆と聞けばうなずけるはずである。

上昇？しそこねた「古本」は、湯桶読みの弊として、どことなく尊敬されない響きのただようのは否めないところ。とはいえ、軽やかなH子音二字と暗めのU母音二字を含む複雑さをON語尾がうまく締め、凡庸ながらも、なじみよい。

以上、今回の機会を得て、骨格を追ってみた。肉は肥えもすれば痩せもするだろう。依って来たる位相を混在させつつブレもして、だけど双方、飽きのこない平明な語感で毎日のお役に立ってくれている（注7）。

ちなみに、古本と古書の定義は、英語でなら数語で足りる。即物的なオールド・ブックと価値的なレア・ブック。

注1　「書ヲ読ミテ墜ツルヲ見ズ」と続き、三島由紀夫が色紙に援用してもいる。余言ながら、当店の店頭をかざる。

注2　書写のモトより云々、と例えば田中敬「圖書學概論（大十三）」は二ページを費やして説く。

注3　文字書き用に綴った札、を語源とする「冊」はもともと書物をさしたが、わが国では「冊子、のちに草紙」「短冊」等を残し冊数用に専業化。「本」と逆の道をあゆんだ。

注4　巻物を数えるのは当然「巻」だが、見た目の俗語として根モトからの「本」が発生。

注5　中国での「古本」は「古版」の意味である。古い本なら「旧書」が一般的。われわれの先祖が遠慮？していなければ、「この『ふるホン』もぼちぼち『コホン』らしくなってきたナ」などと直線的に使えたわけだ。

注6　「古本」という字面では「ふるホン」か「コホン」か判別しにくいので、避けられたのかも知れない。

注7　誇りを秘めた「古書」は改まった場になると「古書籍」を名乗るが、いかんせん、現在その頂点は「古典籍」が占める。故あることで、「典」とは「冊」を机にのせた、貴い書物の謂いであった（法典など）。

（341号／1993年12月号）

本の売り方について

怒良馬書房　上舞《かんまい》康洋

『本をいかに売るか』……というテーマを追いかけて5年が過ぎさってしまった。

　5年前、笹塚に1号店をオープンしたのは、私も妻も年若く、子供も生まれたばかりのころであった。当分は家賃を支払うことができれば良い、と考えて手造りの小さな古本屋を開いたのだった。ないないづくしの開店準備は我オンボロアパートの廊下で進められた。板を切り、ニスをぬり、組みたてて本棚にし、運びこみがよいだけにしておく。そのあと、近くの家一軒一軒のドアをたたいて「不用の本や雑誌ありませんか」と妻と二人集めて回る、いよいよオープンである。

　一日３０００円売れれば良いだろう、と考えていた。いざフタを開けてみると初日に2万円売り、古本がこんなに売れるものかと驚いた。なにせタダ同然のゴミ本ばかりである。本だけでは棚をうめきらないので雑誌のゴローを横にして入れたがそれでもまだ、上半分はガラあきである。

　しかし駅近くの商店街の人波の中。子づれの若夫婦が何やらペンキをぬったり、トンテンカンチンと、得体のしれないものを造っている、と多くの人がものめずらしそうにながめていたが、これがいい宣伝になったようである。その人たちが開店日にどっとおしかけ、狭い店はおせやおせやの超満員。

　まさかと思いつつ、売れていく古本、雑誌の勢いに「ありがとうございます」というその顔もついほころんでしまった。一冊１００円ぐらいであるから２万円というと、２００冊も売った事になる。しかしこの勢いも3日で終わり、あとは一日３０００円、４０００円というありさま。さあここから頭が痛くなってくる。なぜなぜと考え始め、いかにしたら売れるかの重大テーマとの取り組みは、この開店3日後から始まった。神保町や早稲田の古書店を見て回る。デーンとした大きな古本屋さんに圧倒されつつ、わけの解らぬ本が高値で売れるさまを見るにつけ、私も古書について、もっと知識を持とうと、他店の目録をみてカードを作ったりした。しかし、いっこうに頭の中にはいらぬ。あきらめて、エーイ、２００円均一の店にしてしまおう、と駅や風呂場に『２００円均一の店ドラマ』と、宣伝を打った。しかし、これも売れたのは3日間のみ。良い本が売れるとあとはゴミのみ残り、これも失敗。又頭を抱えこむ。金が無く家賃も払えない。同業者の人が時おり来て、「どう、売れてる?」と聞かれると、負けん気で「売れてますよ」と答えるが心は空しい。

　市場にも通っていたが、持ち金が少いので、思い切って声も出せない。朝は早くから夜は人通りが絶えるまで店を開けた。子供は公園におきっぱなし。近所の人が、「なんと無責任な親」と怒る。すみません、すみませんと頭を下げるほか、なすすべもない。

子供が薄暗い公園で待っている。おとうちゃん、おかあちゃん、と叫んでいる声が心に響く。おかあちゃんは店番。おとうちゃんは、本集め。夕方のゴミ捨て場を、さがし歩く。月が上るころ子供たちを迎えに行くと、一才と二才の子供たちが、二人ともオシッコをもらし、ポッツリと遊んでいる。でも泣かずに「おとうちゃん」とかけ寄ってくるのを抱き上げると、子供の髪をなでつつ、涙がこぼれてしょうがない。「帰ろう」と言って中古のスバルサンバーに乗せアパートにつれ帰る。

どうしても売りたい。外売りもしたい。外売りは2年間できないきまりだと言う。店で売り上げる事を考えるしかない。一日の生活費は1000円以内。ミルクは区役所から月一罐タダでもらえる事を知り喜ぶ。おかあちゃん、ヒトミ、イサム、すまん。

何日も何日も考えるのちに、人まねではダメだ。人のやっていない事、人のやらぬ事をやろうと考えた。さらに自分の好きなものを売ろう、とも考えた。好きなら、苦しくても我慢できる。人のやらぬ事は新鮮さがあり、やる気と情熱を産み出すと考え、心が踊った。さっそく古い本は全て取り払い、マンガや雑誌に限定して、ソフトムードで売り始めた。狭い店で、何でも置いて売るのには無理がある事を知り、客層も同年代……20代の人に絞りこむ。すると客とのコミュニケーションもよくなり、何を欲しているかが解る。話をしているうちに、さらに次の新しい商品構成がひらめいてきた。そのころより、自分の中に沸き上がるひらめきや、イメージ、独創性というものを、ぐんぐん店に反映させるようになっていった。調子に乗り始めたのである。3ヶ月もたたぬ内に、以前の客層と異なり、18才～35才ぐらいまでの若い客が多くなり、その人達の一つのライフサイクルとして、ドラマの存在が生まれていった。売り上げも、安定した伸びを示し始め、やっとホッとしたのであった。

そうしている内に、狭い店では限界が見えてきたので、他に店を開店することとなり、さらに客のニーズに答えられるようになったのである。

商品構成も随分と変わり、このごろでは、もう古本屋さんというより「総合文化ディスカウントショップ」と銘打ち、マイコン、ビデオ、レコードなど多様化している。そして明日はさらに、変化してゆきそうな感じである。でも基本にあるものは、自分のやりたいもの、人のやっていないもの、客のニーズにあった商品を常に前向きに見つめつつ、積極的に努力するところに、売れるようになる源があるような気がする今日である。

でも恐ろしい。今、新しい時代の流れの中で、得体の知れぬ、新しい文化が進んでいる。自分を厳しく律し、未来へチャレンジせねばならない。

（281号／1983年12月号）

希望と絶望

土屋書店　土屋芳雄

管理という言葉の持つ意味を管理し運用出来るほど私の頭は緻密ではありませんので、せめて反面教師の役が果たせられたらと店のありのままを記します。仕入れてきた本に対して管理するという言葉で考えたことはありません。ただそれに近い言葉で言うならば、ノートにその時買ってきた本の値段を書き、何冊かの題名を書き、それ等をいくらで売ろうかと考える程度は毎回記します。そうしないと売った時利益を出したのか損をしたのか判らなくなるからです。

後は仕入れた本をまず部屋の奥の一隅に置くだけです。仕入れるたびに本は前へ前へと積み重なってきます。それが窓際まできて砦を作ります。奥へ行くかぼそい通路も埋まってきます。そして自分ははじき出されます。幾つもの部屋が同じ状態になり管理するどころか、何が何んだか判らなくなってきました。

敷地内の通路にも本を置くようになり露天ですので毎日の天気が心配です。見かねて息子が何米かのビニールシートを買ってきて廂から塀へと屋根を作ってくれました。それでも仕入れて来ますから屋根を飛出してまたまた露天に置いてあります。

雨の日は店に仕舞いますから開店休業です。居間にも布団を敷けば裾が本の列にさわります。本の向側にはタンスが有ります。下半分は埋って使えません。女房は私の下着を大風呂敷に包んで本の上に置くようになりました。いつでも夜逃げが出来ます。

何を何処に置いたかという一応の記憶がありますが曖昧です。探求書の問合せがたまにはありますがきまって「あると思いますが探して見ないと判りません」という返事になります。記憶を頼りに探すのですから並大抵ではありません。汗をびっしょりかいて戻りますと女房は無かったでしょうと言います。ありましたかとは言いません。

女房は亭主を良く知っています。探すのにも窓から入って本の砦を登りますがぐらぐら動きます。それを渡って奥へ着きますとさて足を下ろす隙間がありません。貴方ならどうしますか、一冊を探すという動作をやめたくなります。窓から入り窓から出る。これではまるで泥棒の恰好です。

本も余りに多過ぎると無いに等しくなります。探せなくなるからです。幾日も部屋を覗きに行かないと窓を開けた途端に猫が飛出してきてびっくりした事もありました。暗くて深閑とした部屋は猫が隠れるには好きな場所かも知れません。息子が猫のきらいな薬を撒いてくれましたが、それでも寄ってきます。

とにかく管理するという言葉にはほど

遠い本屋で整理するという事柄に全ったく怠けていてだらしがありません。売るために並べた本の上に仕舞いきれずに仕入れた本を一時置いてもありますが、売るための本を買ってきた本が隠して、売れなくしているようでは、まったく矛盾です。

当店では店主が本を管理しているのではなくて、本が店主を管理しています。ひやかして人は言います。本をそのままにして店主が出ていってどこかのアパートでも借りたらと。泥棒のような恰好で窓から出入りしたり、タンスが開かなくなっていつでも夜逃げが出来るような大風呂敷が転がっていたり、女房や息子は泣いています。

当の店主は知らぬふりをして明日も又本を仕入れに出かけます。死ななきゃ治らない病気の症状がだんだん重くなってきているようです。

（361号／1997年4月号）

いのちづな

史録書房　田中敏雄

或る日、とうとう本の置き場、身体の置き処がなくなり、近所の不動産屋へ赴いた。

連れられて見に行ったのは畑の真ん中に出来たばかりの長屋式の貸倉庫。シャッターを開け、中を覗いてビックリ。天井が高く、何も入っていない空間の大きさに驚喜し、二つ返事で借りることに決めた。

坪数十五坪、敷二礼一、持ち主はその周辺見渡す限り一面の畑の持ち主である内堀善右衛門さん。余談ながら私の家の近所は、加藤、内堀姓が多く、ほとんどの土地はこの一族の所有である。

早速、本を運び始めた。まずは不要のもの、背中がこわれて、いつか修理しようと思い別にしてあったもの、全集のハンパ物、フライデー、フラッシュなど今は全々駄目でも、百年後には価値のつきそうなものなどからスタートした。車いっぱいの量を持ち込んだにも拘らず、その広いスペースの中に積みあげてみると、ほんの片隅にぽつんと小さな山になっているに過ぎない。まだ〱入る、いくらでも入るように思われ、つい〱嬉しくなって頬がゆるむ。

隣は劇団の大道具、書き割り、衣裳など、その向こうは古道具屋で、高価そうな外国製の古机、銭形平次の使ったような長火鉢などが入口までギッシリ。一番はずれには内堀善右衛門さんの農機具、肥料などが詰まっている。

二回、三回と運ぶが、まだ〱空間の大きさは最初と変らないような感じがする。更に何ヶ月も運び続ける内に、どうやら倉庫らしい雰囲気が出来てきた。

本の他にも、子供の使わなくなった三輪車や、ゴミの日に出しにくい故障したテレビ、ビデオデッキなど粗大ゴミも、とりあえず、と持ち込む内に、ついに入口までふさがった。

その時にやっと気づいた。積みあげた本がその形のまま、全く動いていないということに。

倉庫を片づけようと考えるのだが奥の方に一体何が入っているのか、ただ確かなことは碌なものがないということだけ。不要なもの邪魔なものを置くようにした為に、整理する意欲が全くわかない。ズル〳〵と月日が流れ、家賃を払う月末の来る度に、時のたつ早さと、汗水たらして稼いだ福沢諭吉の何枚かが善右衛門さんの畑のこやしになってゆくことに涙したのであった。

借りるのをやめてしまいたいが、返すについては中を空っぽにしなくてはならない。空にするにも量が多すぎて身動きがとれぬ。

結局そのほとんどをツブすことに決めた。清掃局に問い合わせてみると、処分場まで持ち込むのが前提で、キロあたり何円かの費用がかかるという。さらに最期にとどめの一言があった。

「いのちづなをお忘れなく」

自分で燃えさかる炎の中にツブシを抛り込むのであるらしい。ハジから車にいっぱい積み込んで焼却炉へ通い始めた。

結局、全部処分するのに二ヶ月、何十万円かの費用がかかった。そしてそこまでツブシを貯め込む為の家賃が何百万円。

そしてやっと倉庫がなくなった。

今、ふりかえって見ても、一体何の為に借りたのか思い出せないし、思い出したくもない。日々、いらないものを捨てていれば、こんなことにはならなかったのに。

（366号／1998年2月号）

続グレン・グールドの鼻歌

オヨヨ書林　山崎有邦

2月16日は中央市の大市会でした。

皆さま、売りに買いに、ご利用ありがとうございました。

お手伝いいただいた方々、日程を開けていただいた他会の皆さん、ありがとうございました。

大きな事故もなく、なんとか無事終わり、ほっとしております。

というわけで、昨年末からの日々録。大市まではスペースの都合上届きませんでした。

×月×日

決めた。

根津からは引っ越すことにする。

理由はいろいろある。

売上低下、店の面積、老朽化、ネズミ。

一箱古本市も軌道に乗ったし、というわけでも、もちろんない。

そして重要なのは、多分、ぼく自身が店売りに向かないのだろうということ。

無理をしながら続けているのでどこかで投げ出してしまう。

週に一回、定休日に休めばいいのに休めないから、不満が溜まり、どこでもいい遠くに旅に出たくなる。街角でベッチョ・カルヴァーリョの唄うサンバに出会いたい。

盆と正月に実家に帰るのを除けば、ここ数年の最も遠出は、ウイグル料理を食べに北浦和まで。それはそれで楽しかったけど。

しばらく休んで旅行する日程がとれないから、いっそ引っ越したくなる。

カリブ海の小さな島で、パイナップルと、海賊達の遺した古い地図を商う店を始めようか。

店売り以上に、通信販売に向かないこともわかっている。

そもそも最初から、商売に向かないこともわかっていた気がする。

「みんな、ええようにいったら、ええのんなぁ」と「細雪」の岸恵子は言っていたっけ。

「あのひとねばらはったなぁ」「ねばらはっただけのこと、あったなぁ」と続く。

×月×日
移転先を求めて街に出る日々。

沿線の駅前ってのはあまり考えてなく、古本屋10年目、今度こそ売れないとなあ、と困ってる人が出す店だから、多かれ少なかれセレクトショップにならざるを得ないだろうし、場所も限られてきてしまう。

まずは東京の東側、東神田・馬喰町・東日本橋のあたり、CET（セントラル・イースト・トーキョー）といわれているエリア。

いったんは死んだ街が息を吹き返しつつある、と。

空いた倉庫や事務所をリノベーションしたデザイン事務所、ギャラリーやカフェなどができはじめ、若者達が集まっているらしい。

トレンドは既に西にはなく、東だと。

もう若くないうちにとっては、未来の先に今日があるため、先の長い話はキツイ。

そういえばスケールや格こそ違え、そもそも谷根千のあたりにも新しいギャラリーやカフェがたくさんある。

小林信彦の生地でもあり有力候補であったが、巡礼と飲酒のみ。

知り合いに聞いたマルクトというドイツ雑貨の店と、茅場町の森岡書店へは行けなかった。

×月×日
中途半端に東だからいけないのだろうと、さらに東へ、清澄・白河へ。

宮沢賢治ほど勤勉でもないが、井上陽水よりは堅実に。

30坪で15万円の物件を見学に。

都立の現代美術館もあるし、小山登美夫ギャラリーもある（食糧ビルからの移転だが）。

広大なマーケットが開けているように感じた。

しかし、不安になるほど、街に人がいない。

　地下鉄の乗降者数は根津駅の倍以上あるのに。

　街をぶらついていると立派なスーパーが――、赤札堂。

　下町にしかないスーパーで、根津にもある。便利なので仕事帰りに安くなった半額の刺身を買って帰る。根津は、街自体が赤札堂を中心に成り立っているところもあり（というかそこにしか人がいない。うちの店は駅をはさんで反対側の出口）、愛憎半ばする存在。これがあるからだめなんだけど、これがないと不便だし。

×月×日

先日の清澄。清澄公園の脇の店で、お客さんなんて来なくてもかまわない、店の先に椅子を出し、一日ひなたぼっこしながらたばこ吸ってるのは幸せだろうなと思わないでもなかった。日が暮れて文庫本の文字が読みづらくなってきたら店を閉める。森下辺りの立ち飲み屋に寄って帰ろう。

　それは将来にとっておくとして、実際の話、お客さんが来なくても気分的に滅入らない、公園脇というのはアリだなと。

　公園といえば兼六園だが、渋谷の代々木公園はどうかと。

　代々木上原にはおしゃれなバーがたくさんあると昔雑誌で読んだきりの印象だが（そんなことを言うのならば、湯島には琥珀もEST!もある）、その手前、代々木八幡で下車。

　しかしこう書いてきて、東京に暮らして15年、ほんとに下宿と仕事先の町しか知らないな、と思う。

　本郷、御茶ノ水、国分寺、国立、高円寺、神田、神保町、根津、谷中、湯島、上野。

　これだけの街、さらに安い飲み屋と定食屋くらいしか知らない。

　そろそろチェット・ベイカーのトランペットの音色を運ぶ西海岸（渋谷・目黒・世田谷）の風を感じられる生活を！と代々木公園周辺。

　そういえば雑誌『サブ』の終刊号は表紙に浅井慎平の写真をあしらった「ウェストコースト」特集だった。後の『サバービア・スウィート』、「フリーソウル」につながる風。70年代の神戸から、90年代の渋谷へと。

　それは置いておいて、代々木八幡。

　商店街に活気があり、好感が持てた。谷中に1号店があり、ものすごい勢いで支店を増殖中の、やなか珈琲という量り売りのコーヒー豆屋の支店があった。商売に長けている経営者のメガネに適った町なのだろう。

　神山町の新刊本屋をのぞきつつ、渋谷に出る。渋谷から再び公園へ戻る。

×月×日

渋谷。

今日は明治通り沿いを。

Hi-Fi Record Storeに寄りたかっただけ。

　ボブ・ドロウのアルバムに曲を提供していたこともあるという女性ヴィブラフォン奏者のレコードを購入。

　そういえばパイド・パイパー・ハウスは骨董通りにあったんだっけ。

×月×日

恵比寿。

NADiffも移転してきたことだし、と。

駅前の古本屋がアパマンショップに変わっていた。

広尾との丁度中間くらいの物件を見る。すぐそばが聖心女子大だし、天井も高くて使い勝手が良さそうだけど、さすがに駅から遠い。

ただでさえ、わざわざ本なんて買いに行かない時代なのに。

駅のそばで、近くがナチュラル・ローソンの物件は、家賃が高くて手が出ない。手が出そうな物件は、近くが99円ローソンだった。

しかし、夜、恵比寿の駅前で待ち合わせしている人の多いことといったら。

連れに聞くと、食事の待ち合わせしているとのこと。

それにしたって、これだけお腹をすかせたひとが並んでるという光景はどこかシュールだな。

30分後には、食前酒から始まり、一口食べるだけで寝込んでいるうちの妹の病気が治りそうなデザートで終わる食事にありつける、選ばれた人たちなんだろうけどさ。

×月×日
表参道へ。

あとの候補地は、新東京タワーが出来る向島あたり、それでだめなら根津の隣の千駄木か。

青山には、青山ブックセンターやクレヨンハウスもあるし。

紀伊国屋と花茂の間の古いビルの2階の奥まった一室。

駅からは近く、人通りも多いが、通りからのアクセスが悪いか。

1階の物件はありますか？　と不動産屋に訪ねると、予算的に無理ですよ、とにべもなく。

ここらへんで手を打つかと入居申し込みシートだけ記入。

年収を記入した時点で、収入より家賃の方が高いですよね、と不動産屋の突っ込み。

最初からわかっていたことだが、改めて指摘を受け、帰宅。

借りれば儲かるので払っていける、という玉砕戦法を説明してもなあ。

そもそも今の収入では厳しいから新しい場所を探すのでは？　いや、古本屋やめるのか、普通は。

×月×日
銀座。

年齢層も幅広いし、地方から来る人も多いし、個人的に好きな街ではあるのだが。

不動産屋さんに、「銀座の家賃は高すぎます。山崎さんがそこまで銀座というブランドにこだわらないのでしたら」と八重洲を勧められる。

1本裏に入るビルの1フロア。大家さんが理解ある人で、ビル脇の大看板は無料でいいとのこと。普通に借りるとかなりの金額らしい。

1階がホカ弁屋で結構にぎわっている。四角の部屋で、2辺が道に面していて、そこにカッティングシートなどで広告を出すだけでもじゃんじゃん買い取りが来そうな物件（広告出した経験はないが）。

3階はネックだが、それ以外は全然ありだ、と思う。

コンシャスすぎる店はきついかもしれないが、普通に普通の本を普通の値段で売る普通の商売には行けるのではないか。

というか、それが古本屋だし、その古本屋像を捕まえ損ねた、と今少し後悔しています。

×月×日
表参道の不動産屋から電話。

「先日の保証人の件、どうなりましたか？」と。

そういえば先日、ぼくの年収が足りないので保証人をつけるのなら、という話をしていた。すっかり忘れていた。

ただ、それも年収が家賃の3倍ないと不可という西川先生ゆずりの条件。

「無理でした」というと「ほかにご家族は？」

「弟が。」

「では弟さんも保証人に。」

「あたってはみますが……。」

PSPとモンスターハンターのセットを買って送る条件で名前を借りる。

給料がよく、弟になりたいと思った。

×月×日
不動産屋から。

「お父様と弟様の年収を合わせても金額が足りないのですが……。」

「あ、そうですか（そんなことはわかっている。もうあきらめて、他の物件をあたっている）。」

「保証会社をつけて、オーナー様（会社）に申請出すことも出来ますが……。」

「あ、そうですか。じゃあそれで（もう結構どうでもいい）。」

×月×日
不動産屋から。

「オーナー様の許可がおりたのですが、古い建物の2階ということで、加重の問題がありますので、店内のレイアウト図と重量の計算書を出していただきたいのですが。」

下見で部屋を10分ほど見たきりだけど、と思いつつも、見取り図を参考に適当にイラストレーターででっち上げ、本棚も配置。

重量は1平米で５００キロ以内が限界とのこと。

1冊５００グラムで1万冊。部屋が50平米だから１００キロ／平米で余裕じゃないか。

ファックス。

しかしいろいろと面倒なことばかり言ってくるものである。

×月×日
不動産屋から。

「オーナー様の許可がおりました。」

「そうですか。ありがとうございました。」

こっちはあといくつかの街へ行き、いくつかの物件を見たいな、と思っているのだが、

「契約はいつ頃なさいますか？」

「（いい物件があったらそっちにしたいので）来月くらいで」

「今月末でお願いしたいのですが。」

「ってことは、今週末？」

軽い詐欺かなあ、との疑いすら湧く。

契約書や振込先一覧など。いきなり大量のファックスが来る。

×月×日
もうほんと、田舎のネズミは都会のネズミに騙されっぱなしですよ、と契約日。

不動産屋で作った契約書に不備があって作り直したり、かなり時間がかかる。

コピペ時代なのか、急に「甲」「乙」が入る条項があり、修正点が多すぎたのだ。

そのくせ唐突に「風紀に反するのでアダルトは扱わない」という特約事項が盛り込まれていたりする。

結局、熟考の時間なく、かなり急、バランスを崩した体勢で、借りてしまった。

こんなに適当でいいのかと自分でも不安になる。

借りたからには頑張っていかないとなあ。

ひょっとしたら借りる前に頑張るべきだったのかもしれないなあ。

ビールで祝杯。

×月×日
引越初日。

とりあえず徐々にと考えていたので、まずは赤帽さんで一度運んでみる。

不動産屋には裏口から搬入するように注意されていたのだが、管理人さんに聞いたら「夜逃げじゃないんだから表からでいいよ。」と。

そりゃそうだよなあ。

50本ほど運び入れるが、まったく先が見えない。

あと何本、あと何回運べばいいのだろうか。

×月×日
根津の店は半額セール。
結構な人が来る。
寂しくなるね、と声をかけられたりしながら、そこそこの売上。
やめない方がよかったかもと後ろ髪ひかれながら、夜、本を縛る。

×月×日
引越。

赤帽ではいつまでも先が見えないので、もっと多く、もっと速く。

中央市の事業部長という立場を利用して、経営員に来てもらう。長島書店さん（弟）、けやき文庫さん、九蓬書店さん、よみた屋の安室さん、古書明日さん、芸林荘さん。ついでにハイエースも2台出してもらう。

引越の計画は3日くらいで終わるといいなあ、程度の計画しかたててなかったので苦労する。

最初2日かけて運んだところで問題発生。

表参道の方に入らなくなってしまった。

そりゃそうである、1階店10坪・2階倉庫10坪の本と本棚を、15坪の空間に床置き。

本棚を組み立てる場所も時間もない。

×月×日
しばらくは整理。

こんなことなら最初に要るものと要らないものを分けるべきだった。

それなら要らないものは運ぶ必要すらなかったといつものことを思い出す。

今さら考えてもしょうがないととりあえず整理を続ける。

引越のたび、自分はなんでこんなに馬鹿なのだろうと気づかされる。

3匹の子豚にもあるように、その昔、うまく引っ越せなかったものは、狼に食べられて死んでいたのだろう。それからするとちょっとはましな時代になったのかもしれない。

×月×日

そうこうしているうちに、根津の店の引き渡し日が近づく。

表参道にはどう背伸びしても蟻、1冊の本も入る余地がなくなる。

いやもちろん入れようと無理すれば入るんだけど、入れた瞬間、積み上げられた山が崩れるだろう。

そうして崩れた山の上に、ごめんよごめんよと謝りながら、ハイエース1台分搬入。

×月×日

根津の店の鍵を返す日。

表参道はあきらめて、最後の手段、自宅アパートに運ぶ。

6畳とキッチンしかない安下宿。

質素な暮らしが功を奏し、ここにはまだまだ入るではないか。

あんた、お願いだからそのお金だけは、そのお金だけは、と泣き叫ぶ妻の顔が目に浮かぶが。

朝6時よりハイエース2回分を運び入れる。

昨日の時点で、皆に間に合うことはないだろうと言われていた引越が奇跡的に終了。

いや、間に合わないといっていた人たちの最後のお手伝いで終わったのです。ほんとにありがとう。

根津の店に戻り最後の掃除。

夕方、不動産屋立ち会いの下、鍵を返す。

箒と雑巾を自宅に戻そうと鍵を開けるとここでも雪崩。

部屋の中に入ることすら難しいな。

今日からしばらく、整理がつくまでは外泊することになりそうである。

さて今夜はどこに泊まろうか。

（433号／2009年4月号）

客を拒む店—半間堂の弁—

アルカディア書房　矢下晃人

やむにやまれぬ事情から店を移転することになった。といっても番地にして僅か三つ離れた場所。引越はすべて手作業で行われた。旧店舗はほんの五坪程の狭さだったが、国道に面しており、東大—御茶の水間の学バスが信号待ちをする今思えば仲々良い立地条件であった。ところが新しい店はその国道と交叉する通り（過日は、春木座、本郷座の立ち並ぶ繁栄街であったが、今では「消防署通り」とか言う通称が付いている）に位置する。本郷はもともと人通りの多い町ではないが、一本通りが違うだけで更に人も車も通行量は激減する。その交叉点の角から二軒目が弊店なのであるが、一応自作の小さな木彫看板を掲げてはいるものの、余程注意していないとここに本屋があるとは気付かない。私自身、電話で場所をきかれても説明するのに往生してしまう。（ご近所様、ご同業の方々には日頃から大変ご迷惑をお掛けして申し訳ありません）

店の位置は判ったものの、先ず客の進入を阻むものとして石段がある。それを二段上り、鉄扉を押し開け、幅一・二メートルの露地を十メートル程進むと、ようやく店にたどり着く。その上今どき都心には珍しく舗装されていない道なので、雨の日などは生い茂る蔦や笹、紫陽花などが両側から垂れ下って着衣を濡らし、飛び石の間隔とうまく歩調を合わせないと、たちまち苔に足を滑らせ靴が泥だらけになってしまう。再び半間幅の重い扉を開けて、やっと店内に這入ると、書棚が林立した十坪程の空間が出現する。民家の一階部を改装したので、天井の高さは申し分ないのだが、抜けば家全体が崩解するという柱が何本かあって、苦慮したあげく柱と柱の間を造り付けの書棚にすることで、何とか間仕切りせずに広い空間を保つことができた。

ところが棚と棚との間隔が余りに狭すぎ、客が本の背を見るには、本棚に顔を押し付けるようにして、カニの横這い状態で棚のまわりを回らなければならない。店内がいくら迷路のようでも素通しの棚なので、本と棚との隙間から客の動きは随時伺い知ることができる――という筈だったのだが、いつしか、その僅かの隙間を本が埋めつくし、迷路の一方の出口をも本の詰まったダンボール箱が塞ぐ始末。店舗面積が一挙に二倍になったので、これまで倉庫に積まれ店に出せずにいた本も置け、弊店の専門分野の一つである翻訳図書の在庫は仲々なものだと自負しているが、反面それらに全く興味のない客には、面白味のない店になってしまったようだ。

無論、お買得品や専門外の本もあるにはあるが、それらは古書展用にしっかりと紐で十文字に縛られている。前の店をご贔屓いただいたお客の内の何人かは、一瞬たじろぎ、次に店内を一周して息を詰まらせた様子で帰ってしまう。大変すまなく思うが、「やむにやまれぬ事情」から、こんな時代錯誤の秘密倶楽部めいた店になってしまったのだから仕方がない。大体、或る一冊の本を弊店の値段でご購入いただけるお客は、この地球上で百人いるかいないかだと思うと、石段を上り露に濡れても、なお体を斜めにしながらこの細い小路をご来店いただく、数少ないお客様こそを大切にしたい。私にとって「良いお客」とはまさにそういう人々である。当分はこのままの店構えでいようと思っている。

断わっておくが、弊店はお客様にご来店をご遠慮願ったことは、たったの一度しかない。この時は全くの勇み足だったが、嫌な客は自然と来なくなる。どうやらそのための半間露地のような気がしてきた。

（３４６号／１９９４年10月号）

正月に泥棒

古書いとう　伊藤昭久

鰹は美味いし、ハナミズキの若葉は爽やかなんて、どこかで聞いたようなことをいっている時期に正月の話でもないのだが……。

一月四日の早朝、店に泥棒がはいったと大家さんから電話があった。ビルのオーナーで金持でありながら、タクシーの運転手もやっている大家さんが明け番で帰ってみると、水屋の小窓のガラスがわられ、賊の侵入があったとのこと、すぐに来てもらいたい、警察にも連絡したと大家さんやや興奮気味だった。「こんな事は初めてだ」をなん回もいいもした。賊がはいった小窓に格子を取り付けるべきだと入居の時家内ともども要求していたのを、そんな事もあるまいと曖昧にしていたことへの大家さんの言い訳なのだろう。

深夜、早朝の電話呼び出し音はいやなものだ。近親に年寄や術後で入院している者をかかえていると、なにかあったかではすまない、一大事と思わざるを得ない。ドロボーときいた時は唖然とした。雑書雑本を商っている貧乏古本屋に盗るものなどなにもないのだ。レジを壊されないように、少々の金はレジにのこしておくべきだと、余裕のある先輩からきいてはいたが、吝嗇のゆえか店に一銭の金もおいていないのだ。

周りの商店が軒並み盗《や》られた時に、うちだけは全く被害がなかったとチョッと残念そうに、親しいT堂さんが話したとき、古本屋なんかねらうドジでマヌケな盗人などいないと、T堂さんに同情し、うちもT堂さんと似たり寄ったりなのだから大丈夫だろうとたかをくくっていたのだ。

自宅から店には歩いて十分少々、車でなら五分とかからない。あせっていたのか持病の腰痛防止のためにいつもまくサラシもまかず車で店に向った。金は全く置いていないのだから、腹いせに雲古、御叱呼でもまかれていたらと暗澹とした。製紙原料屋をやっていた時に富士市にあった営業所に泥棒が入り、なにも盗るものがなかったうっ憤はらしに汚物をまかれたことがあった。その時の排泄物のぬりたくられた壁が思い出され、悪臭がよみがえった。

目前にせまった東急大古本市の出品商品に手を付けられ、汚されていたらヤバイ、なぜか一信堂ナベさんのにがりきった顔がうかんだ。ドタキャンいたしかたなし、どうしようもないよとすでに言い訳を考えている自分がなさけない。格子をつけなかったケチな大家をトッチメてやろうと考えてもいた。

良き泥棒なんてものはいないだろうが、行儀のいい泥棒はいるようで、仕事机の抽出から出した封筒やファイルはばらま

かれていたが、本にはいっさい手が付いていなかった。被害がほとんどないとわかりホッとすると、なぜか明るい気持になっている自分がおかしかった。ちらばったエロ写真だけは警察がくるまえに拾い集めた。拾いを手伝ってくれている大家さんの納得した横顔にニヤリとせざるをえなかった。盗られたものが裏本三冊と枕絵一帖、いずれも御禁制品では被害届を出すわけにもいかない。鑑識の警官も手塚治虫の漫画がどうのこうのといった話をしながらの指紋採取だった。

警官も引き上げ、一服しながら棚を見るとジョルジュ・ダリアンの〝泥棒〟、D・マッケンジーの〝自伝泥棒〟、ジャン・ジュネの〝泥棒日記〟などがすぐ目にはいってきた。場末の古本屋にしてこうなのだから、泥棒をあつかった本はかぎりなくあるのではないか。泥棒というやつは人間社会のなかでかなり興味ある存在なのだと思わざるを得ない。

花盗人、おしゃれドロボーといったウイットにとんだ言葉はすきだが、正月の泥棒はいただけない。

（398号／2003年6月号）

本に挟まった思い出

古書わらべ　榎本弘紀

ページの間に思い出が挟まっている本がたまにある。これが、お客様から買った本ならばその人に返すこともできるが、市場で落とした本だとそうもいかない。本の持ち主だった人と自分との間には関わりがないので、どういった人であるかもわからない。本に挟まった思い出から、その人を想像するしかない。しかし、これが結構楽しいのである。

　おそらく一人の人の蔵書だったであろうものを市場で落とした。事務所に持って帰り、中身をチェックすると、栞代わりなのか、ほとんどの本の間にチケットの半券が挟まっていた。オペラや舞台、映画といった字面から、この本の持ち主だった人物が高尚な趣味を持っていたことが伺える。

　本も一冊一冊丁寧に自前のカバーがつけられている。書店でつけてもらったであろう、書店名のはいったカバーから、時代を感じさせる包装紙。この人は尋常小学校の校長だったのだろうか、中には書き損じた卒業証書で作られたカバーもある。

　本の年代やそれらからいっても、この本の持ち主だった人はおそらく故人だろう。遺品整理のさいに処分されたのだろう。本の間に挟まったその人の思い出は、遺族にはわからなかったのかもしれない。そんなことを考えながら作業を進めた。

　どんな本に挟まっていたのかはよく覚えていない。でも、それが挟まっているのを発見した時は、強烈な衝撃を受けたことを覚えている。

　おふだが挟まっていたのである。奇麗に二つに折り畳まれて。かなり古い物であることは紙の具合からわかる。たしか、金刀比羅宮のものであったと思う。旅行先でお参りして、おふだを貰い、本に挟んだのだろうか？

　特別信心深いわけではないが、さすがにこれは売るわけにはいかないので、近所の神社に持っていって焼いてもらった。

　なぜこんな物を本に挟んだのか。この本の持ち主だった人だけは、どうも自分には理解できないと、今でも思っている。

　おそらく学生が買い、読んでいた本だったのだろう。授業のメモ書きと封筒が挟まっていた。中には、便箋が二枚入っていて、かなりクセのある字で、教師の悪口をはじめ、（何かはわからないが）行動をおこす日時が書いてあった。

　その時代に、その関係者が読まなければ意味すらわからないことだったが、なんとなく思いのようなものだけは伝わってきた。その行動は成功したのだろうか？

　それが挟まっていた本は、歴史の本だ

った。記録されない歴史の一日が挟まっていたのである。それが妙におかしかった。

　どこにでもある均一棚にありそうな文庫本。その中に、古い馬券とメモ書きが挟まっていた。メモには「アラブ王冠1―2　二百円」とあり、馬券もそれと同じく印字されている。当たったのかハズレたのか。自分が好きで買ったのか、人に頼まれて買ったのか。文庫本を片手に場外馬券場まで行き、買い、本の間に挟んだまま忘れてしまったのだろうか。

　ちなみにこの馬券。本より高く売れたのは言うまでもない。

（412号／2005年10月号）

いらっしゃいませ

うつぎ書房　武下嘉宏

白鷺草のように白いスカートの裾をチラチラさせて、立て付けの悪い店の硝子戸を軽く開き、事なげな表情で入ってくるなり、「上代語のイントネーションのこと書いた本、ない」と問いかけるようにいいながら、しきりと店の中を見まわした。金田一春彦の『日本語音韻の研究』を出してやると、ぱらぱらと頁をくりながら、平台の上へそれとなく本を置いた。『新古今和歌集』の音韻を知りたいから、昔の人の研究本はないか、といい、和本の板本では読めないから、活字になったのがいいというので、『日本古典註釈文庫』の本居宣長『新古今集美濃の家つと』と見せると、これなら読めるとしきりに頁をくりながら合点している。ふと気がつくと指をなめながら頁をくっているのだ。「唾をつけないでめくってくれ」と注意をすると、素直に「ごめんなさい」と目もとに小皺を寄せて誤るなり、一万円札を出して、二冊とも包ませた。

　千五百円の釣り銭を渡すと、また一万円札を出して両替してくれという。五千円札一枚、千円札五枚渡すと、今度は千円札一枚出して百円硬貨にして欲しいという。両替を果して、本を抱えると、再び白いスカートに波を打たせながら出て行った。それから、一分とたたぬ間に一万円札二枚受け取った筈なのに、一万円札一枚と千円札一枚しか手許に残っていないのに気がついた。手品は、どの隙をねらって行なわれたのであろうか。私は「あらその瞬間よ」という歌詞の流行歌があったことを思い出したりした。

　雨の日は喘息が夜中に発作を起こし易いので、私にとっては女の生理のように雨の降る日は厄日でもある。そんなときは、しょぼんとして、目を窪ませて退屈そうな表情で店に坐っていると見えて、そんなときの私は、羊飼いの老人のように人を睨みつけることが多いと女房はいう。出来るだけ愛相よくするものですと注意される。

「小父さん！　お元気――」と勢いよく店の戸をあけて、四十近い、一見して行かず後家とわかる女が飛びこんで来た。文字通り電車にでも飛び込むかのように、勢い余って飛び込んで来たのである。どこかで見たような顔だ、とは思ったもののまるっきり記憶はない。

愛相よくしろという女房の言葉を思い出して、「いらっしゃいませ」と心もち頭をさげた。両手に大きな紙袋をさげていて、女が体を動かす度びに、ガサガサと紙袋は金属音に近い音をあげた。

「小父さんとこ、猫を飼ってるんでしょう、何匹いるの」という。そうして、猫の本はないか、という。生憎猫に関するものは何もない。彼女は、しきりと棚の本を抜いて見ていたが、大正三年版『夢二画集』を見つけて、猫を抱えている女の絵を見つけた。「欲しいわ」といいながら、今、お金がないから買えない、と唇を曲げながら呟いた。余程欲しいらしく、しきりと画集を棚から出し入れした。また、他の本へ目を移していたかと思うと、

「また来るわ、小父さん、お体お大切に」とお愛相をいって、紙袋を一つかさかさ鳴らして、風に吹かれる木の葉のように体を翻して消えた。再び店に静かさが戻った。

ふと、彼女は紙袋を二つ持っていた筈だと気がついた。店の隅には、冷めたくなった生まれたばかりの子猫の屍が、文明堂のカステラの紫色の包み紙にくるまって、紙袋の中に棄てられてあった。

（264号／1981年2月号）

半年目の店

NEMO書店　高原治史

困ったお客様を思い出すのは、わりと楽なようで、そんな思い出は忘れようがない。

数日前、たしか大雨があった日、そろそろ小降りになりかけたころの、来客は、知った顔だった。文庫の整理をしていたので自由にしてもらっていた。ふっと気づけば、帳場の中に客がいるのではないか。これは困る、いくら暇な店でもお金はある。レジなどないから皿に乗っているだけだ。不用心だった。

注意をして帳場からは出てもらったが、腹を小突かれ、山ほどの悪口を聞かされた。捨てぜりふは「二百五十円しか売れない店なんか」だった。売り上げ票を見られたらしい。けっきょく、この人、四百五十円買って行った。まあいいか。

マニアの人は、本棚に興味がないらし

い。入って来るとすぐ買ったばかりの、縛ってあるものや棚から抜いた山に手が出る、いきなりバラバラにする、立ち読みを始める人までいる。値下げをしたので棚にある方が安いのに、足元の汚れたビニールの高い方が好みらしい。売れるなら良いけど。

　毎日、均一本を見て行く年配の人がいる。声をかけると、楽しそうに話し始める。一人でしゃべっている。相づちを打って聞いてると長くなるのでちょっと困るが、本が好きらしく、少し楽しみにしている。ある日、本を売りたいと言う。あちこちで均一ばかりを集めているのは知っているが、四畳半にいっぱいと聞いて気が重くなったが、買いに行く約束だが声がかからない。整理がつかないとかでいつになるかな。

　まんがばかりの店なのに、子供のお客さんが少ない。子供向きの本が少なくないとは思うが、弘兼憲史やかわぐちかいじのファンの小学生は少ないだろう。亀有やドラゴンボールもあるんだけど、来るのは斜の前の薬屋（実はファミコン屋）に集まる子たちくらいだけど、たまに三歳くらいかな。男の子と女の子（妹らしい）が「オヂャチャン、コボチャンちょうだい」。お母さんはパタリロのファンだ。仕入れておかねば。

　良いお客さんの印象は薄いようだが、けっこう憶えている。その方が気持ちが良いからかもしれない。十年本屋の店番をしていて、その中でも古本屋を、開店したこの半年間が、とても楽しく、おもしろかった。事業部ももう一期、二年間がんばろう。

　その前に店がこけないことを祈りつつ、お客様と、多くの同業の方々に、ありがとうございます。

（345号／1994年8月号）

じいさんとばあさんの話

ろここ書店　崔　恒一

　脱サラして、古本屋を始めて、二年半。御多分にもれず、経済的には苦戦しております。加えて今春は、母親の葬儀、長男の私立中学入学など、物入りが続き、厳しい状況に拍車をかけています。

　まあ、くよくよしてても仕方が無いし、今まで何とかなってきたんだから、何とかなるでしょう。元来物事を深く考えこむ性質《たち》ではないので、共稼ぎの妻から「甲斐性無し」とののしられながらも、楽しく仕事を続けています。

　それでは、本題に入りましょう。まずは、じいさんの話。

　ひと月ほど前、六十代半ばくらいのじいさんが来店し、「あっちのほうのビデオで何か良いものはないかな」と尋ねてきました。あっちのほうというのはもちろんエロのことです。「ちょっと高いけど、これがいいよ。」と一本のビデオをすすめました。妙に愛想の良いじいさんはそれを受けとり、いそいそと帰って行きました。

すると、二日後に再びそのじいさんがやってきて、

「ビデオ、良かったよ。感動しちゃったよ。」などとのたまうのでした。そして、良かったところを細かく説明したのですが、その部分は省略。その時のじいさんの顔は、すけべじじいという感じはなく、さながら十代の少年が、未知の世界を体験した喜びにひたっているという趣《おもむき》で、その瞳はキラキラ輝いておりました。

続けてじいさんのいわく、

「女てえものは、若い頃苦労してなければ、六十でもできるものだね。」

「へえ、奥さん六十なの。」

「カカアじゃないよ。最近知り合った女がいるんだよ。」

「じゃ、二人で見るの？」

「へへ、そうだよ。オレ半年前に脳梗塞になっちゃって、薬飲んでるんだよ。そのせいで勃たなくなっちゃったんだけど、ビデオ見ると大丈夫なんだよ。」とじいさんはニコニコ顔で話しました。つまり、六十才の彼女を愛すためビデオを使っていたのです。日頃四十を過ぎた古女房を抱く気にもならず、「若くてナイスバデーのネーちゃんとやりてーな」などと考えている自分をちょっと恥ずかしく思いました。その後、二、三回来店し、最近は顔を見せていません。高齢で、病気もあるので、やり過ぎてどうかなっちゃったのではないかと、ちょっと心配なろここ書店店主でありました。

次はばあさんの話。

半年ほど前、一人のばあさんが、来店し、「昔のいやらしい雑誌が三十冊くらいあるのだけれど、買ってもらえるかしら。」ときいてきました。

「状態が良ければ買いますよ。」と言って、見せてもらうと、昭和二十年代から四十年代くらいのエロ雑誌が三十冊ありました。

「ずいぶん珍しいもの持ってたんだね。」と言うと、ばあさんはいかにもけがらわしいという感じで、

「わたしこういうの大っきらいなの。死んだおじいさん（夫のことらしい）が階段の下の物置に隠しておいたらしいのよ。」と言うので、

「大っきらいって言ったって、若い頃はセックスしてたんでしょ。」と大胆な質問をしました。すると、

「生涯に一度だけ。それで息子ができたんだけど、いやでいやで仕様がなくて、それ以来一度もしなかったの。」

生涯一度しかセックスしなかった夫婦というのにも驚きましたが、その一回で子供ができた、というのにもびっくりです。それにつけても可哀そうなのは、死んだ旦那さんです。何十年も拒まれ続け、奥さんに隠れて、エロ本を眺めていた姿を想うと、涙を禁じ得ません。せめて、浮気でもしていたのなら、救われるのですが…。

話が片寄ってしまいましたが、当店は別にエロ専門というわけではありません。なにはともあれ、皆さんがんばりましょう。（何を？）

（398号／2003年6月号）

三宿だより

桜井さんのこと

古書いとう　伊藤昭久

　桜井さんは大正十三年（一九二四年）生れ八十二歳である。私が学大で店を構えていた時からの客だから、かれこれ十五年余のお付き合いになる。長身、瘦軀やや猫背であるが老人くさくない老人である。寝違えて首に湿布は見たことはあるが、体の不調を聞いたことはほとんどない。面長の顔に眼鏡、常に登山帽をかぶって、チョットにがむし、自転車で店に来る。ほとんど聞こえない耳にもかかわらず、自転車での古本屋巡りにはあやふさを感ずるが、相変わらず定期的に店に現われるのだから、そんなことは心配無用なのかもしれない。

　いつものことなのだが、桜井さんが目で会釈して店に入ってくると、すっていた煙草をもみ消すぐらいの緊張をする。棚がその店の主人の多くを物語っているのではないかと思っている私としては、棚の前の桜井さんは気にかかる。桜井さんが本をよく知ってい、本をよく読んでいる人だから気にかかる。

　桜井さんに高価な本を買ってもらったという記憶もないし、まとめて本を買ってもらったという覚えもないが、なにせ長い付き合い、話は随分ときいてきた。耳のとおい人だから、大きな声を出さなければこちらの話は通じない。でかい声を出すのは億劫なので、一方的にやや早口の桜井さんの話をきくだけにしてきた。ぱっぱと話して、さっと切り上げてくれるからさして苦にならない。

　古書を捜す楽しみ、読む楽しみは脳の活性化に役立ち、過去を知り、現在を知り、未来を予測することもできると桜井さんはいう、たしかに、桜井さんには老人特有の頑迷さもないし、こごともなければ自慢話もない。桜井さんの脳は古書を捜し、読むことによって活性化され、若さを保っているのだろう。過去、現在を知り未来をも知ることができるというのは大言壮語にきこえなくもないが、古書マニア、読書家の桜井さんであってみれば、自分の行動への理由づけ、いってみたくもなることなのだろう。年寄のご愛嬌、古書を提供してくれる人、古本屋へのお世辞といったところか。

　古書店巡りはフィッシングのようなものだという。魚（古書）のいるポイントは決まっているから、ポイントをはずしたら雑魚一匹釣ることもできないという。古本屋の集書傾向をよく調べてからフィッシングにかからなければならないそうだ。古本屋が市会を選んでいることとなんの変りもない。

なにかの都合でのがしてしまった古書について話す時などは、開高健の色紙などによくかかれているアフォリズム「釣りの話をする時は両手を縛っておけ」といったところで、オーバーな口吻になる。

古書との出合いは男女の恋愛に似ているそうで、捜し求めていた古書に出合う喜びは、憧れの女性に出合い、さまざまな事情を乗り越えむすばれた時の至福に共通するそうだ。私は女性との出合いは多分に運に左右され、努力といったことではどうにもならないことだと思っているし、古書は捜し求め続けさえすれば必ず出合えると考えているから、桜井さんの比喩をうのみにはしていない。古書捜しに恋愛を引き合いに出すところなど、桜井さんの年を考えるとニヤリとさせられる。

古書蒐集に際しては先人(目きき)の著作を読むのが先決だと桜井さんはいう。間口が広く、奥行もある古書のことだから、秀でた愛書家、読書家のあとをたどり、おこたることなく勉強しなくては意にかなった蒐集などできないと私も思う。絶版文庫蒐集に熱心な桜井さんにとって、岩男淳一郎著『絶版文庫発掘ノート』青弓社は大変役にたったそうだ。必読書として、紀田順一郎著『新版古書街を歩く』福武文庫『ニッポン文庫大全』ダイヤモンド社、近藤健児著『絶版文庫交響曲』『絶版文庫三重奏』『絶版文庫四重奏』『絶版文庫嬉遊曲』青弓社、門谷建蔵著『岩波文庫の黄帯と緑帯を読む』『岩波文庫の赤帯を読む』青弓社をあげ、その他に坪内祐三著『三茶日記』本の雑誌社『新書百冊』新潮新書、嵐山光三郎著『古本買い十八番勝負』集英社新書、山本善行『関西赤貧古本道』新潮社などを読み参考にしているそうだ。岩波、新潮、筑摩、中公、角川、早川、創元など出版社の「解説目録」は全部揃え、中野書店、扶桑書房、石神井書林などの「古書目録」も蒐めて、役立てているそうだ。

桜井さんは独断と偏見ですがと前置して、好きな作家、作品を話してくれる。詩にたいする深い愛情がある作家を好み、詩情豊かな作品が好きだという。批評精神のない作家、社会的関心が背景にない作品は好きではないそうだ。ドラマのない作品も読む気がしないそうだ。自然描写のうまい作家が好きで、特に山や植物、鉱物に造詣の深い人の作品が好きだという。ようはナルシシズムの強い作家、私ごとばかりが書かれている作品を桜井さんは好まないのだろうと、私は勝手に理解している。

桜井さんの好みの掘りだし成果を教えてくれた。経堂の大河堂書店ではヤコブセン『マリイ・グルッベ夫人』、ゴーチェ『モーパン嬢』(上)(下)、ドライサー『ジェニー・ゲルハート』(上)(下)三点共新潮文庫、マッカラーズ『針のない時計』講談社文庫など、経堂の遠藤書店ではパリーゼ『彼女と彼』角川文庫、A・ガーヴ『メグストン計画』『新聞社殺人事件』ハヤカワポケミスなど、明大前の古本大学では尾崎喜八『碧い遠方』角川文庫、M・デュ・ガール『生成』講談社文庫など、成城のキヌタ文庫では日夏耿之介『風雪の中の対話』中公文庫、A・ガルペンティエール『バロック協奏曲』サンリオSF文庫、イーヴリン・ウォー『ブライヅヘッドふたたび』ちくま文庫など、三宿の江口書店ではキーツ『キーツ書簡集』、高田博厚『分水嶺』共に岩波書店など、渋谷の巽堂書店ではG・マルケス『美しい水死人』福武文庫など、下北沢の白樺書院ではH・イネス『キャンベル渓谷の激闘』ハヤカワ文庫、金田弘『旅人つひにかへらず』筑摩書房など、下北沢の幻游社では横山紘一『地中海の誘惑』TBSブリタニカ、福永武彦『海市』新潮文庫など、学芸大の流浪堂ではアポリネール『異端教祖株式会社』講談社文庫など、三宿の山陽書店ではA・フランス『花ざかりの頃』白水社、R・ブルトンヌ『性に目ざめる頃』三笠文庫など、私の店ではユゴー『ノートル・ダム・ド・パリ』(上)(中)(下)岩波書店、J・シムノン『猫』創元推理文庫などを二十年かけて捜し出している。桜井さんの根気、執念に驚かざるをえない。

　このごろはインターネットを利用もするが、自転車での古本屋巡りの方が楽しいらしい。今日もデュアメル『阿蘭陀組曲・北方の歌』角川文庫、トロワイヤ『夢を嫌う人の星』(上)(下)新潮文庫、R・ネイサン『いまひとたびの春』岩波現代叢書を捜しに、いつもの登山帽、チョットにがむしで、私の店にみえた。

（４１９号／２００６年12月号）

三宿だより

三宿界隈

古書いとう　伊藤昭久

　東急田園都市線池尻大橋から２４６号線ぞい三軒茶屋方向、三宿の交差点の手前に私の店はある。池尻大橋から三宿の交差点まではあるやなしやの勾配だが坂になっている。雨の日など歩道の側を流れる雨水の流れで坂だと気づかされる。地番は池尻だがなんとなくとおりがいいように思えて、三宿の坂の中途の古本屋と人にはいっている。店売りがかんばしくないという私の愚痴に「ヘンピナトコロダカラ」といったのは靖文堂の三木さんだった。商店街でもないし、繁華街でもないんだからしょうがない、商いは場所だよと三木さんはいいたかったのだろう。向かいの通りには若者むけのレストランが並んであり、店前の歩道に人の往来はたえないし、246号線には四六時中おびただしい数の車も走っているのだから、本来の意味での辺鄙はあたっていないが、客数の少なさからいったら確かにヘンピナトコロなのだ。

街道ぞいというのは人は足早に通過するだけで立ち止る所ではない。店の前に頻繁に停る車は、飲み物でもと隣のコンビニエンスストアーに寄る客で、外の均一台ひとつのぞくことなく、そそくさと走り去って行く。目的地へ行く途中の人たちなのだ。

246号線と首都高速3号渋谷線が二重になって走っているのだが、店番がてらの目録原稿を書く手をやすめた時など、ガラス戸一枚むこうの喧噪が嘘のように、柱時計の振り子の振れる音が耳に入ってくる。

年の暮に古くからあった文房具屋がやめ、金物屋が店じまいした。シャッターに張られた閉業の挨拶に心いたみ、寂しさを感ずる。町から櫛の歯がこぼれるように商店がなくなっていく。町が町でなくなっていく。世の移り変りは世の常だが、このごろのあまりに激しい変化にはついていけない、明日に漠とした不安をおぼえる。

なぜか、この界隈に去来した人々をかいてみたくなった。

「彷書月刊」(〇六年二月号) 掲載の亀田博氏の金子文子略年譜に、一九二二年五月初め 文子は朴烈と同棲。東京府荏原郡世田谷池尻四一二相川新作方二階（現世田谷区池尻二の三一の一五から一七） 七月十日 運動誌「黒濤」を創刊。発行所は二人の下宿。十一月頃黒濤会は分裂。文子、朴烈たちはアナキズム系の黒友会を組織。二人は運動誌「太い鮮人」を創刊。とある。私の店の住所は池尻二の三七の一八だから、二人は店のごく近い所で本格的な活動をはじめたのだ。文子については爆弾テロ未遂、大逆罪、獄中で自死、山梨県にゆかりのある人（私は甲州生れなので知っていた）といった断片的な知識をもっていたが、二人の出発拠点が店の近くだったことは「彷書月刊」を読むまでまったく知らなかった。

知ったところでどうといったこともないが、なぜか近所にいたという事実に興味をそそられる。関東大震災の前年の事であり、凡俗の私にとってなんの関係も脈絡もないことなのだが、二人のアナキストの生きようが気にかかる。文子の思想や心情を深く調べ、知ろうとする時間も体力もないが、文子の獄中手記『何が私をかうさせたか』昭和六年春秋社が市に出たら落札《おと》したい。

林芙美子の『放浪記』新潮文庫に〝白い前垂を掛けたまま、竹藪や、小川や洋館の横を通って、だらだらと丘を降りると、蒸汽船のような工場の音がしていた。ああ尾道の海！　私は海近いような錯覚をおこして、子供のように丘をかけ降りて行った。そこは交番の横の工場のモーターが唸っているきりで、がらんとした原っぱだった。三宿の停留場に、しばらく私は電車に乗る人か何かのように立ってはいたけれど、お腹がすいてめがまいそうだった。〟というくだりがある。同棲していた詩人野村吉哉に怒られ、家をとび出たあとの一節である。〝がらんとした原っぱだった。〟に寂寥を感じる。大正十四、五年の話だと思う。

芙美子と野村吉哉（芙美子は南天堂グループの萩原恭次郎・岡本潤・辻潤・高橋新吉・壺井繁治らアナキスト詩人を野村をとおして知った）は大正十四年に世田谷太子堂、聖王山圓泉寺わきの長屋に引越してきていた。同じ長屋に壺井繁治・栄夫婦と黒島伝治（プロレタリア作家）夫婦が住んでいた。〝路の向うの竹藪を背戸に持っている、床屋の二階〟には平林たい子とアナキスト系の評論家・作家の飯田徳太郎が同棲していた。〝泥沼に浮いた船のように、何と淋しい私達の長屋だろう。兵営の屍室と墓地と病院と、安カフェーに囲まれたこの太子堂の暗い家〟と芙美子は書いている。萩原恭次郎が遊びにくれば敷蒲団を一枚屑屋に売って焼酎と米がないかららどん玉を買うといった生活だった。

圓泉寺は小高い所にある。渋谷から二子玉川まで走っていた玉川電気鉄道は路面電車で、三宿停留場は現在の三宿交差点の渋谷寄りにあった。私は三宿交差点から圓泉寺までを三宿神社方向から、あるいは茶沢通り方向からと、コースをかえ何度も歩いている。今では住宅がたてこんでいて、往時をしのぶ竹藪も小川も原っぱもないが、芙美子が尾道の海を追憶してかけくだった坂はどの道をたどってもある。坂だけは昔のままにちがいない。

佐藤愛子著『淑女失格』（集英社文庫）の第一部私の履歴書にこんな一節がある。〝「文芸首都」という文学同人雑誌があることを知ったのは、世田谷三軒茶屋の三茶書房という古本屋でだった。その頃私は世田谷上馬町二丁目にいて、三日にあげず三茶書房へ行って古本を漁っていた。その三茶書房に月遅れの「文芸首都」が十円で出ていたのだ。〟この頃の「文芸首都」は保高徳蔵が主幹で、同人には北杜夫がいた。愛子は同人となり作家になる光明を見出した。

愛子は昭和二四年に父佐藤紅緑の死を契機に二人の子をのこし、麻薬中毒の夫と別れ、母親の家に居候して、読むことと書くことに精励していた。〝小遣いというものはない。娘時代の着物を売って本代や電車賃にするほか、金を稼ぐ道はなかった。〟といった毎日だった。

上馬二丁目の家は紅緑最期の家だった。大きな看板はかかっているが現在営業していない三茶書房は、私の店のならびにあり、三宿交差点の横断歩道の真前にある。愛子がかよっていた頃の三茶書房は昭和女子大の先にあったときいている。

金子文子が動き出し、林芙美子は飢えをみたすべく詩を書き、文を綴り、佐藤愛子は小説家になるキッカケをつかんだ。三宿界隈は若い魂が苦闘し、逗留することなく去っていく、そんなところだ。


（420号／2007年2月号）

「お客さんとの思い出ばなし」なんて…

風船舎　赤見悟

お客さんとお会いするのが文章を書く事と同様に苦手である。といっても基本的にウチは自家目録と「日本の古本屋」での販売といういわば通販専門なので直接お会いする機会はほぼない。ガッツリと顔を会わせるであろう出張買取なぞも皆無だ。稀に注文した商品をこちらまで受取りに行きたいと希望する方もいるが、そういった時は「ウチは自宅兼事務所なので申し訳ありませんが…」と言ってやんわりとお断りさせて頂いている。

そもそもがお会いしたくない…。ただ単に自意識過剰な人見知りで物臭なだけ、という面も多分にあるが、あくまでも「客と店」という一線を引いた関係を壊したくないという気持ちが強い…気がする。

「日本の古本屋」を通して注文してこられるお客さんの場合は基本的にお互い業務的なメールのやり取りのみのため、お客さんの顔は見えづらく（あくまでも私の場合はです）、仮にお会いしても互いの距離感はそれほど変わらないかと思うが、これが自家目録で注文して頂くお客さんの場合はどうしても一線を越える感じがしてならない。

特に常連さんの場合である。ウチのような得体の知れない零細店であっても、目録を出す度毎に必ずと言っていいほど注文して下さる奇特なお客さんはありがたいことに一定数だが存在する。そういったお客さんは注文の仕方や対応・支払いがとても綺麗で品があり、かつ温かみを感じるというか、ウチに対して全面的に信用・信頼して頂いている気がしてならない。時には支援としての意味での注文のように感じる事もある。故にこちらとしても自然とそういったお客さんに対しては、多大な好意と敬意の気持ちを抱かざるを得ない。

このほどよい距離感の良好な関係（例え思い込みだとしても）が直接会うことによりふと何かの拍子で崩れてしまうかも知れない、ということが怖いのだ。また、余計な気遣いが両者に生じてしまうのもなかなかに厄介である（むしろこちらの方が重要かも知れない）。私はお客さんとは顔を会わす事なく、あくまでもこのプラトニックな関係（？）であり続けたいと密かに願っている。

という訳で、私にとって「お客さんとの思い出ばなし」はあまりない。厳密には「お客さんと直接会うことで生じる思い出ばなし」である、というのは言うまでもない。

（492号／2019年2月号）

古書価の私的メカニズム——私はこうして値を付ける

売価は思いきって付けるもの

玉英堂書店　斎藤孝夫

吉田幸一さん。いま玉英堂にとって、古典籍の分野で最も多い本を譲って下さる大切なお客様の一人です。個人ではわが国最高のコレクターとして知られている先生は、明治四十二年生れとのことですから今年で八十六歳。いまだ現役でお元気そのもの。すでに研究に使われた本は比較的あっさりと処分されるさっぱりしたご性格は、私達業者にとっては大変有り難いことで、私も積極的にアプローチしていつでもご用命をお待ちしております。

昨年の九月五日、いつものようにお声がかかり、午後二時すぎにお宅に伺いました。応接間に通されるとすでに何点かテーブルの上に用意されており、しばらくの雑談のあと早速拝見。今回は上田秋成のものを準備してくださったようで、雨月物語・書初《かきぞめ》機《き》嫌海《げんかい》・癇癖談《くせものがたり》・諸道聴《しよどうきき》耳《みみ》世《せ》間猿《けんざる》・海道狂歌歌合上巻の書物と自筆短冊の六点があり、「どうぞ持って帰ってゆっくり調べてから返事を下さい。決して急ぎませんから」という先生のお言葉に甘え、お預かりしてお暇を致しました。帰ってすぐ参考書にあたり、過去のデータも調べ、翌日「二百万円で頂きたい」とお電話し、午後にお金をお届けする。ほとんどいつもこのようなパターンです。今まで一度も私の付け値に反論されたことはありません。それどころか「売れ残ったらいつでも引き取りますから、遠慮なく言って下さい」とまでおっしゃる。まさかお返ししたことなど一回もありませんが、本当に頭が下がります。

私はお客様から仕入れたものは、ほとんどそのまま市へ出すことにしています。自分の価値判断が正しかったかどうか、あるいは現在の相場や反響などを知るためにも。出品した中で自分の欲しいものにはもちろん買い戻すつもりで札を入れます。よくいいものだけ抜いて残りを市場にだす人がありますが、全体が死んでしまって燃えず、あまり得策とは思えません。この時の秋成の口は、九月六日の東京古典会に出品いたしました。急に出したにもかかわらず、思いもかけない高値を呼び、全部で三百万円を越しました。修理に出した雨月物語と短冊は除いてありましたから、随分利益が上がったわけです。初口《うぶくち》の、しかも質の良い本ばかりでしたから、景気沈滞のこのような時期でも強かった……。吉田先生に足を向けては寝られません。もっともこの時青裳堂の後藤さんが買った書初機嫌海は、その後大市に出品され、更なる高値を記録しました。後藤さんも私も十分に儲かり、お売りになった吉田先生もきっと喜んで下さっていることでしょう。

仕入の際には駆け引きなどせず、思いのままの値を付けることが大切だと思います。もちろん失敗も成功もありますが、これこそが古本屋の醍醐味で、泣いたり笑ったりがあるから仕事は楽しく、生きている実感を味わえます。不思議なことに高く買いすぎてしまったお客様は、その次には安く売って下さるもの。誰もが感情のある人間なのですから、妬んだり恨んだりさえしなければ、感謝こそすれ、素晴らしい信頼関係が生れることでしょう。正直に素直にぶつかることが一番だと確信しております。

市場での入札は、何といっても買った人の勝利です。買わなければ売れません。欲しいと思ったら、思い付く最高値を中《なか》札《ふだ》にして入札すること。高く買いすぎて笑われることなど恐れていては、決して落札できません。勇気を持ってまず買ってから、次に売ることを考えるべきです。自分が欲しいと思った本は、必ず他の誰かも欲しいはずなのですから。「買う時は素早く、売る時は遅く」と、恩師反町さんはいつも言っておられましたが、売価はよく調べてから、悔いのない価格を付けるべきです。その本の価値を見い出したら思いきって高く、見込み違いだったら原価を割っても気にしないで低く。市場で仕入れたものは競って買うわけですから、利幅が少なくても仕方ありません。それでも自分の店に置くべきものは買わなくてはなりません。専門店はその店に相応しいものが並んでいるだけで宣伝になるのですから。よく公共機関の方が月末にいらして、今日中に○百万買わないと次期の予算が削られてしまうとあせって本を捜す場合がありますが、そんな時にお勧めできる品物が在庫してない時ほど、みじめになることはありません。いつでも良い品をそろえているお店にしたいものだと心がけております。

古典籍の世界では、仕入は売価の何パーセントといった原則はありません。まず買ってみること。そして十分に調べること。机に向かうことが苦手な人には合わない分野でしょう。奥が深いだけにやりがいはあります。とっつきにくいが、それだけ飽きはきません。市場では概して、わかりやすい版本は競争者も多くあまり儲かりません。写本類は比較的安く落札できます。調査に時間はかかりますが、労力をかけた分だけの十分な利益を上げることが可能です。二つと同じものはないわけですから、その本の価値に納得がいったら高い値を付けても大丈夫です。毎日毎日が勉強であることはもちろんですが、知識だけでは本は買えません。知識プラス勘、勇気プラス度胸。それに運プラス資金力。色々な要素が一つになった時、買いたいと思った本は我が手に落ちてきます。自分のものになったら売価は思いきって付けるもの。一度売ってしまうと、今度はきっとそれ以上の値で買わなくてはならないのですから弱気は損です。とにかく売ったり買ったりの積み重ねが、自信を持って売価を決定する大きな要因となることでしょう。

吉田先生からそろそろ電話がかかってきそうな気がします。お金を準備しておかなくては。先生はまだまだ重美クラスの逸品を何点もお持ちのはずですから。そう考えるとやる気がでてきます。私は楽天的な古本屋で幸せです。

（３４８号／１９９５年２月号）

初めにテーマありき

えびな書店　蝦名　則

　簡単な自己紹介をさせて頂く。九年前の七月七日、都下国分寺の三・七五坪の店で開業、初日の売上が百三十円だった。その前は美術・工芸雑誌の編集者を勤めたり、フリーで八年程経験。一年後組合に加入、市会の楽しみを知った。貸会場での店頭販売、デパート展、支部主催の古本祭り等を経て、今は相変らずの店売の他、年一回のデパート展、本部古書会館での即売展を年六回、そしてこれが本欄にお呼びがかかった所以と思われるが美術・工芸書の個人目録を年三回発行している。蛇足ながら妻と子各一人、身長百七十七センチ、体重七十キロ、頭毛薄く替りにひげ面、黒いセルロイド縁の眼鏡着用、煙草好きの下戸。歳不惑の四十。

　さて専門店にも諸々の相があって強い、弱いがある。美術・工芸分野で言えば当店が比較的得意とするのは近代の日本美術、工芸の中では陶磁器・骨董関係であろう。一時は民芸運動関係の看板を高く掲げていたこともあるが、もう既に錆ついて落下寸前である。少々は肉筆ものも手掛ける。実はその他はなかなか弱いのである。そしてこれがどうも決定的だが高金額のものには弱く、中・低金額には強い。

　もともと仕事も趣味も一緒で、絵が好き、新古の工芸品が好きだったから仕入にその種の本が増えて行ったのは当然だったし、いつかは個人目録を出したいと切望もしていた。その、『書架』と名付けている個人目録は昨年暮で十号に達した。十号と言っても八百長くさい十号で、一〜四号、号外版一・二号、五号と出して号外版と銘打つ無意味を悟って次は通巻八号に飛ぶという離れ業を演じている。理論立てて専門店のあるべき姿など探れそうもないので、どのような意図で目録を発行し、又どう感じたかを聞いて頂きたい。

　創刊号のあとがきには「さしたる稀覯本はありませんし、柳宗悦のもの、民芸関係でも力不足で入手ができず、掲出できなかったものが少なくありませんが、小生の今の力量ではこれが精一杯といったところです。八七年新春」とある。柳宗悦とか民芸とか言っているのはその特集テーマが「書物でたどる民芸運動の歩み」だからである。柳さんには、著作に親しんだとか啓発されたとかでは言い足りない、かなり重大な影響を受けているし、編集者時代にも一度やったテーマなのではある。それを今度は民芸運動の展開を資料の面から追いかけてみようと思った。

　実現の大きなきっかけとなったのは、前年二月の中央市大市会で雑誌「工芸」の揃が買えたことに始まる。古本屋になって初めて挑戦する大物は三階の右奥の部屋にあった。私はそれを一冊一冊丹念に見ていたのだが、そこにやって来たダミ声の、元気のいい老人が「俺ならこう入れるよ」と、上札二百五十万円の札を私に見せながら入札した。その札を示された以上、引下るわけには私もいかない。せめてあの老人にだけは一矢をとばかり、二百五十二万なにがしかを上札に入札した。

いよいよ発声、工芸はその上札で私に落ちたが、喜びより暗澹たる気持になったことを今に忘れない。無論、払えるだろうかという不安からである。後で聞けば工芸の荷主はダミ声の老人、友愛さんその人で二百五十万は買引札、そして「えびな、というのはどこの本屋だ、払えるのか」と真剣に聞いたそうで、「払えるか」という同じ不安を荷主も落札者も抱いたのは完全な一口咄ではある。だがそうして工芸を買わせてくれた友愛さんの親切に、私は深く感謝した。

一号は表紙も含め五十六頁でその内の半分強の三十三頁を特集にあてている。(内写真版八頁)。判型は丸善のクラフト・センター・ジャパンが発行していた「手」という雑誌にならってA5判の、左右を縮めた変型判。タイプのタテ打二段組、三十二字詰一段十九行を原則とした。この判型だと定形の封筒に折らずに入り、車中で開くに便利だと考えてである。勿論、新しい酒は新しい革袋にの意気もあったが。(創製を誇るわけではないが、この判型、今は大いに流行している)。

特集の三十三頁に掲出したのが二四八点に止まっているのは一点ずつ長い解説を付けたためで、五百円の本に七行、千五百円のものに十一行使っているのがある。それは民芸運動に占める著者の位置、本の資料的役割を詳述して運動そのものを彷彿させる野心があったから。ただ、私の主観を前面に押し出した説明、つまらぬものをつまらないとわざと感じさせる書き振りは、ある大先輩に「古本屋は自分の好悪を押しつけてはいけない」との注意も受けた。

二号は「朝鮮の美術と工芸」。本が意外に集まらず迫力が出なかったもの。三号は「画人の自筆書簡」を巻末特集にした。書簡に内容のあるものが少なく編集して面白くなかったが、写真版が巻頭に集まり過ぎて重苦しい目録を多く見ていたので、敢えて巻末特集としたわけである。この号ではむしろ、友人から借金して同業から分けて貰った、三岸好太郎の限定百部の筆彩本『蝶と貝殻』を巻頭で紹介できたこと、日本美術院所属の彫刻家・新海竹蔵の蔵書が売り立てられたのを機に「天心と日本美術院の作家たち」という三十五点の小特集を組んだこと、引き続きやっていた民芸運動史では、入手した富本憲吉の『日本民芸美術館』の瓷印を和紙に捺して、千五百冊全冊に貼付したことが思い出される。

テーマが向うからやって来ることもあると実感したのが四号の「岸田劉生とその周辺」である。大正時代、劉生、中川一政、木村荘八らの草土社展を実際に見たという美術愛好家・数奇者のお客が送ってくれた中に珍しいものが多く含まれていた。又幸いなことに、その頃木村荘八の旧蔵資料も市会に出て一部は買うことができた。さらに、なんてついている、と思ったのは、倉庫整理で出てきた岸田劉生宛木村荘八の献呈本で、後ろの見返しには劉生自身の蔵書識が毛筆で記されている。ひどくムレて捨てられる寸前の本の蔵書識が裏表紙を飾ることになった次第である。この特集では岩波版の劉生全集に未収録の随筆二篇、書簡も紹介できた。古本屋は単に古書の仲介者という考えもあろうが、私は調べがつくものは調べ、新資料として威張って紹介する建前である。

号外版の一・二号はテーマなし。この間に五号の特集「青山二郎の全仕事」の準備を進めていた。青山は民芸運動初期の推進者であり（「工芸」の創刊は青山と石丸重治が中心となった）、独特の鑑賞家だった人。文学史的には小林秀雄、河上徹太郎、中原中也、大岡昇平らに強い感化を及ぼしたことが知られる。伝説の畸人らしいエピソードも枚挙にいとまがない。エピソード三つでその人間が語れると世に言われるが、この青山二郎だけはしかし、エピソードを幾ら重ね合わせても実像が結べそうもなかった。青山が生前世に残した仕事と言えば二冊の訳の分らぬ随筆集、幾冊かの編纂本、そして厖大には違いないが確かな記録のない装幀の数々だが、その装幀を追って最終的に「青山二郎とはこういう人間だったんだ」という安心立命を得たい、それがこの五号の極めて個人的な眼目であった。

図版を数多く入れる必要があり、小さな判型では窮屈なので、この号はB５判とした。構成は二部に分け、一部は「その生涯、自筆作品、著作編纂本・装幀」、二部は「青山二郎交友録」とした。所々年譜めいたものを挿入したのは、必ずしも知名の人と言えない青山の生涯のアウト・ラインを読者に確認して次に進んで貰うためである。目録番号一の「自作油絵 風景画」を掲出できたのは、鎌倉のお客に買わないかと言われたと、同業者が耳よりの情報をもたらしてくれた結果である。今、青山二郎をやっていると吹聴したがる性格がこんな時は大いに役立つ。

号数にかかわらず、出来が良くとも悪くとも、青山作であれば五十万円で買うつもりで出掛け、いい出来です、気に入りましたと褒めた途端、「気に入っても五十万ですか」と言われて返答に詰まり、五万円上乗せさせられたのはご愛嬌である。青山の油絵というのは筆による闊達な装幀とはまるで趣を異にしている。若年には中川一政に油絵を習ったこともあるそうだが、それら身についた技巧を全部洗い流し、初手から始めたという趣きである。そしてプリミティヴだが、やりきれない孤独を青山が抱いていたと思わせる不気味というか凄味がある。その絵を外し、言われるまま田辺至だったか、寺内万治郎だかの温和な裸婦を掛け替えたのだが、居間にはこんな絵が、尋常な風景、静物が似つかわしい。青山二郎の油絵と訣別することに、そこの主人はむしろホッとした様子であった。

装幀本は判明した限り、在庫のないものも含め三百五十種を発行年月日順に、判型・発行時の状態（函かカバーか）・著者・版元・在庫本の保存状態と共に紹介した。いつもの長々とした説明文が付いたのは勿論である。所々に文庫未収録を含めた青山の装幀随筆、談話を罫で囲んで挿し込んだ。「交友録」はつき合いの深かった小林秀雄を始めとして北大路魯山人、柳宗悦（又々、登場！というわけである）など二十五人の著作と自筆ものである。一人ずつ、小林の青山への言及、それに対応した青山の小林観、といった短文を入れたのがミソだろうか。どの文を選ぶか、なかなか骨が折れた。目録編集の終わり頃に久米正雄の関係資料が市会に出て、小林が久米に宛てた手紙が最終台に載っていた。畑違いで入札する気など全くなかったが、珍しく時間が余ったので読み始めた。すると待合の借金の催促に責められていつもは頼む青山も旅行中で云々、とあるではないか。こんな時は蛮勇を奮い起こすべきで何とか買えたが、二度は出来ないだろう。

　目録発行から二週程後、京橋の画廊を借りて「青山二郎装幀展」を開催した。原画、装幀本の他に油絵、旧蔵の古美術品などを全点非売で展観に供した。入場者は一日三十人前後だったと記憶するが、三十分から一時間はじっくり見てくれたものである。「芸術新潮」が取材に来て翌月カラー五頁で紹介してくれたが、荒川洋治なる詩人がトンチンカンなことを言ってすっかり気を悪くした。ただ弥生美術館で昨年開いた本の装幀本の青山二郎の項に、五号が文献目録として引かれていたのにはちょっといい気持になった。

　八、九号は特集テーマなし。五号の後だと特集がないと楽だなと痛感。十号は我が柳宗悦の宿敵・北大路魯山人を特集し、通常号の大きさの別冊を添えた。別冊は千三百点余の「美術工芸雑誌・展覧会図録・売立目録特集」である。暫く後に恵贈に預かった大阪・浪速書林の目録にも別冊が付いていたが、私の別冊の売価合計が浪速さんの一番値の張る一点に及ばないことに眼をつぶって「こっちの方が一ヶ月早い」とつぶやいたものである。別冊付きも新機軸のつもりだったので……。だがこういう時は否でも応でも効率ということを考えざるを得ない。だが浪速書林には浪速書林のお客がいるし、えびな書店にはうちを必要としているお客がいる。少なくとも私自身は浪速書林のお客ではなく、えびな書店のファンである。別冊三分の二に注文が入るというのは、手間暇かけよ、という励ましと信ずる（あるいは信じたい？）。

　本冊の魯山人特集であるが、嫌な人は特集するな、という教訓を得た。解説の材料を得ようと読書に努めるのだが、一向に興が乗らないので困った。その結果、解説はなくもがなの一行か二行、少し長いものは魯山人の伝記作者、白崎秀雄へ悪罵を投げつけているものだけである。それでも特集六十四点中六十二点が売れたのは記録で、今も人間は嫌いだが本は好きだと訳の分らぬ呟を洩らしながら魯山人関係を買っている。

　さてこれからであるが、手持ちの材料によるテーマはほぼ尽きてしまった。構想としては「洲之内徹の気まぐれ美術館」「国画創作協会の作家たち」「日本のシュール・レアリスム」「みづゑの時代」「昭和後期の美術」「一九三〇年協会―前田寛治を中心にして」など幾つもテーマはあるのである。だが、最近の品薄には危機感すら起こる。それでもこれらのテーマを抱えつつ私は定期券でせっせと市会に通うしかないのである。

（３２５号／１９９１年４月号）

買った！やられた！見逃した！

「やられた」

扶桑書房　東原武文

月曜日の中央市会から、金曜日の明治古典会迄、毎日、本部会館に顔を出す市場フリークは何人いるのだろうか。恐らくその数は20名前後、かくいう私もその中の一人なのである。今日こそは、何かをと思いつつ、20数年の市場通いが続いている。まだ駆け出しの不安をかかえていた時代、いくらか先輩達に立ち向かえるようになった時代、何とか思い通りに入札する事が出来るようになった時代、若い人達に追いかけられる現在迄、様々な思いが交錯した時間が、市場の空間の中を流れていった。強敵の札を意識しながらの、いたちごっこの改め札、ひとりよがりな独走札等、一人芝居の悲劇と喜劇とを繰り返し演じつつ、市場の誘惑にそそのかされ、性懲りもなく、市場通いにはげんで来たのだった。七夕大市会の10円の重み、通常市のあと一息、数限りない無念さや悔恨が、落札できなかった本に出会う度にぶり返してくる。そういう悲哀の中では、「買った」本より、むしろ「やられた」本の方が忘れられない。今でも心の片隅から離れることがない一冊の落札出来なかった本と、それにまつわる一人の人物を思い出す。

本は「東海道分間絵図」の特装、人物は村口四郎氏である。古本屋になって3年目、ふとした機縁で麻布にあった村口書房の御手伝いをする事になった。近代文学が専門の私が、古写本や、古活字本を専門にしている御店を手伝う事には不安があったが、村口さんの人間的魅力に強く惹かれて、御手伝いをさせていただく事にした。村口さんは東京古典会の中でも、特別な人のように思われた。通常市では私がお世話になった7年間に、たった1回、「節用集」の写本を落札されただけなのではないかと記憶している。また大市会では注文品と、ほとんど特陳品のみにしか入札せず、2日間の入札会で、気を配るのは、最終回の特陳だけだったという、別格の本屋であった。そんな村口さんの御手伝いをした2回目の大市会。少しばかりの余裕が出来たのか、村口さんの出品物から、何か落札しようという、不遜な思いが浮かんだ。

「蘇我物語」の丹緑本、「東海道分間絵図」の特装本の二点にしぼる。素人にとって「分間絵図」の美しさに目がくらみ、入札する事に決定。本屋になって初めて１００万以上の入札、１１１万から１６１万迄書く。自分の専門分野以外へのささやかな挑戦、最初の１００万以上の入札ふだ、色々な思いがこもった入札になった。しかし、結果は残念乍ら落札する事が出来なかった。もし入手していれば、和本の世界に踏み込む第一歩になっていたかもしれない。今にしておもえば、案外大きな意味を持つ、人生を左右した本だったかと思う。業界に大きな足跡を残された村口さんは、この入札から6年後に他界された。和本の世界からは次第に離れてゆき、ひたすら近代文学の専門店として突き進んで行った。20数年前のほんの一瞬の入札、しかしその金泥の表紙の美しさ、村口さんの御手伝いをしたかけがえのない7年間が、今でも、鮮やかに蘇ってくる時がある。

（377号／1999年12月号）

一人相撲

中野書店　中野智之

落胆した話を聞かせよ、という。市場での届かなかった、負けた、やられた、悔しい云々という話をしろ、というのである。小生この手の話題にはことかかないと編集子に思われているらしい。残念ながら正解である。

もう何年も前になるが、記憶に残っている方も多いと思う。南部会館に林若樹旧蔵のひと口が出た。古い写真類や書簡類、書物同好会関係の資料などを含んではいるが、おおむね玉石混交という印象で仕分も細かくなく、いかにもウブな面白い口。その中の、写本や書簡などが雑多に入れられた段ボール箱の中に、あった。知る人ぞ知る「蘭東事始」（＝蘭学事始）である。飾りっけもなにもない片々たる小冊の写本。何気ない様子で頁をめくるが、文字など追ってはいない。すでに頭の中はグルグル巻状態である。

ご承知のように杉田玄白の「蘭学事始」は、当事者のみが伝えられる苦心や喜びを交え、本邦蘭学揺籃期の事情をヴィヴィッドに記した回想記で、文化年中に成稿こそなったが上梓はされず、版行に及ぶのは半世紀ものち、明治に入ってからのことである。神田孝平が夜店の古本屋で掘り出し、福沢諭吉らが刊行するという前後の事情も面白いのだが、ここでは略す。実は「蘭学事始」は福沢による命名で、それまでは蘭東事始、和蘭事始として、細々と写本でのみ伝えられた珍書である。現在、版本でさえ貴重書扱いされるのに、その上を行く大物であること疑いなし。さらにこれは林若樹の家からでたもの。つまり若樹の親父といえば林洞海。幕府奥医師、蘭方でならした幕末明治期の大物医なのだ。彼の写した（写させた？）玄白の「蘭東事始」。面白くない訳ないじゃないか。

当時小生は年に一度ほど、幕末明治文献を集めた目録をつくっていた。これで今度の目録の巻頭写真は決定、はやレイアウトまで頭に浮かぶ。さて問題は入札値なんだな。これがわからない。（ハヤルナ、アセルナ）一度入れ（地区市ダカラナ、コレクライデ…南部さんごめんなさい）改めを入れ（イヤ甘ク考エチャイカン）さらに考え直し（確カアイツモ見テタミタイダ）五反田駅まで向かう途中でまたひき返し（トモカク買ッテカラ考エヨウ）最終的に七桁の数字を書き入れたのだが…。本稿のテーマを裏切らぬがごとく、再度この書に出会ったのは、それからしばらく、斯界のベテラン、B堂氏の古書目録中であった。長文の解説を付したそれは、いかにも堂々と掲載されていた。

獲られたことはいたしかたない。悔しいが一円でも高く踏んだ人が勝ち。思い入れが足りなかったのである。しかしながら今でも悔しいのは、市会翌日の開札を手伝ったらしい某氏の言葉である。「だめだよ、あんな札じゃあ、届きっこないよ。勉強不足だね、出直してらっしゃい。」こんちくちょう、言われなくても判ってらい。失敗は成功と糧という。が、糧ばかりで贅肉のふえた腹をなでさすることの、あまりに多いことよ。

（375号／1999年8月号）

山が買いたい!!

古書日月堂　佐藤真砂

大山の前で突っ立っているのである。本の背文字は見えているのに読めないのである。頭に数字のひとつも浮かばず、札に鉛筆を置くこともできず、目を山に彷徨わせ、私は途方にくれてただ立ちすくんでいる。

最近、そんな夢をよく見る。悪い夢だ。黒っぽい雑本の大山が欲しい。なのに落とせずにいるせいだろう。これさえ買えれば展示会が楽になる。分かっていながら強気になれない。不甲斐なさを象徴する夢だ。

十月。南部入札会には大量のウブ荷が出品された。臨時目録も出されたが、そこに記されたような全集一冊もの等、もとより落とす力がない、とは即ち知識仕入れ費売る力のなさを指す。私に必要かつ落とせそうなのは、安くて量のある仕入れられる口、ひねれば目録に使え、手をかければ何程かの品物に化けるものだ。自然、目は秩序系統無視して括られ積まれた闇鍋的大山や、会場片隅のダンボール箱に向かうことになる。

時は一年ほど前に遡る。展示即売会初参加を目前に、それらしい品が欲しくて、初めて予想もつかない雑本大山に札を入れた。「展示会やるなら、このヤマは向きだよ」「安くていいんだよ」と周りに勧められ励まされての入札で、落ちた。安かった。忘れもしない『木炭自動車』という本一冊、目録で売れてモトがとれた。ワケのわからない私は、一生懸命買った文学書は売れないのにと何だか不条理なものを感じつつもウマ味を知り、目録でひねるということの僅かばかりを知るきっかけとなる。

さて、話は戻って十月の当日。屏風のように大山が何口も連なり聳える前に立った。この内の三山、せめて二山は欲しいと思う。十月、十二月と展示会だ。ウブ荷だ、売れそうだ、と思えば気の急くばかり。背を必死で確かめる私を横に、山を一瞥してすっと札を入れていく先輩方。慣れだけではない。できるだけ押さえたところで買いたいなどと助平心に発した逡巡のあるのが情けない。さらにいえば、四枚札というならいざ知らず、三枚札でこの迷い。それでも精一杯入れたつもりが結果は落札一山のみ。落とし損ねた山も、一冊単価で考えればおそらく五十円にもならないのだが、目と気持ちとが問われる、これは大きな開きである。その五十円程の間で札ひしめき競りあう市会の厳しさが身に沁みた。

振り返ればこの二年、惨敗続き。例えばこの入札会では、封筒に「もろもろ」などと思えば随分な書かれようをし、でも見ればなかなか面白そうな洋邦雑誌や切り抜きの二箱、千円強届かず涙を飲み、その前の中央市会ではどうしても落札したかった少女小説の一本、満を持して入札したつもりが数千円の差がついてホゾを噛んだ。あたっては砕け散る、波のような日月堂である。

「古本屋は、買えるより買えない方が余程つらいんです」。市に出入りし始めた頃、ある先輩がおっしゃった、この言葉の意味が漸く少し分かってきて、悪い夢にうなされている。（などと格好をつけてみたものの、やっぱり払いは苦しいので、落ちなくてもかえって安眠できたりするのはどうしたものだろう。）

（371号／1998年12月号）

会心の入札

えびな書店　蝦名　則

出入してまもなくだから十四、五年も前だが、市場で入札していて、古本屋という職業人を鍛えるのは交換会場しかない、ここが私の修羅場なんだと恍惚感に浸ったことがある。知識は貧しく、資力はさらに乏しかったけれど、足りない分は思いや、人生観すらも継ぎ足すように入札を続けた。その時々に買えた一冊一冊の抱える世界が、映る影のように大きく思われたからである。

修羅場と思い定めたわりには、カタキのような金の苦労を除けば入札は楽しいことばかりだ。初めて見る面白そうなものが、時には知識や常識を吹き飛ばした、奇跡のようなものすら我々の眼の前に現れるではないか。まずもって平静でいられよう筈はない。勿論、経験や知識や記憶をベースに、それに思い入れや価値観を加味して入札するのだが、競合相手の見える筈のない状況や入札価格などを読むといった、心理ゲームの様相も持つし、戦うべきはまず自分の弱気、優柔不断の時だったりする。開札までの緊張感も得難い。

私の入札はゆっくり丹念なほうだが、かつての大きな見のがしが、急ごうとする気持を押しとどめる。明治古典会へ、今井田勲の蔵書が大量に出た日がそうで、「おたく、気がつかなかったね」と目利の大先輩に示されたのが村上華岳の色紙だった。絹本の観音像（地蔵菩薩だったか。こちらよりは観音像が有難いので記憶が変容しているのかもしれない）で共箱。見のがしが菱田春草でも速水御舟でもなく、よりによって華岳であったのはつらかった。その夜はどうしても寝つけない。見なかったこと悔恨、明日一番に行ったら分けてくれるだろうか、という気のはやり…。こんな体験をすると少々の見のがしは何でもなくなるし、眼前の「この一点、一冊」にかける気持が強くなる。

ただこうして落札しても活用できないでは意味がない。最新の目録に載せた「田中松太郎旧蔵住所録二冊　大正～昭和期　二万円」がそれで、二週間程たってある美術館から注文を得た。電話で学芸員氏から、松太郎は明治十一年に浅井忠や小山正太郎らと連袂退学した日下部美代二の息子で、写真を学ぶためにウィーンに留学したこと、親父の関係で黒田清輝や藤島武二、合田清らともつき合いがあった云々と聞いて、自分の迂闊さに次第に不機嫌になった。そもそも薄汚れた住所録などを入札する気になったのは、田中が美術印刷史に名を残しているだけではない。先に挙げた名前の他に有島生馬、足助素一、青山二郎、ブブノワ、藤田嗣治、福原信三、今和次郎、小杉放菴、中省吾、柳宗悦らがアルファベット順に記され、住所の訂正は多く（年譜にない住所であれば小さな発見である）、書入が死亡の年月日だったり、嗣子だったりで、交遊録を中心に、特集すら編めたかも知れない。想像力の不足で、自分の手元にあるものを見のがすのは情ない。

つい先頃、東京古典会に幕末京都の画会の引札を七、八枚含む貼込帖が出品された。画会の運営形態を知るには良い資料と思ったが、この種の引札を間近に見るのは初めて。他の三十余枚は見当もつかない。だが欲しいとなって浮んだ四十二万にはかなりの確信があり、それに人気度を五万加えたのを上札とした。これ以上なら欲しくない、という意志表示も込めたつもりだった。落札値は改め上札の五十二万で、残念ではあったが悔しくはなかった。こういう人事を尽くした会心の一札を一点でもふやしたいものである。

（371号／1998年12月号）

紙屑漁り

港や書店　中村一也

本を買うという事は、勿論体を壊す程難しい事ではあるが、少なくとも法則はあって、要するに人より高く売るか薄利に耐えるかすればよい。しかし折角買えた本の生き死には、山口昌男先生がおっしゃるところの「フレームワーク」作り如何であって、こちらの方が法則など無くよっぽど難しい事のように思える。そして私の場合、所謂「一次資料」の扱いにおいて、特にその難しさを覚える。

「一次資料」というとなにやら格調高いが、一般に人はそれを「紙屑」と呼ぶ。屑であるから普通はゴミとして捨てられる筈だが、それが救い出されて市場に出てくる。その事だけでも私は感動してしまう。買わなくては、生かさなくては、とむきになってしまう。

昨年の秋、資料会に某土木技師の旧蔵資料が一口出品された。予めアプローチがあったので若干の資金準備と予習をして当日に臨む事が出来たのだが、いざ現物に当たってみると悪あがきに過ぎない事を思い知った。

特に堆く縛られた紙の山。封筒には「大東京整備計画」とある。ところがまずこんな計画を知らないのである。埃にむせつつ一枚一枚熟読する。程なく「皇都都市計画」の文字が現れた。これはただ事ではない。江東地区を無人地帯にするという幻の戦時都市計画で、あまりの事に手が震えた。しかし「大東京〜」との関係が分からない。何度も紐を解き直す。明らかに入札の邪魔だった筈で、非難めいた舌打と咳払の中ついに「首都計画要領」という紙片を見つけた。「大東京〜」にはその前身は「首都計画」であるとの記述があった。訂正だらけで何かの校本にした物らしい。そこでさらによく見ると「首都計画」の「首」の字を消して「皇」と書き直してある。これで繋がった。「首都〜」→「大東京〜」→「皇都都市計画」は一連の計画で、年度からみてもこれが全容に違いない。思わず叫び出しそうになったが何とか平静を装った。結果的には買えたのだが、入札の時点で紙屑の全容が解ってしまうという貴重な体験であった。

これは本当に幸運な一例であって勿論こんな事ばかりでは無い。つい先日も資料会に住宅金融公庫の草創期資料が一口出品された。「戦後だから駄目だよ」と言う囁き声にむきになって殆どを買うことが出来たが、夜も更けて漸く倉庫に運び上げた紙の山を眺めていると、「こりゃ産廃だな」と暗然たる気分になった。重なる疲労から弱気になっていたのも確かだが、実際そう思う事がよくある。しかし昨晩焼肉を食べて元気になった今は違う。今なら「この一枚一枚が歴史なのだ」と断言出来る。これが本当の「紙屑」になってしまうかどうかは、正にイレモノ作り次第で、本屋としての修練、と言う事も実はこの作業の中にこそあるのではないかと思う。しかしそんな事を考えながらふと周りを見回すと、段ボールに首を突っ込んで紙屑を漁っている諸先輩方のその背中は、「今頃気づいたのか若造め」と笑っているようにも見える。

（374号／1999年6月号）

最初の感激、最後の興奮

龍生書林　大場啓志

一点もので、赤毛せんの上に鎮座している優品を落札するのは、多分に資本力またはそれらを買い上げてくれるお得意様という強力な背景がない限り、かなり勇気がいる。

ただただ自分の専門分野というだけで、手張りも何のその、がむしゃら落札して後に苦しむ型の経験を散々したが、いまだ教訓として生かしきれず、悪循環を続けている。

高額商品（当店にとって）が、最初の目録掲載で売れた時の快感は忘れられない。その為か、確率的に割りの悪い事実をつい忘れ、景気の冷えきった現状での、再度市場で換金する時のリスクを背負ってしまう。それに比べると、珍本またはお宝とまではいかなくとも、比較的珍しい一本が紛れ込んでいる大山を落札するのは、総体で考えられる為安心ではある。この数年、市への出入りも限られており、このような山に出会う幸運には恵まれていないが、十年位以前の市では何度か経験している。多分、街にちり紙交換の車が日常の風物として走り回っていた頃がわれわれの市場での面白く魅力に満ちた大山全盛時代だったのだろう。そんな一時期、中央市の一階の片隅に比較的黒っぽい本が多く含まれた大山が出品されていた。ざっと目を通したとき、なかほどに一冊薄く背文字も判然としない粗末な仙花紙本『花の精』を見いだした。上林暁の珍本である。その数年前、明治古典会の最終台で一度お目にかかったが、古本屋いまだ駆け出しの頃故、入札どころか指をくわえて眺めていただけ。だが、本の姿形だけはしっかりと覚えていた。他にも目録で使えそうなものがそこそこ。十万を下札に二十万まで入札し、数多いライバルの気付かぬ事を祈りつつ、開札を待ったのだが、何と結果を見て愕然とした。他の方に三万数千円の下札で落札されているではないか。青くなった私は、直ぐに係員に札改めを頼んだ、というよりも二番以降の捨てられた札を探してもらった。結局、足元から独りよがりのような札は見つかり、無事十万の下札で落札の事なきを得たのだが、正当な価格にもかかわらず、浅ましくも、独走の悔しさも多少は残る気分であった。

何かこれといった一冊の紛れている大山を、人知れず（市場で百戦錬磨の先輩同輩の目を掠めての幸運など、奇蹟に近いが）落札して興奮した最後の記憶かも知れない。

根が粗忽者なので、市での見逃しは年中。

つい懐具合を考え、今一歩届かぬ事も慢性化して、最近はあまり落札出来なくとも苦にならなくなった。「買った！」と胸が震えたのは只一度、まだ古本屋になりたてで情熱もあった頃、店の情況、仕入れの支払い等、何も考えず欲しい一心で夢中で落札した吉岡実の第一著作『昏睡季節』。明治古典会での事だったが、これが初めての冒険的入札であった。

当時まだ健在であった詩歌集専門店の鶉屋書店飯田さんに、「まったく意外な奴にやられた痛恨の一冊だったな」と、何度か冗談めかして言われたことが懐かしく思い出される。

（372号／1999年2月号）

『奥沢・小山・大森』

江口書店　江口了介

市で雑本の山を買い込んできて、それをなるべく安く、なるべく早く売ってしまって、また次の市へ出掛けていく。

取り敢えず、そんなやり方で飯が食えそうだと見通しがついてきたら、取り敢えずが取り敢えずでなくなり、そのまま何十年か経ってしまったのは、どういうことだったのだろう。金もなく、ろくろく本も知らぬ中年からの転業本屋では、

仕方もなかったと云えば云えそうだが、要するに意欲に乏しかったのだ。

　いつのことだったか、どこの市だったか、いまのシカさんのお父さんのシカさんから、私のする事を横目で眺めながら「君は均一のチョット上の方の本をうまく買うじゃないか！」と冷やかされたが、あとから考えて、その一言が私の半生を見通した言葉だったのだと気付いて、その道の達人の眼光はごまかせないなと思った。

　シカさんからは或る時、「買うときはハナ声を出すようにしなければ駄目だよ」と教えられた事がある。「ハナ声」のことを、シカさんは「ホック」と云った。多分俳句の「発句」から来た言葉かと思うが、この言葉を私は忘れてはならない教訓として受け取ったのだった。

　そんな次第で、所謂初版本とか限定本とか云う難しい本にはほとんど縁がなかったが、それでもタマにはチョットしたことがあったのが楽しく思い出される。

　シカさんと並んで、もう一人の達人高原さんがフッていたときだった。高原さんはフリ市が主流だった時代の頂点に立った人であることは、今更私などが云うまでもない。落ち着き払って、高くもなく低くもない声で、終始一貫同じリズムを崩すことなく、チャリを入れたり、買い手をからかったりしながら続けてゆくその手並みには、何かほれぼれとするものがあった。

　買いにまわっている時は、またその時で「十分間黙っていると、口につばきがたまる」などと称しながら、とめどなく冗談口をたたくのを聞いていると、下町の寄席にでも来ているような気がしてきて、それを聞くだけでも、私は市へ行くのが楽しくなった。

　年代も違うし、あまり馴れ馴れしくするのもはばかられるような気もして、そんなに親しくおつき合いさせて頂いたわけではないが、シカさんと共に、私には懐かしく、忘れられない方である。

　この高原さんのフリのとき、私は思わぬ拾い物をした。それは横瀬夜雨が本名を使って出した、詩集でなく歌集の『死のよろこび』という本だったと思う。

　私は勿論内心大喜びで嬉しくて仕方がなかったが、市が終わると、高原さんが近寄ってきて、手にとってみながら「不勉強だったなあ！」と新米の私の前で真面目につぶやくのを聞いて、私は逆に尊敬の念が湧いて来たことを思い出す。

　それやこれやで、私は市へ行くのが病みつきになり、その日が来ると何が何でも出掛けなければ気がすまないようになった。そのおかげで、余り芸がない人間なのだが、今日までどうやら食ってこれたのかとも思う。

　雑本屋だから専門市とは関係がなかった。組合の第五支部に入れて貰ったのは昭和二十六年ころだったと思うが、手もとにある『東京古書組合五十年史』から、その頃私が出掛けた市を拾ってみると「霞町」「渋谷」以外に、玉川交換会、荏原交換会、大森交換会などがあった。

　玉川交換会は、たしか八起書房の小島さんが先頭に立っていた市で、目蒲線奥沢駅近くの卓球場にあった。一度千円札一枚をふところにして、超過しないように腹の中で「いまいくら」「いまいくら」と累計を計算しながら九百何十円か買って満足して帰ってきたことがあるのが忘れられない。一口十円か二十円の時代であった。

　荏原交換会というのは、やはり目蒲線の武蔵小山駅の裏側の都立高校の近くにあった。ここへはあまり通った記憶はない。

　大森交換会へは南部支部ができて、それに合併されるまで通った。大鷲神社の境内にある大鷲会館は、庭に並んだ広々とした畳の部屋で、快適だった。この市は妙に懐かしい。その頃の経営員の一人「軍ちゃん」こと平林さんとはいまも南部会館で毎回顔を合わせているのは、思えば長い話だ。

　いまも私が敬慕してやまない明治堂の故三橋さんの遺著『古本と古本屋』のなかに「ゴミの魅力」という一文があって、評価の定まらないまま「ゴミ」として一括処分される本に就いて記されている。

　高原さんも、「いまゴミとして扱われているものも、十年も経てばそうでなくなるんだ」と云っていた。

　たとえバブルでなくても、本の値段が相対的に年々安くなってゆく現状では「ゴミ」の処置もむつかしいであろう。

　先年妻が死んでしまって私の人生も空しくなってしまったが、それを少しでも何とかしようと思えば、やはり本しかないと思って、ポツポツやってみてはいる。私の年を考えれば無駄であることは、はっきりしているのだが。

（３３６号／１９９３年２月号）

まぎれ本配り

古書現世　向井透史

　早稲田の古本屋では、毎月のようにＢＩＧＢＯＸや、他の古本市が開催されるので、いわゆる「まぎれ本」が多い。本の整理をしていれば、次々に他店の本がたまっていく。他地区のみなさんはどうしてるんですかね。市場なんかで手渡すのか、次の期間まで取って置くのか、値札付け替えて自分の本にしちゃうのか（笑）。とにかく面倒ですよね、ホント。

　しかしながら、早稲田の古本屋はみんなご近所さんなので、整理が終わった後、お店ごとに縛った本を配って歩くこともしばしば。

　というわけで、先日配りに歩いてきました。

　最初のお店に入ります。

「まぎれ持ってきましたよ――」

「えっ、どれ？　あぁ、ツブシだな。表のツブシの山に積んでおいてよ」

　来たかい無いじゃないかよ……。

　気を取り直して次の店へ。

「まぎれ持ってきましたよ――」

「あぁ、うちさぁ、もう整理終わって邪魔だからあげるよ。売っていいから」

いらないんだけどなぁ。断りづらくてそのままもらってくる。さらに次の店へ。

「まぎれ持ってきましたよ――」

「あぁ、いつもお世話になってるからあげるよ、あげる。持ってって」

いらないオーラ出過ぎですよ！　しかも恩着せがましいよ。

その後行ったお店でも同じような対応。なんだよ、全然減らないじゃないか……。

店に戻ると、某書店が「まぎれだぞぉ」と本を持ってきてくれる。赤川次郎の文庫３冊。

あぁ、嬉しいですこと、フンッ！

（４１４号／２００６年２月号）

名札

泰成堂書店　池田泰

数年前の大阪で行われた全連大市。扶桑書房の東原さんと一緒に大阪へ向かう。わざわざ大阪へ行っても、たいして買えるわけでもないのに、行かないとみんなから取り残されてしまいそうな気分になって、全連だけは行っている。さて、会場に着くと、荷物の多さにあっけにとられていたのを思い出す。会場の広さに戸惑う私に、扶桑さんが言う。「名札つけなきゃだめだよ」そうだ、名札をつけないといけない。

受付の机には、すごい数の名札が並んでいる。どうも、順番に並んでいるわけでもないようなので、端から見ていくことにする。受付は名札探しの人がどんどん増えてくる。「あった、あった」扶桑さんがうれしそうに、胸に名札をつけている。「それじゃ、池田君、お先に」扶桑さんは待ってはくれない。東京の市場でよく会う同業者もどんどん名札を見つけて、入札に急ぐ。私だけ、一人取り残されていく気分になってくる。私の名札はどこなんだ。

しばらくすると、「いやいやありがとうね」と隣で声がする。何と、名札を係りの人につけてもらっているのだ。探すこともしなくて良い、いわば名札のＶＩＰ待遇だ。隣の業者の人が、受付に座る業者に聞いている。「俺の名札はどこだ？」「ああ、並べる時にみかけたよ、この辺じゃない？　あ、あった、あった」そうか、人に尋ねればよかったのだ。私も同様に、その業者に聞いてみる。「スミマセン、東京の泰成堂書店の池田と言いますが、名札が見つからないのですが…」「君の名札があるわけないでしょう。そこに入札用紙があるから、書いて、その辺に名札入があるから自分で探してよ」そうか、私の名札はなかったのだ。たいした時間ではなかったが、探した私が馬鹿だった。いつも全連だけは行っていても、私の名札はあるわけないのだ。

神田の秦川堂書店でお世話になった5年間。その後、独立。そのとたんの人の態度の変わり方に驚いたのを思い出す。今まで挨拶してくれた人が、返事もしてくれない。ほとんど話したこともない人が、本についての説教を始める。私が買った本に、難癖をつける人。秦川堂の店員だった私には名札があったのかもしれない。しかし、独立してしまえば、もはや名札はない。最初から、名札がない人もたくさんいるだろう。そういう人達から言わせれば、「何贅沢言っているの」と言われるかもしれない。でも、名札があったのに無くなった時の驚きは、経験した人でないとわからない。

その悔しさは忘れない。その悔しさが私の力の源だ。もう名札は探さない。名札は自らつけるものだ。市場の入り口で、首にかけるようにしている。

（417号／2006年8月号）

弁当係に捧げるエチュード

青木書店　**青木正一**

四月二十日（土）午後六時七分（全古書連大市会地方荷発送最終日）、私は「ちよだ中小企業センター」を後に、JR神田駅へ走っていた。ここ一週間大市準備のためまともに口をきく暇もなかった娘と、有楽町で映画を見る約束をしていたからだ。やっと全連大市が終ったと心をきり変えるためにも、違う世界が必要だった。しかし、上映時間には間に合ったのだが、本編前の予告編ですでに寝てしまった。シュワルツェネッガーが爆発でふっとんだ大きな音で「ビクッ!!」と目がさめた。

翌日、私は一人、打上会をするため伊豆に宿をとった。伊豆高原は一日中暗い雨だった。この一週間私は何が出来たのか…？　〝雨の音の底に私は沈み込んでしまった〟。

そもそも、二年間の東京理事の仕事の中の一大イベントに全連大市がある。私は山野井理事と共に『弁当係』を申しつかった。すぐさま、前任理事弁当係の二の橋さんに「何をしたらよいのか？」尋ねた。総額20万円にのぼる飲料等の買物をすればよいことがわかる。おまけに、問屋での7万円（カーゴ三台分）の買物は、二の橋さんがお手伝いして下さった。やるべき事はわかった。朝、氷を8kg買い、クーラーボックス2箱に1・5ℓペットボトル10本ずつを冷し、九時半にお手伝いの方に紙コップを用意し飲んでもらう。その間にコーヒーメーカー二台（当日は三台）を、毎日違う食事部屋に設置し、電源を入れヒーターをあたためておく。次にカップヌードル50食分（当日は80食分）をテーブルに用意、それに使用するお湯ポット6本分（当日は10本分）を、一人が30分つきっきりでやかんで沸かす。台車で、朝の飲物をさげて、コーヒーを4ℓコーヒーメーカーで作る。紙コップとペットボトル10本を追加し、氷を4kg買いに行く。昼にまた冷たい飲物を出すためクーラーボックスに追加する。すると十一時半に弁当が届く。前もって、連日のすべての人数を調べ、注文しておいてある。しかし、渋滞や弁当屋の都合で遅れるとハラハラして胃が痛い。どっと人がやって来ては食べる。お手伝いの人にとっては、唯一楽しみの食事の時間。できるだけ弁当を一人一人に手渡し「お疲れ様！」の一言を添えて渡そうと、山野井さんと決めた。みんながひけるのが、午後一時半頃、弁当が残っていれば私たちも食事!!（当日急にお手伝いが増えたりして足りない場合はコンビニ弁当を買って食べることもあった。）済ませるとペットボトル、紙コップをさらに追加、氷もまたまた買いに行く。三時にも冷たい飲物を出す。コーヒーも2ℓ～3ℓ作りなおす。ポットとカップヌードルの器を片付ける。70人分のテーブルをふき、食べ残しやカップヌードルの汁の残りがバケツ一杯出るので、網でこして捨てる。灰皿をきれいにする。弁当箱をそろえて業者に戻す。二時半に予約してある約80個分（当日は160個）のおやつを取りに、マックやドーナツ屋やコンビニに自転車をとばす。全員のおやつがすむと四時、私たちもおやつを食べた日があったか覚えていない。さらにテーブルをふき、灰皿を一枚一枚ぞうきんでふく。余ったコーヒーを捨て、残った飲物をクーラーボックスから出し、溶けた氷と水を台車で流しに行く。空のペットボトル20～30本を足で踏んづけ小さくして捨てる。ちよだ中小企業センター内の借室なのでほぼ毎日違う食事場になってしまうため、すべてを三階事務室と地下ロッカーに下げ、企業センター側に「原状復帰」で返す。この時テーブルの位置、イスの位置、灰皿一枚でも数を違えると注意される。ゴミは毎日、90ℓ袋2袋、ここまで終ればしめたもの、あとは次の日のために、ペットボトル1・5ℓ20本30kgと、おやつの他のつまみ等を古書組合専用自転車で、できるだけ安い店で買って来れば終り。六時半、えっ!!もう解散？　これが、一週間続く。

この遺瀬無い気持は何んなんだろう。ふと、頭を過る。

中《なか》日の大市下見日だけは弁当係は休日。でも全連ニュースの編集と、大市会会場受付係一時間のノルマと三時からの全古書連総会準備があり、それまでの一時間だけが、品物を見られる唯一の時間だった。つまり一週間も同じ会館内に居ながら、弁当係は全古書連大市会とは別の世界だった。

一人打上に来て、月報の記事を書いている自分がこわいな。理事もあと数ヶ月。さて温泉に入ろう。

伊豆高原荘にて　四月二十一日

（392号／2002年6月号）

中央線支部トークイベント

「古本の仕入れと古本の値付け」

参加者
橋本直次郎（悠山社書店）
林　高志（千章堂書店）
北野陽一郎（ノースブックセンター）
司会　梶塚暁大（三暁堂）

司会　中野で古本屋をやっている三暁堂と申します。トークイベントの第二部は「古本の仕入れと古本の値付け」をテーマに、参加者の皆様にお話を伺っていきたいと思います。まずは自己紹介をお願いします。

北野　八王子のノースブックセンターです。実店舗は無く、インターネット専門です。

林　阿佐ヶ谷の千章堂書店です。昭和三十六年に開業してから五十年以上同じ場所で営業しています。

橋本　青梅の悠山社です。うちもネット専門です。業務は四人体制ですが、上から七十五歳、私が六十八歳、あとの二人が六十六歳と年寄りばかりです（笑）。特に希望はありませんが、毎日楽しくやっています。

司会　十五年程前からインターネット上で本の売買が普及し始めました。それ以前は古本屋の仕入れと言えば店か市場に限られていたわけですが、今ではウェブ上に買入広告が表示され、買取専用サイトを持つ店も多くなっています。今回のお三方は、ノースブックセンターさんはネット、千章堂さんは店舗、悠山社さんは市場とそれぞれ仕入れ先が異なっていますが、実際にどういった流れで本を仕入れているのか教えてください。

北野　インターネット上の広告から店を知ってもらうことが第一歩になります。お客さんにはフォームから申し込んで頂き、宅配で届いた本を一点ずつ打ち込んで買取価格を算出します。その結果をメールでお伝えし、了承を得られれば振り込む仕組みです。お客さんと一切顔をあわせないことが最大の特徴でしょうか。

林　仕入れの90％以上は店で毎日のように持ち込みがあります。月に何件かお客さんの家にも伺いますが、最近は買取というよりは必要ないものを整理する感じになっています。仕入れが難しい本については市場を利用しますが、買うよりも出品の方が多いですね。阿佐ヶ谷の駅前という恵まれた立地なので人通りも多く、あまり労力をかけなくてもお客さんに店を知ってもらえるのは大きな利点です。

橋本　仕入れは完全に市場だけです。実は私も昔は福生に店舗を持っていました。先日、気になって東京古書組合に組合員数の増減について問い合わせたところ、最盛期はバブルがはじける前後の一九九一、九二年で、東京だけで八〇〇店以上が加入していたらしい。それが今では六〇〇を切りそうな状況だそうです。各県を合わせた全古書連の組合員総数のピークもやはり同じ頃で当時は三千数百店あった、それが今では約二二〇〇店にまで落ち込んでいます。

また単純に組合員数が減っただけではなく、実店舗が少なくなっています。東京組合でも名目上事務所を構えている場合はあっても、ちゃんとした店舗を持っている人は三分の二もいないでしょう。新規加入も大抵はネット専業でせどりからスタートした人も多くいます。

以前であれば、ほとんどの古本屋は店舗を持っていたわけです。つまりそれぞれが買入の窓口になっていて、仕入れた本を自分で売る人もいれば市場に出品する人もいた。それは今でも変わらないけれど、店舗の激減は市場という古本屋のネットワークに本を呼び込む窓口が少なくなっていることを意味します。そして市場に入ってこない分はネットで大規模な買入をしている業者に流れ込んでいるのではないでしょうか。東京の市場は近県からの来会も多く、まだまだ盛況と言えますが、地方は一ヶ月に一回や年に数回の開催、あるいは全く行わない地域もあります。仕入れを市場に頼っている業者にとっては、窓口の減少という実情に大きな危機感を覚えます。

梶塚　ノースさんはせどりから始められたそうですが、どのような経緯でネット買取へ方針転換したのですか。

北野　せどりを始めたのは大学の時です。経営学を勉強していましたが、普通に買うとかなり高いテキストがブックオフでは百円で売られていたので、よく買っていたんです。ある時、必要なくなったテキストを何となくオークションに出してみたら数千円で落札されて。それで最初はお小遣い稼ぎのつもりで続けていたんですが、そのうちに「これは食べていけるかもしれない」と思った。そのためには安定した仕入れが必要ですから、せどり以外の窓口としてホームページを作ったわけです。

梶塚　せどりをやめようと思ってホームページを作ったわけではないんですか？

北野　ネットには詳しくなかったので、とりあえず作ってみたんです。ただ当時はネットで買取を行っている古本屋はほとんどいなかったので意外なほどに沢山の依頼が来たし、量だけでなく質も圧倒的に良くなりました。医学書が沢山入ってくる時期があって、不思議に思って

「医学書 買取」と検索してみると、うちのホームページが上位になっている。そういうことから仕組みを少しずつ勉強して、お客さんに知ってもらうための工夫を重ねていきました。

梶塚 千章堂さんは毎日買取があるというお話ですが、持て余さないくらい本は売れていくものなんですか。

林 売れていくもんなんですよ！（笑）。最近はなかなか難しくはなってきているから外売りに手を出したりしているけど、店にとって一番大事なのは品物をとにかく早く回転させることです。本を売ってくれる人は棚を見てうちを選んでくれるんだからね。例えばうちは他よりも詩集や図録、古代史なんかが多くてよく売れるけど、そのラインナップを見れば似たような本を高く買ってくれるんじゃないかとお客さんは期待する。だから本は集まってくるし、持ち込んでもらえるものほどよく売れます。また全集のように「古い物を扱っているから信用できる」といった印象を与えるために並べているものもあります。

梶塚 ちなみに買取金額はどのように査定されているんですか。

北野 うちは過去にいくらで売れたかという実績をもとに値段を決めています。買取金額もすべてデータ化していますから、同じ本が来た場合でもいくらで買ったかはすぐわかるようになっています。

普通の古本屋は——悪く言うわけではないけど、例えば今日千章堂さんに持ち込まれたものと全く同じ本がまた明日も来たとしたら、店主の気分によって値段が変わってしまう場合もあると思うんです。うちの店ならそういうことはあり得ない。全く未知の本であれば別ですが、データに登録されているものであれば、同じ本が入ってきても買取金額は過去と大きく変わりません。だから自分としては公正に値段を決めているつもりです。

林 まあ若い女性とかお年寄りが本を持ってきたら、少しぐらい上げてもいいかなと思っちゃうかもしれないよね（笑）。

だけど、勘っていったらあれだけど、「図録だったら最低この値段」とか「これは売れ筋だから高く買える」とか、商売をやってきたなかで培ってきた自分なりの基準に則って本は買い取っているし、そこから大きく外れはしないよ。

梶塚 ノースさんはデータを引っ張ってくるような仕組みに、いつか歪みが出るかもしれないという不安はないんですか。

北野 全く心配はしていません。むしろさらにデータに基づいた商売が求められますよ。ブックオフも以前であれば、買取の際は「雑誌何冊いくら」とアバウトな内訳でしたけど、今では一点ずつの金額が出ている。それはブックオフでの売れ筋をデータ化し、それに基づいて算出しているということでしょう。そういう流れになるのは当然じゃないですか。

林 だけど情報は日々更新しなければいけませんよね。又吉の『火花』も今は三百円で買えても、そのうち百円、五十円、十円、五円と一気に下がっていく。そうした動きを管理するのは大変じゃないですか。

北野 そういったことこそネットを参照するべきです。お店にいて「このところ『火花』がやけに入ってくるなあ」と感じているだけでは、その本がどういう位置にいるのか、いくらで取引されているのかわからない。これからは古本屋の勘では対応できなくなりますよ。

林　そうなると、結局データを作っていくのが仕事になってしまうよ。僕らの場合は「小説」とか「歴史」とか分野である程度の基準を作って、それから自分の経験に照らし合わせて値段を決めます。

北野　でも情報を更新するコストは圧倒的に安くなっていますから、使わない手はないですよ。

橋本　その買取価格を算出するための情報は何が根拠になっているの？　同じ本でもAmazonだと一円から何万円とか、極端に売値が離れているじゃない。

北野　色々ありますが、基準になるのはその本がどれくらいの期間に何冊売れるのかということです。Amazonであればランキングを参照しながら、一日に一冊売れるのであればいくら、十日に一冊ならばいくらという風に目安を決めています。

梶塚　以前お話したときは、千円で売れる本は五百円で買い取る、もしAmazonで売値が五百円になっても変わらずに五百円で買い取ると言ってましたよね。

北野　商売をやっていくうちに考えが変わって、主観は一切必要ないと感じるようになったんです。ダメなものはダメだし、値段がつくものは買える。本をぞんざいに扱っているわけではなくて、正しく評価していると思っていますけどね。

梶塚　全くデータ化されていない本の買取依頼が来たらどうするんですか。

北野　そこは千章堂さんに頼るしかないかな（笑）。でも世の中の本は大体出回っていてネットで相場もわかりますよね。

林　うちなんか映画のパンフレットをやってますけど、そういうのはデータが無いから引き取らないの？

北野　そうですね。依頼はありますけど、売値を調べるのは手間ですから。

林　映画を見に行ってパンフを買えば六百円から千円するじゃない。そうすると売値の基準は二百円ぐらいになる。そこから今までの勘と経験を生かして、「アニメやホラーは三百円から五百円」とか「西部劇は人気だからもっと高く付けられる」とか、そういう値付けをしていくんです。

　買取金額も「これぐらいで売れるはずだ」と思って決める。自分で決めた値段でお客さんに買ってもらえることは古本屋の楽しみでもあるからね。やり方は色々あっていいけど、何でもデータで決めてしまうのは、僕みたいな昔の古本屋からすると相容れないところはあるかな。

梶塚　千章堂さんのお店ってリーズナブルですよね。せどりに行こうかと思っちゃいましたよ。

林　そうでもないって。値段を安くしちゃうとお客さんが売りに来てくれなくなるから、しっかり値付けすることはうちのモットーです。

梶塚　悠山社さんも値付けは勘や経験ですか。

橋本　私はノースさんと正反対の考えっていうか——三十年ぐらい商売をやっているけど、市場では自分が見たことない本ばかり探しているね。売れるとわかっているものは高くて落札できないし儲けも少ないっていう事情もある。ただ、さっき、ほとんどの本はインターネット上に出ていると言ってたけど、意外とそうでもないっていうか、出所がさっぱり見当もつかないもの、得体の知れないものが市場には沢山あるんですよ。

そういった過去のデータからは売値をはじき出せないものばかり探しているけど、同じことを考えている古本屋がいるから簡単には落札できない。なかにはとんでもない価格で入札している人もいて、私が五千円とか一万円で買おうとしているものに、五万とか十万なんてとても追いつけない札を入れるんです。どういう思考回路でそういう圧倒的な札を入れているのか。きっと過去に未知のものを仕入れて売った経験がそうさせると思うんだよね。それを勘と呼んでいいかはわからないけど、でもその蓄積が「この荷物は絶対に譲れない」という気持ちにつながっている。

市場はいつ行っても新しいものが必ずあるんですよ。だから古本屋は市場さえあれば永遠に続けられる商売だと思う。データに無いものを求めるスタイルでは、ノースさんみたいな大きい商売は無理だろうけどね。うちは仕入れと値付けは全部私がやっていて、結局それが一番面白い。百円で買って一万円で売ってもいいわけで、まあそれは昔の古本屋の悪いイメージかもしれないけど、でも一万円で仕入れても全く売れないこともある。自分の価値観で本に付加価値を与える、古本屋という商売の魅力はそこじゃないかな。

梶塚　市場で知らない本に出会ったとき、瞬間的に「一万円！」とか思ったりするんですか。

橋本　それは色々あるな。たまたまお金が入ってるときには強気にもなるしさ。私は基本的に気が小さいから消極的になっちゃうけど、札の入れ方っていうのはある種の才能だね。この間若手に「お前度胸いいな」って言ったら「一万円までしか入れられない人は、死ぬまで一万円の本屋ですよ」って返されちゃってね（笑）。その人は高い本をバンバン買ってるけど、あれは知識とか経験じゃないな。

林　今まで扱ったことがなかったり、ネットで調べてもわからない本を市場に出すときには、自分も買いの札を入れてみます。そうすると想定の倍ぐらいの値段で他の人が落札する。つまり市場には自分とは別の価値観を持った古本屋がいるわけです。

映画のパンフレットを始めて、「なんとなく基準ができたかな」という頃の話ですが、全く見たこともないしネットで調べてもわからないものが出てきたことがあった。思い切って一万円で目録に出してみたら、ものすごい数の注文が来たんですね。単に自分の知識が無かっただけなんだけど、それは黒澤明の『白痴』で同業に聞いたら「相場は十万円だよ」って言う。でもその時点での経験値だと一万円が限界なんですよ。自分がわからないものでも市場に出せば価値を知っている人が買ってくれるし、それがあるからこそ相場は維持されていると思う。ネットはどんなに高くても一度でも一万円で売れてしまえば、それからは「一万円の本」になってしまいますからね。

橋本　出版流通とは無関係な本だって沢山あるし、そういうものを見事に売っている人もいます。私が一番驚いたのは即売展目録の一頁をまるまる使って「市井人日記」なんてものを売っている。「市井人日記」とは実に上手い言い回しだけど、それぞれに「終戦直後の受験生の日記」とかコメントが入っていて、「こんなシリーズ出版されてたかな」と思って聞いてみたら、「だから一般人の日記だよ」って（笑）。有名人であれば欲しい人もいるし高値もつけられるけど、この「市井人日記」も全て注文があったそうです。

古本は同じタイトルでも一冊一冊全て別物だと私は思っていて、「日本の古本屋」を見ると本の状態が色々と書いてあるけど、あれは古本屋の創作物なんだよね。線引きや書き込みだって必ずしもマイナス要因ではなくて、それを上手に表現して売る人もいる。「ツカレ」なんていう古本屋特有の言い回しも面白くて、そういう本を見れば「確かにお前は疲れてるなあ」って思う。たぶん「ヤケ」っていう意味だろうけど、「古色」なんて独特な表現をする人もいる。本に対する様々な価値の付け方があって、それは古本屋の個性と言えるんじゃないかな。

梶塚　今度はノースさんが相容れない感じじゃないですか（笑）。

北野　効率的じゃないですよね。僕がこれからネットの古本屋と競っていくなかでやらなければいけないのは、本が流れてきて送り出すまでにどれだけコストをかけないかっていうことですから。本を一冊ずつ見ないと言えばまた悪いイメージかもしれないけれど、状態や価格といった基準を自動化させてしまった方がより多くの本を流通できる。千章堂さんや悠山社さんは百円でしか売れない本は捨ててしまう場合もあると思いますが、Amazonでは沢山の本が一円で売られていますよね。実際には二五七円の送料分が上乗せされるわけですが、二五八円で本を届ける事業だって本を大事に扱っていると言っていいと思います。それをやるためには人間の主観の介する隙間もないくらい効率的に仕事をしなければいけない。さっき橋本さんが言ったような付加価値を求めている人ばかりではありませんからね。

橋本　99％は求めてないよ（笑）。

あの、勘違いして欲しくないのはノースさんのビジネスを否定しているわけじゃなくて、古本屋のやり方はすべて正しいんだよ。その上で私がしきりに市場の話をしているのは、全然違う商売をしている人達も引き込める場所が市場だっていうことなんだよね。ノースさんだって大量に仕入れたものを全て自分で捌いているわけじゃなくて、商売に向いていないものは市場に出してくれる。そのなかには私たちが欲しい本があったりするわけだからさ。

梶塚　ノースさんにとって市場はどういう位置付けなんですか。

北野　さっき話に出た映画のパンフレットみたいに、うちで処分してしまうものを「市場の適正価格」で買い取ってもらう場所ですね。

林　昔みたいに街に古本屋が沢山あった頃は店によって基準が違うから、こぼれ出るものが必ずあった。それをまとめてくれたのが市場だったんだよね。市場があるから各々が特色を持てたっていうか。

橋本　市場に行くと勝つ人と負ける人が必ず出るけど、それは得意分野を見つけるための機会っていうか、古本屋の住み分けを作るためのシステムだと思う。

北野　ネットの買取はこれから力のあるところが総取りするようになって、古本屋が個性を出す余地も無くなりますよ。

橋本　取引高はたいしたことないかもしれないけど、ノースさんのような商売の人にも市場を利用してもらえると我々は本当に助かります。窓口が少なくなったって話をしたけど、インターネットの買入だってノースさんが言ったように寡占化していく。そうやって自己完結している業者に本が流れてしまって、そこでは値段がつけられない本が処分されるようになれば我々は一層きつくなる。市場だったら必ず買う人はいるし、即売展なら大抵の本は百円で売れるからね。Amazonの一円本もすごいけど、現場で百円っていうのは最高に安いでしょ。

北野　でも行ってみなきゃ何を売ってるかわからないですよね。

梶塚　交通費もかかるし（笑）。

橋本　確かに探している本、読みたい本はネットで探す人がほとんどかもしれない。だけど自分の知らない面白そうなものに出会うには現場に行くしかないわけで、西部会館でも即売展をやれば人が大勢来て誰もかもが棚を端から丁寧に見ている。なにがそんなに楽しいのか、私にはよくわかんないけど（笑）。

梶塚　話を戻して、ノースさんはネットで個性は出せないと言いましたけど、僕はそうは感じないな。

北野　今のところは特色も出せると思います。「ここなら買い取ってくれるんじゃないか」という差別化も出来る。しかしいずれはそうした各々の個性を網羅したところが現れるはずです。それがAmazonなのかもしれませんが、すでに世界中の本を買うことのできるAmazonが本格的に買取を行えば、本の売買はそこで完結してしまいます。そうなればかつてブックオフが街の古本屋を次々に廃業させた状況がネット上で起きるのではないでしょうか。

梶塚　その時はどうするの？

北野　やめるしかないですね。でもそういうものじゃないですか。

梶塚　先に手を打っておくとか。

北野　プラモデルや万年筆といった本ではないものも取り扱っていますけど、結局大資本には太刀打ちできないですよ。古本屋を始めた頃はまだ広告費もすごく安くて、僕みたいにお金がなくても広告を打てた。でも今は費用が高騰して資金力があるところしか広告は出せない。インターネット上で見てもらえないということは、実店舗に喩えれば誰も来ない山奥に店があるようなものです。ネットの古本屋のほとんどが誰にも気付かれない、そんな時代が来ますよ。

梶塚　そうなると付加価値というものを考えたほうがいいんじゃないの？

北野　うーん……。でもやっぱり今は経費を少なくして効率を上げる道しか考えられないですね。

林　昔の古本屋の感覚で言うと、新刊書店で本を買うのが当たり前だった頃は、古本屋は隙間産業だったんです。でも時代と共にその隙間は段々と広がっていった。だけどこれだけネット販売が主流になると、うちみたいな実店舗があるところはまた隙間になったような気がするんだよね。だから「面白そうだから行ってみよう」とか「好きな本が充実してる」とか、個性をより強くすることが生き延びる道だと考えています。

梶塚　ノースさんは外売りも始めましたけど、得るものは無かったんですか。

北野　対面販売の楽しさはありますけど。

梶塚　実はノースさんの値付けがあまりにも安すぎて業者がまとめて買いに来た

んですよね。それを先輩に怒られちゃって（笑）。

北野　失礼な言い方ですけど、外売りは遊びでやっている部分があるんです。楽しければいいかなっていう。それでメシ食っていこうとは思ってませんから。

林　うちだって店の商品構成から外れたものを外売りに回していますから、専門でやっている人とは値段の付け方は変わってきますよ。

梶塚　悠山社さんは即売展とネットをやってますけど、品物はどうやって振り分けているんですか。

橋本　即売展は均一しかやってないような状態だから、捨てるよりはこっちに出すかっていう感じになってるかな。

生き残りっていう話だけど、古本屋は需要と供給という一方通行で商売しているわけではなくて、一度誰かの手に渡ったものを扱っているんだよね。だから古本は全て一点物と言えるし、売り買いされる度にまた別物になる。そういう流れのなかでやっているうちは食えなくなることはないし、古本屋がダメになるっていう感覚はないな。

梶塚　ノースさんがネットはいずれ大手が独占するという話をされましたけど、店売りの今後について千章堂さんはどう感じていますか。

林　そこまで深く考えたことはないけど、当然これからは扱える本が減っていくでしょうね。でもうちは基本的に阿佐ヶ谷周辺で完結しているので、店から溢れた本をちゃんと市場で捌ければ大丈夫かな。市場さえ機能していればやっていけると思います。

梶塚　十年前と比べてどうですか。

林　あまり変わらないね。単価はどんどん安くなっているけど、情報がこれだけ出回っていればしょうがない。

橋本　実店舗が無くなった理由はそれが一番大きいよね。全ての本の価格が暴落している。不動産を自分で持っている人はともかく、都心で店舗を借りてやっている人は本当にすごいですよ。

梶塚　本の価値を上げる手立てはないんですかね。

橋本　価値と値段は必ずしも一緒ではないからな。古本は過去の遺産だから永遠の価値があると私は思うけど。

梶塚　前に古本の価値・価値付けについて皆さんとお話したときに考え方がだいぶ違いましたよね。

林　例えば図録があって、ネットで見ると百円で売られているとします。だけど手にとってみたらキレイだし中身もすごく面白い。その時にどう値付けをするかっていうと、ネットと比較するのではなくて、「うちの店で売るなら」っていうことをまず考えるんです。それで千円にしてみて、実際にお客さんが店に来て買ってくれる。そうやって売り続けてきた結果が「千章堂」という店の価値付けの基礎になるわけです。ネットと比べてばかりいると、どうしたって安売りせざるを得ないですから。

梶塚　ノースさんは最安値にあわせているんですか。

北野　基本的にはそうです。再三言ってますけど、主観を巡らせる隙もないくらいにしておかなければうちみたいな商売はできません。千章堂さんのお話は「千円で売れなかったらどうするんだ」って思っちゃいますね（笑）。

梶塚　悠山社さんもネットで買入を始め

て自分が窓口になったらどうですか。

橋本　ノウハウがないからね。ホームページに買入しますとは書いてあるけどほとんど来ないよ。たまに依頼があっても、あらゆるところにリストを送っているだけで商談が成立することは滅多にない。やっぱり寡占化が進んでいるんだ。

北野　検索結果の一番上に出てくるところに売りたいのは当たり前です。一番上においしいものを全部取られちゃって、依頼が来ても引き取れないものばかりが残っていることもよくある。資金を投入できるところだけが勝つというのは正しい寡占化だと思いますよ。

梶塚　僕はお金をかけてないのであまり実感がありませんね。

橋本　三暁堂さんはTwitterやFacebookを使ってネット上に自分の空間を見事に構築しているけど、そうやってお金をかけない在り方で商売をしている若い人は増えてるよね。そういう人と積極的に接触して市場に呼び込まないといけないんだよな。

梶塚　要するに市場にもっと出品しろってことですね（笑）。

そろそろ時間も迫っていますが、最後に言っておきたいことはありませんか。

林　確かに個々の店舗ではネットっていう大きな世界には太刀打ちできないけど、うちであれば阿佐ヶ谷界隈の隙間だけは網羅しているように、実店舗がある人はそれぞれの地域で自己完結してそれなりの商売をしています。狭い範囲かもしれませんが、自分の世界を作るのはすごく楽しいし、店を持っている人達とはこれからも一緒に頑張っていきたいですね。

梶塚　ありがとうございます。悠山社さんはしゃべり足りないことはないですか。

橋本　ずいぶん前に『スモールワールド・ネットワーク』っていう本を読んでさ——ネットの世界は「のっぺらぼう」だと思うんだよね。厖大なデータがあって何もかもが詰まっているけど、それを人間が選んで見ることは不可能なわけ。見えるようにするために検索サイトがあって、打ち込まれた文字列から順番をつけて情報を並べるわけだけど、結局上の方しか見ないし、どうやったって見えないもののほうが圧倒的に多い。それを見せるためには、三暁堂さんのようにネットで小さな世界を作って、さらにそれぞれがネットワークを作っていくしかないっていう……あれ、何が言いたかったんだっけ。

梶塚　どういう話ですか。

橋本　なんだっけ、ほら、六人辿れば世界中の誰とでもつながるみたいなのあるじゃない、そういう話だよ。

梶塚　えっと、全然わかりません（笑）。

最初に話しましたが、ネット上での本の売買が活発化してから十五年ぐらい経って、今がちょうど過渡期だと思うんです。ノースさんみたいな考え方もあれば、林さんみたいに地域に根ざしている方は昔も今も変わらない、これから十年先も同じなのかもしれません。今後どうなるかわからないけれど、色々な考えを持った古本屋がいて、それぞれの価値観を持って頑張っているということを知って頂き、この先もまた応援してもらえたら幸いです。

（477号／2016年8月号）

ネット販売、即売展、古本屋考現学

ネットにかける古本屋

座談会
インターネット販売の現状と問題点

出席者
悠山社書店　橋本直次郎
とんぼ書林　藤原栄志郎
カスミ書房　山下智生
くだん書房　藤下真潮
司会　東京古書組合機関誌部

我が古書業界にあってインターネットが欠かせない存在になってきた。「日本の古本屋」を見ても右上がりに受注額が伸び事業性も高まり期待されている。しかし、現状はどのようなものなのか、そして本当に展望はあるのだろうか。ネットにかけるお仲間に集まってもらい発言をいただいた。

ネットを始めたきっかけは？

――今回は「ネットにかける古本屋」ということで、みなさんがネットにどのような思いで取り組んでいるか、そして将来的にはどうなってゆくのか語っていただきたいと思います。最初に自己紹介をかねて、ネットを始めたころの状況からお話しください。

橋本　私がパソコンを買って始めたのは、パソコン通信が終わりになるころです。自家目録データを作ろうということで。その直後ぐらいに、神田の有志の方々が日本の古本屋の前身みたいなものを立ち上げたんです。平成六、七年の頃でしょうか。

そのころ私は福生の方で典型的な郊外型の古書店をやっていました。要するにマンガ中心の古本屋ですね。だから、インターネットは面白半分でした。そのころ古書のサイトとしてイージーシークや紫式部が次々とでき始めたのです。ところが三年ぐらい前から、マンガのマーケットが忽然と消えた。私の感覚ですとそういう感じだったのです。で、マンガに依存していた古本屋がほとんどなくなりまして、こちら青梅でも、今残っているのは一軒だけです。私も一昨年、店をやめて、インターネット一本でやっています。

藤原　去年の六月から古本屋を始めたので、組合に入ってまだ一年経っていないんです。出版業界で二十年近くやっていたのですが、事情があってやめ、昔からやりたかった古本屋を始めたわけです。場所は西荻窪です。店売りは日商一万円はいかない、柔らかいものを置かないと無理だよという話を聞いていたので、それならネットでやってみようかと。分野としては女性問題、女性問題専門店というふれこみで始めました。

最初に紫式部に入りました。月に一、二回勉強会をやってくれるのでまずは勉強しようと。売り上げ的には紫式部だけではきついし、組合に加入することは当初から考えていましたので、入れていただき、日本の古本屋にも入りました。立ち上げのときは一千点、今は四千点ぐらいになっています。二つのサイトのデータは同じです。

藤下　店を始めたのは二〇〇二年の二月だったので、ちょうど二年ぐらいになります。ネット販売は店を始めて一ヶ月ぐらいしてから、自分のところのホームページを立ち上げてやっています。基本的には自分のところのホームページだけです。コンピュータ自身は大学時代からやっていたので二十五年以上やっていて、インターネットは会社時代からで、九五年ぐらいから使い出していると思います。店のホームページを作る前に、個人のホームページも持っていましたから、最初は古本屋をネットだけでやろうと思ったのですが、たまたま店が神田で一階が見つかったので、今は店とネットと半々ぐらいでやっています。

山下　神保町でお店を始めたのは九五年か九六年ぐらいです。インターネットで販売をするようになったのは五年ぐらい前だと思うのですが、当時はヤフーオークションはなくて、イージーシークがまだ楽天に買収される前、ビズシークのころで、日本の古本屋も前のシステムだったと思います。

うちで扱っている分野は六〇年以降のサブカルチャーで、若い人向けの本になりますから、コンピュータを扱っている世代の方々とリンクするものではあったわけです。その世代の人たちは和本や明治ものを探求するわけではなくて、音楽ものとかマンガのレアものとかを探求される方が多いのです。うちの扱っている商品とはちょっと違うのですが、旧イージーシークで探求書コーナーがあってメール配信していたので、そこにリストを送って始めたのが最初です。

私はコンピュータは結構使っているのですが、ホームページは詳しくないので、うちにいる女の子に作ってもらいました。そのときイージーシークも紫式部も、日本の古本屋もどれにも入りませんでした。グーやヤフーの検索ヒットデータである程度高いところに行けば見てくれるのではないかというのがありました。その方が経費がかからないでいいだろうと。その後日本の古本屋にも登録しましたが、基本的には自社のだけという感じで今に至っています。

――カスミさんの場合は自分の分野に応じてお客さんがいるだろうということですが、分野ということではどうですか。悠山社さんは二万点……、たくさん入れていますけど。

橋本　うちは広く浅くというやつで。

藤原　専門として何をやろうかというと
き、女性問題は誰もやっていないからい
いのではないか、個人的にも保育関係の
PTAみたいなことに関わっていたの
で、自分の興味にもあっているというこ
とで決めました。あとは店主のこだわり
ということで出版や映画関係も登録して
います。何かに特化していかないと難し
いだろうと感じていました。

藤下　私はマンガと古典籍。和本みたい
な変なのもやっているんですけど……。

ポータルサイトとしての日本の古本屋の意義

橋本　さっきの話ですが、自分のホーム
ページだけでお客さん来ますか。ヤフー
やグーの検索で引っかかる？

山下　もともと店もありましたから、そ
の口コミもあると思いますが、うちのホ
ームページに来るのは、グーグルでお店
の悪口三〇〇件とかヒットされるので、
そんならおもしろそうだから覗いてみよ
うと来てくれるみたいです。ホームペー
ジでみなさん日記なんかを載せているで
しょ。ヤフーオークションができる前、
うちはサブカル系統の本の高い店の代名
詞だったので、悪口が多かったんですよ。
今は減りましたけど。

——そういう有名になるなり方もあるの
ですね。

橋本　僕は広く浅くという方だから、ポ
ータルサイトみたいなものにぶらさがっ
ていないとダメだというのがあって、日
本の古本屋の前身の時代からやっている
んですけど。日本の古本屋は古書の検索
サイトとしてはよくできていると思うん
ですよ。今は画像を載せたりしている人
は少ないけれど、これからは専門化した
り、古典籍を入れたりというのがどんど
ん出てくるといいと思いますね。日本の
古本屋がポータルサイトとして維持して
いってほしいというのがあります。商用
サイトはそれでビジネスとしての目的を
持っていますから、利用する側からの負
担を求めることになる。その点、日本の
古本屋は共同組合として共通の利益を守
るサイトですから、こういうのはあまり
ないでしょう。うまくサイトとして運営
されるといいと思うんです。

藤原　日本の古本屋が古本のデータとし
ては圧倒的に多いと思って入れてもらっ
たんですが、実際、注文も圧倒的に多い
ですね。今私のところでは、日本の古本
屋と紫式部では、注文の比率は五対一ほ
どで、日本の古本屋が多い状況です。

——サイト選びということでは、どうな
のでしょう。

橋本　アマゾンが始めましたよね。アマ
ゾンは売れるんだという話はよく聞きま
す。イージーシークや紫式部と違って、
アマゾンは一般のお客の収客力は抜群に
高い、ビジネスとして市場を独占してい
くという戦略が練られているという気が
するんです。アメリカのビブリオ・ファ
インドという、日本の古本屋と同じよう
な古書の検索サイトがあったんですよ。
データも三〇〇万点とか五〇〇万点とか
あって、作りもすばらしい。日本の古本
屋もああなったらいいと思っていた矢先
に、アマゾンに買収されました。その後、
元ビブリオ・ファインドの一部の人がビ
ブリオ・ドット・コムといって独立系の
古本屋の集まりを作ってアピールしたの
ですが、前に比べると精彩がありません。

アマゾンでやっている人に聞くと、清算システムや情報登録のシステムが非常に便利にできているそうです。誰かが一回登録すれば、二番目からの人はその書誌データを利用できる。条件の違いだけを入力すればいいからすごく簡単に登録できるんです。この利便性にひかれて、古本屋の多くがそちらに流れると、脅威になると思う。

藤原　アマゾンはまだ古本は少ないでしょ。

山下　古本はそうないと思いますよ。多いのが新刊とCD、DVD。

藤下　ISBNがついていないものは扱っていないから古いものは扱えないですよね。

橋本　確かに今ISBNのものだけですけど、古本屋がどんどん入っていけば、その人たちが作った書誌データを取り込み、汎用データにしてしまいますから、アマゾンのデータが圧倒的に多くなればお客様がそちらに流れ、お客にとっても、業者にとっても油断がならないと思うんですよ。

ただ、アマゾンに出すと、売り上げの一割八分持っていかれます。送料なども考えると二割から、いや二割ではきかない手数料がかかる、それが大変ですよね。紫式部もイージーシークも、商業サイトはみんな多かれ少なかれ手数料がかかります。だから下手すると我々は鵜飼いの鵜のようになってしまう。

藤下　だから僕なんか、ポータルサイトというと鵜飼いの鵜の危険性を考えますね。他人のシステムに依存すると、それに振り回されるからやりたくないというのがある。私はマンガと和本みたいのをやっているので、見せてなんぼという感じがあるので、グラフィックで見せて説明を加えてというスタンスを考えてたら、ポータルサイトはうまくいかなくなる。客に来てもらうのは、グーグルでヒット率が上がるように工夫しています。

――インターネットでも、古本屋というのは自分の目録として構築したいというのがあるわけですよね。これに関連してこうだからこれを載せるというような。自分の独自色を出したい。

橋本　日本の古本屋は売り値の何パーセントを納める必要がないし、案外自由もある。たとえば日本の古本屋で検索して見つけたから、直接その本屋に電話をして交渉もできます。それについてうるさいことは言いませんよね。ところが商業サイトだとそういうことができないシステムになっている。なるべく自分のところで商売させようというモチベーションを持っているから。今、日本の古本屋の総売上は月一億四千万円と言っていますが、そこで古本を探して直接本屋に探しに来るとか、本屋独自のサイトに飛ぶとか、そういう相乗効果もあるから、それまで計算すれば、相当の効果をもたらしていると思います。商業サイトでは鵜になる危険性があるけれども、日本の古本屋はそういうことがない。自分の組合が運営しているのだから、ある程度ものも言えるし、共通の利益を守るようなサイトだから、頑張ってほしいんですよ。

ネットは売るにはいいが、仕入れが難しい

藤原　今日本の古本屋の実態はどうなっているか。『古書月報』の二月号で見ると、二〇〇三年十二月末のデータでは、

古書店会員が五八六店、データ数が約二九四万点、月の売り上げが一億ちょっと。それで計算しますと、一店当たりの登録データはおよそ五千点で受注金額は一八万円ぐらいという数字になります。私が古本屋をやろうとして、いろいろな人から聞いたところ、五千点で二〇～三〇万円ぐらいになるんじゃないかという話だったんです。専門店化して質を高めていけば三〇万円ぐらいはいくのかなと思ったんですよ。私のところが今四千点で、だいたい当たっているかなという感じがあるので、およその状況はそんなところかなと思います。

――一月末のデータで見ますと、月の売り上げは一億四千万円を越えています。古書店会員数も少し増えていますね。一店当たりの売り上げは二三万五千円となっていますから、とんぼさんが言っているような数字です。

藤原　五千点で二〇～三〇万円と言っても、それが一万点、二万点となったとき、売り上げが二倍、三倍になるかどうかはわかりませんが……。

――それはなかなかね。

橋本　売り上げについては、各店舗の売り上げをグラフ上に点で表していったらバラッキがあると思いますね。すごく売っているところと売れていないところがあると思う。意外と単価は高いのではないですか。何かのデータで見たことがありますが、だいたい単価は三千円ぐらい。だんだんこなれてくるに従って上がってくるのではないかと思います。

藤原　一点当たりは二八〇〇円から三千円という数字は出ていますね。日本の古本屋の一般会員数は約一〇万六千人ですが、アマゾンなんかと比べるとケタが違うという感じですね。さっきのお話のように、下手をするとアマゾンは脅威になるかなって思う。ＩＳＢＮで自動的に入力できるからやりやすいし。

橋本　一から書誌データを入れる必要はないですからね。しかし、そのデータは自分のところには何も残らないんですよ。そのデータを日本の古本屋で使おうとしても使えない。ただアマゾンで売れるとなるとはまっていく可能性がありますよね。それが恐い。

――我々の古書の目録を考えた時、そのやり方はアンチテーゼになると思いますね。古本屋は自分の個性を売るというところがある。ホームページにメッセージを出したり、映像を出したり。自分のところのものは自分で売るんだという……。

橋本　そのスタンスは大事だと思います。だけどお客さんが来なくなったときどうするか。やっぱりお客さんがいるところに行きたくなるという話です。私の本屋は東京都ですけれども郊外にあるので、地元の古本屋さんと同じ感覚なんです。郊外や地方の本屋さんというのは専門化するのが非常に難しい。郊外型の小さな本屋をやっていたときには、基本的には、現場調達、現場販売、そこで自己完結していたわけですよ。それでなんとか食べていける状態だった。地方の人は、たとえ組合に入っていても、そういう人が多いと思います。私も店をやめてネットに特化した時点では、よく売れるなって感じだったんですよ。ところが仕入れが難しい。仕入れがネット販売の九〇％、いや一〇〇％といっていいほど重要性があることに、改めて気づかされたんです。それで今、遅ればせながら西部支部で経営員やらせてもらっているんです。神田が今のような状態で存在している、世界に例をみない古書の街を作っているというのはすごいことで、これを存在させているのは市場の力なんですよ。専門化して自分の店の特徴を出し、それを長く維持していくには市場の存在が絶対必要なんです。

――市場の重要性は確かにありますね。

橋本　だから市場から遠いところの本屋は難しい。

――そういう意味では、カスミさんもくだんさんも神保町にお店があって、市場には便利ですね。カスミさんは最初から神保町？

山下　いえ、埼玉で一年ぐらい。私はもともと神保町が好きで、中学生の頃からしょっちゅう来ていましたから、ずっとこっちでやりたいと思っていました。

橋本　神田という地にいるということはすごいことなんだよ。ネットというのは売るにはすごくいいサイト。売る場所として、日本の古本屋の恩恵を受けている本屋さんはいっぱいいると思います。

――ネットこそ、地方の人が売るところですね。地域的には平等ですから。ということは仕入れを何とかうまくやればば……、ところがその仕入れが難しいわけです。地方に行って蔵回りするとか、骨董の市場で骨董仲間から買うとか、いろいろ話は聞きますがね。

オークションは買取場？

――カスミさんは仕入れは？　お客様から？

山下　客買いはそんなにないです。私が扱いたいものはお客さんが持っていないというか、そういうものはヤフーオークションで自分で売ってしまうんですよ。神田でも店をやや小さいところに移転しようと思った大きな理由というのは、店での買取がなくなったというのがあります。市場でもあんまりないんです。あるとしても山の中に一点とか……。

――じゃあ、どこで買取をするんですか。

山下　本屋さんを回っていてあったとか。セドリに近いですね。

――お客さんが自ら売る、というのがネットなんですね。

山下　量が多いと、自分で売るのは面倒ですから本屋に持ってきますが、一、二点、十点ぐらいなら自分で売った方がいいという感じになっていますね。

藤原　「ネットで古本屋をやろう」というような本が何冊か出ていますよね。

橋本　「古本屋をやろう」という本も出ているけれど、あまり成功したという話は聞かないですよね。

藤原　ネットは古本屋のお店よりやりやすいのではないですか。オークションに出したり。

――ネットの方が経費がかからないという感じがあるから。店を作るとなるとお金がかかるでしょ。

橋本　僕は、ネットも経費がかかるなと最近思うようになりました。店をやっていて暇つぶしにネットに入力して売れている間は、楽でいいな、経費もかからないしと思っていましたけど、ネットだけで食っていこうとすると、案外経費がかかると思うようになりました。スペース、入力の手間、発送する手間、日本の古本屋に会費を払ったり……と。僕と女房と、それで足りずに友達と、青梅の高齢者事業団と言っているんだけど（笑）、意外と人件費もかかるんですよ。店はかかるけれどネットはかからないというのはうそですね。多分違うと思いますよ。コスト的に有利なのは神田の一等地かもしれない。

山下　神田で借りるとすごいですけどね。

――なかなか借りられないですよね。くだんさんは最初からネットをやったようですが、展覧会などはやっていないのですか。

藤下　ネットが基本ですね。オークションは買いだけ。仕入れで利用できるものはやりますが、売る方はやらないことにしています。

山下　オークションの黎明期は買いはおいしいものばかりあったんですよ。

藤下　昔は出品料をとらなかったから、家の整理をしたいから、タダでもいいから買ってくれる人がいればありがたいという感じで安いのがどんどん出たんです。今は有料になっているので厳しいですが。

山下　ヤフーの初期は、コンピュータをさわる人は、理系の人で若い人だったから、ＳＦやミステリー、マンガやいわゆる趣味的なものをほしい人が多かったんです。文学書や美術書などコンピュータから離れた位置にある書物は、ネットオークションではかなり安い値段で買うことができました。通常四〜五万円するものが、千円でも最後まで競争相手がいないとか。それでそのまま買って明古に出すというようなことが多くあった（笑）。今はそんなことはないですけど、四年ほど前はとにかく安かった。

　オークションで売ることもあります。自分の店でメインで売りたいものは、これは化けるなと思っても、オークションには出さず店で売ります。それを出すと頭が混乱してくるから。オークションに頼ると、自分の感覚が鈍るのが嫌なんです。値段がつけられなくなってしまう。オークションで売るのは自分の専門外のものと、あとは将来的にはゴミだろうが今なら高く化けると思うものは出します。オークションでは本を出すのは嫌なんですね。レコードとかＣＤで珍しいものを拾ってきたときとか、自分のジャンル外です。

――そういう感覚ってありますよね。自分の専門は自分で値をつけたいというのがある。オークションで高い値がつくと、今度自分が買うときに高い値段になってしまう。そうするとどんどん値段が変になってくる。

　でも、オークション専門でやっている人もいますよね。中央市や明古で買って、オークションに出して、お客に値段を付けさせると言っていた人もいました。

山下　そういうことも量をこなせば成り立つと思いますよ。市で束の本を二千円ぐらいで買ってきて、一冊三〇〇円スタートでオークションにかければ何とかなるかもしれない。自分の労力を考えなければそこそこはね。

藤原　労力を考えないというのは問題ですよ。たとえば五〇〇円の本一冊を売るのでも労力はすごいと思いますよ。

橋本　労力というのがコストだと思うよ。

藤原　手間がかかりますよね。最近は五〇〇円の本ではきついなと。千円かそれよりもう少し高くないとと思います。

――最低価格を二千円にしたいという人もいます。価格構成も内容も考えないとね。

藤下　千円切っていると苦しいですよね。通販は平均単価二千円ぐらいないと。一応最低五〇〇円で入力していますけど。

――点数は？

藤下　三千点弱だと思います。

検索サイトは値段を下げる？

橋本　検索サイトの場合、一冊の本を検索にかけると、ダーッと、多いときには何十点も同じ本が並ぶわけですよね。専門店の判断で、自分のサイトの本をレイアウトし、自分の古本屋はこれだというものを構築しても、それは全く見えないわけです。見えるのは一点だけ。しかも他の書店の本と一緒に並び値段で比較される。中には安い値段で出している本屋もあって、それを見ると絶望してしまう本屋さんもあるんですよ。でもそれは必ずしもそうではなくて、今は心情的にデフレのトラウマにとらわれているから、自分が千円で出した本と同じ本が八〇〇円で出ていれば八〇〇円かとがっかりするけれど、それがインフレ傾向にあるときなら、さっと八〇〇円の本を買い取って、そのあと千円で売ろうとするわけでしょ。デフレとインフレの潮目が変われば、その本が千円、それ以上で売れるかもしれない。専門店で、本当にその本の価値を判断でき、自信を持って値段がつけられれば、日本の古本屋はむしろ、仕入れの草刈り場となると思いますよ。おそらく、それをやっている人も多いと思いますけど。

――面白い観点ですね。

橋本　将来的に価値がなくなるものと、商品の絶対量が少なくて、潜在的に需要があるにもかかわらず、日本の古本屋で安くなっているものとがあると思うんですよ。そういう価値がわかる人、値段のつけられる人にとっては、絶好の仕入れ場になりますよ。

――それは光明ですね。

藤下　私も、たまに日本の古本屋で買っています。

藤下　市場に出入りして、そういうものを売ったことがある人なら、職人的な価値判断ができるわけですよ。安く売ってしまった人で、同じ本が二度と手に入らずしまったと歯ぎしりする人が絶対いると思います。ネットで仕入れて市場で売る、市場で仕入れてネットで売る、そういうことをやっている人はいます。

――ネットで同じ本の値段が並ぶのを嫌がる人が多いですが、そういう使い方もできるのですね。目が利く本屋さんなら、自分の本を扱う感覚を磨いていきたいところですね。

ネットは一対一の出会いをつくる

――ネットを通して、こういうものはおもしろいと感じることはありますか。

山下　天沢退二郎の『オレンジ党』、ちくまの児童書ですが、これがネットで値が上がってきた。小林信彦なんかもそう。ネットと業界の評価が乖離しているものがあります。

――ネットで人気があるものが大いにありますね。実際、そういう本は内容もいいんですよ。ただ、我々がそこに目が行かなかったというだけで。

橋本　インターネットで最初に思ったのは、古本屋に一番適した媒体ではないかということです。マーケットの大小を言うと、古本屋というのは本当に小さい。新刊屋なら、出版社が一冊出せば何冊も仕入れることができますが、古本屋は基本的にはその本は一冊しか持っていませんから、一対一で、その一冊とどこで出会えるかということになる。古本屋は自家目録を作ったりしてやっていますが、出して三千部ぐらい、何万部も出している方はおられないでしょう。その点ネットなら多くの人の目にふれる、極端にいえば世界中の人が見てくれるわけです。極端にレアのものでも探している人はいるかもしれない。たとえば、だれかの署名本とかそれほど評価されていないものをネットに出すと、その著者の孫から注文が来たりする。そういう出会いを可能にする媒体だと思うのです。

——極小の血縁というかね。僕もありましたよ。どうも苗字が同じだなと思ったらお孫さんだったたというの。

橋本　古本屋というのはそういうものではないかな。ピンポイントでつながるシステム。そういう意味では、ネットは新刊より古本に適しているんじゃないかな。たった一人と出会える……。新聞やテレビでコマーシャルして、何万も売る本とは対極にあると思う。

——大変な大恋愛というわけだね（笑）。大勢の人に見てもらって大勢の人に買ってもらうのと、大勢の人に見てもらうけど、そのうちのたった一人の人に買ってもらうというね。埋もれたマンガのお話はそれにぴったりなんじゃない？

藤下　中身を紹介して、これはおもしろそうと誰かにたきつけて買ってもらう、そういうのを見つけていくしかないかなと。

——くだんさんはネットで解説つけたりしているんですか。

藤下　これはと思うものには説明をつけています。

——最近、ネットで解説をつける本屋さんが多くなっているみたいですね。

藤原　ここでやっぱりコストの関係がありますよ。たくさん解説を書いて、画像を入れてなどとやっていると、たった一冊の本を売るのに、コスト面で合うのかという……。

——一見非合理的なんだけれど、心のこもったやり方。コストだけで計算すると確かに合わないかもしれないけれど、新しいことをやろうというときはそういうことをしないとね。ムダなようでも、それが評判になって、信頼関係ができてくれば、あの古本屋さんが言うなら買おうとなるかもしれない。手間暇かけた分アピールできれば、コスト的にも合ってくると思いますよ。

藤原　それでお客さんをつかめれば、リピーターになりますからね。

——それから、ネットからお客さんになった人がいますよね。ネットで注文のあったお客に自家目録を送ったら買ってくれたとか。未知の顧客の発掘になりますよね。

藤原　最近外国のお客さんも増えています。女性関係の本を毎回買ってくれる人がいます。外国の人といっても日本に住んでいる人なんですが。今、外国に住んでいる人は断っています。送料が高いですから。

橋本　うちは社会科学の方を広く浅くやっていますから、日本の学生が読まなくなったような、ちょっと前の学術書を韓国や中国、東南アジアの学生から注文をいただきます。日本の学生は勉強しなくなったけれど、そういう国々の学生には興味あるんだなと。

——写真集なんかもよく聞くね。

山下　あとはカメラとアニメーション関係は多いですよ。カメラは値段が高いのでさすがにネットではなくて、店に直接来ますが、アニメは千円単位でありますから、ネットで買う人も多い。カメラはヨーロッパやアメリカの人が多いけれど、アニメはアジアの人、それも十代や二十代の人が多いです。

橋本　日本語で探してくるんですか。

山下　探してきます。

藤下　マンガやアニメは日本語の情報量が一番多くありますから。今のパソコンは世界中の言語に対応できますから、世界中に配信できるんですね。でもメールなんかはローマ字で打ってきたりします。日本語なんだけれども機械が日本語を打ち出してくれないため、ローマ字で。「誠に恐れ入りますが……」なんてローマ字で入ってきたりします。

山下　一度フランス人がローマ字で打ってきたことがある。日本語はわかるけど、機械が日本語に対応しないからですね。

藤下　英語で来る場合もありますけど、たとえばセーラームーンのキーワードがわかったので、何とか対応しましたけど。

藤原　お金の振込はどうしていますか。

山下　うちは基本的には前金なので、ヨーロッパの人なんかはお金はかかりますけれど、銀行の国際振込で振り込んでくれます。アジアの人で、エアメールで現金を入れて送ってくる人がいたり。

藤下　それはやめてくれと言いたい。インターナショナルポスタルマネーオーダーと言って、国際間の郵便振込があるんですよ。その方が安い。銀行振込だと何千円もかかるので、安い本だとシャレにならない。

——日本のミステリーのマニアックなものが海外で注目されて値が上がっていくなんてことがあるといいですがね。そうなると、我々はその原典を持っているわけだから。村上春樹のは今ロシアで翻訳され人気が出ているらしい。国際化する商品を見出せればね。

ネット販売でトラブルは？

——ネットでトラブルはありませんか。

山下　売った後に切り抜きがあったとかぐらいです。基本的に前金だから、お金が入らなければ送らないという話ですから、お金の面でのトラブルもありませんし。

藤下　うちは二万円以下のものなら後払いOKにしているんですが、未払いは五〇〇〇円のが一件あっただけで、意外とないです。

橋本　私のところは全部後払いにしていますが、未払いは一％いかない、パーセンテージで言えば全然問題にならない。トラブルがあると組合に言ってくるものだから、組合の方では受注の仕方を二段階にしろなんて言うわけです。要するに、最初は仮注文で、こちらから条件を提示して正式注文を受けてから発送するようにとかガイドラインがあるみたいですね。でもうちはたとえば三時に注文を受けたらその日のうちに発送し、翌日には着いてしまいます。早いのでびっくりして感謝されるのが八割ぐらいで、まだ注文するつもりはなかったのにというのは何百件に一件ぐらいです。トラブルを避けるために何段階かの受注確認をするより、ネット管理者としてはそう指導したいのはわかりますけれど、うちの場合はむしろ早くどんどん送った方がいいと思ってやっています。

——組合は仲介しているだけだから、受注もトラブルについても当人同士でやってくれというスタンスですよね。

橋本 それに徹してくれた方がいいと思います。それでうちの場合はほとんどトラブルありませんから。

山下 ネット通販のお客さんはかなりこらえ性ないですから。ボタン押したらすぐに翌日には届くという感じで、遅いと言って怒る人はいると思いますけど。そのかわりお金払うのも早いですしね。

藤下 私は一段階置くんですよ。送付方法や振込方法をどうするか。ネットの客は昼間いない人が多いので、ゆうパックの夜便にしてほしいとかという人が結構いるんです。

——取り引き条件を言うわけですよね。

橋本 うちも取り引き条件を言うんだけれど、同時に送っている（笑）。そういうことを注文のときに書き込めるようにしたこともあるんだけど、注文のときにああしろこうしろといろいろ言われるうちに、お客が嫌になってしまうこともありますからね。

——本の美醜についてはどうですか。

藤原 特殊な人はいますね。本の小口は磨いてあるかと問い合わせが来たことがあります。

山下 マンガのレアものは小口を磨いていたらマイナス評価になりますよね。

——古い本になると美醜の表現は難しくなりますね。

橋本 そういう問い合わせが来たらカメラで撮って画像を送ることがあります。でもカメラで撮ると本物よりきれいに見えたりするんですよね（笑）。

藤下 デジカメならまだいいのですが、スキャナで撮り込むと、折りじわは見えなくなりますからね。

——内容について事細かに質問されるのは困りますね。こういうのは載っているかとか。答えようとすると大変手間どってしまう。

山下 そういう質問にはわかりませんと言ってしまう……。

——いい話は？

藤原 ＮＨＫのアーカイブで斉藤隆夫のことをやっていたら、その番組のあと、数分違いで、同じ本が日本の古本屋と紫式部にそれぞれ一冊ずつ注文がありました。数分の違いで二冊というのは初めての経験でした。

——テレビの影響は大きいですね。乱歩の『屋根裏の散歩者』なんか、テレビ局が放映する資料にするとかで、パーッと来て買っていきますね。早さはネットならでは。

藤下 逆にパーッと出るとパーッと終わってしまうこともある。南條範夫の『駿河城御前試合』、マンガの原作になっているのがあるんですが、それがパーッと売れて、一掃される。そういうのがありますから。そういうのを集めてもダメですね。

在庫管理と単価を上げること

——最後に将来的なことを話してください。悠山社さんは在庫を増やしますか。

橋本　在庫も増やし単価も上げたいですが、これからは仕入れが一番問題になると思います。仕入れを増やしたい。今は資料会に来て買うのが多いのですが、店をやめてからは客買いはほとんどなくなりました。

　在庫管理は、今、ある工場の社屋の三階、四階を借りて倉庫にしているんです。外から見たら古本屋に見えませんよね。

――ネットでの買い取りとかは？

山下　たまにはあります。ネットの構成を見て、こういうものを持っていますと連絡が来ることはたまにあります。

藤下　あまり来ないですね。

橋本　これからは増えるかもしれないけど、昔みたいに自分のところで買って売るという自己完結型はダメだと思います。自分のところで仕入れていらないものは市場に出して、それぞれが専門分野を生かしてやるというやり方になると思います。市場を持っている業者のアドバンテージは高い、これが基本だと最近思っているんですよ。

――で、点数は十万点ぐらいにするとか？

橋本　点数は、安い本で増やすのはダメですね。単価を上げていかないと。単価を上げられるような本は仕入れも難しくなります。

――倉庫はどのくらい？

橋本　一五〇坪ぐらいですね。本が埋まっているわけではないですが。

――広いですね。

橋本　田舎の事情ですよ。青梅は公用団地がものすごく開発されたのですが、それがつぶれたために、借りるときの坪単価が安いんです。それに五〇坪ぐらいのちょうどいい広さがなくて、大きいのばかり。それで、この安い青梅で共同倉庫を借りて、店は都心にあっても、倉庫部門と発送を郊外でやってもらうというのはどうかと提案しても、案外みんな乗ってこないですね。本の場合、注文が来たけれど在庫がないだとか、状態の問題だとか、いろいろな問題があるからかな。

藤原　市場規模が小さいですからね。もう少し大きくなれば分業が成り立ちますよ。私の場合は、今は八坪ぐらいのところに移動棚を入れて、計算上では一万冊ちょっと入るはずですが、まだ埋まっていません。

――では、今度は一万冊並べて？

藤原　五千冊で売り上げが二〇〜三〇万が大まかな把握として正しいのであれば、五千冊では食っていけないということですから、一万とか二万冊とか、ある程度は量を追求しなければならないでしょうね。うちは今単価が安いので、単価を上げられるものを入れていきたい、要は質ですね。

――売り上げ目標としては？

藤原　少なくとも七〇、八〇から一〇〇万。古本屋を始める前に、私は商工会議所がやっている創業塾というところに行って、ビジネスプランを作ったのですが、現実はそれとは程遠いですね。今はネットだけでは食べていけないので、紙の目録に二か所ほど入れてもらっています。ネットは一つの手段で、紙目録もあるし、即売展もあるし、店売り、自家目録もある。ネットはその中の一つで、要は通信販売です。それが紙でなく電子になったということで、これはあくまでも一つの形態だと思うんです。だけどこれから広がりはもっと大きく早くなると思う。今後個々の古本屋さんは量と質を追求していく、協同組合としては登録会員数を増やすことだと思います。日本の古本屋の登録会員数一〇万人はあまりにも少ないのではないか。これが二〇万とか三〇万人になれば、個々の売り上げが増える可能性もあります。増やす手段としては、どんどん情報発信の努力をしてほしい。その努力が必要だと思います。

日本の古本屋のサイトの充実を

藤原　それにしても、日本の古本屋のトップページは変わりませんね。

山下　インターネットのメインユーザーがどの辺なのかを考えて情報発信する場合、多分、ユーザーがほしい機能とこちら側がつけている機能の乖離があるような気がします。今までやってきた売り方はこうだからこれでいいだろうと、要は紙の目録で考えていた機能をそのまま電子のにつけている。

——たとえばどんなこと？

山下　たとえば、書店別の検索ができないですよね。

藤下　一番気になったのは、エンターキーを押しても検索が開始しないとか、たいしたことではないのですが、何か拒否された感じがする。今は大分よくなりましたが、極端に遅いとか。一冊一冊の本の説明が少ない。紙目録と同じくらいしか書いていないとか。

——詳細というところをクリックしても、たいしたことが書いてないですね。

藤下　あれだとちょっと不安で買えないのではないですか。

山下　日本の古本屋のサイトって本屋のプロがやっているけどコンピュータのプロではない、アマゾンとかはコンピュータのプロがやっているけど本は知らないんですよ。本は知らなくとも、とりあえず見やすいから注文しやすいということはある。そのときライトユーザーならまず入りやすいサイトに入ると思うんです。

橋本　それが原因で一般ユーザーの流れが変わるのが恐いわけです。そういう意見は言い続けてもらいたいよね。日本の古本屋の開発に携わっている人は、大変な作業の中で、あるいは予算の関係もあるし、ある妥協の産物でやっていると思うけど、こういう意見は次に作るときに参考になると思うんです。デザインにはあまりお金かけられない感じだけど、最初に見た感じは大事ですよね。

藤原　トップ画面は特にね。今ビジネスサイトはすごいですよ。『古書通信』のアンケートを見ると、半分以上の人がネットは関係ないと答えていて、即売展のお客はネットのお客とクロスしないようですが、ネットの方がすそ野が広いはずなんです。ネットでまず大きく網をかけて一般のお客を囲い込む、それで広げていかないと、将来即売展にも店にもお客は来ないし、増えないと思うんです。今その囲い込みのお客が日本の古本屋は一〇万人。この間、ヤフーの四六〇万の個人情報が流失したということがありましたから、少なくとも四六〇万以上の囲い込みがあるということです。例えばトップページに今週の即売展情報が出ていたり、いずれ紙の日録データも出てきて、そこで買えるとか。

——うーん、難しい問題ですね。

藤下　技術的にはいくらでもシステムを盛り込むことができると思うのですが、

組合としてどこまで経費をかけるかですよね。今、専従の人はいるんですか。

――担当理事はいますけど……。

藤原　たとえば、今月の売り上げが一億で年間一二億円とします。それが数倍になれば、担当を一人置くことも可能になるのではありませんか。

橋本　今日本の古本屋は組合でやっていて、専従がいるわけではないから限界はあると思いますよね。だけど可能性はすごくあると思う。今は神田に来るお客とネットに来るお客は違うかもしれないけれど、将来は今の若い人がターゲットになるわけだから、むしろインターネットを媒介にしたお客がもっと多くなっていくと思いますからね。

――新しいお客を開拓するためにも、ネットの役割は重要ですね。

橋本　ネットは可能性はあるけれど、それに対応するための体制だね。

藤下　このまま量が増えていくと今のままのシステムでは立ち行かなくなる。基本母体をどうするか、まずそこをしっかりしないとダメですね。私はシステムの設計もやっていたのですが、まず運営者が何をやりたいか、どう運営したいか、細かいことをいじる前に、その土台がしっかりしているか否かにかかっていると思うのです。組合として明確な運営の組織をつくることをした方がいいと思います。他のことはなんとでもなると思いますよ。

山下　そのとき若い人を入れていくといいと思います。もちろん最終決定や組合の中の予算やそういう大どころは年配の人がやっていいのですが、システム構築とか、プランニングとか、実際の仕事は若い人がやる方がいい。そうしないと現実的なもの、より使いやすいサイトにはならないと思います。

――胴元が肝心だから。いずれ競争になると思うから早く体制を整えてやらないとね。カスミさんは今後はどうですか。

山下　うちはあまり変わらないと思います。店、古書展、デパート展、ネットと並行して今まで通り。商品構成もあまり変化がないと思います。時代の変化によって微妙に変わるとは思いますが。

藤下　私は基本的にはネットの比率を上げたいと思っています。ようやく半々ぐらいになってきたので、七対三ぐらいでネットの比率を高くしたい。点数は単純に増やそうと思ったら増えるのですが、四千点から五千点ぐらいで、グーグルにもちゃんとひっかかって、なおかつデータベース化できるようにネットの効率化を考えたいと思っています。

――和本なんかは紙の目録で？

藤下　紙の目録は基本的にはやめておこう、オークション形式も誘惑にかられますが基本的にはやめておこうと思っています。最近、マンガの世界では古本屋さんもオークションに参加しているところが増えていますが、オークションに慣れてしまうと値付けがおかしくなるから、これはこらえておこうと。本を見て自分で値付けするということがないと、古本屋のアイデンティティがなくなる気がしますから。

――それが古本屋の特権ですからね。今日はありがとうございました。

（403号／2004年4月号）

〈古本屋考現学〉①

話題の大型店訪問記

一日ふらふら探訪記

稲垣書店　中山信如

今年もなにか総合テーマを作ろう。前期は「21世紀をみすえて」と理論で迫ったから、今期は現実志向のフィールドワークでいこう。てなことで理論のニガテな今期機関誌部の三バカトリオが、なけなしの知恵をしぼって思いついたのが、いわく《古本屋考現学》。昨今再評価の高い今和次郎先生ふうにいえば、《考現学《モデルノロジー》》。今回はその第一弾として、夏以来しばしばマスコミの話題となった大型古書店の訪問記。この不景気になぜ大型店進出なのか、単なるヤケなのか、原稿依頼では望むべくもないホンネを聞くべく、直撃取材を試みた。

11月はじめの吉日正午、手甲脚半に身をかためたわれら三人は（約一名いつもの雪駄ばきの者もいるにはいたが）、まず折からの青空古本まつりでにぎわう神田は、古書センタービル裏手のブックパワーRBを訪れた。着くや、とりあえずビルの壁面いっぱいにグルッととりついた均一棚にびっくり。聞けば全長二十六メートルあるそうで、これだけでわが五坪の店より大きいと早やゲンナリ。このまま帰っちまうかなどとも思ったが、気をとり直して店内へ。店内は四十坪と広く明るく、若者向きの〝軽チャー〟ものでぎっしり。とりわけ売りもののロック音楽コーナーには、恥ずかしながら見たことも聞いたこともない外国の歌唄いやギター弾き（アーティストと呼べとたしなめられた）のグッズが所狭しと並べられ、歌といえば、バカのひとつおぼえのように「津軽海峡冬景色」をガナるばかりの旧人類には、まさに異星にまぎれこんだような〝軽チャーショック〟を受けた。

詳細は副部長のレポートに譲るとして、おもしろかったのはこの店、実は業界の新進鈴木・佐久間両氏の共同経営だということ。中央市の経営員として知りあい、デパート展などでこの筋の商品価値に目ざめた二人が、競合するのを避け、逆に一致協力して始めたというのがなんともユニーク。既存の業者同士が合体して新会社を作るという画期的方法、これぞ古書界のニューウェーブってやつか？

さて次は神保町から地下鉄に乗って、渋谷のまんだらけへ。場所は道玄坂の途中を折れた円山町のラブホテル街のまん真ン中。一瞬、こんなところでマンガが売れるのだろうかと心配したが、いざ中へはいってみるとそれどころではない、いるわいるわ十代二十代の男の子女の子で満杯状態。われらオジン三人など場ちがいもいいとこ、店内をキョロキョロ徘徊するさまは、ほとんど家出したわが子を探しにきたお父さんといったていである。

店内は二階三階のツーフロアで計百五十坪、ロフト感覚というのか、打ちっぱなしのコンクリにディスコ風の照明を配し、外界を遮断した密閉感が買う気をあおってウマい。とくにオモチャ、プラモデル、レコードなど、本以外のグッズと同人誌を並べた三階は、〝本屋〟の概念を根底からくつがえすものとして一見の価値あり。膨大な量の同人誌の棚の間にうづくまり、感動のあまり、顔をまっ赤にして没我の境地にある女子中学生の一群にぶつかると、新手の新興宗教にとりつかれた娘たちのエネルギーを見る思いさえする。

だがほんとうに感動ものだったのは、ひとわたり案内してもらったあと場所をかえてうかがった、まんだらけ教の教祖(!?)古川益三氏の話そのものだった。

この人、とにかく大マジメなのだ。ご当人は暗いマンガしか描けない（?）マンガ家なのだが、マンガじたいはあらゆるものを肯定、たとえば本拠地の中野にレディース館を開くとき、それまで読んだこともない女マンガをイヤッてほど読んで理解につとめたというほど真剣なのだ。次々と売場を拡張するのも、すべての漫画を無理解な外界から守り手厚く保護してあげたいとの、純粋な愛情のほとばしりからだという。なるほど教祖は、ガイガー星人から美しきマンガ共和国を守らんとする、正義の士ウルトラマンだったのか（このたとえ、あってるかしらん）。

感動のあまり思わずもう一度店に戻り、入り口にいた「風の谷のナウシカ」のコスチュームを着た19番の女の子に、つい一票を投じてしまった。

続いて渋谷からJRで、大久保駅南口近くの新宿古書センターへ。ここも三階建て計百五十坪という超ド級の大型店で、整然と並んだスチール棚にありとあらゆる本が詰めこまれた姿は、もはや本屋というより図書館か取次の倉庫。詳しくは一度のぞいていただくとして、実はここでもいちばんおもしろかったのは、高原担氏ご本人のお話だった。

どうやらこの人も古川氏に負けず劣らぬ信念の人のようで、開口一番、私は本はツブしません！と高らかにのたもうた。ツブシとは古本屋の側の都合だけによる選別法で、それは胎児の事前識別産み分け法にも似た、天をも恐れぬ所業だ。そもそも古本屋は、一見カッコよく見えるわずかな量の黒ッポイ本ばかりに目がいって、みずから隘路を招いている。どんなツブシだって二十年もたてば資料価値が生まれ、商品としてもひとり立ちする。だから私は、一冊たりとも捨てません！

教祖の次は確信犯である。業界初の超大型店と話題を呼んだ町田店のオープン以来、高原氏の理念は買い入れたものはすべて並べたい、そのための大型店舗展開にあるという。十坪の店じゃ売れない本だって、百坪の店で一定以上の量を誇れば、必ずや売れるようになるという。雑本だって、集めきってしまえば見ちがえるほど威力を発揮しはじめるのは、大宅文庫の例でも実証ずみ。だから次なる夢は、地価の安い故郷の山にでも大倉庫をぶっ建て、ここに収まりきらない本を持っていってゆっくり寝かしてやることだという。まさに気宇壮大、まいりました。

さて本日の最後は荻窪のささま書店。中央線に揺られて三十八坪の店へたどりつくと、これがどうでもいいけど、百五十坪、百五十坪と廻ってきた目には狭い!と感じられるんだからマカ不思議。ここへ寄らず、あのまま五坪のわが家に戻っていたらいったいどうなってることやらと思うと、背すじが寒い。

それはそうと、長年のノウハウを生かして上手に売れスジを並べたさすがの店内を拝見し、近々高井戸に出店予定の四十六坪の支店の話などもうかがうべく、場所を移して、笹間氏ごひいきの高級料理店へなど繰り込んだのがいけなかった。最初のうちは神妙にメモをとりつつうかがっていたのだが、そのうち次々に運ばれてくる山海の珍味に目を奪われ、やがてペンを持つ手を箸と盃にかえて飲めや歌えの大乱舞、気がつけば、酔いつぶれた雪駄ばきの副部長を背中にしょって、終電まぢかの駅のホームに呆然と立ちつくしているではないか。当然話など憶えていない。しかたがないから代わりに書くことになった雪駄ばきだって、考えてみりゃオレより酔ってたんだから憶えていることやら……。すいません笹間さん。とりあえず、ごちそうさま。

ついでに日を改めて訪れた金井書店八重洲古書館のレポートも、もう一方の副部長に譲っちまおう。ただしこれだけは言っとこう。金井さん、地下街のオーナークラブで飲ませてもらったコーヒーはおいしかったです。ダブルのスーツに身をつつんだ姿はどっから見ても青年実業家、いまだにジャンパーが幅をきかすわが業界にあって、その〃上昇志向〃はつくづく貴重と感じ入りました。

「ブックパワーRB」の秘密

司書房　中野照司

古書の町、神田神保町はいつの間にかヤングスポーツ用品の町と化したと嘆いている人が多い中で、そのヤングをしっかりとターゲットとしてとらえたパワフルな店がある。

「まんが市文化堂」の鈴木宏氏と「イッカク書店」の佐久間一氏の連携による共同経営。一般的に共同経営というのは、うまくいかないというのが定説だが、「市で同じものを競り合って高く買うよりも共同仕入れをした方が効率的」とは何とも明解な返事。ライバルを味方とせしめた商品分野とは何だったのだろうか。「まんが市文化堂」さんがまんがを扱わない訳がないだろうし、まんがだけなら今更共同経営という程の事もなかろうに。

過去形の古本屋の理解を越えた商品分野とは、頭をまっ茶っ茶に染めたヘビメタロッカーが似合うロック雑誌専門店ともいえるもので、過去形の古本屋の対象外ともいえる客をおいしい顧客としているのである。ヤングとはいえマニアックな連中の多いこの世界、当然〃十万円のビートルズサイン入りのものから、貧乏ヤング向け大量販売用の数百円のものまで、しっかりした品揃えが出来ている。「ミュージシャンの地位は日本ではあまり高くはないが、外国ではサザビーズやクリスティーズなどのオークションにもかなり出る」そうで、そんなところからも仕入れをしていると佐久間氏。おじけを知らない現役ヤングは知的マッスルマンなのか。

ヤングといえばナウヤングに人気のサッカーをはじめ、プロレス、バレー、コマーシャルでお馴染みのマイケルジョーダンが度アップで迫るNBAバスケット雑誌なども豊富。勿論ヤングにまんがはつきもの、「まんが市文化堂」の名は伊達ではない。「人間の半分は女性で、その女性を取り込める商品構成にしたかった」というだけあって、文庫も、新書も、まんがも、みんな奇麗な本が多い。

7月に開店したばかりだが、既に「専門的な知識をもった客がくるようになった」。

「店の広さよりも商品構成のセンスをみて欲しい」、なぜなら「事業としての成功よりもセンスに磨きをかけたかった」のだからと云うだけあって、40坪の店を生かしきっている自信の程がうかがえる。

極め付けは店の表をぐるりと取り巻く均一棚の広さ、その面積だけで私の店よりも広いとは我が機関誌部長の発言。もっと小さい私の店は「猫の額堂」と店名変更…？

店名といえば「ブックパワーRB」のRBとは、リズム&ブルースなのだろうか、リーズナブルなブックなのだろうか、聞き漏らしてしまった。

バブル崩壊はビジネスチャンス「八重洲古書館」の場合

司書房　中野照司

古書店の中にあっては、いつも近代的経営の先駆的役割を果たしている金井書店の花井敏夫氏に、同業者には最も知られたくない質問をぶつけてみた。

8月1日にオープンした38坪のこの店、東京駅の地下街という事もあって、やたらと消防法が厳しいそうで、せっかくのウインドウ（Gケース）も、スプリンクラーの水がかかるように、上を開けておかなければならないのだという。そんな話を聞いただけでもうイヤになるナマケものの機関誌部員に、追い撃ちをかけるように徹底した収納の工夫を見せつけてくれた。

38坪、我々ならただでさえ持て余しぎみの広さに特注で作った書棚は、随所に工夫をこらし、客が勝手に引出しを開けられる状態にしてある。勿論引出しの中身が判るように、引出しの蓋の高さは半分で切ってある。この方法は腰の弱い雑誌類の収納、販売には決定的に有効と思えてならない。同業者には知られたくないところだろう。

この不景気に高家賃を払ってまで何故東京駅なのかと聞いたところ、以前から東京駅に出店していた経緯はあるものの、既存の古書店には来ない客、あの巨大な八重洲ブックセンター（新刊）をハッキリ意識したという。1日の来客者だけで一つの市が出来る程の客（某誌）を、なんで古書店が取り込めないのだろうか、イヤイヤそんな筈はないと勝負に出た花井敏夫氏、「実はバブル景気の時には手も足も出なかったが、バブル崩壊が助け船となった」と本音も語ってくれた。

1日の売上げは25万～35万。60万を越えた日も幾度か。既存の大店は、なんだそんなものかというかも知れないが、38坪の現場売りだけで、しかも古本屋特許のH本を置かずにである。当然こんなもので満足している筈もなく、売上げ倍増が目安（目標ではないようだ）で、様々な企画展や目録販売、雑誌広告もからめ、古書店に来なかった客に狙いを定めているというその目は、熱く燃えていた。

「仕入れる場所と売れる場所は別。専門店なら敢えて人通りの多い路面に出す必要はない。古書店としてのベーシックな品揃えで人通りの多い所に自分が出向いたのは、デパート展の経験から」という花井氏は、古書店に来なかった客の蜜の味を知っているのだろう。

横柄な「野郎の店番」よりはさわやかな女子社員の方がいいにきまってる。その配属僅か3ヶ月の女子社員が買入れをしていたのにも驚かされた。

パソコン検索、同業他店紹介もサービスの内。理事会席上での余談として、只でくれるカバーとか安い袋の話とかが出ている時に、オリジナルのカバー、袋、シールを作り、店頭の大型テレビで、デモテープを使ったゴルフビデオ（ゴルフだけではない）の販売をするなど、集客やイメージ戦略にも頭を使っている。

オーイ待ってくれと言っても、もはや待ってはくれないだろう。

機関誌部員の肩書きがなければ、漱石全集の角で頭を殴られたかもしれない質問にも答えてくれた花井氏、悩め、苦しめ、そしてはばたけ。ユー、アー、ビューティフル。

ひろくて楽しい、しかも、無駄がない！「ささま書店」にいく

なないろ文庫ふしぎ堂　田村治芳

荻窪駅南口、ＮＴＴ横の『ささま書店』を訪れた。もうすでに開店七年目。開店の頃は、その大型な事で話題を呼んだ。現在の、大型化の一つの典型として、又、成功例として、取材させていただいたが、記者の一人が絶句した。「無駄がない！」。およそ40坪の店内の棚を拝見、つまり、ここはまァ売れなくてもよござんす。という、見て見ぬフリ、もしくは知ってても知らんフリの棚がない！というのである。御本人は「雑本ですヨ」と控え目に語るが、売れる、売れないの選別の目はきびしい。以前は麻布十番の本店と、渋谷古書センター内の二軒をかけもち、つまり、「仕事好き」なのだ。しかも、二代目を継ぐまでは、税務署勤め、変な意味ではなく、「しっかり」しているのだ。かの、バブル期、その二軒をたたんで、この荻窪にうつったことには、その「しっかり」と「仕事好き」と自分を刺激していたい、という「冒険心」があったと思う。おとずれた当日は、すでに、夕刻をすぎ、店内は、大勢の客。記者三人は、荻窪の名料亭にて、接待を受けながら、取材をしたのだが、「体を動かしてないとね」と、働きぶりをけんそんしておっしゃるが、「古本屋」さんには仕事への努力が足りないとの暗にいましめ。

（３４７号／１９９４年12月号）

〈古本屋考現学〉②

町のレトロ店訪問

気がつけばみんな木の棚だった

稲垣書店　中山信如

　大型店の次は小型店などという安易な発想では、断じてない。前回大型店を廻って感心しているうち、そういやバブル以降、昔ながらのたたずまいを保つ店はどれだけ残っているのだろうと、単細胞の三バカトリオは、ふと考えてしまったのだ。そこで第二回は、各種怪情報飛び交うなか、五軒の由緒あるレトロ店に的をしぼって、縦断取材を試みた。

　まずは水道橋近くの有文堂へ。なるほど入り口に掲げられた〈古本勉強買入〉の看板、天井の梁をはう電気のコード、聞きしにまさるレトロぶりだが、いかんせん正味二坪の店では三人同時にはいれるスペースなどまるでなく、二代目当主〝長《チョウ》サン〟こと木下長次郎さんが案内してくれたのは、かたわらの露地！　幸い暖かい日だったからよかったものの、これが寒風吹きすさぶ日だったらどうなったことやらと、わが企画の無謀さに慄然とする。

　露地に陽がさすのは、かつての地上げ攻勢の名残りで、隣りの一区画がぽっかり空いているから。しばしそこに佇み、若い頃は劇団にいたこともあるという話上手の長サンの話をうかがったが、なにせ見るからにおジャマそうで、「そのうちはとバスコースにでもはいるんじゃねえか」との、まんざら冗談とも思えぬ(!?)言葉をあとに、次へと向かう。

　次なる目的地は東上線常盤台の岡川書店。毎日午後二時から三時までは〝食休み〟のため閉めると聞いていたので、あわてて駆けつける。店内は六坪とさきほどよりはだいぶ大ぶり(?)だが、はいったとたん、両側の棚がおおいかぶさってくるような奇妙な感覚に襲われてギョッ。一瞬、長年の飲酒による幻覚でも現れたかと動揺したが、帳場でにこやかにほほえむ岡川貞治老に聞けば錯覚でもなんでもなく、事実傾いているのだという。原因は、戦後すぐこの地で店を再開するにあたって、経費節減、自ら棚をしつらえたせいだという。なるほど、ひと安心。

　だが改めて店内を拝見するや、またもフシギなものを発見。片隅に立てかけてある年代もののハシゴ……。何用？と問えば、二階へとあがるためのハシゴだという。なるほど頭上には、二階入口の穴がぽっかりとあいている。特にお許しを得て上ってみると、おそろしくコワい。

ブルブル震えながら首をさし入れて写真を撮ったが、あの看板広告を裏からのぞいたのは、我々ぐらいなものだろう。

さらには帳場の脇に見慣れぬフタがあって、開けると蛇口が。ここから水をとって、かたわらの電熱器でうどんを煮、居ながらにしてお昼にするという。ついでにいえば朝はパン、夜はじめて白米二にきびと押麦一を混ぜた飯を口にし、これが長寿の秘訣だという。いったいおいくつですかとたずねると、ややしばらく考えて、たしか一九一〇年生まれだから……というから、八十五になるわけだ。

その歳で、あの出初め式もかくやとばかりの恐怖のハシゴを上り下りし、傾いた棚もものかは、その傾斜をおぎなって余りあるほどの手入れをほどこし、店全体をくまなく〝生き棚〟にしているのは立派の一言。古本屋生活七十年で身につけたノウハウと、自らの職業に対する誇りと愛情のたまものか。失礼ながら、もはや御本人の命が先か傾きかけた棚が先かの〝サドン・デス〟状態(!?)ゆえ、後学のため拝見するなら今のうち。急げ!

てなわけで、続いてお隣り中板橋は一風変わった商法で知られる北条書店へ。なにが変わっているかといえば、この店、棚がガラガラだというのだ。

着けば、なるほど五坪の店の棚はスカスカ状態。上三段はすっぽりから、俗にゴールデンベルトと呼ばれる目の先の〝特等席〟ですら、数冊の本が頼りなげに寄りかかっているばかり。そのくせ足元を見やれば、番号と名札のついた紙袋や段ボールがズラッと並んでいる。むむ奇ッ怪な、とさっそくご主人北条脩サンにたずねると、名札のついた紙袋は順番待ちの持ち込み品だという。

つまり、ふつう我々が数分(数秒!?)ですましてしまう買い入れ品の値踏みを、一冊一冊誠心誠意やるので追いつかず、やっと棚にさしても、こんどはあまりにも安いのですぐ売れてしまうのだという。要するに、わが業界では有名無実の代名詞として知られる〈高価買入〉〈格安販売〉を、あろうことか本気で実践している、奇特な方なのである。

北条サンは御歳七十七歳(ただしこちらも即答叶わず、やおら商売ものの暦をめくると自らのエトを探し、そこから割り出したのであったが)。一向に減らない番号待ちの荷をさばきながら、現在でも月刊誌は月に一度、週刊誌はなんと四日に一度ずつ、値をいじっているという。歓談中もひっきりなしにはいってくるお客さんに遠慮して早々に引き上げ、ふと振り返ると、隣家は洋品屋で、看板に〈信頼・誠実・地元・安心・確実〉とズラズラ大書したわりには、店じまいセールの真最中である。そうしてみると〈古本格安〉の貼り紙ひとつで盛業中の古本屋は、しぶとい!

さて次は、一足飛びに目黒駅まで出て宮森書店へ。ここのファサードはレトロ風古本屋の極みだと聞いていたからで、なるほど絶品。戦後のマーケットの名残りだという間口一間、四坪のうなぎの寝床のような店内も、われらが頭に描く懐かしき古本屋のイメージにぴったり。二代目当主宮森久雄サンの話では、三箇所に及ぶ頭上の渡し板も、実は両側の弱った棚を支えるためのつっかい棒で、上に置かれたホコリだらけの全集ものは、その重しだという。その風格は、小生のへタな百万だらより、とくと実物をごろうじろ。

かくて最後は三宿の江口書店。ここの見ものは店先にデンとせりだした常設の均一台。聞けば開店以来三十年間居すわりつづける名物台で、夜はトタンのフタをかぶせるだけ。邪魔でおこられませんかとたずねると、なんだかね……でおしまい。この恬淡たるおとぼけぶりが店主江口了介老の身上らしく、お歳をきいても、雪駄ばきの副部長に向かって「この前来たのはいつ?」「二年前?」「じゃああんとき八十だったから八十二かな……」と、いたってノンキなもの。皆サン、自分の歳を忘れるほど元気だということか。

あとは今回酒池肉林のお誘いも特になかったので、自腹で手近の赤ちょうちんへ。さすがの雪駄ばきも自腹では飲み足りないのか、自力でしっかり帰りました。ハイ。

(348号/1995年2月号)

〈古本屋考現学〉③

我が道を往く――ユニークなお店

ちょっと得した店めぐり

稲垣書店　中山信如

思いがけず好評の同業訪問だが、今回は独自の道を歩んでおられるユニークな店に的をしぼっておじゃました。もっとも来られたほうもあとでほかのメンツを知って、なんでオレがあいつと一緒なんだ?と不満をもらすといけないから、先にあやまっとこう。ごめんなさい。

これでよし。まずは例によって神田スタートで秦川堂永森さんから。昨年オープンした旧弘文堂あとの支店に寄って、東京関係を集めたきれいなディスプレイに感心してから本店へ。こちらは相変わらずのワンダーランド状態で(ゴチャゴチャってこと?)、そこが客にとってはなによりの魅力、神保町につどう編集者連中からは〈こまったときの秦川堂〉と頼られてるってのもうなずける。

話の中味は別項をご覧いただくとして、『震災復興〈大銀座〉の街並みから』二千円はタダでもらえるし、揚子江でお昼までごちそうになっちゃうしで(ご本人が飲《や》らない人ゆえビールにまで気が回らなかったのは残念だったが……)、いろいろ得してまずは幸先よし。

次は上野広小路の上野文庫中川さんへ。だが約束より早すぎてご本人はまだ不在、おかげで店内うろうろするうちいろんなことを発見した。恥づかしながら当方はじめてのぞかせてもらったのだが（そんな不熱心なことだからダメなのだと、あとでおこられた）、商品じたいはエロ、犯罪、スラム、ヤクザとおどろおどろしい分野が多いのだが、子細に見ると、長年の書店員暮らしで身につけたノウハウなのか、店内独自のアイデアと工夫にあふれている。

　見返しのラベルの書名はすべて簡易印刷、売価もハンコで、そのうえ「品切」「サイン入」などの添え書き但し書きも小さな朱印でおされ、美しいことこの上ない。二冊ものも離ればなれにならぬよう、上下巻ノドにそってぐるりとリボンで巻いて固むすび。これなら中があけられて、しかもはぐれる心配なし。特注の木製棚の奥も、ふと見れば細かく切った発泡スチロールが打ちつけられていて、奥へ押しこまれるのを防ぐ算段。しかも同じ棚で判型のちがうものが並んでいる一角は、奥の止め部分に段差をつけ、ツラを揃えるこまかい配慮。むゝ、おぬしできるな……。

　約束の時間となり、さて仕入れから戻ったご本人に直接話をうかがわんとするが、逆にしゃべられてしゃべられて、とてもそれどころではない。なにせ名にし負う話好き、店内に客が途絶えてしまうとみずから表に出ていって、均一台をあさる客にまで話しかけたっていう逸話の持ち主ゆえ、とどまるところをしらず、インタビューの体をなさない。

　いわく、なぜ店頭売りにこだわるのか？　それは客の側に立っての、店廻りのおもしろさの復活を目指すからだ。いわく、古本屋に知識あって智略なし。腐らないのをいいことに横着のしすぎ、おかげで年々歳々棚は荒れはて、いつの間にやらゴビの砂漠ならぬ〈ゴミの砂漠〉（ちきしょう、うまいこと言いやがる）。いわく、古本マニアと笑わば笑え。いちどなにかに凝ったことのあるやつは、打たれ強いのだ。いわく、なぜセドリに精だすのか？　セドリこそ本に〈場〉を与えるためのスカウト業、新たな命を吹きこむのだ……。

　古書業界入りは五年前、五十歳を過ぎてと遅かったが、大学を二つも中退し、出版社、新刊屋と数々の修羅場をくぐっての参入なだけに、独自の信念と方法論には学ぶべき点多々あり。管理職に昇格し、現場で本がさわれなくなっちまったからやめたんだというぐらいの本好きゆえ、現在でも、市以外にも即売展や店頭での一本釣りと東奔西走の毎日。土地建物ぐるみの自分のもの（奥さんの実家）という幸運を生かし、とことん〈道楽商売〉を極めるんだという発言にはコンチクショーと思わなくもないが、上野には自分ち一軒しかない以上、わざわざ目指してくる客のためにも臨休などしないという、徹底したサービス精神の裏付けはさすが。

　やっとのことで見せてもらったラベルの朱印も、「私家本」「発禁」から「傷み」「書込み」「線引」「函欠」まで、あらゆるものを取りそろえ、売却後も三十ほどのジャンル別に分けて貼りつけ保存ファイリング。しかも、そのためのラベル仕分け用特製ボードまで作ってあるとは！　まったく仕入れから値づけ、記録まで、これくらい古本屋生活を楽しんでる御仁もほかにおるまい。

読者諸兄よ、目からウロコが落ちること請けあいだから、いちどのぞきに行くべし。ただし、速射砲のようなおしゃべりだけには閉口するから（なにせ奥さんのでてこない日曜には、話相手をさせるためだけにアルバイトをやとっているってんだからコワい）、事前に電話して、留守をたしかめてから行くとしよう。行けない人には、〈活字のおしゃべり〉本ともいうべきブラックユーモアたっぷりの自著、『川柳古書まみれ』等もあるから、こちらもどうぞ。直接行くより無難かも。

てなわけで、次は王子から車をとばして鴨書店望月さんへ。こちらはうってかわって寡黙、というより話が専門的すぎて、正直さっぱりわからない。それでも中棚をはさんで片やチンプンカンプンのうらない本、片やアッハンウッフンのピンクビデオと、世にも珍しい、猿之助の早変わりもかくやとばかりのドンデン返し店内も拝見できたし、望月さんも執筆に加わる神明館こよみも貰えたしで、得することは得した。

詳細は別稿にゆずって、最後は環七からバスで高円寺へぬけ、国分寺はえびな書店へ。ここはまた店内ところ狭しと美術書の山、山、山。その大山のはざまで蝦名さんは仁王立ち、今まさに大判画集と組んずほぐれつ、荷造りの真っ最中だった。聞けば自家目録「書架」の最新号発行直後のとりこみだそうで、あのダンディな則《のり》ちゃんでさえ、ブランド品の高級シューズをかなぐり捨て、安物のサンダルばきで広い額に汗して働くことがあるのだ。それに較べ、オレたちはなんとなまけものだったことか！　明日からは深く反省し、《町々の時計となれや小商人《こあきゅうど》》の言葉の通り、きっときっと骨身を惜しまず働こうと誓いあいつつ、とりあえず夕めしのため立ち寄った通りすがりの焼鳥屋、これがスゴかった！

なにがスゴいって、その量！　煮こみは掛け値なしのドンブリ一杯、牛タン塩焼はベロ一枚まるごと焼いちまったんじゃないかと思うほど大きく、とどめは二人前たのんだはずの豚キムチ鍋。洗面器よりでかいアルミ鍋に白菜キムチ一束、豚肉数キロ、かまぼこまるまる二枚、なると巻二本、ネギ大二本……。あるわあるわ、あわててメニューを見れば、「当店の料理は通常の二・五倍あります」とあったがあとの祭り。しかたなく三人意を決し、二人前変じて五人前のキムチ鍋を汗ダラダラ、死にものぐるいで喰いに喰ったがついに完食ならず。お得といえばこれこそ本日いちばんのお得だったが、翌朝、辛さの後遺症か痔ロウが再発してあえなくダウン。〈町々の時計〉がわりは明日からにして、とりあえず臨時休業、寝たことだった。あゝ。

秦川堂書店はヴィジュアルパフォーマンス

司書房　中野照司

覚えたらすぐ使いたくなるのが浅学非才のなせる技、最近組合の活性化委員会に関わって電通総研、船井総研、木村総研、三菱総研だのと総研ものの本を良く読むのだが、一昔前はコストパフォーマンスという言葉が囁かれたのに、最近はどれにもヴィジュアルパフォーマンスという言葉が出てくる。一言で言えば売るものを「見せるという動き」であり、うのである。売るものを見せるというところまではわかるのだが、動きを見せるというのがどうも良く解らない。そんな折に秦川堂書店を訪れて目からウロコが落ちるような気がした。本店支店共にそうなのだが、売物としての古いポスターや絵葉書、古地図などを商品としてだけではなく、こういうものが取扱いですという店主のメッセージだけではなく、お客様に出来るだけオリジナルの資料を提供したいという気構えというか、心の動きをも伝えてもいる。客には邪魔な筈の段ボール箱も何かが入荷したように見えるし、展覧会なのだろうか、帯書きも着々と進行しているようだ。注文短冊も挟まっている。帳場の背には注文やらメモやらがベタベタと貼ってあり、一見乱雑なこれらのメモ類は客にキチンと対応している事の証でもある。無造作に置かれた看板類もつい手に取って見たくなる。つまり、実演販売の世界なのである。いい素材を仕入れる。仕入れる目を持っている。仕入れた物を商品として加工（分類）して付加価値を付ける。完成品としての商品に十分な解説をつけて、自信と誇りをもって販売する。そういう一連の動きを消費者に見せて安心して買って頂く。これがヴィジュアルパフォーマンスという世界である。売れている本屋には動きがあり、動きを見せている本屋は売れているのである。○○総研はおそらく秦川堂書店の商法を研究してまとめたのではなかろうか。

加工、分類と言えば面白い話を聞かせてもらった。えびな書店は一見えびなさんの扱い分野と違うと思われる印刷文化の重鎮、得能良介の本を市でしっかり仕入れている。秦川堂書店は先代から医学史の本として明治の医学書を扱っているが、明治の医学書は活字の美しさという点でも素晴らしいものを持っている。明治時代の活字の美しさとその印刷文化に貢献した得能良介に目を付けるえびな書店は、秦川堂書店から「お主出来るな」とエールを送られている。何号目になるのかは知らないが秦川堂書店も大冊の目録を出している。最近の目録を二、三冊拝見していると、自分が不思議な空間にいるような気がする。なんだろうと、もう一度目録をみて気がついた。これは誌上博物館なのだと。敢えて名付ければ目録「日本文化史博物館」とでも言うのだろうか。しかも博物館の中身、陳列品を注文すれば買えるというのもお客様にとっては有難い事だろう。平成5年にはポスターばかりを特集した目録を発行している。今まで、多くは骨董屋や古道具屋が扱っていたもので、古本屋との境界線上にあった分野を古本屋の商品テリトリーとして定着させた最大の功労者の一人であろうと思う。

『震災復興〈大銀座〉の街並みから』という本も「銀座文化研究」の別冊として昨年暮に発行したばかりである。この「銀座文化研究」という雑誌は秦川堂さんが丸抱えで出しているのですか？「そんな事はありませんよ、お互いに協力しあってできたもので」と。絵葉書に関しても「最初に古い絵葉書を古書店で扱いだしたのは故新松堂さんで、売値も安くお客さんからも喜ばれていたし」と先輩を立て、回りを立て後輩にエールを送る秦川堂さん、機会があればあら捜しに行きたいものだ。

鴨書店—易書専門店（望月治）訪問

なないろ文庫ふしぎ堂　田村治芳

名刺を見て驚くなョ《コウ企画・大気現象会》という肩書がある。《家相・地相・方位・鑑定》《号月清圓》サンでもあるんだ。

店に入って驚くなョ。右コーナーが全部、易書、これは驚かない。とりあえず、ノストラダムスから熊崎健翁まで、皆易書、あるいはアブナイ（ちゃらんぽらんな）本。さて、左コーナーが、これ、アダルト。雑誌にビデオ、生尺だのロリコンだのなんだのかんだの〈あまり、客が少ないと、アルバイトの刺激がなくなるんで、置いてみたんだが……〉の理由で、易＋ポルノ専門店が、ここ北区上十条・姥が橋に、今のところ、あるわけだ。

二松学舎でドクターコースまで含め十二年学んだ望月サンは、国漢の教師として、神奈川県下の高校に教える。

子供の時から人に見えないものが見える、という望月サンは、〈親があって、子がある、人は木の股から生まれたんじゃない〉と、木の股から生まれたような顔をして聞いている私共をさとされる。昭和二十年、浜松で、罹災され、目を焼いた、とか、自分の心臓がとまった！事もあるとかで、その道の研究書も数多い。神明館暦の執筆者でもあるんだゾ。

四十八歳、教師を退職して、古本屋となる。有名な易書の、その頃、下北沢の鴨書店、鴨志田さんにすすめられて、鴨書店から、本を出していた事もあり、《鴨書店》の名前とお客の名簿をゆずってもらったという。現在五十九歳だから、早十一年だが、易の道では三十年、育てた弟子は全国に数知れず、現在の風水ブームも、十年前に私が台湾から再輸入したもの、それを荒俣クンに話をしたので云々、と、これは、並の御人ではなさそうだ。

占者は、全国で三十万人、それが全部食ってるんだとはスゴイね、しかし〈占者は半分以上オバケです〉というのもゾッとする。

店に、そういう客がくると、わかるんだそうだ。そういう客同士がかちあうと大変なんだそうである。大変な事になっても、望月サンの人徳でどうにかなるんだろうけどね。

〈大気現象〉なる運命学の通信を毎月だしており、あたしも帰って見て見たョ。

——寅命は、大きな面で、悦びもあるが、責任を取らされる時。——誰だあ、あたしに責任を取れってえのは、見なきゃよかったかな。

しかし〈当たらぬも八卦〉とも言ってくれたしなァ。

本店は二時から六時位までの営業だが、支店あわせて四店舗、〈独立採算〉でやっているとの事、今年は古書業界も年まわりが悪い。百八十年周期説によれば、今年は、日本の国がひっくりかえる？何かの前兆があるやもしれず。マンガ作家のスターは来年すぎに、あらわれる。と、経済、政治にまで、話は及んだのだが、今回、〈我が道度〉では、群を抜く望月サンであると思う次第である。

（３５４号／１９９６年2月号）

座談会

今、即売展に何ができるか

古書即売展の歴史は古く遠く明治まで遡る。東京方面で最初に開かれたのは明治四十二年十一月、横浜の浜港館の古書展と記録にある。発案者は実は古本屋ではない。当時『横浜貿易新報』(今の『神奈川新聞』)の社長富田源太郎、『萬朝報』横浜市局長曽我部一紅ら愛書家の間からもち上った話だという。東京から六店の参加が決まり『横浜貿易新報』に、予告と開催中の景況などが連日掲載され人気をあおり大盛況の内に終ったと報じられている。翌年第二回が開かれ、出品店も増えさらなる盛況ぶりであったという。これに自信を得た出品店が東京で貸席を使って開いたのが東京における古書即売展の始まりで、大震災、第二次世界大戦を経て今日まで、やる人達は代っても営々脈々と続いて来たのである。その現状と未来を気鋭達による座談会で検証する!

出席者
九曜書房　加藤 隆
月の輪書林　高橋 徹
鳥海書房　鳥海 洋
西秋書店　西秋 学
ポラン書房　石田恭介
中野書店　中野智之(司会)
機関誌部

お客のところに飛び込んで行く

機関誌部　今日は、即売展に参加しているみなさんにお集まりいただき、日ごろの思いや、今後の展望などを語っていただこうと思います。中野書店の中野さんに司会をお願い致しました。ではどうぞよろしく。

中野　まず、即売展を年に何回ぐらいやっているかから聞かせてください。

加藤　渋谷東急が二回、五反田遊古会が六回、今はそれだけです。売り上げは東急が一六〇万円ぐらいで、五反田遊古会は、目録の内容にもよりますが、一五～二五万円ぐらいでしょうか。

中野　その数字は、いい数字なのですか。

加藤　一六〇万は目録・場としてはまあまあいいのではないですか。今までは伊勢丹がメインで、それの残りと東急用の新ネタを持っていって、その数字が売れる、持っていけばなんでも売れるので、私としてはすごくありがたい場ですよね。東急は年二回ですから、その間に本をためていくというようなやり方をしています。

中野　余談になりますが、新宿伊勢丹の即売展が中止になりましたよね。その理由は？　売り上げの問題ではないですよね。

加藤　ファッションの新宿伊勢丹と古本ではお客とのリンクがないということと、Iカード（伊勢丹の会員カード）の利用率が低過ぎるということだったようです。我々がデパートに払う即売展の歩合は一五％、それぐらいではIカードの割引は使えないことになっていますが、Iカードを使って本を買うお客が少ないということのようです。新宿伊勢丹は百貨店から五十貨店へとファッションに特化して行きたいとのことらしいです。

中野　伊勢丹の古書展は、古書展の中ではおしゃれな方ですよね。それでもファッションの伊勢丹とは合わないのか……。

石田　伊勢丹にとっては異質なんだろうね。汚い文化というか。新刊の本屋さんもなくなったでしょ。何年か前には入っていたけど。

中野　本がダメということか。ポランさんは何回ぐらいやってますか。

石田　月一回で年間一二回ぐらいです。助けてくれと頼まれても年二〇回以下に抑えています。だいたい一二〜一五回ですね。（参加している即売展は本の散歩展、伊勢丹浦和、彩の国古本まつり、伊勢丹府中など）。

中野　古書展をするのはなぜなんですか。

石田　店売りが厳しい。お客が店に来てくれない。どんどん店に来るお客が減っている。こっちから外に出ていかないとダメになってきたということです。インターネットだって、ある意味ではお客さんのところに飛び込んでいっているわけでしょ。それと同じで、お客さんが店の中に入ってきてくれないから、やむを得ずこっちが出ていって古書展をやっている。

中野　必要に迫られてですか。でもポランさんのやっている古書展って、いろいろな仕掛けをやっているじゃないですか。

石田　何とか古書展に来てもらいたい、目録を見てもらいたい、何らかの客寄せをしたい、それだけです。このごろ新橋などいわゆる青展（青空古本市）が増えていますね。通りがかりの人に見てもらいたい、店に入ってくれない人でも、路上でやれば見てくれる、それで、店を構えている人でも露店売りをする、そういう店が増えていると思うんですよ。

中野　そうなると、店がいらなくなるよね。倉庫を持っていて、古書展でやればいいということになる。

石田　東京以外の人を見ると、そういう人が増えていますね。店をやめて、売る場は露店とインターネットという人。うちがなぜ店をやっているかというと、どこかでしがみつく場がほしい、店がなくなると帰る場所がなくなるから、それだけですね（笑）。

中野　鳥海さんのところは年何回ですか。

鳥海　年六、七回というところです。（参加している即売展は銀座松屋古書の市、新興展、城南展、神田古本まつり特選会場）。

中野　なぜ古書展か。鳥海さんのところは専門化が進んでいる方ですね。店にお客さんが来ないわけではないと思うけど、それでも古書展が必要？

鳥海　本屋なのでいろいろなものに携わっていますから。専門化するのにいろいろなパターンでいろいろやっていた時期が相当あって、そういう時期を経てやってきたということもあります。資金的なこともあるし。

中野　そこで資金をため、専門的なものを集め、専門化していったという……。

鳥海　最初の出発はそうでした。

中野　ではこれからやめることもある？

鳥海　やめようという思いはすでになくなっています。今は、こういうペースでこういう場所で、ちょうどいいところです。

中野　月の輪さんはどうですか。月の輪さんは私と入れ違いぐらいになるよね、古書展を始めたのは。（中野書店は現在、アンダーグラウンド・ブック・カフェ年二回のみ）。

高橋　僕の場合は、古書展を始めて十四年になると思います。今、年一六回です。（参加している古書展は本の散歩展、五反田遊古会、趣味の古書展、五反田古書展）。

中野　それはすごいね。

高橋　すごいというか……。僕は本来目録屋なんですけど、二年半前に明古で買った生資料をあたためすぎて、目録が完成しない。気がついたら市場にも行けない有様で、今は即売展で何とか食いつないでいます。売り上げは一六回で七五〇万円ぐらい。一回五〇万円を目標にしてやっているんですけど、仕入れもあるし、ぎりぎりこれで生きている。目録屋としては成功しているとは言えない（笑）。

中野　でも、即売展の売り上げとしては多い方じゃないですか。

石田　多い方ですよ。

高橋　昔はもっとみんな売っていましたよ。

中野　昔、私がやっていたころは、五〇万は当たり前、売れる人は一〇〇万とかね。月の輪さんは、なぜ即売展をやっているの。

高橋　自家目録を作るため。生活のため。

中野　そうか。でもそれでは生活のためにはならない（笑）。西秋さんはどうですか。

西秋　私が今日ここに呼ばれているのはちょっと場違いなんですけど。皆さんはもう長年やっていらっしゃるのに、私はまだアンダーグラウンド・ブック・カフェを昨年秋に一回やっただけなので、みなさんの話を聞いて、ハーッと感心するばかりです。

中野　アンダーグラウンドは、西秋さんたちが頑張ってくれてるんです。どちらかというと、売らんかなというよりイベント型だよね。

西秋　参加してくれた人はいろいろな事情でたまたま集まったメンバーだと思います。中野さんや河野さん、山田さんたちがメインで始めたんですけれど、古書展から長らく遠ざかっていて、久々にやってみたいという動機でしょうし、新しく独立したかげろう文庫さんは新しい場を求めたでしょうし、自由が丘の西村さん（文生堂書店）はもともとやっている現状に何かを求めたのでしょうし、私はとにかく古書展をやったことがなかったので、やってみたいというのが前からあったのです。既存の金・土曜日の古書会館での古書展は敷居が高い気がしたし、何より一度入ると抜けられないと聞いていたので（笑）。で、実際にやってみると、意見もいいやすいし、やりやすい環境があったので、まあ、やりたい放題やりました。でも皆さんのお話からすると、経費、売り上げの面でも合格点が出たと思います。

学ぶことが多い古書即売展

機関誌部　新しい古書展を試みたということでしょうね。イベントをして経費はかからなかったのですか。

西秋　全然かかっていないんです。

中野　イベントはタイアップ型なんですよ。会場を欲しがっている人たちに場所を提供する。こちらはそのことで人を集めることができる。お互いのメリットがあるわけです。それで映画やトークショーが無料でできるのです。

西秋　古書展の経費は売り上げの一割にせよと聞いていたので、そういうところはできるだけかけないようにしました。

中野　経費をかけたくなかったので、それを目標にしようと。

西秋　一回目はそれを達成できたのですが、皆さんのところもそのぐらいですか。

石田　私自身、いや皆さんもそうでしょうが、経費が一割ということはない。今は二五%が平均でしょう。三〇%ならやるしかない、それを突破したらやめようというのが、私及び私の身の回りの感覚でしょうね。

加藤　東急は目録代、参加費を入れて二〇%ぐらいでしょう。アルバイトや人件費は入れないでです。遊古会は二五%ぐらい。いい数字ではないですよ。なければ困るけど、ちょっと遊びの部分があるかなというところです。

西秋　今の話を聞いてなおさらホッとしました。今第二回目（六月）を準備中です。

高橋　年二回なんですか。

西秋　とくに決めていないんですけど、六月、十月ぐらいに。古書展というよりイベントに縛られるので、併催する映画や展示の都合に合わせ、それとみなさんのペースを考えるとそれぐらいになります。

鳥海　ところで、中野さんはうちとも一緒にやっていたけれど、結構早いころに即売展をやめてしまったよね。理由は？

中野　親父は一所懸命やっていたんだけれど、私自身はやめたくて。メリットを感じたことないんですよ。手間はかかる、本は傷む、戻って来た本の整理が大変。売れた売れたと言っても、人件費の感覚が抜けていますから。俺やおふくろを使ってやっていたんだから。

　それでは、生活のためというのは置いといて、古書展の意義って何なのでしょうか。

加藤　私は楽しいからやってる。

機関誌部　即売展は本も人もうまく循環していると思いますね。鳥海さんのように専門化している人も、専門化していない人もいますが、その中で学ぶことが多かったと思う。即売展を通して、本を覚えたし、売り方も学んだと思うんです。即売展が本屋の原点というか出発点という気がしたときもありました。

加藤　人の商売を盗めるんですよ。新人は何もわからないでしょ。レジに立っていると人の値付けがわかるんです。こんな本がこんな値段で売れるのかと。即売展でもまれるんですよ。

機関誌部　こんなお客がいるのかとか、

いろいろなことがわかります。逆にいうと、お客さん自身も即売展が出発点になるんじゃないですかね。さまざまな本を知り、古本屋を知るわけです。

目録を工夫して楽しむ

機関誌部　九曜さんは楽しいからやっているということでしたが、どういうことですか。

加藤　私の場合は、目録も一ページずつ特色を決めて作っているんですよ。倉庫を作ってからは、五年ぐらい少しずつためてやっと一ページ作る分野もあるし、あっという間にできる場合もあるしいろいろです。それに即売展の間みんなと飲むのも楽しいし。

高橋　それは大きい（笑）。飲むのは楽しいし、ストレス発散になりますよ。

中野　で、その特色ある目録の先に自家目録があるのですか。

加藤　それはない。私の場合は専門がないので、何でもやるんです。仏書二ページを作ったりするのが楽しいんです。そういう意味では遊びの場みたいなんですよ。

中野　普通、そういう中から専門を見つけ出していくのでしょ。

加藤　売れたら集めるかもしれないけれど。ある意味、私は大きくしようとか、専門化しようという根性ないから。

中野　それと対照的なのが鳥海さんですね。

鳥海　店売りが基本というのがあったのでしょうね、父も。最初の店は古書センタービルの八階ですからね。時間をかけて三階に降りてきたんだけれど、店を基調にしたいと考えたときに、他の店と同じものを並べていたのでは八階まで上がってきてくれませんからね。店に来てもらうには他の店と同じものではダメだ、ある専門を決めて特化していった方がいいと考えたと思います。自家目録と店でようやく何とかなるかなとなるまでに二十年近くかかっていますよ。今でも豊かなわけではないですけど。専門分野で商売できるようになるまで、いろいろなことをやってきたわけです。私の場合はいろいろな本に携わりたいというのもあって即売展をやっていますが、即売展でも特色を出してやらなければならないと思います。この前のデパート展では釣りの本を特化する意識でやったんですよ。

機関誌部　月の輪さんもすごい目録を出していますよね。

高橋　自家目録は書き終わるとすごく達成感があります。即売展の目録は、気が楽で四ページのうち一ページは遊ぶようにしています。

機関誌部　あなたは即売展で育ったという感じがする。冒険的なことをやって、こういうところにお客がいて、そのお客がついてくるという感じ。

高橋　もう即売展を始めて十年以上経っているから、ついたお客さんは亡くなりましたね（笑）。五反田で即売展を始めたころ、九曜さんの目録から、目録一ページのつくり方を学んだというか、盗みました。今回は写真特集、次は盆栽特集と毎回テーマがあって、あこがれました。上段と下段の使い分けも学ぶところがあった。

加藤　自分なりにテーマを決めてやっている人案外多いですよ。俳句とか演劇とかね。

機関誌部　月の輪さんは本の内容をくわしく書いていますね。

高橋　四ページ書いてたったの千円ということもあった（笑）。最近は多く書いても利かなくなりましたね（笑）。

中野　昔、反町さんが「墨を惜しむこと金の如く、文字は少な目に使いなさい」と言っていた。「あなたたちが知っているることはお客さんは必ず知っている」と。

機関誌部　そのアンチだよね。

高橋　アンチというより、解説を書くのが自分でうれしくて。

機関誌部　幸せな男だなあ。

西秋　ところで、ちょっと質問したいんですけれど。即売展では目録がつきものですが、目録と現場の売り上げというのはどんな割合になりますか。

石田　それは人により違う。目録でこれだけは売ろうという人と、目録があるからしようがなく原稿を出している人もいます。今回、本の散歩展では目録だけの人を認めようということになった。そうなると、場だけの人もあり？ということになる……。

加藤　この間五反田で場だけでやりました。目録の経費がかからないこともあるし、すごく安上がりだった。

中野　売り上げはともかく……。

加藤　いや、売り上げもそこそこ行っていますよ。普通の時より少し悪いくらいで。伊勢丹のように三〇〇万ぐらいの売り上げを作らなければならない場合は、目録もそれなりの高額な商品を入れているし、東急の場合は目録六～八ページで五〇万ぐらいの目標を作ってやっています。私の場合は、目録は「たのしみながら」みたいな部分も作ります。

石田　目録が強い催事と、目録は地方のごく少ないお客のために作っているというところと、極端に分かれると思う。

機関誌部　目録の位置づけもいろいろあるということ、工夫もしていきたいところですね。

イベントとタイアップした新しい即売展

中野　即売展の未来は？　どう考えたら良いのでしょう。

西秋　まだ一回しかやっていないから、私にとっての未来というのは、ただ次へ次へとやるしかない。あとは映画会とか展示会、トークショーなどイベントとタイアップしていくのがいいのかなと。「アンダーグラウンド」は第一回目でもあったし、既存の即売展に来ている以外の人たちを呼び込もうというのがありました。東京古書会館での月火水の平日枠というのはあまり認知されていませんから、だったら最初からこの会館を知らない人たちにアピールしようと。しかし、ただ本を並べるだけではお客さんは来てくれないだろうから、イベントを入れて付加価値をつけていくということを考えたわけです。やってみて、古書展で普段見かけない若い人や女の子が来て、棚を見て買っていってくれる。ああ、やってよかったなと思いました。

中野　平日の夕方ですよ。お客の七割が若い女性だったんです。

西秋　今の若い方は本の買い方が違いますよね。今までの方だと、たくさんある中から探し当てるという買い方だと思うのですが、若い人はバーンと提示されたものの中から選んでいく。だから見やすくした空間で遊んでいくというのがいいのかなと。

中野　多分、量ではないだろうという気がしていたんです。たくさん持ってきて、量を多くした方が売れるというのはやりたくないと思っていました。

西秋　デパート展など、広い会場を端から見ていくのは、我々商売の人間だって相当エネルギーが必要です。時間も体力も要ります。一般の人はフラフラッと入って流れるようにしか見ないんじゃないか。それなら、フラッと入ってきたときに目に止まった方がいいだろうとほとんど面出しにしてみたんです。

中野　今までとは全然違う客層を引き込みたいというのがあるんです。だからイベントも本屋とまったく関係ないもの、極端な話、中でダンスをやってもいいと思う。本屋がやると、どうしても「本」の周辺の催事ということになってしまいますから。本を読む人っていろいろな世界の人がいますから、そういう人を引っ張り込んでイベントも企画すると面白い。会館の地下の会場は良い空間ですよ。良いホールと言っていい。ここを本だけで埋めるよりは、いろいろなことをやってみるといいのではないかと思うんです。

即売展の新しい切り口がある

鳥海　即売展を考えるとき、もっと枠組みを広げていいと思いますね。それは時代の流れかなと思いますよ。戦後活字に飢えていたころはすごい勢いで列を作って新刊を買ったわけでしょ。活字がなければ生きていけないみたいな時代。そういう時は物量作戦も必要で、本がぎっしり詰まっているという即売展のイメージでいいわけですよ。それは多分、時代が要求していて、その中で商売をやって利益が出たわけです。このところ世の中はいろいろに変化しています。今僕も携帯をもっていますが、カメラ機能、テレビ機能といろいろな機能がついてきている。本の中にも実はいろいろな機能があるんです。デザインにしろ情報にしろ。たとえば花の写真集ひとつとっても、いろいろあります。専門家が買うのもあるだろうし、子供が楽しむのもある、教育者が教えるためのものもあるし、単に施設に置くためのものもあるでしょう。一冊の本もいろいろな見方をすればいろいろな情報が入っていることになる。今までの即売展は量で、活字で売るという方法でやってきたけれど、僕らも見方を変えればいろいろな売り方があるのだと思う。そう考えれば大きい意味の即売展ができる気がします。

中野　そう思うけれど、なかなかみんなやらないね。

鳥海　なかなかできないね。開拓者は苦労があると思う。

中野　今までの即売展が間違っているとは思わないけれども、先々のことを考えたとき、どうしたらいいのかな……と。

鳥海　先々のことを考えればこそ、いろいろな切り口がある、面白いのがあるということを出していった方がいいと思うよ。

石田　さっきも話にありましたけど、ドーンと量を出して売る今までの古本屋、まあ今もそうですが、中高年の人たちが何かありそうだと来るわけですね。アンダーグラウンドの場合は探してもらうんじゃなくて、これを売るんだというのを見せて買ってもらうというようなことをしたわけね。だいぶ前ですが、彩の国古本まつりでは、店長のお勧めコーナーを作ろうというのでやったんですよ。西武の方がポップを用意してくれて。うちの場合どうしようかと考えて、自分でこの数年読んできた本、面白いと思った本を展示してみたんです。子供が読んでいた絵本とか、家族ぐるみで並べてみたら、これがよく売れてくれたわけ。

機関誌部　新刊の本屋さんも常にやっていますね。手書きのポップをつけて。

鳥海　いろいろな売り方があるんですね。こちらから提示して、それが好きか嫌いかを判断してもらうというような。

石田　まず手にとってもらう。古本屋を知らない人たちもいっぱいいると思うからね。

鳥海　古本屋の機能を知らない人多いね。古本というと活字だと思っている人も多いと思う。古本イコール活字ではなくて、デザインのとか、色とかいろいろな面白さがあるわけですよ。こっちからこういうのがありますよと言った方がいい、こっちから提示する方法もあるということですよ。

中野　催事はそれがやりやすい。

西秋　うちの均一本の中から、自分で読みたいと思う本をためていて、関連性を持たせて並べてみたら一つのコーナーができるんですよ。最近では柳原良平の表紙とかイラストの入っている本を集めてみたり。それらの本は作家は違うのですが、まとめて並べるとそれなりに面白いものになる。自分で読んで気に入ったものも、同じような傾向、何かの脈絡があるんですよね。

石田　うちでもよく売れたのは子供たちが古本として売りたくないといってとっておいた絵本だった。汚れているんだけど。悲しくてうれしいというかね（笑）。本をもう一回見つめ直す、売り方を考え直すこと。

鳥海　自分で買いたいと思う値段をつけてみろと言われたことがある。そうすると考えるでしょ。それは価格のことだけれど、提示の仕方も同じことが言えると思いますね。友人で黒い装丁の本ばかり買っているのがいるんだけど（笑）、そいつの部屋に行くと何だか異様なんだよね。

石田　目録に、これはすべて黒い本です（笑）と。次は赤い本です……。

中野　お客さんの家に行くと、お客さんの棚って格好いいんですよね。何かあるわけ。それをそのまま見せるというのも面白いよね。

加藤　お客さんから買ってきたものをそのまま即売展に出すと、その趣旨がわかるんじゃないかな。単にうぶいというだけでなくて、一口だというね。

機関誌部　お客の色があるよね。

中野　本屋がそれを作れればいいけど、絶対にそういう風にはみてもらえない。

機関誌部　お客さんは長い間読んでそれで溜め込んでいるからね。年季が違いますよ。とにかく、即売展に行ったときに発見があるようなものにしたいですね。

宣伝方法もひと工夫しないとね

中野　即売展に来た人に、その場が楽しいと思ってもらわないとね。まず来てもらうために、もっと宣伝しなければならないのかな。

西秋　宣伝すべきですよ。古書展そのものの宣伝です。普通の人は古書展の「展」を展覧会の「展」と思っていませんからね。「古書店」と思っている。金土に会館でやっているとか五反田でやっているとか一般の人は知りませんもの。最近、岡崎武志さんがいろいろなところで古本展について書いてくれて、ようやく少し知られてきたかなってところでしょう。神田の青空古本まつりとかニュースでドーンと取り上げられればわかりますけど。神田にだって初めて来たという人はまだまだいっぱいいるんですよ。ましてや神田でも少し引っ込んだ場所にある古書会館が古本屋の総本山だということを知る人は少ない。

中野　「アンダーグラウンド」だって、宣伝には苦労したんですよ。チラシを置いてもらおうとカフェを回って随分断られたでしょ。

西秋　やり方もあるんでしょうけどね。

機関誌部　宣伝して新しいお客、若いお客を増やさないとね。どこの即売展に行っても同じ顔ぶれではねえ。

石田　目録も若い人には行っていないでしょ。若い人に目録送っても注文くれないだろうし。

機関誌部　そこが難しいところだよね。でも若い人を増やしていくのはポイントだとは思う。今、即売展に来る人は二十年前と変わらないというけど、その人たちも二十年前は若かったんだよ。そういう人は若かりしときにどこかで古本にひっかかったわけでしょ。今の若い人もどこかでひっかかってもらわないと。

西秋　今の若い人はインターネットの人気サイトをよく見ていますね。『彷書月刊』の岡崎さんの日記にはすごいアクセスがあるんですって。人気サイトの日記で、神田に行ったなどと書いてくれるといいんですけど。そういう人のサイトに書き込みをするのもいい。アンダーグラウンド・ブック・カフェもインターネットで宣伝したら結構ひっかかってくるんですよ。

機関誌部　古本屋さんでもホームページで日記を継続して書いている人がいますね。

石田　今まで古書店に縁がなかった若い人はインターネットから入っているかもしれないね。それでインターネット古書店が栄えているのかもしれない。

中野　そういう人たちを外に引っ張り出していくことですよ。「古書の旅」というのをネットでやっている人がいるんだけれど、どこの本屋に行ってどんな本を見つけたという話を面白く書いているんです。すごくアクセスがある。ネットで古本の世界を知った人なら、現場、実際の古本屋や即売展に足を運べばもっと面白いとわかるはずなんですよ。

機関誌部　そういうことですよね。即売展のホームページを作ればね。それを見て即売展に来てもらう。ああ、こういうところに古本屋の世界があるんだなと、そして未知の本に出会えるんだなと知ってほしい。

西秋　そのためにも来てがっかりしてほしくないから、頑張っているんですけどね。

中野　今までは宣伝方法として、目録、ポスターぐらいですかね。

加藤　ほかにはあまりやっていないね。

石田　この間、本の散歩展の最後のミーティングで出た話なんですけど。今目録をホッチキスでとめているんですが、その一番外側の一枚、つまり表一〜表四までを印刷屋さんにいっぱい刷ってもらってそれを宣伝用にしたらどうかという話が出た。まあチラシですよね。その方法なら簡単にできるでしょ。それを喫茶店などに置いてもらったり。

中野　新たにチラシを作るのではなくて目録の表紙を使うのか。いいね、手軽に作れる。

鳥海　うちの自家目録も表紙の部分をいっぱい作って宣伝用にしましたよ。

石田　そこに年間の五反田の即売展や会館の即売展の予定を入れたりね。みんながそういうことをやっていけば即売展がアピールできるのではないかな。表三のところには少し文章を入れてもいいし。表一だけたくさん刷ってもいいし。

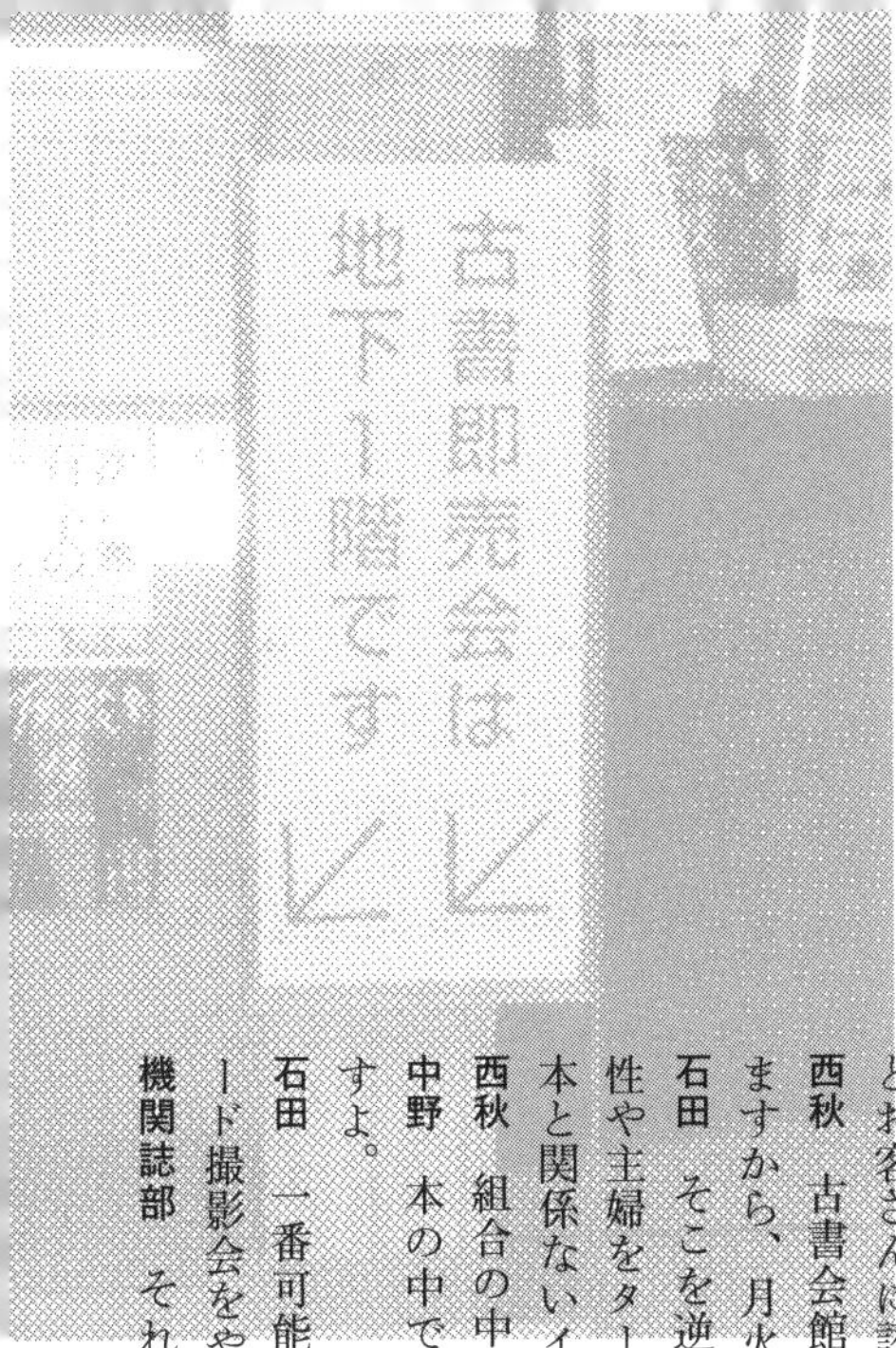

西秋　そういうチラシを新刊の本屋さんに持って行くのもアイデアかと思います。何軒かには断られるからめげますけどね。

中野　もう少し新刊と古本と交流があってもいいよね。

会館の地下一階の月火水枠と二階の利用を

石田　いろいろなイベントをやってみるとお客さんに認知されますよね。

西秋　古書会館では金土はふさがっていますから、月火水でやれといわれてもね。

石田　そこを逆に考えなければ。若い女性や主婦をターゲットにしてまったく古本と関係ないイベントをするとか。

西秋　組合の中に営業部でもあれば……。

中野　本の中で催しをやるのは楽しいですよ。

石田　一番可能性があるのは、周りでヌード撮影会をやる（笑）。

機関誌部　それで写真集を売る？（笑）でもそういう発想が大切ですよ。

西秋　地下一階と二階の情報コーナーをタイアップさせてやるといいと思います。

中野　新刊の本屋もすでにやっていますよね。本屋でトークショーをやって、それに連動して本を買ってもらうというのを。古書会館でも情報コーナーでイベントをやって地下で本を売るというのをやるといいんですよ。

西秋　今、展示会用のギャラリーを借りようとしたら高いですよ。その点二階の情報コーナーの利用料は限りなくただに近い。使わない手はないですよ。神保町は出版社だけでもたくさんあるんですから、その社員が来るだけでもすごいですよ。今はそういう神保町の地の利が十分使われていないと思いますね。

鳥海　でも二階は借りにくいイメージがあったけれど。

中野　もう少し借りやすいようにしないと。

機関誌部　会館を大いに利用して、面白い即売展ができるといいですね。今日はありがとうございました。

（404号／2004年6月号）

泪橋古書展顚末記

古書ことば　山崎　賢

倉庫の奥のほうに眠っている本、長い年月を経ているにも関わらず、ただの一度も読まれたことのない本、私たちに馴染み深い仕事であればこのようなことは珍しくもありません。

ただ、これが建物となると話は俄然違って参ります。

例えば、誰も足を踏み入れたことのない土蔵やお屋敷、はたまた蝋人形の館等、何かがあるのは分かっておりながらも、ついに公開される機会を逃したまま今に至っていることはこれまた稀ではありません。

で、今回の出来事の舞台となる東部古書会館もそうした建物の一つです。

私たちは40数年間、一般のお客さんには禁断の場所だったこの会館で、即売会を行おうという大胆かつ無謀な試みをやり遂げました。

今からお話しするのは大した話でもありませんが、いわば魂のドキュメントでもあります。

そもそも話のよりどころといたしましては、なぜこの会館で即売会をやらなかったのか、ということでした。先輩方のお話をうかがうには、その昔ここは日本のアウトローが集まる場所で云々、あるいはその昔、ここには小塚原の刑場があって死んだ人間の怨念がお客さんに良からぬ影響を云々、まぁ似たような理由で今までやってないんだよね、ということでした。昔は昔、今は今、ということでそれならやってみましょうよ。怨念が出るなら大航海時代叢書でもぶん投げて追っ払ってやりゃいいんだ、ということで開催決定。

でもメンバーは私も含めて即売会が初めての人ばかり。カンパネラ書房、大島書房、業平駅前書店、健文堂書店、峯尾文泉堂、古書ことば。脇をガッチリ固めるのはベテランの先輩方、三崎堂、高木書店、ウザワ書店、松島書店、文雅堂、古書英二、氷川書房の面々です。

初めての即売会で意思がぐらつく気弱な素人たちを前にあるベテランはこう言いました。

『売れなかった、といって飲む酒もまた格別だよ！』

この言葉の意味が分かる人は、この時点ではまだ誰もいなかったのではないでしょうか。

次は即売会の名前決めです。これには

一同首をひねりすぎて上下さかさまになった者、首が後ろ前になったおかげで物事を前向きに考えられるようになった者が続出しました。

　趣があって、なおかつ古本臭くなく、近隣の人にも親しみやすくて、哀愁がそこはかとなく漂う名。

　南千住古書まつり？　パッとしない。東部古書展？　東部ってどの東部ですか？

　じゃぁ泪橋は？　いいねぇ。心を掴んで離さないその響き。

　満場一致で泪橋古書展に決定です。


　名前が決まればあとは実。でもここからが大変なのです。

　宣伝媒体はまずチラシを作ることから始まります。

　大きく『初開催！　泪橋古書展』と打ちだしたシンプルなポスターは心なしか輝いて見えました。

　これを大きいのやら中くらいのやら小さいのやらに切り分け、いたるところで貼り出し、配りまくったのです。

　この最も重要な任務は管理人の森田さんが快く引き受けてくれ、その人徳が培った南千住ネットワークと強靭な脚力を存分に発揮してくれました。


　さて、一方実働部隊は会場の配置にとりかかりました。

　東部会館は西部会館や南部会館に比べるといまいち広さに欠けます。狭いのなら狭さを生かす方法があるはずです。よって棚の設営はいかにお客さんがゆっくりと眺められるかを重点に置きました。棚が多すぎても少なすぎてもいけない。

　参加店の位置決めなどもどうやったらお客さんが飽きずに見てくれるかが大きな問題でした。物足りなさを物足りる風に見せるマジックです。


　棚の調達、運搬は機動力のある方に頼んで運んでいただき、なんとか揃いました。

　ところがここで大きな問題が発生です。会場の準備は万端ですが、即売会初心者の私たちにとって棚一本に付き一体何本作ったらいいのか、値札はどうするのか、札のミシン目はどうやって入れるのか、どんなのが売れるのか、当日持っていけるおやつは本当に５００円までなのか等々、初心者ならではの問題が山積みでした。

　しかし、そこは百戦錬磨の先輩方、ああすればいい、こうすればいいとのありがたい助言でなんとか品物を作り出すことが出来たのです。不安な気持ちは何百という修羅場をかいくぐってきた先輩がさらりという一言やさりげない心配りで全て払拭してくれました。

　本当に売れるかな？　売れなかったらどうしよう？　それでも心配は残ります。


　期日はどんどん近づいていき、火曜日の振り市が終ると早速会場設営です。

　会場はＥの字型に配置されました。そしてもし晴れれば表にちょっとした均一コーナーを設け、外を歩いているお客さんを取り込んでしまおう、という作戦を考えたのです。

　本は次第に集まっていき、それぞれの棚やテーブルに背中を向けて収められていきました。普段振り市で使っている会館がお店として変わっていくさまを眺め

るのはなんとも不思議な気持ちです。なにしろ、40数年間そんなことは一度としてなかったのですから！

しかし、各々が持ち前分の本を作ってきたにも関わらず、棚の方が余る、ということが生じました。これは思っても見ない事態です。

フォローできる人がフォローする。これが今回の即売会で暗黙の了解となっている言葉でした。

外売りを数多くこなしている先輩が急いで追加を持ってきてくれ、なんとか見栄えだけはよくなりました。ビニール袋や紙袋、スリッパなんかも準備OK。

また、会場に貼る特製のチラシを前日にさる漫画家志望の方から作っていただきました。

泪橋といえばあしたのジョー。ジョーと段平の吹き出しが入ったイカしたチラシです。

心意気は『立て！　立つんだ東部！』。いよいよ明日10時、開催です。

快晴。3日の朝、私たちは9時に集まりました。

私は緊張してご飯がノドを通りませんでした。9時半。人の数も表にちらほらと見え始めました。同業の先輩方もいらっしゃっております。

開場5分前になると表は30人から40人ほどのお客さんが今か今かと待っております。間違いなく言えるのは、みんな東部会館に入ろうとしている、ということでした。

10時。オープン。どっと人が入り込んでいき、レジはあっと言う間に忙しくなりました。混乱のないように荷物を先にお預かりしておいて大成功です。

本が飛ぶように売れていったとは思うのですが、正直あまり覚えておりません。おそらく即売会初体験の私たちは頭が真っ白ではなかったかと思います。

波が過ぎ去った後も、15人から20人程度の人は絶えず入れ替わり立ち替わり、会館の本を眺めていたのです。こうして1日目はあっと言う間に終りました。

途中会館の場所が分からない、という電話がありましたが、自転車に跨った森田さんが直々にお出迎えをしたり、三河島に詳しい方が南千住の案内を完璧にこ

なしたりしてお客さんからのクレームはほとんどありませんでした。

何のトラブルもなく、会場にはのんびりとした空気が流れていました。

日の光がたくさん入るので余計にそう感じたのかもしれません。

時折お客さんから『次はないのか』『ここは見やすくていい』『高円寺より広くはないけど、なんかゆるくていいね』といったお声も頂戴いたしました。

あっと言う間に初日が終りましたが妙に興奮してしまい、その晩、私はあまり眠れませんでした。

『明日も晴れますよう』。

天に私のくぐもった声が届いたか、なんと2日目も快晴。

2日目はもっとリラックスして帳場に立つことができました。

差し入れのドーナツもするりとノドを通り、初日とは明らかに違うお客さんたちが初日の勢いはありませんが、これまたぼちぼちと10人くらいがなんとなく常時いる感じで棚を眺めていました。

2日目になると、初参加の私たちはこんな本が売れるのか、あの本がこの値段！などと梱包の手もそこそこによその本屋の値段について考えられるほど余裕が出来てきました。

札を切ったり、本を手渡したり、預かった荷物を渡しているのがただただ面白かったのです。お店でなら当然の行為が、普段お世話になっている会館で行われていることがただただ不思議でした。

やがて5時、閉会時間です。棚を片付け、札を計算し、即売会をやりなれている先輩方にならって手伝いました。お腹はまるで減っておりませんでした。

なぜなら、なにかこう、充実した感じとでも言いましょうか、古くさい言い方かもしれませんがやっぱり達成感でいっぱいだったからかもしれません。あとで聞いたところによると来客数は500弱だったそうです。終った後打ち上げで駅前の中華料理屋に行きました。

そこでの最初のビールの一口は、思い出すだけで今でも口の中に染み渡る、とても優しい味だったのです。

（435号／2009年8月号）

回顧放談

「オレにも言わせろ！──死んでからじゃ、何も聞けないぞ──」

山田昌男×平野信一

今回からは新宿・北部合同支部喫茶室です。神田支部文献書院山田昌男さんが新宿支部平野書店平野信一さんをお誘いして思い出話に花を咲かせるべく喫茶室に入ります。と、機関誌部長を相手に檄をとばしていた北部支部司書房中野照司氏が突然、お二人のお話を月報の記事にしてみては？とのこと。

司　支部喫茶室で北部の昔のこと、というより北部や下町のことを話せる人って、ほとんどいなくなってるんですよ。で山田さんは今は神田支部だけど元北部支部員で昔のことをよく知っている中の一人です。平野さんと思い出話に花を咲かせていただきたい。多少の記憶違いは、気付いた人に直してもらえばいいんですから、遠慮なくお願いします。

石田　私こういうもので（全古書連の名刺を出す）どうかよろしくお願いします。文献書院さんのお名前は、北部支部会館にフリの荷物を持っていく度、拝見してます。いつもウチより数倍の量のウブ荷の山に「文献書院営業中」の大きな名札を載せていらっしゃいます。毎週欠かさずの出品ですよね。

山田　あれはもう司さんの前で言っちゃ身も蓋もないけど、結局惰性になっちゃっての悪循環だから決してほめられた話ではないんです。本来の市場っていうのはあれじゃいけない。もっと人が集まらなくちゃね、機能しなくなっちゃう。だけどもそれを言っても、年齢層の問題とか、もう戻れないわけですよ。ぼくは昭和九年一月の生まれで、天皇陛下と同じ学年、来年になるともう八十だからね。反町さんみたいにがんばってやった人もいるし、おれもそのつもりでやってはいるけど、いずれにしてもそう長くは続かない。

平野　私は大正の生まれです。戦争中は兵隊で滋賀県まで持っていかれたんですよ。当時はもう外地とかへ出征する手段が国内には残っていなかったから、兵隊なんかをかき集めてみたけど何もすることがないんです。私は飛行場に連れて行かれて整備兵ということだったんですけど、整備する飛行機なんか一台か二台しか残っていないんですよ。そんな状態でぐずぐずしてるうちに終戦になって。運がいいと言うんでしょうね、帰ってきたら家が焼けずに残っていた。兵隊から戻ってからは担ぎ屋みたいなことをやったりはしましたが、決まったことはやってなかったんです。さいわい好きで集めた本もあったんで神田に持って行ったり、セドリみたいなことをやったりしているうちに、まあなんでもかんでも売れた時代ですから、古本屋でもやってみるかっていうわけで、露天の許可証をもらって出したんです。最初は下総中山で、それから市川、本八幡、船橋。

山田　平野さんは新宿支部っていうより、十支部の出なんですよ。下町の東部会館になる以前は九支部と十支部とあったわけで、九支部が三ノ輪で十支部が向島で市場をやっていたんです。その二つが合同して東部の市場になったんだけど、今は東部の市場がなくなっちゃったから、平野さんが東部の最後の生き残りと言ってもおかしくないんですよ。

平野　昭和二十二〜三年頃ですね。あの頃私はまだ船橋で市川の市場に行っていました。それで、ブックブラザー武内書店という古本屋さんがあって、その武内豊平さんて方が戦前から下町の大ボスだそうで。おそらく豊平さんがセドリしながらなんでしょうね、ウチへよくいらしてたんです。古本のことをなんにもわからなかったんですけど、武内さんがいろいろ教えてくれたんです。

山田　それは通称ブラさんて、良平さんのおとうさんの話でしょう。そこの最後の他人の小僧が私なわけ。ぼくはね、昭和二十三年の四月に新制の墨田中学三年生になったんです。そのとき家庭の事情もあって古本屋は資本が少なくてできるし本が好きだし、だから古本屋をやりましょうということになって。その十月に武内書店に「小店員募集」って貼り紙があってね、悠久堂さんには「小僧募集」って書いてあったんだけど。で十一月三日に武内さんとこへ履歴書持ってったんですよ。「まだ中学三年生でどうするんだ」って言うから、来年三月に卒業したら使ってくれって言ったんですよ。そうしたらそこにたまたま飯田さんという人が来てね、武内さんに「アメリカのポケットブックがあるから五千円貸してくれ」って、履歴書出してるぼくを尻目に言うんですよ。武内さんが洋雑誌を扱ってたからでしょうね。でも、店員募集かけてるくらいだからお店は人手が足りないわけでしょう、豊平さんは履歴書とぼくのこと黙って見較べて、「ここんとこ

ろこれ、君、自分の家？」って聞いてくる。「親といっしょにいますから自分の家ですよ」ってこたえたらね、度胸いいんだよ、豊平さんは。飯田さんに向かって「いいよ、五千円貸すよ」って言って、「山田君、きみ一緒に行ってくれ」って。それでまだ店員に入らないうちなのに、リヤカー引っ張って日暮里の紙の原料屋までその人にくっついて行ったんだ。それが始まり。

四月に住み込みで入店して、そしたら五月のあったかい日に、平野さんが「こんにちは」って武内さんのお店に来るわけですよ。

平野　それが山田さんとの初対面ですね。四つ木に市場があるよ、って私に教えてくださったのが武内さんです。四つ木の新刊屋の伊藤さん、そこの二階を市場にしてたんですね。で、そこへちょこちょこ出入りして、市場ってこういうものなんだなってわかってきて、そのうちに神田の市場にも出入りするようになったんです。あるときお客さんのところで大量のものを買っちゃったんですが、今とちがって運搬手段がないですから、背負って運ばなくちゃならない。武内さんのところに置いといてもらって、何度かに分けて運んだりもしました。

〈古本屋小僧放浪から独立へ〉

山田　ぼくはね十五歳で武内さんとこに入ったでしょう。当時アルバイトって言葉はなかったけど、中学三年のときは日曜とかの手伝いだけさせてもらって、卒業して四月から店員をやらせてもらったの。それで二十歳位まで勤め上げてから独立しようと必死になって古本のこと勉強し始めたんです。人の三十倍やればいいと思って。ところがね、肺結核で転地療養していた良平さん、通称ブラさんが暑いさなかに戻ってきて、ぼくが御茶ノ水の駅まで迎えに行かされたんですが、偉丈夫で太った大きい方なのに杖を突いて摺足でぼくの肩にすがるようにしてね、駅からそこの三丁目のご自宅まで五十分かけて帰ってきたんです。そのあとウチの親父が、武内さんちに挨拶に行ったときにたまたまブラさんが出て来ちゃった。当時、結核って言えば、わかるでしょう、しかもぼくは中学の二年のときに肋膜で一学期を棒にふっちゃったんですよ。だから親父は、命に係わることだから、お店を辞めてくれって言うんです。で困っちゃったけど、ぼくがイヤになったことにして十一月に辞めちゃいました。古本屋の店員になって一年もしないうちなんだけどね。

だけど本屋やるっていう気持だけは維持してますからね。どうしようかって考えましたよ。向島に住んでたので浅草から渋谷までの地下鉄の定期を買って、それと棚の高いところの本に届くように朴歯の高下駄を買って、神保町中を歩き始めて、棚から抜いて本の値段を覚えたんだ。買値はどうせ売値の三分の一か四分の一だろうと、神保町だけじゃなく浅草から道玄坂・六本木までをテリトリーにしてね。そうこうしてるうちにたまたま本郷の小沼さん、――文生書院ではないよ、文省堂の小沼五郎さん――、のところに勤めることになりました。医学書専門で目録を作って通信販売をやっていて、そこで目録の作り方を習ったんだけど、給料払ってもらえなくてね、辞めました。それから親父の知り合いの早稲田で古本屋をやってる北川さんて方に相談したら、親戚筋にあたる神田の高山さんを紹介してくれて、そこに入ったんです。高山さんとこで一年ちょっと経った頃に親父がね、たまたま南大塚の土地付きの物件を六十三万円で買うことができて、親父は震災にも戦災にも遭ってるから家を探してたんだよね。引っ越したその家の前に、集めた本をみかん箱みたいなものに並べといたら、近所の人にいつやるんですかって聞かれちゃって、しょうがなくて、高山さんに悪かったけど辞めさせてもらって店を始めちゃったの。そんで昭和二十七年の八月に開店したんだ。これがね、そのときの仕入帳と売上帳だよ。

平野 その頃、仕入れた時だけじゃなくて買ってくれたお客さんの名前も台帳に書かなくちゃいけなくてですね、神田あたりでは「通行人」っていうハンコを作って、売り先の名前のところにいちいちそのハンコを押していたなんていう話もありました。

山田 そういう時代にお店を始めたんだよ。もうちょっとその頃の話ね。お店始めるために巣鴨警察に鑑札もらいに行ったら「貴様まだ十代だからだめだ」って言われてね。うまいこと親父が自動車の古物許可証を持ってたから、それに書籍と美術品と足してもらったんだ。

ぼくはね、きちっとした修業を積んで始めたわけじゃあないけど、小僧して良かったと思うのは、他人様がぼくのことをどう見るかっていうことがはっきりわかったってことだね。商売はね、ヤクザ拳法で斬った張ったの現実でしょう、だったら自分が損した得したで覚えるほかに仕方がないと思った。

その当時平野さんは文学青年でおとなしい方だったし、ぼくとちがって性格もきちっとしてたから、きっといいことやってたんじゃないの。

平野　私の場合は露天の商売から始めまして品物が足りなくなってしょうがなくあちこち歩き回ったりしていました。でそのうちに、本を持ってるお友達を紹介してくれたり親切に教えてくれるお客さんもでてきまして、たまたまそんなとき、中山のお屋敷の方が大量に出して下さって、それを一ヶ月かそこらかけて全部武内さんのとこへ運び出したんです。大きな風呂敷に包んで背負ってです。

山田　それだけじゃなくて前の胸のところに中くらいの風呂敷包みを結わえてそしてさらに両手にも風呂敷包みを持ってっていうのが当時は当たり前だったから。

平野　荷物が大きいと改札入れてもらえないんです。だから横っちょに荷物を置いといてもらってね、大きいのを持たないで改札通って横から手渡ししてもらったりだったんです。

大量に本を売ってくださった方が、お屋敷は奥まったところにあるんですけど、道路に面したところが女中部屋かなんかだったんですね。「もしお店を構えたかったらそこを貸しますよ」って言って下さって、そこに初めて平野書店ていう看板を出したんです。

昭和二十三年頃ですか、その頃に市川でもって市場がはじまりました。駅の線路を越えた向こうのヤギさんて古書店始めた方の自宅を会場にして始まったんです。タカラヤ書店のカミハシさんの音頭取りで、麻布かどっか、今の南部のヨウブンドウの加藤さんと、二人が中心で市川の智新堂の山野さんなんかがいました。山野さんは神田の松村さんの出で戦前は市川の駅前でいいお店だったんですけど、強制疎開で取り払われちゃったんですね。ご当人は徴用でもって軍需工場かなんかへ動員されちゃって。戦後になってあらためて京成の駅の近くにお店を出しましたけど。

〈市場に私服が立ち入り検査〉

平野　市川の市場より先に、私は向島と四ツ木の市場にも行ってました。向島の市場は市海さんて古道具屋の親分みたいな方のところで、市海さんの身内のおばさんが管理人みたいなことをやってました。四ツ木には伊藤さんの市場がありましたが、それが手入れ食っちゃって、行商鑑札不携帯って人が多勢いてですね、みんな連れて行かれちゃったんです。それで、四ツ木の市場がだめになっちゃいました。で、市川の市場の方に力を入れざるをえないような事態になったわけです。私があちこちの市場を回っていたせいで「お前フリやれ」ってことになりフリ手をやりました。市場では戦前からの本屋さんは先ほどの三人だけなんです。あとはどこの出でもない戦後に始めたような素人たちが集まって市会を始めましたが、おもしろい品物が結構出まして、あちこちからお客さんが集まりました。

山田　市川ってのは千葉県だけど、交通の便がいいから東京からもね、九支部や十支部の人達がわりといってたの。ぼくは自動車だから、当時駐車違反もなにもありゃしないし、よく行ったね。下が消防署で火の見櫓がある二階が市場だったんですよ。

平野　大学出の給料が百三十円位で公務員の月給は百円にならない時ですが、その頃にどういうわけか、探偵小説のひとやまが出ましてね。銀座で露店を出してたお二人、魚住さんと新島さんが競り合って、千何百円て値を付けて。みんなびっくりしたんですけどね、聞いてみたら「貸本みたいにして引き取るんだ」ということでした。

山田　戦前に出た探偵小説が滅茶苦茶に高かったね。一冊千五百円なんてものもあった。ヴァン・ダインとかアガサ・クリスティとかがないんだよ。出てるのは変な訳だけでね。それから、デカメロン、モダン夫婦読本、愛情生活とかも高かった。出れば十冊で三千円て声がすぐに出るんだから。平凡とか読切クラブとかでも、十冊で三十円とか五十円とかだったね。

平野　先ほどの新島書店さんの佐藤さんて方は後に日本橋の三越からちょっと神田寄りの方にお店出したんです。室町書房ってのを起こしましてね、そこで新書版の本の出版を始めたんです。何点位出したかわかりませんけど、それが戦後の新書の始まりだったんです。岩波新書を除いてですけど。

　まあそんなこともあって、おもしろいものが出て良い値になるってことで、千住とか下町の人達が大勢見えるようになったんです。で、一年かそこらで、大市をやろうなんて話が出ましてね。結局大市をやるんですが品物が多くて夜までかかって、どさんどさんて本を投げるものだから途中根太が抜けちゃったりしました。それでもまあ、成功したもんだから、旅行しようってことになってみんなで信州の上山田温泉に一泊で行きました。そこで昼間散歩に行った智新堂が立ち寄った所が、今の早稲田の水井さんのお店だったそうで、何点か拾ってきたとかでした。

　その次の年でしたか、伊豆の修禅寺温泉へ行きました。そんなふうに市川の市場は盛んだったんですよ。向島の十支部の市場に来てるたとえば宮崎の金ちゃんとか、千住だったら佐藤のヨシジロウさん、北島さん、町屋の近藤さんたちが市川の市場にも来てたんです。

山田　ぼくが南大塚に店を出して池袋東口の市場に行くようになった頃だね。今は北部支部になった旧第八支部にも大市があったよ。売れて売れてしょうがない時代だったから。

八支部の市場は、よしず張りのような場所で昼なお暗きって感じなんだけど、人は入りきれないほどで五十人位も集まってたんだ。ぼくが入った当時の大荷主でいつもいい品物を出すのが大山の竹田書店の㋟さんで、あと、久保さんとうさぎやさんとぼくの四人がたくさん出していた。出す順は輪番制にしようってことで出し易かった。

㋟さんは長男が大山の駅のそばで店を継いでいたし、次男は今でも戸越銀座かなんかで店やってるよ。久保さんのおとうさんは自転車に乗った本屋さんていうことで「暮しの手帖」に写真入りで紹介された。自転車で売り歩いてたんじゃなくて、買ってたわけ、タテ場を回ってたんだよ。

八支部では十年くらいぼくが一番年下だったんじゃないかな。ぼくらの上の世代、紅谷さんだのコンちゃん（近藤書店）のおやじだの高野君（現豊島区長）でも加藤君（板橋書店）でもおとっつぁんの時代だから。その世代の人たちは支部愛も強くて、それが今のせがれたちにも残ってんじゃないかな、たとえば平岩君のおやじさんにしてもだれにしてもね。

当時は支部対抗の野球大会とかいろいろあったでしょう。市場が終わった後、高野さんとか、紅谷さん、椎名町の林さん（春近書店）のおやじさん、近藤さんのおやじさんだとかね、あの辺で揃って練習やってたんだよ。

平野　山田さんには十支部が売り良いようで常時品物を出してもらってました。フリ市は荷の出し順でずいぶん値段がちがっちゃうんです。ある程度買っちゃえば、最後の方に出てくるものは誰もいらなくなっちゃう、みんな背負って持ち帰るんですから。

山田　九支部と十支部の真ん中辺に前の東部支部があったんだけど、九支部は三ノ輪の市場、十支部の市場は向島古書会館だった。市場の性格は違って、向島は新刊屋さんに変わっちゃった人とか新刊屋との兼業の人が多く、三ノ輪の方は昔ながらの方が多い。ぼくとしては十支部の方が行き易いんです。だからそっちへ行って仕入れるんですけど、ぼくの店では売れないんですよ。

というのは、御徒町の特価本屋さんで仕入れた同じ絵本を少し先の新刊屋さんでも売っていて、ぼくの店の方がそっちよりずっと安いんだけれども、売れないんですよ。古本屋でもウチみたいに売れないのはちょっと例外みたいで、よそでは売れてるみたいなのに。

平野　大塚っていう土地柄でしょう。やっぱりお屋敷町なんです。下町とちがいますから。山田さんのお店が立石に出てたら、違っていたでしょうね。

山田　ある時、古本屋はきたないからいやだって言われて、しばらく考え込んじゃった。あっ、しまった、これは土地柄間違えたのかなって。それで、当時盛ってるお店を見て回るわけ。下町で言えば佐藤ヨシジロウさん、宮崎の金ジロウさ

ん、池袋で言えば宮入さんとかを。それに準じるように必死になって入れたんです。そうしたらお客さんが褒めるんですよ。神田と同じようでいいお店だとか言ってくれるんだけど買ってくれない。カワズの三郎なんです。
店だけじゃアカンな、ってことになった。
当時も十支部に行ってたから、武内さん白石さん根本さん岡田さんなどの大荷主を見て、これどっから持ってくるんだろう、って考えたんだ。そうしたら古本屋の第一日目にアメリカの本を仕入れに付いて行ったことを思い出した。で、あの製紙原料屋に行ってみることにした。仕入れるには運送の問題があるけど、ダイナスターって小型の三輪車が、ラビットの前なんだよね、セコで出ててそれを買った。ウチの親父がもともと自動車屋だからね。市川へ行った自動車ってそれなんだよ。それでもってまず三河島の製紙原料屋へ行ったわけ。そうすると郁文堂はじめ顔馴染みの古本屋さんが四〜五人来てるんだよ。一人ではとても扱い切れない量を、みんなが激しい競争をくぐってそれぞれ市場へ持って行くんだね。ぼくもそこに入るわけ。そしてどんどん市場へ出せるようになってきた。
だけど、フリ市でしょう、さんざん苦労して持ってきた品物でも荷出しの裁量ひとつで、要するに、順番が悪ければ半分にもなんねえやな。今と違って置いとくわけにいかないし。それで朝イチに持っていくようにしたけど、新人は七分目で売り抜けられればオンの字だなってわかってきた。悪ければ元値とどっこいどっこいさ。

〈中古自動車で一発逆転〉

山田　そんな時に、自慢話でイヤなんだけど、ダットサンを買ったんだ。たまたま「明治法令大全」だったね、それが出て市場に出したら六十何万になって、四十五万のダットサンのセコを買った。それでもって回り始めた。

タテ場から品物を持ってきて市場で売れてから払うっていう人もいた時代に、車で行って現金でぱっと払っちゃった。当時流行りだした資料物なんかも、ぱっと持ってきちゃった。誰もそんな量を買い切れないときに、神田の資料物の人に取って置いたものなんかも、こっち売れよって言うと、まあしょうがねえな、っていう具合だった。

それでもって、店の方はあきらめて閉めちゃった。で、自動車でタテ場専門に回り始めた。他店は自転車でリヤカーを引っ張ってやってた時代だから、ぼくはあっちこっちの市場へ出すことができた。

高田馬場の寿司屋でやってた新宿の市、高円寺の会館が出来る前は寄席の二階でやってた杉並の市なんかへもね。新宿では内藤さんのお父さんが振ってたんだ。

でもね、また迷っちゃうんだよ。高いハズの神田の市場に出しても、やっぱり安いんじゃないか、市場でもってひねられてるんじゃないかってね。でもって、古書展で売ったらどうだろうって考えた。古書展を初めて見たのは武内さんにいたときで、古書会館の座敷でやってた展覧会なんだ。だけど、展覧会へは入れてもらえない。

仕方がないから一冊ずつ帯を付けて自分の店で展覧会をやってみた、何回か。そうしたらそれを夏目さんのおとっつぁんが見てて、なんかのときにぐろりや会に入れてくれたわけ。ぼくが全責任を負いますからってことだったんだね。武内豊平さんと同じく夏目順さん（夏目滋氏の祖父）は、ぼくの恩人です。

そのうちに、池袋のデパートで古本市がはじまった。最初三越でやったのが二回目から西武に移って、北部支部の地元だから、やらなくちゃ損ってわけで、西武の最初からやったね。それから東武の話が支部の池袋班に来て、当時は地区のみんなで努力してやったんだよ。メンバーが足りない場合は隣の班の人に頼んだりしてね。

平野　初代の皆さんが孤軍奮闘している中でも山田さんはずいぶんと頑張ったから順調に行けたんですよ。私は引っ越してばかりいまして。中山で店をやっていたんですけど、江東区の森下でたまたま貸店の広告を見た親父がそこもやろうと言い出して、かけもちで店をやり出したところだったんです。中山でやりながら一時吾妻橋でもやってみたんですけど、売れなくてすぐにやめて、そうこうしているうちに森下の方が結構忙しくなってきて、中山も辞めました。それで千葉組合から東京組合の東部支部に入ったんです。単車でもって十支部（東部）と神田と都内のあちこちを飛び回りました。

山田　その頃になると、単車を買う人が出始めてね、平野さんのも最初はメグロ号かなんかので最後はどでかいハーレーになったんだよ。そんでもって、ぼくんとこの店の前で十円均一で売ってるオール讀物とか小説新潮それから平凡みたいなものを買いに来るんだよ、ハーレーで颯爽とね。後ろにでかい荷台をつけてたから、またたくさん載るんだよ。森下ってところはよく売れるんだなって感心したけど、そういうこともあってぼくは店辞めちゃったんだね。

平野　森下の店には買い出し屋さんがよく売りに来てくれたんですよ。高橋《タカバシ》のドヤ街にいる人たちなんかもです。持ち込みは非常に多かったですね。なかにはもうびっくりするようなものもあって、っていうのは日本橋のあたりも回ってるからなんでしょう。もちろん、どうでもいいようなものもありますけど、どんどん増えてくるんです。リヤカーを引いてとか大八車もありましたけど、だいたい夕方になると何人か持ってきてくれました。

その頃はおもに十支部の向島の市場を使わせてもらってました。十支部の市場ですが、一番古い人の一人が立石の岡田忠治さんで長男のキクジさんと息子三人とも古本屋だったかな、キクちゃんが市場でばりばりばりばりやってくれまして、市海さんの娘さんをもらって子供もできて十支部も安心だと思ってたんです。そうしたら行方不明になっちゃった。

そんなこんなしているうちに、大変な事故が起きましてね。市場では高い所に板を渡して金庫だの山帖だのを置いといたんですけど、その天井の板からマルさんと吉野さんが落っこっちゃって大怪我をしたんです。丸山さんかな、肝臓を破裂しちゃって。

それで二人共入院したこともあって、手伝ってくれないかと言われて私も市場を手伝うことになったんです。その頃はまた、役員をなさってた方々がずいぶん新刊屋さんに転向しちゃったりもしましたし。

山田　紙が暴落したりもあったからね。そうすると、タテ場・原料屋も一時ぽしゃっちゃうんだよ。それに、さっき言ったように、当時の市場には私服が立ち入り検査に来るんだよ。行商鑑札を見せなくちゃいけない。結構何人も鑑札を持って来ないんだよね。

話は違うけど、その頃はみんな闇市やってたんだよ、あんまり大きい声では言えないけど。ぼくは闇市仲間には入れてもらえなかった。どういうわけか疎外されてたんだよ。いつも悪者になっちゃうんだよ喧嘩っぱやくて。

平野　あんまりまともなことを言うからですよ。

山田　そうかなあ。ぼくがねお店で安く売るからって近くの古本屋さんから怒鳴り込まれたのもその頃だったね。

山田は交換会で売ってばっかりで買ってない、だから交換会じゃなくなるから出入り禁止にしろ、とまで言われた。それはさすがに、村内さんと夏目さんがそうじゃないんだって言ってくれたけど。当時タテ場回りは差別されてたんだよね。

ある時ブラさんが来て「どうしてウチの店辞めたんだ」って聞いてきたから「あなたの病気がうつるのを親父に心配さ

れて」と本人を目の前にして言ったんですよ。それで何十年かぶりに誤解が解けて、それからは来る度に、娘に百円をくれたりしてね。そんなこともありましたよ。

〈セドリ屋の仁義〉

山田　当時古本屋として生き残るには、目録もあるんだけど、先ずセドリ屋だよね。セドリ屋ってのはぼくの解釈ではね、今と違ってこんにちは、お邪魔します、東京のだれだれです、ってきちんと挨拶して買って、買ったものを神田の市に出して儲けるのがセドリ屋。そういうセドリ屋かタテ場を回るかで、ほかに生きる道はないと思った。ぼくは両方やりましたよ。やるからにはなんでも一番になろうと思って世界一にね、どっちもやりました。でもね、同じ組合の中にもタテ場回りを馬鹿にする人たちはいっぱいいたんです、屑屋回ってるって。日暮里を回っていた九支部の石川さんなんかはね、おれんとこに泣いて来たことがあった。Uさんに馬鹿にされて悔しいって。

それで、専門店にならなくちゃいけないっていろいろ模索してるときにね、展覧会でたまたま俳句の本が何冊か売れたものだから、そうだって思ったんだ。当時、俳句の専門店は二の橋さんだけで、鶉屋さんはまだ走りたてだから。東部支部だった二の橋さんとこへ行って、ぼくも俳句の本をやっていいですか、ぼくにも俳句をやらせてくださいって仁義を切ったらね、当時はそういうものだったんだよ、そうしたらね、二の橋さんが言うには、長男は新刊やってるし俳句のほうは跡継がないから、山田さんやるんなら一生懸命やってくださいって、そう言ってちゃんと教えてくれたの。だから、ぼくが本屋さんとしてお世話になった人は武内さん、恩になった人は二の橋さんと夏目順さん。あとは弁慶、伊達政宗のぽっくりじゃないけどね、反面教師として宮田書店の宮田辰寿には発奮したよね。

―喫茶店マロニエで―

司　平野さんはお帰りになりましたけど、山田さんのお話はまだ終わったわけじゃないでしょう。せっかくだから、平野さんには悪いけど、山田さんの話だけでももう少し続けたら良いんじゃないかな。

山田　どうしても言わせてもらいたいのは、同じように市に出すのでも、タテ場からということだけで差別されて馬鹿にされたっていうことね。それから昭和六十一年には、文庫・漫画・アダルトを資料会に出せなくなっちゃったでしょう。タテ場で買って市場で売る側にとっては死活問題だった。

売り場が狭まって仕入れに力を入れられなくなって、喧嘩っ早い方だからチクショウって、結局、専門を持たなくちゃということで俳句の方に進んでいくってところまで話したよね。それで、たまたまぶち当たった俳句の本の初めてのやつがこれなんだよ。（白紙のカバーの付いている薄い一冊の本をテーブルに置く）本を開いた最初にね「水枕ガバリと寒い海がある」とある。これ、西東三鬼の『夜の桃』（七洋社 昭和二十三年）の第一句なんだけど、これでもってね、ハッとさせられた。現代風の俳句に初めて触れたと思った。市場で二の橋さんがトイレに行っているときに俳句の本が二山出たのを、偶然手に入れちゃったものなのだけど、戻ってきた二の橋さんに、おれはずうずうしいから、これいくらで売るのって聞いた。そうしたら、六百円で売ってるよって教えてくれた。だけどね、月並み俳句みたいなものしか知らなくて、これを見てドキリとしたでしょう、だもんだから、六百円じゃなくて二千円に付けたの。二本を三千五百円で買った中にこれが二冊入っていて、二冊共売れちゃった。

あっ、これは勉強しなくちゃいけないな、と思ったのがそもそもの始まり。タテ場を回っているときは度胸とハッタリと押しでもって、それとご愛嬌かな、それで済んだんです。だけども今度は相手が専門にやっていて、買う方もそれなりに勉強している人だから、ぼくも勉強しなくちゃならないと思った。それには本から学ぶしか仕様がない。だから、雑誌の「俳句研究」を探し出しては読みました。それから俳句講座と、楠本憲吉の『一筋の道は尽きず―昭和俳壇史』を読んだりなんかして勉強にかかった。展覧会に行って、俳句の本を集めたりね、みんな百円位で売っていたから。

そのうちに、俳句の本っていうのはほとんど市販されていないし大手の出版社が扱ってないことに気が付いた。個人が自費出版で上限五百部位を作って持っているだけなのですね。だから、何々買ってきてくれって注文が入ったら、その本を出している個人のお宅へ行くよりほかにしょうがない。地図をたよりに俳句をやる作者の家へ行ったわけです。

ナントカ賞を取った俳人の家へ行ったりするわけですが、「俺は売るために句集を出しているのじゃない」って玄関払いもよくありましたよ。売る気はないからって。手ぶらで帰ってきて、注文してくれたお客さんにそれを伝えると、「そういうことなら、俺がハガキを書いておくから」なんどと言ってくれたりしてね、だんだん顔が知られていきました。

それに加えて、二の橋さんには大事なお客さんを紹介していただきました。

鈴木蓼生さん、神崎忠夫さん、それから幡谷東吾さんと名古屋から来る内藤さんて方です。

鈴木蓼生（田出夫）さんは石田波郷の「鶴」の前の「馬」って雑誌の同人です。で、石塚友二の「流星」って小説に出てきたりもします。彼は、水原秋櫻子と野球仲間で、昭和七年頃かな、波郷なんかも野球に来ていたそうです。鈴木さんからは高屋窓秋と篠田悌二郎など、その当時の馬酔木の古い同人の話を聞かせてもらいました。

神崎忠夫さんは中央公論の「日本の詩歌」の編集をやっていました。で、俳句篇の月報を見るとおれのことが書いてある。雑誌「天香」三冊を山田さんから写させてもらいましたって。卯辰山文庫って俳句の出版社を立ち上げたのも神崎さんで、「風」の同人だから、沢木欣一さん、細野綾子さん、森澄雄さん、安東次男さんなんかを紹介してもらいました。

幡谷東吾さんは、当時、俳句の本の一番の蒐集家です。展覧会でよく会いますから神保町のキャンドルって喫茶店で俳句のことをいろいろ教えてもらいました。

大野林火のナニが出るっていうと白幡南町まで吹っ飛んで行ったり、ありとあらゆる俳人さんのところへ行きました。新井声風さんからは富田木歩さんのお話をお聞きできたし、村山古郷さんも……。人脈で行けたのですね。それと本で勉強したことも役立ちました。

ところで、昭和四十年代になりたての頃、牧羊社が「現代俳句15人集」ってのをつくるという話がぼくの耳に入ってきた。ぼくと同じ小僧仲間で、同じカラオケに行っていた文泉堂の谷地さんからなんとなくね。

谷地さんは三島由紀夫や川端康成の関係で牧羊社に行っていたので、その牧羊社へぼくを連れて川島寿美子という美人の女社長と話していると、こういうものをつくるつもりですって、「現代俳句15人集」の企画書を見せてくれたのです。このシリーズが、俳句の本を一般向けに出版して市販するという流れのはじまりの筈です。

〈古本屋は売ってナンボ〉

山田　俳句の本をやりはじめた時、ぼくは俳句を絶対作らない、って決めた。俳句にはいろいろ流派があるから、というのが理由で、好きだけど、売ることだけに徹しますって、いの一番に決めた。

流派と関係なしだから、日本銀行の金子兜太のところに本を持って行ったり、高柳重信さんのところへ行ったりもした。

高柳さんのところは、富澤赤黄男の「蝶落ちて大音響の結氷期」とかいう短冊をたまたま持っている松崎豊って方が、それを高柳さんに差し上げたいということで、代々木上原のお宅へ夜二人で行ったのが最初でした。そうしたら、家中になんだか得体の知れない男が三十人もゴロゴロしてるのです。そんでもってタバコの煙がもうもうとする中で侃々諤々と俳論を闘わせているのです。中で、一番若いのが夏石番矢で、それから三橋敏雄、折笠美秋、ちょっと派がちがう藤田湘子なんかもいました。錚々たる面々です。でも、展覧会なんかでぼくと顔馴染みの人も結構いたりして、高柳さんのところは好きになりました。中村苑子さんともお話できるようになりました。

そうこうしているうちに、ウチからも近い江戸川橋のソバ屋の二階の俳句研究という雑誌を出している俳句研究社に、『定本・石橋辰之助句集』を買いに行きました。客の注文があったわけじゃないけど、売れるんです。それを五冊くらい分けてもらって、西川喜衛門って社長とお話しました。

そうしたら、お前そんな儲からないことはやめろ、って面と向かって言われました。俳句の本なんか売れないよって、俳句研究の社長が言うのです。

でもね、まあそう言わないでって、おれもやるって決めたからにはやらなくちゃなんねえんだ、ってこたえたのです。

というのも、武内さんにいた小僧のときに、裏の空き地で草むしりをしている人がいたのですが、それが、栗田確也さんで、あるとき、山田君、これからあんた大変だろうけど、決めたら迷わずに一筋の事続けてやってておれば必ずなんとかなりますよ、って言ってくれたのが残っててね、その時にそれを思い出していたのです。だから、社長に向かって、いやだ、おれはやるんだって言い張りました。

〈広告は出してみるもんだ〉

山田　そうしたら、お前のような男が気に入ったってことになって、オレのところにタダでいいから広告出してやるよって。「俳句専門店文献書院」って広告を出させてもらいました。

次にはね、何となく知っていた角川源義さんと神保町でばったり会ったとき、「こんにちは、最近俳句の本やっていますけど」って言いました。そしたら、「ああ、君か、俳句研究に広告を出しているのは」と笑顔になられ「オレんとこの『俳句』にも出せよ、こっちもタダでいいから」って言ってくれました。どちらもタダというわけにはいきません、お支払いはしましたよ。で、角川の「俳句」にはいまだに広告を出しています。

「俳句研究」は四分の一頁の広告ですが威力はすごかったです。「俳句」の方は二分の一頁で十八冊ずつ俳句の本を並べました。

そのうちに、本がだんだん揃ってきました。間口二間奥行四間半のウチの店は当時としては大きい方だけど、それが全部俳句の本になってきました。だから、デパート展の目録に俳句の本を出すことにもなりました。

大塚に俳句専門店文献書院があって山田昌男がやっているってことは、知る人ぞ知る、もしかすると俳句専門店という名声は富士山のように高くなってきたかもしれない。けれどもさて売り上げは、っていうとね、かなしいかな、高尾山までいきゃあいいんだけども、上野の山か愛宕山位なのよ。名声と売り上げとがマッチしない。ようしって、さらに目録を作ったり、それを利用して俳句以外の本を買ったり、飽きずにやって、まあ高尾山くらいのセンまで行ったかな、これだったら仮にタテ場やめてもなんとかカツカツでも食っていけそうかな、と思った矢先、店に来たお客さんに、「今日は神保町で良い本を買ったぞ、おまえのところになんか無いだろう」って言われた。

お客さんが包みから出した本が、山口誓子の『和服』と野澤節子の『未明音』ともう一冊、平畑静塔の『月下の俘虜』の汚いやつだった。値段を見たら、『和服』が七千五百円、『未明音』の小汚いのが五千円、あと『月下の俘虜』が一万二、三千円だったかな。で、「えっ、なんでこんなもの買うの」って。『和服』なんかはウチに五冊も並んでいるし、しかも三千円位で。『未明音』ももっと綺麗で箱に入っているのが同じ位の値段だし『月下の俘虜』もウチの方が二割位安い。「お客さん、わざわざ神田まで行く前に、はじめにウチに来てウチで買えばいいのに」って言ったわけ、そうしたらお客さんが、「神保町は歩くのが楽しみだし、コーヒーを飲みながら本の話ができる友達にも会える。値段を安くして一生懸命やっているのはわかるけど、おまえのところは休みだったらそれきりだ」って言われちゃった。

こんなに骨身削って儲けを我慢してまでやっているのに、おれのところは一瞬で終わっちゃう、神保町とは点と面の違いだ。これはちょっと考えなくちゃならないのかな、将来は神田に店を出さなくちゃまずいのかな、とその時に思ったわけよ。

だけどもね、当時神田でお店を探すと言っても物件が出ないんだよ。それでもってそうこうしているうちに神田の古書センターができたんだ。そして、八階と九階が古書展の会場になったわけだよね。で、ぼくたちもそこでやらせてもらったけども、結局のところ、古書展の会場としては成功しなくてね。最終的に土屋さんとぼくと二人展やったりなんかしたんだ。

そしたら、万引きが多くて、四万円位の品物をやられちゃって土屋さんは音を上げちゃった。それでもって土屋さんがやめた九階を一日一万円で臨時に借りて平台を並べてやったわけですよ。

〈一大サブカルの店を神田に〉

山田　その頃だね、そんなに欲張らなくても楽勝で食っていけるんじゃないの、ってぼくのおやじに言われてね、要するに腰を落ち着けろって言うわけ。そうしたらたまたま古書センターの六階と七階を借りていたアベノスタンプコインさんのご主人が急死されて、七階がそっくり空いたんですよ。募集がかかって、Tさんとか、Iさんとか何人か候補者がいましたけど、ウチは大塚の地上げがらみのお金があったので即金で払えますって言って、たぶんそのせいで店を出せることになった。平成元年かな。

運が良かった。だけど、いざ店を出す段になったら、「変なものを置かないでくれ」って条件を付けられました。で、店の半分は専門の俳句の本をきちっとやりますから、ってことでやっとこさ手を打った。だけどあとの半分は、申し訳ないけどお家賃をお支払しなければならないのだから、漫画とか多少やわらかい物、文庫でいえばフランス書院文庫とかそれからアニメ系統とかアイドルの写真集とか、神田の人達とは毛色の違うものをならべますって。

結果としては、それでお客さんに喜んでもらえました。俳句のお客さんだけじゃなくて、今まで神田で扱っていないものを売ってるってことで新しいお客さんにも喜んでもらえました。

ある日を境に、売り上げが急角度に上がりだしたんです、写真集のおかげです。ブームなんてものじゃない。朝行ってレジを開ける度に、えっ?!って。一度開けるとレジがもう閉まらないくらいでね。売り上げの最高は一日で百六十万でした。で、もうちょっとで二億に届くよ、って計理士に言われた。打ちっぱなしのレジが熱持ってこわれちゃったりして。そのとき、これが天井だ、どう考えたってこんなバカなことが長続きするはずがないって思ったね。そうしたらその通りになっちゃった。バカなことは続かなかった。

でも、そのお金のおかげで、神田の飯島さんのところが空いたときに、店を出すことができました。その時もひと悶着あったけど。ロックをやるって言ったからね。昔、おれは髪がこんなに長かったのよ、そしてロックのことも写真集のこともある程度知っていたから、仕入れるのも売るのもおれが全部やった。娘はね、おれの背中を見て一生懸命勉強したんだろうね、一人前になっていきました。

その当時、神田でやわらかいものを扱ったのは荒魂さんとウチだけです。じつは荒魂君も俳句をやっていて、それで、石川桂郎の『剃刀日記』と『妻の温泉』って随筆を探しに大塚のウチに来て、そのときに近くのコーヒー屋さんへ荒魂君を連れて行ったの。そうしたら、古本屋同士は足を引っ張り合うことが多いのにこんなに親切にしてもらって、と言ってくれて友達になっちゃった。

五月みどりがン万円で小柳ルミ子がいくらいくらだって教えてくれたのも彼だった。荒魂さんは早死にしちゃったけども、功績は大ですよ。いわゆるサブカルの開拓者なんです、荒魂さんとぼくとがね。「お宝ガールズ」って雑誌に仲良く広告を出し続けました。

〈少年十八才、上京す〉

山田　その頃だよね、司さんが西武デパートの古本まつりを再開したのは。東武デパートの方は入れてもらえなかったけど、ってね。ところで、司さんはどこでお店やってたんだっけ。

司　店は結構転々として……。

石田　確か北海道のご出身の筈で、北海道でも転々としていたのですか？

司　いや、旭川の方の道立高校を出るまでは北海道で、九人兄弟の大家族で、兄たちはみんな農家で独立。私も農家をやるか、どっかに出て行って働くかの二つに一つしかなかった。そういう時代だったので、とにかく東京に行って大学受けてうまいこと受かったら大学に行こう、落ちたら東京で就職しようと、行先もなんにも当てがないまんま家を出てきた。

石田　要するに家出ですね。

司　そんなようなもんだね。三月の終りだけど季節外れの大雪の時、長靴を履いて分厚いオーバーコートを着て出てきたわけ。青函連絡船に乗って上野に着くまでに三十時間位かかった。それで上野駅に降り立ってものの三十分もしないうちに補導された。それはそうだよ、暖かくなりはじめた春先の上野駅に長靴とオーバーだから家出少年と間違われるに決まってるよね。それで、長靴とオーバーを捨てて靴を買ったけど、行き場所が決まってない。でも、その日の内に祐天寺にアパートを見つけた、祐天寺までどうやって行ったかは覚えてないけどね。そこのアパートで実家から送ってくるまでの一週間位は蒲団もなしだったけど、北海道の寒さに比べれば全然平気。そして某大学の二次試験しか残っていなくてたまたまそれに受かって、自分で学費を稼ぐ苦学生になったのが昭和四十年。

いろんなアルバイトをやったけど、最初は飯田橋の製本屋さん。大学の授業が始まるまでって約束で働き始めたら、その社長が「こんなに良く働く人は初めて見た」って言って、辞める時に、大学ノート一締め束ごとと鉛筆一ダースをいただいて、私としてはもともと農家出身だから、たいしたことじゃないと思ってたんだけど。

〈古本屋司書房誕生譚〉

司　就職が決まらなかった卒業時は、御茶ノ水駅前でダンス場のビラまきのバイトをした。ビラまきをしている時にたまたま通りがかったおばさんから、古本市のバイトをしてくれないか、っていう話を持ちかけられてね。はいはい、って、それがきっかけで神田のKさんのところを手伝うことになった。でも、なまじ自分の体力に自信があったからだろうね、過信しての安易な姿勢のせいでギックリ腰で動けなくなっちゃったんだよ、青天の会場でね。その時は古賀書店の豊田さんが「この小僧どこの小僧だ？　早く救急車を呼ぶんだ！」って言ってくれて、救急車で運ばれてそのまま入院。三ヶ月たってやっと退院したけど、体が動かなくてぶらぶらしてたの。で、体力が戻ってから思った、自分でやるしかないな、それならって、はじめたのが古本屋なの。
でもお金も本も何もないからね。古本屋だけど最初は、青森のリンゴ産地直売、それから四国のみかんや千葉の西瓜なんかもさんざんやったわけ。仕入れ先も何も、全部自分で開拓したんだけど、二、三年以上やってたね。全部車で引き売り。車は最初は借りてたんだけど、チリ紙交換の人から中古を買った。なんでも右肩上がりの時だったからどこに行ってもよく売れて、売れるからまた必死に勉強しなくちゃならないわけ。リンゴの名前だけではなく、ナニとナニとをかけあわせた品種だから甘味と酸味のバランスがいいなんて言ってるうちに、話が弾んでお客さんが本当によく買ってくれた。四キロ、五キロって単位で、アハハ、古本の話じゃないからね。

石田　ちょっと待った。引き売りなんですよね。仕入れたものを置いておく場所はちゃんと確保できていたわけですか。まさか、祐天寺のアパートに置いといたわけではないでしょう。

司　全然違う。埼玉県の行田の方にだだっ広い野原があって、ヤクザな連中が青森の落ちリンゴ、要するに市場に出荷できないリンゴを木箱で何百個何千個と送って来る、そこのセンターに仕入れに行って、それでもって売り歩くんだ。リンゴ自体はみんなまともなリンゴなんだよ、ただ規格から外れているっていうだけで。

山田　大き過ぎるとか、顔が悪いとかね。

司　リンゴがかなり売れたので、そのあとは西瓜。千葉の産地で仕入れて引き売りした。西瓜なら、今でも見た目と叩いた音だけで百発百中の自信がある。要は産地の人からの説明と、あれは美味しかったとかまずかったとかいうお客さんからのかえりと、両方で覚えて行ったから。

山田　こっちの勉強とお客さんとのやりとりでやっていくって、理屈は俳句も同じだよね。

司　でも古本屋として早く店を持ちたかったから、そこそこ小銭が貯まった段階で、池袋の裏通りに店を出した。昭和四十七年だったたか、四十八年だったか。
夏目の順さんがセドリにきてくれて、それで食いつないでいたようなもんだった。

〈展覧会への道〉

司　そのうちに近くの正林堂の栗林さんが、和洋会をやらないかって声をかけてくれた。展覧会に入るにはよほどのコネがないと入れない時代だから、正林堂さんの名前を借りて一頁一台をやらせてもらった。そのかわり、荷物運びから陳列、引き上げまで全部のお手伝いを五年間やった。五年経って、和洋会の周りの人たちがそろそろ良いだろうって言い出した頃、うさぎやさんのおやじさんに、「おれの目の黒いうちはまだ早い」って言われて、今度はうさぎやさんの荷物運びや買物手伝いを、それから更に二年間やった。都合七年間荷物運びをやって、ようやく和洋会が入れてくれた。

山田　今思うとウソのような話で、っていうより馬鹿な話で、出る芽を摘んでいた。経営員にしたってそうだ。今じゃ考えられないほど閉鎖的だった。おれなんかも夏目順さんが体をはってかばってくれたからなんとかなったようなもので、あの人はエライと思いますよ。

司　そうやって自分で店を始めた頃に、当時中央市の会長だった人が、中央市の経営員をやってくれってわざわざ頼みに来てくれた。俺はもう二つ返事で、じゃあやらせて下さい、って言ったのだけど、わずか数日後に、あの話はなかったことにしてくれって言ってきた。最初はなんでって思ったけど、北部の中から猛反対があったんだね。あんな若手に急に本を覚えられちゃったり、神田の本屋さんたちと親しくされちゃ困るって、はっきり言われたそうだ。

山田　それはおれも同じこと。Tさんから神田の市場を手伝わないかって言われた時にね、ぼくの方から断ったの。八支部の市場の経営員もやっていないから、直接神田に行くのも何だろうって。

だけれど、もやもやするところは多分にあるんですよ、今とちがってね。そうすると、心の休まる処がほしくなる。本屋さんに関係のない処。それでぼくはまず第一に歌を習いに行ったんです。東中野のタテ場への往復のとき上原兼歌謡学院て看板を見ていたから、そこへ飛び込んで歌謡曲を習ったの。で、目標は、のど自慢で鐘三つまでは望まないけど二つ半くらいはね、ほら引き伸ばしするでしょう、あの引き伸ばしくらいのところを目標にしたの。三年位通いました。楽しくやっていたんだけど、タテ場が忙しくなって行けなくなっちゃった。そのあと四十二のときかな、今度はからだが動かなくなっちゃって、リハビリのために大塚駅前のダンス教室に通ったりもしたんです。ダンスはね、仕事中にアキレス腱を切断する七十七歳まで続けました。息抜きがないとやっていけないんですよ。精神的に参っちゃって、ね、司さん。

司　息抜きもなにも、とにかく私の場合は、他の支部や神田の人達との接点を全部閉ざされていたというか、狭いところに閉じ込められていたようなものだから、例えば反町さんとか村口さんとかのことを知ろうとしても、あんたには縁がないからって、誰も話もしてくれなかった。

〈全連申し合わせ事項という妖怪〉

司　私、そんなわけでスーパーで売らないかぎりやっていけなかったのだけど、その当時全連の申し合わせ事項っていうのがあった。即売展を他地区でやっちゃいけないってことで、支部の中でしかできなかった。支部の中でも班が違うとやらせないとか徹底していて、食う道が閉ざされているようなものだった。
　で、私が一番おかしいと思ったのは、北区で即売展をやろうとしたときだけど、何キロも離れている豊島区の人が、なんで俺のところに挨拶に来ないんだ、って怒鳴り込んで来たことだ。結局、小さいスーパーでワゴン数台分の一人だけの催事なんだけど、菓子折りを持って組合員七軒のお店をあいさつして回った。テキヤの世界じゃあるまいし、全連の申し合わせそのものがおかしい、これは絶対に撤廃すべきだと思った。
　ちょうどその頃、支部の役員改選があって理事の話が出るわけだけど、当然理事の成り手は誰もいない。私はこのチャンスを逃したら言う場がなくなってしまうと思った。それで明倫さんが理事長だったそのときに理事を受けて、全連の総会で申し合わせ事項を撤廃してくれるように、とお願いした。そうしたら橋口さんが、総会には部長理事しか出席できないけど、オブザーバーとして司さんが出て話しなさい、と言ってくれたので、全連総会に出席して提案した。ところが、あまりにも唐突すぎたものだから、その場で反論する人は誰もいなかった。けれども、任期が替っての次の年の総会で東京組合が袋叩きに遭ったんだって。なんであんな提案をしたんだってことだよね。でもそのとき、誠心堂の橋口副理事長が矢面に立って、申し合わせ事項撤廃の必要性をよく話してくれたんだ。それではじめて、即売展を自由にできるようになった。
　それでも私はどこにも入れてもらえなかった。だから、売場を開拓しようと思ったし、スーパーの古本まつりに入れてもらいたくてお願いもした。
石田　あのう、理事をなさる前にやってらしたという小さなスーパーやなんかも、やっぱり司さんおひとりで開拓されたんですか。
司　開拓したんじゃなくて、売れないところを割り当てられたってことかな。後発だから、誰もやりたがらない辺鄙なところばっかり回されてね。朝はだいたい五時位に家を出て、開店前に一人でワゴンを表に出して並べ、一日店番をやるってこと、昼めしはワゴンのかげにしゃがんで食べ、トイレは走って往復ってことを、三年から五年は続けた。
山田　回されるってのはね、売れる場所は全部主催者の人たちがやるってことで、たとえばヨーカ堂は売れるけど、ヨークマートは売れないんですよ。
司　うん、だから俺はヨークマートなの。
山田　売れたら売れたで、あいつばっかり儲けて、なんてうるさく言われてね。
司　そんなわけでね、いっしょにやってもしょうがないと思った。スーパーなりデパートなりが支部に持ってきた話を主催者という名のボスが割り振りしているだけなのだから。それならってことで、自分でスーパーや百貨店と交渉を始めたわけ。そうやって始めた最初がパルコだった。一九八〇年代後半から。

そのパルコがすごく売れてね。池袋と渋谷はもちろん、津田沼も厚木も全部やってくれって、そのうちに本社契約してくれと言われて、さすがにそれは断ったの。本社契約したら、札幌から福岡まで行かなきゃならなくなるから。

私は専門店でも得意ジャンルがあるわけでもないし、パルコ向けの商材なんてまるでわからなかったけど、パルコ側からの要請でロック雑誌が足りなければロック雑誌を、アニメだファッション誌だ写真集だって言われればそういうものを、どんどん並べた。当時市場ではすごく安かったからなんでもかんでも買えばどんどん売れていった。数年間いや数十年続けたね。

石田　パルコのメンバーってどんなふうに集めたのですか。

司　支部とかには一切頼らずに個人的にスカウトして全員集めました。パルコでは自分たちでレジを打たなくてはならないから、最低限レジとクレジットカードの操作くらいは出来る人っていうことになり、結果的に若い人に絞られた。若い人を入れて、既存の古本屋さんとは商品的にも人間的にもぶつからないかたちで立ち上げられたので、どんどん販路を拡大できた。

山田　ぎっくり腰の方はどうだったの、今どうなの？

司　なんとかそれは回復したけど、でもその後もずーっとひたすら体力商売でやってきたから再発は何回もしてるし何回も入院して、その間に交通事故で死にかけてもいるし、今まで三回くらい死にかけている。

〈これからの業界は？〉

山田　で、司さん、今後の業界はどうだと思ってる？　ぼくは神田に店を出して、二店舗とも家賃払ってます。自慢するほどのことじゃないけど、借入をしないで一切合切自前のお金で今日までやってこれたってことは、若い世代に言っておきたいことだね。裏金なんかとは全然縁がなかったから、税務署が入ったって何の心配もなかった。正直言うと、今はね、売り上げが右肩下がりになっちゃって、家賃の維持がなかなか困難になってきちゃった。それと、業界のマスが年々狭くなっているような気がする。

いかにして努力するかってことになると、ぼくは死ぬまでやるつもりでいるのだけど年も八十だからね、ただ単に撤退するのじゃなくて、インターネットとか専門のものを活かすとか、まだまだ努力しなくちゃいけないと思っている。

これからちょっと大変な時代が来そうな気もするよね。

司　山田さんが言ったように、売り先が狭まってマスが小さくなっていくときに一番大事なのは、やっぱり自分はこれしか道がないってことと、だったらこれしかない道でどうするかっていうことだよね。勉強するしかないんだけど、この年になって覚えることがやたらと多い。今までは体力任せでそれなりに商売になって、大判の重い本なんかが売れた時代もあったけど、これからは年齢に見合ったものを扱おうと思う。

スタートが遅すぎたなりに勉強しようと思ったとき、さっき言った反町さんていう人、村口さんていう人、そういう人たちがかつてはいたんだなって、伝説でしか知らない。現在の古典会の人達も知らない。浅倉屋さんとは話をしたこともなかったんだ。先輩たちがどんな勉強をしてどんな商いをしてきたのか、それを知る事、そこから学ぶ事しか方法はないんだよね。

山田　うん。最終的には切った張ったのあれになるんだよ。ぼくもね、今、俳句を勉強し直している。人脈もまだ多少残っていて、新興俳句の弾圧事件で弾圧喰らったご本人に何人も会っているし、今それを研究中の若手の研究者も知っている。その方たちのお話を思い出したりするとね、それとは別だけど、世界俳句協会を立ち上げて活躍している夏石番矢さんの話を聞いたりするとね、あれっ、俺まだここんところ扱い漏れしているんじゃないかな、なんてとこが出て来るよ。その出てきたところを、営業の方にいかにうまく結びつけるかだ。

俳句だの短歌だの詩集だのが市場で安いからある意味では穴場だけど、いつまでも海の底にいるわけじゃなくて、いずれまた上昇することもあると思うんだ。うまく上昇気流に乗るためには、やっぱりもう一回勉強し直さないとね。

司　勉強といえば、つい一年ほど前に北部で古いボロボロの百科事典が出た。表紙も取れているようなものだけど、たまたま他のものと抱き合わせで私のところに落ちて、いったんはツブシたんだけど、開いてみるとものすごく面白いことが書いてある。日本で最初の百科事典で、明治時代に出されたものだ。ということは、江戸時代を生きた人が、少なくとも江戸時代を知っている人が書いているということなんだね。和本のこともいっぱい出ていて、今ならインターネットで調べればすぐにわかるようなことが多いけど、その百科事典で読むと、熱い解題が書いてあって、実になるほどって、つい直前まで江戸を生きていた人達がリアルに見えてくる。

前には即売展からも中央からも自分がさんざん隔離されてきたから、今、新人が展覧会に入りたいって言ってくると門戸を広げて誰でも入れるようにしてあげたいと思っているし、入ってから努力するのかどうかは本人次第で、入る前に芽を摘むことだけは止めようと思っている。

（459号／2013年8月号〜465号／2014年8月号まで断続的に5回掲載）

大先輩たちの話にも耳を傾けたい

「大先輩が語る」

沙羅書房 初谷《はつがい》康夫さん
「この道六十年 未知の本にハラハラドキドキ」

機関誌部　業界に入る前のことからお聞きしますが、初谷さんは現在おいくつでいらっしゃいますか。

初谷　昭和十二年生まれですから、七十八になります。出身は栃木県の佐野市です。

機関誌部　佐野厄よけ大師で発行された本の中で「聖順先生の教えを守って」という文章を拝読しましたが、高校時代の担任であった旭岡聖順先生との出会いがそれ以降の生き方にとても大きな影響を与えたと書かれていますね。

初谷　聖順先生は高校の教師を勤めたのちに「佐野厄よけ大師」で知られる惣宗寺の住職をされた方です。そうした通称はもともと聖順先生の発案によるもので、今でもテレビコマーシャルでよく見かけますね。聖順先生は惣宗寺の周知に努められましたが、当初は地元で様々な批判があったと聞きます。結果的には町全体に活気をもたらし、現在に至っているわけです。

機関誌部　「人間、誰しも才能を持っている。努力すればその才能が花開く。努力することで優秀になるのだ。忘れるな」「過ぎ去りし昨日を追うな。来る明日を待つな、今日こそ今日をのがすな！」という聖順先生の言葉が初谷さんの座右の銘であると。

初谷　その言葉を守って生きてきました。一誠堂に入ってからは眠る前にカタログをとにかく暗記したんです。書名、著者、本の形、値段など、英単語を覚えるように繰り返し頭に叩き込みました。未だにそのスタイルは変わりませんが、それは先生の教えがあってこそだと思います。

機関誌部　もともと本が好きだったわけではないのですか。

初谷　読みもしませんでしたよ。初めのうちはとにかく本が難しくて「こんな世界でやっていけるのか」と不安になりました。辞めてしまおうかと思ったこともあります。

機関誌部　同じ一誠堂出身の反町茂雄さんは『一古書肆の思い出』に「七時起床、夜十二時就寝」と住み込み時代のことを綴っています。時代は少し違いますが、初谷さんの頃も似たような生活でしたか。

初谷　本当に忙しかったですね。朝は早いし、閉店後も色々な作業をして仕事が終わるのは夜の十時頃でした。独身の店員は四階で寝泊まりして、みんなで同じ釜の飯を食べるんです。今でも反町さんが名付けた「一風会」という一誠堂出身のOB会が続いていますよ。

機関誌部　一誠堂時代には松本清張や井上靖といった高名な作家と関わりを持たれていたそうですね。

初谷　「こういうのが書きたいから資料を集めてくれ」と頼まれるんですよ。清張さんであれば、例えばなにかの事件をテーマとする場合に「弁護士の書いたものは公になっているので必要ない、検事・検察に関わるものが欲しい」と言ってくる。権力構造に深く切り込む書き手ですからね。

　井上さんが『敦煌』『楼蘭』などの「西域小説」を書くときにもお手伝いしました。毎日芸術賞を受賞したときには、色紙と署名本を頂きましたね。井上さんぐらいの方であれば「資料顧問」といって作家の代わりに資料を読み解く学者が付いていますから、漢籍でも洋書でも参考になりそうなものはどんどん届けました。

機関誌部　今ではそういうタイプの小説家は少ないのでしょうね。

初谷　最近だと小沢昭一に「コラムやりたいんだけど気になる本を探して欲しい」と頼まれたことがありました。遅筆で有名な井上ひさしが「書けなくて困っているから、ネタになるようなものを見つけてくれないか」なんて言ってきたりね。

＊＊＊

機関誌部　独立されたのはいつ頃ですか。

初谷　二十九歳のときです。三十歳になって同業である誠心堂の娘と所帯を持ちました。新婚旅行は九州でしたが、本屋をまわって仕入れをしたんですよ。相手も古本屋だから理解はありましたけど、常識的に考えれば、その場で離縁されてもおかしくないかもしれませんね（笑）。

　最初から通信販売をメインにしようと決めていました。独立する際には一誠堂の社長がお得意さまに挨拶状を書いてくれたのですが、あるお客さまがお祝いにとトラック一台分の本を売ってくれました。さらに二年程して誠心堂の親父さんに依頼されて民俗学や歴史関係を大量に持っているお客さまのところへ買取に行き、トラック二台分を市場に出品してほとんど買引きました。こういった機会が独立当初の即売展やカタログを作っていく基礎になりましたね。

機関誌部　独立後もスムーズに仕事が進んだわけですね。

初谷　忙しかったですが、苦労したとは思っていません。一誠堂時代に作家や政治家、大学教授といった方々と関わりを持ち、信用を得られたことが大きいでしょう。

機関誌部　ちなみに政治家ではどんな方がいたのですか。

初谷　吉田茂、鳩山一郎、藤山愛一郎など、時代を動かしてきた人たちのところへ本を届けましたよ。そういった方達は人物伝を好んで読まれるのですが、今の政治家とは格が違うというか、知識量が圧倒的でね。あれこれ質問されますから、こちらも勉強しなければいけませんし、言葉を交わすのが怖かったですよ。

機関誌部　反町さんの「文車の会」には参加されなかったのですか。

初谷　勉強会や海外旅行など、何度も勧誘されましたが入りませんでした。反町さんの色に染まりたくなかったというか、自分の力だけで仕事をしたかったんです。だから海外への買付けもいつも一人で行きました。大体はヨーロッパですが、現地でガイドを雇って色々と旅をしたものです。向こうは本の価値がよくわかっていないから、こちらで提示した金額を見てとても喜んでくれる。しかしそれも平成の初め頃までの話で、ネットで簡単に相場が調べられるようになってからは面白味がなくなりましたね。

機関誌部　先日のＡＢＡＪでは初谷さんが外国の方と話しているのをお見かけして、どこの言語かわからなかったのですが、英語ではないのは明らかで、すごいなと思ったんですよ。

初谷　フランス語ですね。私も話せるわけではありませんが、通訳が間に入ってしまうと値段の交渉が上手くいかないんです。だから片言でもいいから直接話すことにしています。それは外国に出かけていっても変わりません。

機関誌部　ご出身の佐野市に縁のある田中正造の資料を博物館に納められたそうですが、どういった経緯で見つけられたのでしょうか。

初谷　東京古典会に出品されていました。ただ「正造」とあっただけで本人のものかはっきり確証が持てたわけではありませんが、「これは絶対に買わなければ！」と直感したんです。古典会の錚々たる方達ですら信じられなかったようで、下札で落とすことができました。お客さまに調べてもらったところ田中正造の最初期の資料であることがわかって、カタログに一三〇万円で載せると、すぐに佐野の博物館から「必ず買うから他の人には見せるな」と連絡がありました。

機関誌部　仕入れる力だけではなく、資料がどれくらいの価値があるかを判断するためのネットワークを持っているわけですね。

初谷　あらゆる分野にお客さまがいますから。先生方も良い資料は見たいわけで、発表してはいけないという条件つきで見てもらうことはあります。

＊＊＊

機関誌部　「聖順先生の教えを守って」の結びには「生涯現役」と書かれていますが、古本屋はそれだけ魅力のある仕事だと感じますか。

初谷　すべての本には出版される意味があるわけですが、それを自分で一つずつ理解していく、あるいは特徴付けていく。これほど面白い商売はないと思います。また私の年齢であればとっくにリタイアしなければならないけれど、今でも市場で若い人と勝負できる。日本でも海外でもお客さまから声をかけて頂けるし、健康でさえあればいくらでも続けられます。こんなにありがたいことはありませんよ。

最近は「市場に行っても何もない」という声をよく聞きますが、手に取ってみればやっぱりそれぞれに個性があるわけです。先輩には「親の死に目に会わなくても、市場には必ず行け」と言われたものですが、私も若い人に同じことを言いたい。その日行かなかったがために、欲しいものが買えなかったということは、古本屋にとっては一生の不覚です。「資金がないから」と市場を休むのではなく、市場で仕入れて儲けるのが我々の仕事でしょう。

機関誌部　目録メインの初谷さんから見て、ネット販売はどのように感じられますか。

初谷　コミュニケーションが存在しませんよね。カタログを出せば、ただ注文が来るだけではなくその時の反応を次の商売につなげられるケースは多々あります。「今度はこういうものを欲しがるだろう」ということがよく分かってくる。ネット販売は売ったらそれでおしまいですよね。手軽かもしれないけれど発展性はないと思う。

本にどれだけ付加価値をつけて売ることができるか、古本屋の真価が問われるのはそういったところでしょう。よその値段を調べて、それよりも一割、二割と安く本を売っていくというのは自分のクビを絞めているようなものです。もっと一生懸命勉強して幅広い知識を身につければ、安売りせずとも儲けられるのではないでしょうか。

機関誌部　効率のいい目録販売の方法はあるのでしょうか。

初谷　三五〇〇部、多いときで四千部発行しますが、例えば博物館や美術館に納めるにしても、当たり前ですが、建物ができる頃には資料購入が済んでいます。ただ、そういった計画は長い時間をかけて少しずつ実施されるわけですから、情報をいち早く収集して、新しい施設ができる地域の教育委員会や外郭団体、あるいは関係している先生などに直接売り込むわけです。計画が表立ってからでは遅いんですよ。オープンしてから「どこが納めたんだろう」「実はうちなんですよ」ということはよくあります。

機関誌部　大変実践的で興味深いお話ですね。

初谷　自信を持って仕事をしてきましたからね。不況は関係ないですよ。仕入れ方や本に対する態度、あるいは販売方法にどこか欠点があるから売れないんです。大学や公共機関の予算縮小を引き合いに出す人もいるけれど、どこもかしこも少なくなっているわけではない。予算の使い方も地域によって異なるわけで、そういうところも具に見ていかなければならないでしょう。とにかく勉強をして、どう売るかを自分で考えるしかない。そのためには市場での売買が何よりも大切で、ネットだけやっていたんじゃ身につかないですよ。本の情報を入力するにしても、いきなりパソコンを使うのではなく、一度紙に書いてからの方が絶対にいい。パソコンに頼ってばかりいれば本も覚えられないし、誤字脱字も多くなってくるでしょう。本の情報を誤って記載するのは古本屋として最低だと思うし、お客さまからの信用も得られませんよ。

機関誌部　市場に通っていて、気になることなどはありますか。

初谷　市場はもっと整然としているべきですね。本を大事に扱って欲しいという か、二十本口なんていう荷物があるけれど、せっかく良い本が入っていても死んでしまっている場合がある。言っちゃ悪いけど、それをそのまま放置しておくのは本屋のやることじゃありませんよ。

＊＊＊

機関誌部　最後に初谷さんから若い組合員に伝えたいことなどはありますか。

初谷　繰り返しになってしまいますが、とにかく市場を丹念に見てもらいたいですね。本をしっかり手にとって記憶していけば、いつかはいいものかそうではないかを判断できるようになります。それから最初は少ない点数でもいいから紙の目録で販売をして欲しい。徐々に量を増やしていければ、必ず成功につながる一つの道だと思いますよ。

機関誌部　しかし今後はより一層ネット専門の古本屋は増えていきますよね。

初谷　時代の流れですから、それはどうしようもない。けれども、ネットで安売り競争をしても先はありませんよ。一点しかないものを売っているわけだから、利幅で勝負するのが正攻法のはずです。むしろそういった意味では古本屋ほど強い商売はありません。そのためにはある程度古いものを扱う必要がある。せめて昭和初期まで、それから明治、江戸期と遡ることができればこの道は安泰じゃないですか。

機関誌部　安易にネット販売を頼るなということですね。

初谷　色々な商売のやり方があっていい。私が強調したいのは、さっきも言ったように「付加価値をつける」ということです。お客さまにどれだけ本の情報を伝えられるのか、それは古本屋の技量に関わってくるわけです。本の価値や魅力を高めるための作業はいわば手間賃であって、それを上乗せした上でお客さまに欲しがってもらえるような売り方ができるかどうかにかかっています。そういう職人的な仕事が古本屋には絶対に必要です。そのためには、再三言っているように勉強しかない。その手間を惜しんで、値段だけ追いかけて商売しても道は開けませんよ。今は市場にも沢山荷物が出ているからどうにか続けていけるかもしれませんが、人々の生活スタイルが変わって蔵書を持たないようになってしまえば、仕入れたものをただネットに出すというやり方が通用しなくなるのは目に見えているじゃないですか。

　だからね、今日買った物を明日売るのではなくて、五年後、十年後に売ることを考えた方がいい。それくらいの余裕がないとこの商売は長くやっていけません。八百屋や魚屋じゃないんだからね。私も独立当初に百万で買ったものをずっとあたためておいて三千万円で売った経験があるけれど、そこまで大きくなくても時期を見て売れば何倍にもなるものはいくらでもある。市場に通いなさいと口うるさく言うのはそういう機会を逸しないためです。

機関誌部　今日は厳しいご意見も伺いながら商売に関する実践的な方法をお聞きし、大変勉強になりました。お忙しいところ、誠にありがとうございました。

（470号／2015年6月号）

回想
想いいずるままに

夏目書房　夏目　順

機関誌の方から何度となく何か書くようにと勧められているうち、四、五年時が過ぎて了った。

私の書くものなど、どうせ小僧上りの教養の無い人間の事ゆえ、ホンの雑文に過ぎないと再三お断りした。第一皆様の御仕事の参考になる事の皆無なのは勿論、老残の繰り言みたいで機関誌に載せるのはおかしい。

其れに年寄りの癖に気ばかりは若く、負けん気も少々有り、何やかやのんびりしてる訳でなく、休養の取れるのは市の無い日（私の行く市の）火曜と木曜と日曜位のもの、それに本の整理と展覧会の札書きにつぶされて了い、先ずブラブラしてる日は殆ど皆無だ。

その癖乱読、雑読は好める処、難かしいものは読めず歴史、文学の随筆類と文春、週刊誌位だが結構時間をとられるし、子供の頃から映画、歌舞伎、新劇皆好きで有る。三十年位前は長唄の会や常磐津の会、女義太夫まで出かけたもので有る。

長唄研精会など常連で壮年の小三郎など随分聞きかじっている。

又講談場と言った講談席や寄席へも眼の無い方で、小柳亭、金車亭で昔の名人の典山、文慶、越山、伯山、落語の先代円右、小さんの舞台も耳にしている。近来は先ず映画丈けで、何とか時間をまじくなって週に三、四回は出かける。

向うさんの外国物が多いが、たまには東映のやくざ映画緋牡丹博徒、藤純子の艶姿などまで一応観るのだから余計暇が無い訳で有る。

歌舞伎の方は昔に比べると大分御無沙汰になり、幕末生れで浅草猿若町に三座が有った時代の団十郎菊五郎左団次などを見て来た祖母以来、母、私と三代続いて芝居好きで、おかしい事に私の長男が又好きだから歌舞伎の方は四代の好き者で、通を振り廻せばきりは無く、此の間亡くなった杉山留治君位の能書は言えるとウヌボレている。暇が少ない言い訳が変な方にそれて了ったが、此の一文そのものが、筋立はなく、横路へばかり入りすぎるからよろしく御海容を願いたい。

◎

小生は十五歳で神保町の松崎へ小僧に入った。親爺の商売の食い物屋は向かないが、当時流行の立川文庫に夢中になったり隣近所の貸本屋を皆荒し切って駒形のどじょう屋近くの貸本屋まで遠征する位読む事は好きだった。

涙香物など小学生六年位に味を覚へて了った位だ。余り借りて来るので親爺に怒られて貸本を大釜の火の中に投げ込まれて了い、その跡始末に大困りだった事が有る。

その縁で本屋が良かろうとなり、本屋は神田と言う処から松崎家へ入門と成って、今の当主の栄夫君などよく背負って守をしたものです。その栄ちゃんが五十幾つだから小生が年齢をとるのも当然と言えよう。

幸いにして、あのような人柄の善良（まことの意味の人格者）な松崎義治氏のお世話に成って、楽しい店員生活をおくり得た。

今日と全く御時勢の異る大正時代に、松崎家のように自由に過ごさせてもらった事は小生一生の幸福で有ろう。

朝夕の三食にしたって全部主人と一処で全じ物だ。別のおかづを食べさせられた覚えは無い。切身一つ、鍋ものまでも一つの鍋である。その癖口答えはする、フクレッ面はする、困った小僧さんだったに違いない。

ひっぱたかれた事だって一度か二度位のもの、今から考えても自分の方が悪いのである。そうして十六歳位から都内を買出しに出してもらっている。

紀太の和文英訳や、南日の英文解釈、池田清の化学講義位しか、碌に本も相場も知らない若僧を買出しに出してくれて、高いもの買って来ても怒らなかった主人は（後では義兄になったが）有難い人だったと思います。

今日になって小生の子供（長男は五十歳にもなるが）たちは松崎の伯父さんは本当に偉い人だったと未だに忘れず口に出します。

偉い人と言ったって、仕事をした事業家的偉人とか金を残した人とか言う意味でなく、市井人の中のまことの紳士と言う意味でしょう。松崎義治なる人には、指先き程もいやな思い出や印象の無い人でした。真底、親切の人です。再三言う様だが本当に僕は幸せだったんでしょうね。

でも店に居たのは四年位で五年はいなかったと思います。

当時の聯合会市は巨大な一流の市で、名振り手と言われた深沢良太郎氏、田村徳次郎氏、晩年殆ど横浜で営業されていた篠田亮一氏、渋い振り手の津田謹さん、三橋前理事長のお父さん。（ノンキな父さんのあだ名あり）新松君のお父さん、大島君のお父さん。（此の人は伝説的に会計で怖かったと言われていますが、付合うと実に無邪気な面白い方でした。）

此の様なベテランの運営している市へも何度となく行かせてもらいました。（故人の永森君などはずっと後から、小生等も入ってた若手市一心会から引抜かれた人です。）

永く店に居なかったのは、一身上一寸言い憎い事件が、小生が原因で起って、出た訳です。今なら書いても良いけれども、七十歳近くなって顔の赤くなる様な事ゆえ略します。

ともあれ十八歳の時に、女房とコブ付きで、浅草千束町でお稲荷とお萩を売ってる親爺の家に同居して、セドリを始めて食う事に成るのです。

考えて御覧なさい。十八歳の人間の友達は、勿論十八歳、たよりにも相談にもなったものでなく、正直の処双方の親と主人は反対と来ては無我夢中でひたすら女房子供を養う可く働かざるを得ないでしょう。

加えて店で暖かい援護の元の買出しと違い、いかに大様な呑気な時代でも、セドリで儲けてゆくには腕が鈍い、経験が浅い、いや丸っ切り浅い。

弱りましたね。いづれ兵隊に行く身体故、店を出す訳に行かず、困ったものです。

助けの神は神保町に東条と言う立派な本屋があって、その番頭さんに俗に清さんと言う池田清太郎と言う方がおりました。今、井上さんの処で働いてる萩谷好之助氏の先輩であり、名古屋にいる窪川精治氏の同輩です。

此の人に可愛がられたので、参考書程度の佐野保太郎の徒然草新講なんて本に至るまでいちいち相場を聞いて商売をしたものです。

その時分の思い出に今でも少々高い柳宗悦のウイリアム・ブレイクを買ってもうけた覚えがあります。

何とか貯金の形位ホンの少し出来た処で、兵隊検査、入営となります。

世田谷三軒茶屋に近い東映野球場の処が駒沢の練兵場で、その真前に二つの聯隊が有り玉電通りから入って手前が近衛野砲、先隣が野戦重砲兵で、その手前の方俗称近砲と言ってましたがそこへ入隊です。昭和女子大の奥の方がその辺でしょう。渋谷から通ってる玉電の通りは馬車が土ほこりを上げて通っていた。独歩の武蔵野の一節が殆んどそのまま残ってる頃であり、三茶君が隆盛を誇った三軒茶屋附近などガランとしたもので、近砲へ入る入り口に時代屋さんがその後小さな店を出したと思います。ソウソウ昔風の構えの新本屋が一軒有りました。兵書などと共に一般の本を置いてた様です。

軍隊生活は、今日に至るまで大嫌いで、懐しさなどこれっぽっちも残ってません。二年目には下志津の砲兵学校へ分遣され、初年兵生活の延長半ヶ年で又世田谷へ戻り、観測隊の走りみたいな事もやりましたが、二ヶ年を通じて軍隊生活の空気は実に重苦しく、いやらしいものでした。嘘と虚飾が多く、封建的と言えばあんな封建的な処はなく、今日になっても兵隊上りで、伍勤上等兵とか、模範兵なんて言う人は、絶体に信用しません。そんな奴程余計悪い。初年兵時代と二年兵になってからと、あんなにガラリと変れるかと言う程別人になり、化けの皮がはげ或る意味で本来の姿を現す世界はありません。

まともな人間の居られる世界とは思いません。小生のつまらない一生もこの辺で一転機を迎へ、下町の浅草育ちから池袋の土地の人間になる訳ですが、その大事件があったと言うのが、彼の大正大震災です。

丁度軍隊生活の途中で、確か砲兵の常として二頭の馬を連れて（兵隊語で併馬と言います）駒沢の練兵場から馬の運動をして戻った処です。寝藁で馬の身体をゴシゴシこすってる最中に例の物凄いガラガラグラグラという次第。兵隊屋敷の土塀が地響きして崩れかけたんです。馬の奴は驚いて飛び上る、尤も人間の方だって仰天したのですから、気の極く小さい馬が驚くのは当り前。大地震だとは判りますが、どんな状態かは全く不明。日が暮れ始めて練兵場の彼方の空、東京市内が真紅に燃え上ってるので是は大変だと思いました。処が仲々外出させて呉れない。もともと近砲と言うのは、東京者と地方人とが半分半分ですから特別外出させると、ガラガラになって了うと言う事もあったのでしょう。当時の聯隊長は後に中将位になった荒蒔義勝という大佐でしたが、やっと八時頃になって東京に家の有るものは外出を許可する、但し明朝六時までに帰営という条件つきで兵門を出ました。

玉川電車の通りを道玄坂へ、走坂を通って三宅坂、桜田門から宮城前へ差しかかると向う側の帝劇や赤煉瓦の警視庁（当時は警視庁が帝劇と並んで堀端にありました）が燃え落ちる寸前で、宮城広場の中は逃げ延びた人たちで透間の無い位。凱旋道路と称した商業会議所の処から京橋第一生命の前、昔いや今もあるか知れませんが、仙女香という化粧品屋の側まで行くと凄い突風です。火事から起る風でしょう。屋根看板は元より巨きな金庫が道端にゴロゴロして白木屋の大建物が崩れ落ちる処で、日本橋へは歩けたものではありません。未だ浅草の我が家までは大変な道のり、辛うじて逃げて来た人の話を聞くと公園の十二階は真ッ二つに折れて、あの辺一体は火の海、殆ど助からないと云う噂。小生も腹の中で覚悟を定めました。

家内も一郎ももう駄目だ。親爺やお袋も亡くなったなと。俺は一人っ切りに成って了ったと考えました。帰営の時間もあるし、又トボトボと世田谷へ戻って行くのです。その足の重いこと。

そのままで数ケ月が過ぎ市内の方々へ食糧を運んだり、吾妻橋、隅田川沿いの徳川さんの屋敷（枕橋）の前を通ると大川へ浮んでる屍を焼くいやな匂が染みこんで一日、二日は飯も咽喉を通らなかった位でした。

秋になって軍隊おきまりの秋季大演習が始まり、いつもなら下志津か習志野原でやるのを、みすず書房版の朝鮮人事件資料に記録のある大震火災中の朝鮮人騒ぎという事件が有り、保護した朝鮮の人で満員で使えないのです。此の事件そのものも変な事件で流言だか、造言だか正体不明。為にする方面のこしらえ上げたものらしいが、ともあれ我々は上野駅から馬と同居の貨車で仙台郊外の王城寺ヶ原で演習する事になり、上野駅前で小休止。

此処で新派大悲劇みたいな事が起りました。あの当時流行ったゆであづき、すいとんの露店へ立寄るとすいとんを売っていたのが親爺なんです「アッ⁉」もう口もきけず、只茫然と顔を見合す丈でした。お互にポロポロ涙が出る計りです。

でも色々と聞いて見ると、家内の里から女房の父親が人捜しののぼりを立てて捜しに来て、終戦直後の列車を思わせる様な満員列車で、女房と小さい長男、私の妹一人を連れて千葉県の印旛沼の傍の田舎へ行ってるとの事です。一人も焼け死んだものも無く、皆無事と聞かされてホッとしました。其の時です。目白に今居る夏正が幼いのに宇都宮のペンキ屋へ僅の縁をたよって、年季奉公に行ったんです。弟にすれば、此の事は一生の内のショックで有り、いささか親を恨んだ位の事は有ったでしょう。世の中が何しろ全部御破算の大騒ぎ、私の父にしたって浅草の千束町の旧地に二階づくりの地下室まで有る家を一ヶ月前に新築した計り。昔三河から裸一貫で上京し、駒形のどじょう屋の職人として一人前に成るまで転々として苦労し、やっと前にのべた稲荷寿し、おはぎの小店を出し、浅草公園に沢山有った茶店へ卸しをするように成り、浅草では「福泉」という一応名題の家になる迄に、「福泉」という店にしがみついたのです。殆どが借家の時代に新築の家を造り上げて一ヶ月で丸焼けの着た切り雀と来ては、今考えると父は本当に可哀相です。

数十年の夢が一度に崩壊という処です。年季奉公に行った正三も小さいのに、ふびんだが仕方が無かったんです。兵隊で貯めた大演習行の日給の(一日十五銭)半分を割いて親爺に渡し、時間が無いので仙台へ馬と同居の貨車で出発しました。こうなると私も死物狂い、仙台に着いて外出をもらうと、端下銭の残りで、青葉通りの本屋を廻って買出しをし、何とか利益を得ようと考えたんですが、大震災で相場は暴騰し手に負えたもので無い。今はツブシ同様だが同文館の工業大辞典など今迄五円内外のものが、二十円と聞いて魂消る有様でした。尤も資本金の方は軍隊の月給を親爺へ渡した残り半分。録な本の買え様もなく、確か仏教統一論の利き目、仏陀論などをやっと買って背のうの中へ積め込んで帰京してから、白山で焼け残った窪川精治氏の所へ持ち込み、何がしかの利益を得た覚えが有ります。おかげで兵隊唯一の楽しみ、酒保でおしるこ、まんじゅう、うどんを買う余裕は全く無し、戦友にまんじゅうの一つも恵まれ、やっと飢をしのぐミジメさでした。処が一週間の滞在予定があと一週間延びた時には、泣き面に蜂で本当にがっかりしましたね。

世田谷近衛野砲の本隊へ戻って直ぐ二年兵に成ると、特務曹長(人事係)にお為ごかし見たいな尤もらしい口調で、下志津の砲兵学校へ分遣されました『アソコは非常に風紀が悪い。お前のような女房持で無いと間違いが起り易いから特に選抜したんだ』なあに半ヶ年、又初年兵のやり直し、砲兵操典改正の生きた材料てなもので、下志津の兵舎へ着いた其の晩から、夜の点呼の訓示が四十五分、立ち放し、翌る朝は半里位を駈け足でフゥフゥ言わされるという驚きの連続で学校は正に聞きしに勝る凄い、しぼり方と恐れをなしました。

楽しみは夜の酒保で毎日疲れるせいか酒も有る、湯豆腐は有る、野菜の天プラも有る。酒と煙草はすっかり覚え込み、序でに日曜外出で外の方も兵隊さん割引で覚えさせてもらいました。然し女房と子供は同じ千葉県に居るので長島選手出身地の佐倉を廻って船で印旛沼の里まで出かけたものです。何しろ泊る訳には行かない日帰り故、駈け足みたいなものです。

本当のあわただしい逢う瀬という次第です。未だデートなんて気の利いた言葉の使われない五十年も昔の事です。

半ヶ年たって帰隊、今度は観測兵になり、又宮城の（桜田門上）号砲勤務、乗馬で二重橋通過という外の兵隊には絶対出来ない事もやりました。

大正十三年の暮に愈々除隊。本式に古本屋を開業という事に成り、平素何となし眼を付けていた池袋へ開店、牛車や馬力が通り、裏通りに田圃や畠が散在する池袋の地、豊島師範と立教大学（築地から引越した計りの）の敷地が徒らに駄々広く、人家は未だまばらだった土地で、先輩の本屋はタッタ一軒師範の横に有りました。

経験の浅い資金の全く空っ尻の若僧が女房と子供を抱えて背水の陣、店と言えば奥行きが三尺間口一間半、本の入ってる棚はやっと十棚位、両側の棚は本のビラで隠してる有様です。二日間は売上一銭も無し、三日めに初めて吉田熊次の系統的教育学が三円で初商い、買ってくれた有難いお客が一時コロンビアに在社してた清水実君が立教大学二年生位の時です。

本の名前も値段も人の名もマザマザと四十何年経っても忘れられません。

◎

次には市会や当時の振り手のことなど思い出して見ましょう。

勿論未だ御元気な古い方も沢山おいでですから、私などの見た市より古い事は御存知だと思いますが、今日程沢山の市は有りません。大体に神田の方の市は午後からで、今の支部市に近い小さい市（ゴミ市ゴミ市と失礼な言葉が使われてましたが）は午前中からです。

色々の市の有る中で一般向きを扱う市で取わけ勢もよく振り手その他大ベテランが揃ってたのが聯合会という市です。深沢良太郎氏、井上喜多郎氏、三橋さんの先代、新松さんの先代、大島さんの先代、今の浅草駅の真下位の問屋街の傍に有った浅吉さん、田村徳次郎氏（丸文さん）、津田謹一郎氏、篠田亮一氏などが構成メンバーで、全部故人に成られてます。永森君など後年名振り手と数えられましたが、前掲のように昔の一心会から、改組した聯合会へ入った人です。小松ちゃんで通った波木井吉正君などは又ずうと後の人です。

波木井君などに更に大分おそく入った人の中に金井君の先代や滝君の先代、北川立正佼成会氏、杉山君、今鍼灸の方で盛んな市石君などが入った訳です。

深沢さんは俗に深良さんと言われ、晩年あごひげなど蓄えて一寸御隠居然としてましたが、本の鑑識は深く、買い物も鋭いものが有り、小生などが元気横溢の働き盛りの頃でも、よく霞町の市や四谷の市で一処になりましたが、良書や珍本が現れた途端に眼光鷹のように鋭く光ってたじたじとしました。

（211号／1971年仲秋号）

回想
想いいずるままに 2

夏目書房　夏目順

亡き先輩と昔の市場

自分にとって苦しみと悲しみ丈けの——過去丈けでは無いが、今となっては「懐しい」と言うヴエールを被って現われて来る。

前号に当時の一流市だった聯合会市会の振り手の人々の淡彩のようなものを書いたが、皆駆け出しの自分が色々お世話になった先輩たちである。

正直のところ三橋猛雄さんには一寸悪いが、余り振りの方は、おっとりすぎてお上手で無い先代に、自分の本を振ってもらった人間も今日となっては数少ないでしょう。（勿論、三橋さんは未だ学生時代、弟の丸正君は実に可愛い美しい少年。）

聯合会の人々の中では丸文さんで通った田村徳次郎さんが好きだった。生来江戸ッ子のせいか非常に好き嫌いは多い方だが、俗に虫が好くと言う奴で田村さんが東京堂の真ン前にお店を開かれた頃から小生は小僧で存じ上げているが、嫌や味の無いタイプの方でした。（晩年美しい奥様を迎えられた。）

津田謹一郎さんは渋い振り手で声量も無く、華やかさは深良さんの半分にも行かないが、我々セドリの荷を売ってもらうには誠に有難い人でした。手堅く急所々々を締めて要するに――ぼり過ぎず巧く振ってくれました。

昔から深良、永森振り手第一人者論が通ってる時に、敢えて津田謹名人説を力説してから知るも知らぬも再認識されたようだ。

今日の時代では振り手論など、一寸おかしい様だが、当時から最近まで振り手が市を相当左右したものである。

振り手はその後永森君、波木井君、及ばず乍ら旧一心会時代の小生、戦後は金井君、北川君、竹岡君等々となって遠慮なく言って永森の茂ちゃんを境にして少々質が落ちた感じだったが、近来では高原君と村内君が出色であろう。

面白い事に両君共、本の鑑識眼が深く奥深く調べて客を逆にリードすると言うタイプで無く、先づ第一に感覚の好さ、客のセル声の中からニュアンスを見出して巧く落すという処に特長があった。本への感覚の鋭さ、強引でなく和か味のある点は古い振り手の生き残りの私などから見て、しばしば敬服するものがありました。振り手の長談義は一応これで止めますが、只当時の市場と言うものの「しきたり」と言うのか、ある意味で封建的と言うのか、今日の眼を持ってすれば驚天動地、呆れ返る程の世界だった。

よく言う松村音松翁が晩年一寸口が不自由になった時分、「ウン」とうなづけば、とたんに本が落ちてきたなんて言いますが、あんなものでは無かった。もっと凄い!!!

振り手の両脇の席に厳然と控えているのが、今、小川町で新本屋さんに成っている高岡書店の高本さん、神保町の高岡支店の高支さん。此の御二人がとても威張ったものである。その次に飯島さんの先々代、今の岩波の処にあって組合長を連任した尚文堂・土戸伊三郎氏、松村さん先代辺りがいわば御三家とか御四家とか言うんでしょう。東条さんの先代や大雲君の先代なんて方は、小生お目にかからない前に故人になっています。一例が小生の小僧時代に眼の当り見た話、当時売れたチョイスリーダーを出版してた鐘美堂から独立して今の市田君辺に露地を境に有斐閣支店と並んでた三光堂さん（御存じの方も多いでしょうが晩年一誠堂の傍で新本屋に転向した方です）、何か落札しようと声を出して先程の御三家か何か知りませんが、頭から一喝されてシュンとしたのを見て驚きました。尤も三光堂さんも当時二十七、八才位かも知れません。

良い本が出ても生半可の若い本屋は買えない時代です。勿論買う金が無いのではなく振り手が落して呉れないのです。

お余りと言っては何だが二流、三流の品に進路を見出す訳です。

大先輩連の勢たるや大したもので、皆も内心は兎も角、当然としてブーブー言う様子もありませんし、振ってる振り手も当り前に思ってました。現在の例えば少し変ですが「百家争鳴」、店を出して半年、一年の若い方でも先輩の上へ十円、二十円と乗せて堂々と買える今日とは市の様子は、ひっくり返った様な変り方です。

勿論、若い人たちは変ったとは思わず当然視するでしょうし、又それが当り前です。だがこの様になるには四十年以上の年月がかかっています。

だから昔の市は立派だったと昔語りをする連中には『何を言ってやがる』と馬鹿々々しく思います。外でも市でなくて昔は色々といやな面が沢山ありました。

郊外の小さな店がたまたま買った大口は、大どこへ良いようにごまかされて了う。例えば「のり」になった場合だって大手の人が入ってればホンの端下金の涙金でおっぽり出されて了う。

巧く市へ出品できても、よろしく談合されて安価で売買され、あとで又再入札なんてことは日常茶飯事と言わずとも往々にあった事です。

特にこう言った慣習も割に気にせず昔からのしきたりとされたんでしょうね。

旧・一心会の人びと

このうっ屈した昔流の世界の市場に反撥して、若い者同士で新人をきゅう合して新風を吹き入れようとしたのが昔の一心会。

今、名古屋郊外に病を養ってる窪川精治さんを中心に、参謀格に何でもできる上田得三氏、相談役に早稲田の世界堂抜井峯吉氏、関口広文堂、長岡秋二、内藤徳治、木下有文堂のお父さんの面々、本郷の坂田君の先代も初めは所属されたと思うし、三崎町の日曜堂など。振り手はゴミ市と俗称してた今の支部市に近い市から若手の永森良茂君が威勢よく入った。

先づ目ざす御敵は聯合会市だったろうと思う。相手方は何を小僧が位に色々と迫害の手も延びた事も多かったろうと想像されます。

その内北原義太郎君（大観堂）も入会され、又、関口さんが新潟から貨車一台分と言う超大荷を出品された事もあります。

一心会が聯合会の大ベテラン揃をも稍々追い越す勢になる頃までは、窪川さんなど斎藤昌三さんや明治文学研究家の間には多少その名は売れても、窪川々々と影でなく、いくらか下目に見る先輩が多勢居たんですから創立結成からの道は険しかったに違いありません。

要するに実力を養って一方の旗頭としての窪川書店を築きあげた努力家です。

私は中期位に、割に品物を集めて出すので、お客様として堂々と入会を勧められ会員になった。この窪川さんと云う人は壮年の頃から感心居士と言う愛称があったほど素直に感激できると言うか新しいものに直ぐ応じ得る性格だったんでしょう。（故内藤徳治氏が何にでも通を振り廻し、物知り？と言うので陰でブッケツ居士と呼んだ悪い奴が居ました。）

大体旧主人の東条書店に白樺派の連中が出入してて、武者小路、里見、千家元麿なんて方が多く見えたので、自然文芸物に興味を持ち、扱う様になって明治文学物を集めた権威になられたのでしょう。斎藤昌三さんが窪川さんから透谷の逢莱曲を門太郎の名なので気が付かず、掘り出された有名な話があります。

東京に御在住だったら初代の明治古典会長は動かぬ処だし、案外未だピンピンしてその方面の本を扱ってるかも知れません。

白山に倉庫とお店と向い合って在ったお宅へは、年末の配当会議などで二階へ幾度となく、お邪魔しましたが、床の間に東洋美術大観や国華の大揃がデーンと置いてあるのが御自慢でした。尤も当時の古書中の第一級或は特級品でした。又、窪川さんの奥様が御主人に輪をかけた苦労人で、天性本屋の奥方に生れついたような方でした。記憶力抜群で買物でござれ、客の好みから本の在り方まで実に詳しく、お人柄も女丈夫で失礼乍ら男だったら御主人よりうわ手かしらと思わせるものがありました。

八十歳に直ぐ手が届くというのに頭脳明快、たまたま旧一心会同人の老男女が温泉などで昔語りに夜の明ける迄話す事もありますが、窪川老夫人の意見のハッキリしているのには後輩顔負けでつくづく感じ入る事があります。

本当に旧一心会は私の前半生の終りから後半生にかけて、貴重な部分を占めており、思い返しても楽しい事が多いのです。

色々な遊びをこゝんゝ篤てい寧に教へて呉れた上田の得さんや、一処に遊び廻った長田・内藤君には果して礼を言う可きか恨む可きか、一寸判断に苦しむ事もありますが、結局人間並みになれた事は矢張り感謝すべきでしょうね。

創立何周年かで多摩川の京王閣に、組合員のなかで平素一心会においでの方の御家族を御招待した時が乗りに乗った快調時代の始まりで、現存している写真の古ぼけたアルバムの中にも皆ニコニコした顔を残しています。今日白髪の老頭が真黒い房々した髪に青年期の若々しさで生々としています。「アノ人」が「コノ人」がと四十年も昔の世界に飛んでいってしまう様です。

今迄一心会創立当時の苦労話の一端を伝えたけれど、何にせよ時代は大正期ですからどこか長閑なのんびりした処も大ありで、昔の図書倶楽部の帳場の横には三橋先代の叔母さんに当る方が大火鉢の前に陣どり、手造りのいかの塩辛で直ぐ一本つけられる様に成っており、酒の好きな方は昼間から赤い顔さへ見えたものです。若い女中さんも何人もおり、仲々色どりになっていたものです。

倶楽部の真裏には五目と云ういわば長唄、端唄、清元何でもやの女師匠が住んでおり、商売の空き間を見ておけい古に出かけたものです。上田さんあたりが先発隊で、窪川さんの「宇治の茶どころ」の唄なんか確かそこで覚た片われでしょう。余り進歩の跡は見られなかったが、内藤君や関口君あたりも常連でした。

こんな雰囲気だから一心会の忘年会に多勢のお客を呼んで菊池寛の「父帰る」を大真面目にやる騒ぎになったのです。一寸した文春の文士劇と云った処です。

何しろ配役が珍です。兄賢一郎が窪川さん、弟に北原君、妹（おタネ）が早稲田の長田老画人、落魄して戻ってくる老父が永森の茂ちゃん、ウロウロ心配して迎える母親が内藤徳治さんと云うんだからこれは少々憎たらしい女形でしょう。

とも角、糞リアリズムとはいかずとも、皆大真面目で演り、観客の中には泣いた人も居るんだから原作のせいもありましょうが一生懸命だったに違いありません。

打ち出しは池袋の染野君たちが総出で八木節か安来節でした。

反町さんと三橋さん

閑話休題。私が若い頃に、いやセドリの端くれに成った頃に感激したことがあります。今日の本郷の弘文荘御主人の反町さんが、帝大卒業後の学士様から好める道の本屋をやりたくて古書界に飛び込まれた時です。一応修業と言うかアウトラインの勉強の為か、一誠堂さんへ入店された時代です。噂で真偽の程は知りませんが、元々反町さんは早稲田大観堂や東陽堂氏の客筋であり入店を希望したが、あの頃の空気で帝大出の学士を抱容する勇気は一寸無く、一誠堂さんに定まったと伝えられています。反町氏御自身が元気で活躍しておられるのだから直接お話を聞けば良いのですが、噂のみを書きます。（間違っていたら御勘弁下さい。）未だ余り洋服を着ない頃で、元来長身の方ゆえ足の脛が少し出る位の短い着物に前懸けをしめて堂々店番をされ、また市へも行かれ、一年一度位の特売みたいな時には大声で呼び込みまでされていたので、私などは正直、その真剣ぶりに魂消てしまいました。

今日の反町さんが明治古典会の大市や古書展で陣頭指揮の厳しさに、神保町の二世諸君の御曹司が、フラフラになって終うのも、昔の意気込みを知っている私などには当然に思われます。

私など明治古典会を逃げ出したのは、うっかりつかまって引ずり廻されては大変だと思った訳もあるかも知れない。呵々。

その次に反町さんが市場に初出陣して（始めは聯合市か初期の一心会でしょう）からの本の買いっ振りです。当時は今日の如く変動上下極まり無い時と違い、何々本は幾ら、何々の本はこうと或る意味で安定、早く言えば、例え良書、内容の立派な本でも非常に安い（時価とか時代の相異とは別で）本があります。昔からの市価と言うか市場値段というものが、絶対的に定っていました。本の種類も今日の盛況に比して数万分の一位しか出版されて無い。我々として微々たる本屋乍ら昔からの相場そのものを絶対信仰してた訳です。ところが反町さんは、その旧相場を縦横無尽に破って終われた。背景に少しは一誠堂の店と言うものも作用したでしょうが、御自身の鑑識からこの本がこの様な安い値段である可きでは無いと、遠慮なくバリバリと新相場を創造された。その若武者振りには外野の野次馬然な私など快哉を叫んだものであります。

そのお陰で本の相場にも新相場が生れ、いささかでも内容を勉強する風潮が現れ動き出したと言えましょう。

私など雑文好きの徒は、えらそうに、本を買ったら少くとも、序文位は必ず読めと若い方に御説教するのです。基礎の無い悲しさに内容まで丹念に熟読は出来ませんが、良いもの悪いもの、又、内容以上に市価が馬鹿上りしてるものも感覚的に匂い位は少し判るのです。

いやしくも古本界に足を突っ込んだ以上は、一応通史位は読んで置くのが当然の義務だと思います。然し、今日の私など重苦しいものは殆ど読まず、週刊誌位でお茶をにごし、文春、中公程度と言う現況は情けないものです。

二十代、三十代にはこれでも箕作元八先生の大部の西洋史講話を二晩で読み上げた覚えもあり、十七、八歳の小僧時代には、通俗ものだが涙香の巌屈王五冊ものから、ふと読み出した昇曙夢訳のドストエフスキーの「虐げられし人々」あたりまで面白くて仕方なく、女主人公のネリーに涙を流した事もあるのです。（一寸恥かしいけど。）

然し、明治文学ものとなると、好き嫌いがあったせいか、紅葉の金色夜叉位は読んだが余り感服せず、むしろ鏡花の初期に近い一の巻二の巻暫の巻などは好きでした。中期後期の華麗巧妙な文章は江戸好みの様で、何か野暮たらしく気に入らなかった。一葉は自分の生まれた土地が土地丈けに愛読したものでした。「たけくらべ」「にごりゑ」「十三夜」など今でも折々の章を覚えてる位です。荷風を読み出したのは、ずうと後の事です、露伴の小説は余り判らず、然し判らないくせに返って随筆の類は興味があり、讕言長語など春陽堂判の大形本の方を随分読みかじったもので、特に今でも長語かどっちか一寸忘れましたが「一国の首都」と云う長いものを読んだ時は豪い人なんだなと感じ入った覚えがあります。

鷗外は若い頃の即興詩人や翻訳ものは初め敬遠して後期の短篇物が好きでした。「高瀬舟」とか、「ぢいさんばあさん」も結構ですが、百物語なんか忘れられない気がするし、寒山拾得など他の人（例えば芥川あたり）には書けない妙がありますね。えらそうに明治文学の月旦を書いたら大笑の種ですから止めましょう。

前号の最初に断った通り、どこへ飛んでゆくか判らぬ凧の様な文章ですから我慢して下さい。話が少し後戻りしますが反町さんが一般書から純粋古典の和本の方へ変ったのは随分あとからだと思います。コツコツと勉強はされてたのでしょうが、洋本（一般書）から見ると更に昔の商い振り、毎風、慣習がうんと残存してる和本市の事ですから、面白くない事も沢山あった事と想像され、その中に反町弘文荘が出来上り、或る意味では追随をゆるさないものとしこしらえ上げたのだから大したものです。

対照的と言っては変だが三橋猛雄さんは、当時まことに少ない大学出の古本屋だったがお父さんの御商売を継がれた関係もあり、御自分の専攻もありで、法政経済の方面に向われて其頃、十ッ端一からげの扱いしか受けない社史などの真価に眼をつけて活躍され、又啓発を受けました。啓発されたといってもそれは大分後年の事で当時は『あんなゴミをどうするのか？』と半ば不思議に思ったものです。

正直、社史ものや実業家の伝記などはあの時代丸で市場で重きをなさず、タマタマ貴重本視されたのは小生が青年時代に三菱の社史を、殆ど揃ったのを買って、確か波多野さんの先代が買ったと思いますが、他の本は大部分が、がらくた扱いです。

勿論、この方面には大先輩の波多野さんあり、又資料的のものでは芳賀大三郎氏ありですが、三橋さんは開拓というか新機軸というか、新しいやり方でした。三橋さんに言わせると、「金が無いから仕方なしにやったんです」と好く謙遜されますが、大上段に商売する反町さんとぢっくり商売する三橋さんとはお互に数少ない、当時のインテリ出身の奇妙な双璧ですね。

そうして何年か組合長、理事長をつとめて更に最後の理事長としては現在の古書会館建設の御苦労にぶつかった訳です。支部会館建設の声も強くなり大変な時代で骨が折れた時期でしょうが、又、こんなに各支部員の信頼の篤かった人も少ない。三橋さんは若い頃から割によく知っていて、理智的と云うか余り情におぼれると言った風の人では無いと思っていました。よく物の判る人ではあるが、組合支部の強い信頼感をあんなに得られるとは、正直のところ思いませんでした。

今日から冷静に振り返って見ると、少し判官びいき、義経びいきの気もありますが、色々な大難苦難に耐え忍び本部対支部と云うものの本質を考慮し支部の気持に真から理解があったという事が一つ。又、人間対人間のふれ合いで人間形成が完成されたと云ふ事でもありましょう。

会館開きのおめでたの席上、数ある祝辞の中で、反町さんが『三橋さんはよく御辛抱なさいました』の一言は、いささか表裏を知っている丈に、三橋さんは元より聞いてる小生も涙が出そうでした。

お互に七十歳が目前に迫る年齢になって了いましたが、反町さんも、三橋さんもお元気です。キビに付して私なども若い人達に負けない気持と健康を維持したいと念じ、流行語で言へば「ガンバラなくちゃあ」です。

太平洋戦争と罹災

話は又、小生の後半生にかかりますが、大正大震災の跡に来たのが是は又皆さん五十以上の方は大なり小なり厳しい経験をした太平洋戦争です。今日乱発される回顧物にいやになる程当時の状況が活写されてますが、何とか生き延びたのが不思議な位。馬も犬も今日食わない様な残飯、ゴッタ煮の雑炊をバケツにもらうべく行列したり、歯が痛くなる様な高粱米、そばとコンニャクを足して二で割ったような奇々怪々の麺類、口に入るものなら何によらず食べましたね。闇にも何にもルートの無いものには全く入らない。小生もタマタマふとした事で入手した油らしきものを一缶買ったら、何を揚げても「ゲッ」と吐き気が出て丸ごと駄目にした事もあり、終戦直前に一寸お国の異る連中から密殺の豚を欲ばって大量に仕入れたのは良いとして、密殺屋が素人で碌に血も出してないので堅パンの如くゴワゴワです。然も冷蔵庫の設備は無く、数日も井戸につるしておく丈けゆえ、アッと言う間にうじが湧いて如何に飢え切っってても口には入らず、全部パーにした覚えがあります。

こんなに食に苦しんでも小生は家内が千葉の農家だけにまだまだ増しな方でしょう。

子供を沢山抱えた都会生れの家庭の主婦の苦労は大変だったろうと思います。

然し、戦争だけは全く負けるとは思いませんでした。腹は空っても気持の方は勇気りんりんです。

面白い事があります、大衆作家で一寸名は失念しましたが要町に居る方がおりましてお得意様です。或る日買物に出かけたと思いなさい。話が戦局に飛び丁度四月頃かと思いますが、その作家の方のヒソヒソ話にこの二、三日どうも雲行が怪しい、大体日本は負けてる、宮中では宮様あたりが動いて和平交渉をしてるらしいとのこと。何しろ此方は東条閣下あたりの景気の良い戦果赫々の武勲公表にすっかり丸めこまれていたからたまら無い。

お得意様のお客と喧嘩です。本土へ一回たりとも上陸された訳でなし、世界一の不沈戦艦武蔵以下厳存しており、精強海軍の大和魂を持って何で負ける筈が無いじゃあ有りませんか？と畳をたたいて大声を張り挙げ、「そんな事を言うからインテリは役に立たぬ」と品物も買わずに、プリプリ戻って来てしまい、学生時代から知っている同盟通信の中堅に居た中村伸康君に腹を立てて話すと、小父さんの言う通りで大丈夫だよと保証され稍々納ったのですが、その後東京新聞整理部長で亡くなられた立教大出の山口君に今度話すと「ヒソヒソ話の和平談義の方が本当で、数日中に負け戦のおさまりが着くよ」と脅かされ、その末に何日もたたず八月十五日の天皇の放送です。愕然とは真にこのことかと只忘然としてる計りでした。強気の中にもB29が毎夜々々飛んで来るのに、此ッ方の飛行機は丸っきり姿も見えずB29を撃墜した事も無い。女子供に、竹槍で訓練ときて、小生の様な近砲上りでゴボー剣や鉄砲の使い方を丸で知らぬ人間がもんぺ姿の家内や近所のおくさんを並べて「エイオー」と黄色い声を出させ、ここの処の姿勢が悪いなんて言ってたんだから、内心少々変だ位は考えていました。

愈々敗戦と定まり、小生宅も倉庫諸共、薩張りした空っぽになったとき、家内は千葉の実家へ逃げようと弱気になって終いました。

勿論長男は兵隊で見習士官、二男三男は軍需工場へ毎日出かけたり、泊り込んだりしています。小生が強制疎開で仕方なしに裏の方に地所付で一軒買ったが、三週間もかかって夫婦共同で荷車を毎日引っ張りヘトヘトになって本を移し終ると、三日目に一冊も残らず丸焼けです。私は消防団長で数人と共に燃えさかる方々の家に水をかけて廻りかなわぬ抵抗を試み、二、三軒前迄が延焼して来たので仕方なく三男坊に備えの刀を二本かつがせ自転車で要町の先の方へ逃がしました。家内も危いから防空頭巾姿で三男を追わせ、一人残った小生は嫌や嫌や掘った防空壕に真暗の中を手さぐりで布団を四、五枚引張り出して放り込み、上へ土をかけて数杯の水をかけた処は変に沈着大胆、大したもので（その布団は全部助かりました）、その後よく自慢話の種にしたものです。立大内の弓道の道場に町会の連中と同居したのは二週間、その後、吉祥寺に借家をしてた松崎の兄の家へ落着いた訳です。

曲りなりにも本屋の別宅だけに内村鑑三全集あり色々の本が並んでます。

そうなると無性に淋しくなります。焼ける時は世間並さ？とさばさばした心境に近かったのに、今度はあんなに本を持ってたのに今は僅かに取り出した武者小路全集一組のみという哀れさ。何としても本屋の店をもう一回再開しようと考え始めました。休業状態の市場はあの有様でどうなるもので無し、先づ御得意様を何軒かお願いに廻ってやろうと決心し、手始めに立教大学、今の法学部の横にポツンと土蔵共奇跡的に焼け残った故江戸川乱歩先生の処へ出かけました。

乱歩先生とは戦争中防空団同士でお馴染みで、お互い近所の医師が持参する薬用アルコールをお茶で色付けしたのを珍重した仲間ゆえ快よくとまではゆかずとも御承知になり、「夏目君、本来ならあと半年位は様子を見た方がよいと思うし賛成では無いが、不用の本を出しましょう」と大分売って戴きました。先生も荷物が東北の方へ送れなければもっと売って下さる筈でした。

第二陣は河盛好蔵先生でした。

東京住いに大分弱気の家内を説き伏せて店を捜し始め、要町小学校近くの文房具屋さんが棚のあるのを幸い休業中なので貸して戴き、先づ住む処です。数丁離れた処に在った滝田さん、有名な中央公論の名編集長の御令嬢、菊江さんと言われ、藤原歌劇団のソプラノ歌手です。

そのお宅が御家族の内、老人とお子さんが疎開して人が少ない処から、文房具屋の口利きで只同然で一間を貸して戴きました。

サァ本を詰めて明日のヒル頃から開店となったものの、この状態で客が来るのか来ないのか、全然見当も付かず全く神だのみの有様で、勇を鼓して店へ出かけると表に七、八人もお客が待ってるではありませんか。心の底から有難いなと思いました。

開店から数ヶ月と言うものは、本も先づ先づ売れるし、買物に来てくれと言う方は多勢で、番号順で行く程でした。

私は決心して、あんなに沢山の本を焼いた事だし、今度は今日仕入れた本は、うんと安くして明日中に片付けてしまう意気込みで商売をしようと思ったのです。先づ全部とは行きませんが七割位は即日に片付いて売れてしまう勢でした。

確かに安くも売りました。平凡社の書道全集の揃など神田の闇値の四分の一位でお客に喜ばれた事があります。その後、滝田様のお宅を出て高松町に俳句、和歌を集めてたお客様が秋田に移ると言うので、花実の多い手入の行き届いた一〇〇坪の地所付の家をたった三百円で買わせて戴きました。

四季様々の花のある風流な家で、亡くなられた斉英さんがお近くに居て家の前を通り羨ましがられたと云う話も聞きました。

然し、池袋の店まで未だバスも無く二十五分位かかる不便さに、家や土地の価の騰する寸前、池袋の店を区画整理で建て直すとき銀行の僅かの借金がいやさに、たった八十万円で手離して仕舞ったのは、所詮庭付きの家に住む柄でないとあきらめましたものの、少々シャクの種で、その後、前を通った事もありません。

消えやらぬ感懐

今、この拙い文章を綴ってる内に若い大久保君が逝き、旧一心会の萩谷君が享年七十九歳で亡くなりました。旧一心会も残存者は誠に少く、窪川さん、長田秋二君、大分若い処で竹中君が残ってるのみです。

ついこの間は池袋の祥雲寺で内藤徳治氏の七回忌法要をした許りです。

私事に亘れば私の小学校一年生からの六十何年の心の友が二人も亡くなり、数日前にはその千束小学校の校長だった私たちの先生も八十幾つで逝くなりました。私は御存じの様に浅草千束町という下町に育ち周囲は吉原あり、旧検か新検の芸者家町に囲まれ、加えて玉の井に移転する前の女の子の町も（銘酒屋街）直ぐ傍に在って、その地名さへも今の猿之助のひいおじさん、踊の巧かった昔の段四郎の前名にちなんで猿之助横丁と言われてました。今生き残ってる市川小太夫は小生の一級上です。前掲の一葉女史の「にごりゑ」の空気や酌婦お力の気持などと時こそ移れ膚で好く判るものです。

吉原も壮年期にいささか足を踏み入れただけでなく、小学校友達の中には大店の河内楼の息子を始め、遊郭出だけで三、四人居りました。

明日、霞ヶ関ビルで社会学で博士授与の記念会をする長谷川進一君など、吉原揚屋町内の息子で私達の級長でした。

色々と詰らぬ事を書き連ねて来ましたが、勧進帳の弁慶ではないが「ツラツラ」とおもんみるにです。正直何にもありません。

只一つ古本屋として生きてきた丈です。これも大体世間並でせう。苦労といっても大した事はなし、金は出来ずともまあまあ食う位は何とか。割に子供に恵まれ、今日、愚息二人が揃って組合の理事をしています。（孫も八人になりました。）

何もしなかった小生の罪滅しに子供に少々忙しい思いをさせています。神田や池袋、横浜の市へ出かけても、今は昔、紅顔の美少年をもって任じたのが、皆さんからおやじさん、おやじさんと言われて苦笑してます。

前号に五十何年も昔の若い頃の写真を出して戴いた老家内も丈夫で、毎日々々店番をして買出し好きの小生の代りを勉めてくれます。お客様の買い物も見様見真似で何とか大抵は買ってます。五十年近い店番のキャリアと云うか、勘と云うか、直ぐ「馬鹿野郎」の飛び出す小生も余り文句を言いません。

まあ、私のやうな一生を或る意味では幸福というべきなんでしょうか？

（２１３号／１９７２年新春号）

業界の先輩に聞く

安芸書房　福光三治さん

（聞き手・小林静生／小林書店）

小林　このあいだ東京古典会の人に聞いたんだけど、以前一点で一千万の発声があったんだって。その本は福光さんの出品だったんだと聞いたけど、どんな品物だったの？

福光　反町さんが買ったんだけど、古典会だけじゃなく、組合で初めてだったんじゃないの、一千万以上になったのは。封筒の金額の欄をはみ出しちゃって、話題になったんだけど。狛家の文書でね、平安時代に渡来した狛家の雅楽関係の古文書だったんです。それを市場に出品するまで、三年か四年かかったんですね。

小林　何故？

福光　平安時代からの伝来物で、大震災、戦災を守り続けてきた品物だから、自分の代になって手放す事はできないという訳だ。持主は八十過ぎのおばあさんでね。次の代にこの品物を伝えるのが私の役目だと言うんだけど、息子は取婿、取嫁でそういう物に全然興味がないの。私がその品物を見た時は既に虫だらけ。だから私言ったんだ、おばあさんこの貴重な品をこのまま虫に喰わしてクズにしてしまうのが使命なのか、後世にちゃんと残すのが使命なのか良く考えた方が良いですよ、とね。

小林　それで説得するのに三年も四年もかかった訳だ。

福光　それではしかるべき所で大切に保管してくれるという事を条件に、あなたを信用して出しましょうという事にやっとなったんです。大きな葛籠に二つあったんだけど、日干しをすると、巻物から虫がいくらでも出てくるんだ。それをピンセットで取ってね。一週間かかったね。それからある大学の先生に見てもらったら、これは貴重な品物だという事で、市に出した訳です。

小林　それは何年頃だったんです。

福光　昭和四十年頃だったかな、反町さんも何かに書いてあったと思うけど。反町さんが買って収めた先が又裏打に二百万円かかったそうです。結局この品物は私が最初に見てもらった大学に収ったと聞きましたがね。

小林　その狛家には他にも何かあったんじゃない？

福光　古い琴や雅楽の装束などもありましたね。それ等は早稲田の演博に寄贈という形で収めました。それと近衛家に錫《シャク》枝丸《ジョンマル》という笛があるんですよ。それの由来を書いた文書があったんです。陽明文庫がすぐ欲しいと言うんです。というのは近衛家に伝る由来と違う経路をたどったものだと書いてあるんで、是非陽明文庫が欲しいという訳なんです。経文なんかも随分あったな。

小林　その後にももう一口もっとなった話を聞いた事あるけど、その話はまだできないですか？

福光　ありゃもう時効になってるけど（笑）。

小林　四千万とか五千万とか……。

福光　六千万。

小林　六千万？　それは何だったんですか。

福光　金沢の称名寺紙背文書、鎌倉幕府の最後の頃の執権北条貞顕の書状が三通位と他に二十通位あったかな。それは川越のあるお寺のボロボロの屏風の中から出て来たの。

小林　何でボロボロの屏風を買ったの？

福光　私が直接買ったんじゃなくって、川越の好事家がたまたまその屏風を手にいれたんです。ところが屏風にしては何だか重いんです。それで解体して見たら五十通位の書状が張り込んであった。その中の状態の良い物を二十何通か市に出して見た。

小林　これからは重い屏風は中を調べなきゃ駄目だね（笑）。

福光　バブルが弾けるちょっと前だったからね。平成三年、明治古典会大入札会に出品しました。あの頃は又何でも高かったからね。でも私が売ったんではあれが一番高かったんじゃないかな。

小林　いや、福光さんばかりじゃなくって、大量だったら別だけど、そんな少量で六千万なんてのは初めてじゃないの？　福光さんよく当るね（笑）。

福光　いや、そんな良い話ばっかりじゃないよ（笑）。どれ程損したかわからないよ。

小林　福光さんは儲けた話しか聞えて来ないもの。

福光　例の称名寺文書を売った後だったけど、芋銭の版木を買ったんだ。

小林　小川芋銭の版木？

福光　草花の版木ですよ、二百枚近くあったかな。道具屋が持ちこんだ。色んな本を調べると似た様な絵があるんです。それを百万円で買って、市へ出したら、八万円（笑）。こういう話だったら、いくらでもある。その方が多いの（笑）。

小林　芋銭じゃなかったんだ。

福光　芋銭だったかも知れないけど、版木は四色刷だったら四枚、八色刷だったら八枚なきゃいけないでしょ。それが組合わさらない。散逸した残り物だったんだね。

小林　百万円てのも惚れこんじゃったね。

福光　百万でなきゃ売らないって言うしね、芋銭の版木が出たら話題になるじゃないですか。

小林　ところで福光さんは最初からお店を持たなかったんでしょ？

福光　家内が地方公務員やってたの、だからあんたが本屋やっても私は手伝わないよ、そんな儲かるかどうか分らないのに勤めをやめて店番なんて出来ませんよと引導渡されたの。

小林　商売始めたのは何時だったんですか。

福光　昭和三十年の八月頃だったな。その年の二月に長男が産れたんだけど、私が勤めてた会社が倒産しちゃったんだよ。それで途方に暮れたんだけど、家内の親戚が中野の昭和通りの所でコモロ書房という古本屋をやっていたんです。そこに遊びに行ってると時々本を持ってくる人がいるの。花野さんと言って、タテ場専門に廻ってね、市場と本屋に卸してた人なの。あんたも遊んでるんだったらやって見たら、小遣銭位にはなるよと言われてね、花野さんのあとをついてタテ場まわりをしたんだ。こういう物を買ってくれば本屋さんが買ってくれますという物を教えてくれた。一週間位、何ヶ所か通いましたよ。それで一人で始めたんだけど、最初は何処へ行ったら良いか分らなくてね、行っても何しに来たとジロッとにらまれてね。

小林　それに夫々のタテ場には専属の本屋がはいってたからね。

福光　もぐりこむ所は一軒もなかったね。それでバタのタテ場に行ったんです、バタ屋のタテ場。新宿の西口のガード下にずっとバタ屋が、五、六十軒並んでたかな。間口一間位の小っちゃなのが。

小林　今飲み屋があるあたり?

福光　ガード下から大久保寄りの線路沿いでしたね。そうするとあるんだな、新聞紙に包んだ夫婦生活とか、奇譚クラブとかね、その代りまともな物はないやね。

少年クラブや譚海もあったけど、その頃は駄目だった。風俗雑誌は良く売れたね。五冊百円で買ったかな、それが市場で一冊七十円位で売れるんだ。家に持って帰って雑巾でふいて、破れてる所は繕ってきれいにして市場に出したもんですよ。

小林　もう組合にはいってたんですか?

福光　いやコモロ書房の番頭格で市場に出してたの。三十五、六年頃まで早稲田に持ってってたんですよ。鬼王神社で市場があってね。月、木二回だったかな。中野から自転車に積んで持ってったもんです。

小林　一万とか二万とかにはなりましたか。

福光　そんなにはならなかったな。

小林　何年位続けたんですか。

福光　十年位続けたかな、タテ場廻りは。

小林　福光さんは広島の醸造元の御曹司だって言う話なんですけど、後継ぎではなかったんですか。

福光　私は次男でね、兄貴が継いだんだけど、死んじゃってね。今は妹がやってるんです。私の家は代々医者でね、祖父も父も医者で、兄貴も医者を継いだんです。昭和八年頃の大恐慌の時、私の町にあった蔵元が二軒相次いでつぶれたんですよ。町に蔵元がなくなっては困るんで、福光さんの所で引受けないかという事で、居抜きで引受けたんです。大借金してね。

小林　蔵元一つまるまる買うんじゃ、当時だって大変な金だったろうね。何て言う酒なんですか。

福光　「朝光」と言うんです。私の町は大朝町と言うんですよ、それでその朝と福光の光をとって「朝光」とつけたんです。他にもいくつか銘柄はありますけどね。

小林　どうしてそこを飛び出したんですか。

福光　話せば長い事だけど(笑)、私に意中の女がいてね、彼女と一緒になろうとしたら、古い因習が残ってる所でね、家の格式に合わんとか。それで昭和二十三年に東京に出て来た訳です。蔵から酒を一斗瓶に二十本位広島に送って、それで金に代えて、十一月だったたな、東京に出て来たんです。後から聞いたんだけど税務署にそれが見つかって大騒ぎになったそうですよ。
小林　酒は統制品だから、うるさいですよ。
福光　樽に約十石位酒がはいってるんです。何尺何寸あれば頂度十石だというのが分るんです。ところがこの間計った時よりえらく減りすぎてるってんですぐバレちゃった（笑）。
小林　私の親戚にも造り酒屋があるんだけど、しょっちゅう計りに来てましたね。
福光　それを知ってるから抜いた樽には水を入れたんだけど、夜中だしあわててるからどの樽からどれだけ抜いたか分らなくなっちゃってね（笑）。でもそのお陰で二年位は売り食いでなんとかやれましたね。昭和二十五年に日本育英会に入ったんです。二十九年位までいて、印刷機を輸入する会社に入ったんです。納めるのは一流会社ばかりだったんだけど、社長は金が入れば、今日は新橋明日は柳橋とそんな事ばっかしやってててね、それでツブれちゃった（笑）。
小林　それでコモロ書房の所に行った訳ですか。ところで福光さん、広島の原爆にあったんだって？
福光　昭和二十年の一月に召集を受けましてね、広島の歩兵第十一連隊に入ったんです。そこは姫路の新設部隊に移って、宮崎の高鍋海岸で防衛陣地を作ってたんです。その頃はもう米軍の潜水艦が入って来ててね。塹壕掘りですよ、食料の配給なんかも乏しくってね。
小林　ましてや酒の配給なんかないやね。
福光　そう、それで中隊長が福光お前の所には酒があるだろうから、兵隊連れて酒を取りに行って来いという訳だ。広島五師団に公用出張という訳で、八月四日に広島に帰ったんです。
小林　御家族は喜んだでしょう。
福光　思いがけない事ですからね。早速酒を三斗広島の駅に送り、盆には少し早いけど墓詣りもすませて、六日の朝一番のバスで広島に向ったんです。三十分程走った所で忘れ物に気がついたんです。あの頃兵隊は外出する時外套を持ってなければいけない。その外套を忘れちゃったんですよ。すぐバスを下りて外套を持って来てもらって次のバスに乗ったんです。一番のバスにそのまま乗ってたら、原爆にもろにぶつかってたでしょうな。私の乗った二番のバスは十キロ位広島から離れてたでしょうか、ピカドンをバスの中で聞いたんですよ。見る間に広島の上空が桃色になり、周辺の山は煙を出してましたね。
小林　十キロ位離れてると何でもなかったですか。
福光　バスの中だったしね。最初ピカッと光ってね、それから物凄い雷の様な音がして、バスも持ち上げられ、たたきつけられて凄い衝撃を受けましたね。その内桃色の空がまっくらになって、黒い雨が降り出したんです。バスはしばらくして走り出したんですけど、血みどろになった負傷者が道にあふれて、先に進めないんですよ。それでその日は一旦大朝に戻ったんです。翌七日救援活動に役立つならと、又広島に行ったんです。市内の十一連隊とかは全滅でね。宇品に元気な部隊が残っていてその傘下にはいって救援活動をしたんです。死んでいるのもいるし、息も絶え絶えの人もいるし、焼け爛れた肌をむき出しのまま夢遊病者のように歩いている人もおるし、地獄でしたね。兵隊さん水！　兵隊さん救けてという声が今でも忘れられないね。でも民間人は気の毒だけど、兵隊を先に救けろという命令でね。吉田という所に陸軍病院の分院があってね、そこに五十人位かな、運びましたよ。民間人は又別に救護する人達がいましたね。腸がお腹から出たり、手の皮がズルッとむけて垂れ下ってたりね。防火用水の中に三人位頭をつっこんだまま死んでいる人がいたりね。米軍の捕虜が二人リンチにあってるのも見ましたよ。Ｂ29の乗員で憲兵隊に捕ったのが原爆の投下で解放されて、それが民間の人に捕って鉄塔に針金で縛られてね。投石されたり蹴られたりね。虐殺されましたよ。七日と八日広島で救援活動しましたが、酒を持って帰るどころじゃないですよ。宮崎に帰るまで三日かかりました、汽車やバスを乗り継いで。途中で長崎で被爆した人にも逢いましたよ。

小林　外套を忘れたんで命拾いをした訳だね。でも地獄を見たね。

福光　私は今でも皆さんより三倍か五倍白血球が多いんですよ。原爆手帳も、その場に居た三人の証言がないと貰えないんですよ。でも一緒に行った人は皆死んじゃってるしね。月報にも書けと言われて書いたけど、本当は自分が体験した事だけに書くのは嫌なのよ。

小林　地獄だからね。波瀾万丈の人生だね、酒屋から始まって（笑）。ところで福光さん古本屋になって良かったと思ってますか、今は。

福光　古本屋になって色んな友達が出来たってのが財産だね。本屋さんは勿論だけど、展覧会やってた時のお客さんとかね、随分友達が出来ましたね。お金は一つも残らないけど友達が財産だ。

小林　大きな買物がいくつもあったって事は福光さんの人柄というか、人の接し方が良かったんじゃないですかね。

福光　タテ場廻りをやめてから、長野へ随分買いに行きましたよ。上田を中心にして昭和四十年から十年位行ったかな。これも人の紹介でね。育英会にいた時の人が上田の出身で、村長とか教育長とかに紹介されてつれて歩いてもらってね。でも教育県だから哲学書や教育書ばかりなんだ。どんな農家へ行っても岩波の本はあるしね。でも田舎の人はなかなかすぐ売ってくれないの。昼間本を持ち出しては困る、夜にしてくれとか、書店名のはいった車で来られちゃ困るとかね。田舎へ行った時は上から攻めて行かなくちゃ駄目ね。

小林　村長なんかに知り合いがいると良いね。

福光　そう。あそこが出したんなら家でも出そうという事になってね。それが逆だとあそこなら売るだろうと言う事になって駄目なんだよね。それと奥さんの機嫌を取る事ね（笑）、それと一度や二度駄目でもあきらめない事ね。高円寺で大市があった時、海老原さんが支部長だったけど、福光さん大市用に何か探してくれないかという事で金を出してくれてね。それで長野の目星をつけてた家に行ったら、福光さん丁度良い時に来てくれた、金が要る事があるので、ここの物全部持ってってくれと言うんだ。一トン車一台で三、四万払ったかな。

小林　どんな本があったんですか。

福光　やっぱり教育書が多かったな、文学書もあったけど。納屋にも雑誌があるけど駄目だろうけど持ってってくれと言うんで見たら、思想・文学の大揃。これが随分なったな。
小林　今でこそ駄目だけどあの頃は高かったですよね。
福光　ある時昔の軍医少将の家に行ったら、福光さん悪いけど納屋を少し整理してくれんかと言われたんですよ、森鷗外なんかとも親交のあった人でね。ある物は皆持ってってくれと言うんです。軍用行李が二つあったんです。その中に鷗外の手紙やら葉書やらがあって、市に出したら百何万かになったの。
小林　福光さん一番付合が長かったのは誰ですか、友愛さんですか。
福光　友愛さんは長かったね。友愛さんには色々相談したな。この品物百五十万位の止メを入れようと思うけどどうだろう、て聞くと、福光そんな物にそんな止メを入れて売れなかったら困るぞって言うんだけど、上札が三百何十万かになったりね（笑）。そんな事もあったけど、直接売ってくれとは言わなかったね。市場に出せば買ってやるよって。事実買ってくれたね。逆にこの本は何十万かになるよと教えてくれるんで、そのつもりで出すと全然札を入れてくれない人もいるしね（笑）。
小林　そういう所古本屋シビアだからね。
福光　でも友愛さんには教えてもらったね。なかなかこれはいくらになるなんて事言わないやね、市場に出してごらんてな事がせいぜいでね。損しなきゃ覚えないわ。
小林　友愛さんの他だと中央線では？
福光　藤井さんだね。お世話になりましたよ。それから佐伯さん、竹岡の兄貴。
小林　僕も藤井さんには世話になりましたよ。組合史の時担当理事だった。本当に世話になった。このインタビューにも是非出て頂いてお話を聞きたいんだけど、今体調を崩されててね。
福光　人柄の良い人で、良く気のつくマメな人ですよね。苦労した人程芯があるよね。
小林　福光さんも、もう一回五千万位のをやって下さいよ。
福光　もうそんな元気ないよ、もうくたびれた。この三月で八十二だからね。
小林　最後にもう一つ当てなきゃ、今までのは全部使っちゃったみたいだから（笑）。でも福光さんは随分良い所に出入りしてたね。
福光　明月記を二巻売った事もありましたよ。二ヶ月書いた物（元福元年十一月～十二月）と三ヶ月書いた物（元仁二年四月～六月）と二巻あったんですよ。もう時効だと思うから言うけど、あの当時市場に出せば二点一億は下らなかったと思うね。
小林　間違いなく重美だからね。
福光　でも市場に出す訳にいかないんですよ。出処がすぐ判っちゃうからね。冷泉家から直接もらった家だからあから様に出処が判っちゃ困るんですよね。それで手数料だけ頂いて、ある大学に納めたんですけどね。表に出す訳にはいかないんでね。児玉源太郎の家からも随分引き出しましたよ。明治元勲の手紙が随分ありましたね。
小林　閑院宮家とか宮家からの買物もあったように聞いてるんだけど。
福光　古典会に菊の御紋章のはいった物を出した事あるけれど、あれがまだ残ってるんです。でもなかなか売らないね。宮中で使った料紙ね、大正天皇や明治天皇の書いた、いわゆるお習字みたいな物があって、出たら面白いと思ってるんだけど。

小林　現在進行中？

福光　たまに行くんだけど、駄目だろうね。あんまり攻めると、これは儲かる物かと思われるのもいやだしね。

小林　本当に今までのお話聞いてると良い所に出入りしてたね、福光さんのお人柄だね。

福光　バタのタテ場からの人のつながり、それだけですよ。色んな友達が私の唯一の財産だな。

小林　その財産を生かして、今後益々御活躍下さい。本日はありがとうございました。

（374号／1999年6月号）

井上靖さんと私――野戦病院での出会い――

八起書房　小島　孝

もう五十数年も昔の話である。昭和十二年八月なかば、〝日支事変〟が勃発して間もなくの頃、支那大陸はまだ真夏の暑さが続いていた。兵士達はチャン馬（支那馬）に野砲等を積込み、北京郊外の「豊台」という所を出発した。事変発祥の地である盧溝橋を渡り、城壁の町「保定」「正定」を経て「石家荘」そして等々……果てしもない大地を、汗にまみれながら部隊は黙々と進んでゆく。途中、敵の死体や、なぜか日本馬の死骸がごろごろ横たわっていた。異臭が鼻をつく。何処までも続く綿畠の白さを横目に、土埃を浴びながら只ひたすら歩く。日夜を問わぬ強行軍の末に、「元代」という部落まで来て私は遂に倒れた。肺炎から胸膜炎をおこし、無念にも隊列を離れる事になった。軍医から簡単な手当てを受けた後、私は衛生兵に伴われて無蓋の貨車に乗り、やがて石家荘まで戻って来た。そして俄か造りの粗末な小屋に案内される。そこが土塀に囲われた野戦病院であった。いつか十一月に入って居り、北支はもう完全な冬に変わっていた。凄い寒さが身に沁みる。病室みたいな処に八人ほどの患者がいた。皆軍服の上着だけを脱いだシャツ姿で、石炭ストーブを囲むように立ったり蹲ったりしていた。私が入ってゆくと一斉に注目の眼がふりそそぐ。が、ひとり無関心な人がいて何故か窓の方を見やっていた。後日、その人物が井上靖さんだと解った。

入院して二、三日私達はなかなか寝つかれなかった。すぐ隣りの鉄格子付きの部屋に、兵士らしき若者が一人、朝晩、泣き喚いていて実に騒々しい。そのうち噂がたった。彼はどこかの戦斗に参加し、死の恐怖に会い一時的に狂って、護送されて来たという……。

半月近く経ったある朝、どんな廻り合わせか井上さんと私の二人だけが、突然、天津への転送を命ぜられた。病状（脚気）の軽かった井上さんが、付添う形で同行してくれる事になった。雪降る中を井上さんは私を庇うようにして、石家荘駅までゆっくりと歩いてくれた。二人共全く無言のままだった。疲れ切っていたのである。天津行きの貨車が動き出した。見る限り白凱々の大地を、ガタゴトと音を立ててのんびりと走る。夕刻近くなって駅に着く。目指す病院は天津駅から間近い所にあった。立派なコンクリートの三階建てで前に広場があり、環境も良さそうだった。当時、病院の前で撮った写真の裏には「扶輪中学」にてと記してある。元は校舎だったのだ。井上さんと私は看護婦に頼み込んで、寝床を隣り合わせにして貰った。〝アンペラ〟を敷きつめた百坪位の広い部屋に、百人以上はいたと思う。寝具は上下共すべて毛布のみだった。比較的軽症の患者ばかりを集めたようだ。日中は皆の話し声が交錯して随分と賑やかだが、思ったより窮屈な感じはなかった。よく晴れた日など、五、六人のグループで屋上に出て日向ぼっこをしたり、記念写真を撮ったり、偶には軍歌を唄ったりした。井上さんはにこにこしながら黙って聞いていた。

一週間があっという間に過ぎ、何となく気分も落着いたある日の昼食後のことである。雑談のあと、井上さんは少し改まった口調で私に語り始めた。僕は将来、こんな筋の小説を書いてみたいと、詳細はいま記憶にないが、戦国時代の侍大将たちが活躍する合戦物語りみたいだった。色々な人物の名を挙げて、微に入り細に入り、長々と夕食時まで一気に喋ってくれた。私は夢心地で面白く聞き入っていた。井上さんこそ、天才的な「ストーリーテラー」だったと言える。後に気付いたが、この時の話が戦後間もなく発表された、「戦国無頼」という作品ではなかったかと思う。以前、雑談の中で聞いた事だが、井上さんは昭和十一年に「流転」という作品で、当時の「サンデー毎日」の大賞を獲得している。京大の美学を出て、新聞社の学芸部に所属していたので、元々文才に長けていたのであろう。井上さんは趣味も巾ひろく、ある時は手持の「トランプ」など出して、様々な遊び方などを伝授してくれた。

当時の日本はまだ勝戦《カチイクサ》に酔い痴れていたので、内地から病院へは沢山の慰問隊が訪れて来た。大谷智子裏方とか、有名人ばかり来たの金語楼さんとか、落語を覚えている。というわけで、長い入院生活も病いなど忘れる程、のんびりした全く退屈しない日々だった。前線で汗と血を流しているかも知れぬ、多くの戦友達には本当に申訳ないことだが……。

〝極楽と地獄〟とでも言うべきか。その年十二月も押し詰まった頃、井上さんは無事退院する事になり、内地送還という結果になった。酷寒の朝、井上さんと私達は握手を交し多勢の患者が見送る中、他の五、六人と共に、互いに手を振りながら別れを告げた。当時、井上さんは確か三十歳だったと思う。私は八歳下の二十二歳であった。

私が退院出来たのは翌十三年の二月である。入院中何度か高熱を出して、死に直面したが、運と若さで乗切り兎に角全治という事になった。私の場合は原隊復帰である。退院した私は久し振りに軍服、外套を纏い、広い北支を探し歩いてやっと「順徳」の原隊に辿り着く。その後、部隊は進軍を重ねたが、途中さしたる戦斗もなく各地をめぐって、遂に〝閻錫山将軍〟の本拠地「太原」まで来た。以来、そこには長期間、駐屯する事になった。穏やかな日が続いた九月末の早朝のことである。突如として、四、五十人位の敗残兵らしい一群の襲撃を受けた。追撃に移った兵士達……と私は逃走する敵の一人から、振り向きざまに手榴弾を投げつけられた。瞬間、身を伏せたが間に合わず、下腹部付近に弾の破片を浴び、倒れた。そして病院のベッドで息を吹返すまで何の記憶もなかった。まさに〝万死に一生〟を得たのである。

二ヶ月後、私は戦地を離れ、井上さんの後を追うようにして、内地の病院へ送還された。私の所属部隊はその後の消息は全く不明で、伝聞によれば三年位して、何でも南方に転進し、殆どが全滅したという。痛ましい限りである。戦地に散った人々を思えば、井上さんも私も、病気とか負傷のお陰で、その後の五十数年間を生き延びてきた。生死はまさに紙一重であり、運命の神の手中にある。

井上さんとは戦時中に一、二度交信があったが、戦争激化と共にそれも絶えた。その後の氏の消息は、昭和二十四年に「闘牛」で芥川賞を取り世の脚光を浴びるまで解らなかった。私は古本屋として生きる事に夢中で、このニュースも唯懐かしさを覚えただけである。井上さんは中国を題材にした数多くの歴史小説や、あらゆる分野の作品を、精力的に書きまくり、年ごとに文名を高めて、段々と近寄り難い存在になっていった。

そして晩年、「文化勲章」の栄誉と、〝井上靖〟という不滅の名を残し、平成三年一月二十九日、遂に八十三歳の高齢をもって黄泉の国へ旅立たれた。過ぎにし昔を振返れば、あの野戦病院での出会いはまさに井上さんと私との〝一期一会〟であった。心から御冥福をお祈りするのみです。

尚、この草稿は井上さんの空白かも知れない、中国（支那）に於ける氏の病中のひとこまを埋めたかったからに過ぎません。

（330号／1992年2月号）

語りつぎたい古本屋の昭和史

私の昭和史は帝銀事件と共に始まった

春近書店　林 甲子男

昨夜から降り続いた雪は朝方から霙に変りやがて小雨となって、昼前に止んだ。道の雪は消えてものすごい泥濘と化していた。

所用を思い出して池袋迄行って店に戻ったのは三時少し前であった。

家内が小銭の両替がないから帝銀へ行って呉れというので休む間もなくすぐ出掛けた。帝銀は駅のすぐ近くなので三時締切には充分間に合うと思ったのだが、長靴の膝まで埋まるぬかるみに足の運びも思うにまかせず時間がかゝり銀行に辿り着いた時には門が閉っていた。

銀行とは言っても質屋を改造した普通の家で裏の通用口も知っていたのだが締切直後の繁忙を思ってそのまゝ店に帰った。暫くして店でお茶を飲んでいると人が馳けて行く。子供が「大変だ!!　帝銀で何かあったぞ」といいながら……

昭和二十三年一月二十六日帝銀事件が起った日なのである。

×××××

私の店は西武線（当時は武蔵野鉄道といっていた）椎名町駅構内のマーケットにあった。

私の古本屋の歴史は帝銀事件を除いては語られない。

あの時私が裏口から入って行ったら犯人（平沢？）にも出逢い、行員と一緒に薬を飲まされていただろう。私の一生は終っていただろう。その可能性は充分にあった。然し運命の神様は私に味方して呉れたのである。

今でもその事を思いだすと背筋が寒くなる。その運命の神様は以来四十年間さゝやかながら店の発展と家族の幸福を見守って呉れている。

×××××

私は昭和二十年八月北京で終戦を迎えた。私の部隊は北支方面軍直轄の作井隊（作井機で井戸を掘る）と言ふ特殊の部隊であった。

支那大陸は黄土地帯が多く地質が悪いので良い水が出ない。軍の駐屯に欠かせない水を各部隊に給水するのがその任務であった。だから私は軍隊に入って一発の鉄砲も撃った事もないし戦闘にも参加しなかった。内地に引き揚げて来て先は食はねばならなかったので目白のある土建会社に勤めた。

中隊長（陸軍大尉）として百名近い兵隊を指揮していた私にとって二十代前後の若僧に顎で使はれるのが耐えられなかった。そんな煩悶の日々を送っていたある日、目白駅前のマーケット（当時駅前には必ずマーケット・バラック作りの雨風だけ凌げる建物があり闇市とも言われていた）で営業していた明善堂（井上）さんに出逢った。学生時代よく売ったり買ったりした事のある間柄なので心よく近くの屋台で焼酎を飲みながら私の悩み事を訊いてくれた。

「古本屋をやってみる気はないか」との話に私は商売など到底出来る柄ではないと断ったが、当分のあいだ店を手伝いながらよく考えればよいからとの親切な誘いに土建屋を辞めて古本屋の店番になった。

世の中すべてひっくり返っていた時代。イチかバチかこの道に飛び込んでみようと決心して、清水《キヨミズ》の舞台から飛び降りた。

何しろ店番など始めてである。恥しくて仕方がない。「有難うございます」が言えない。

まともな応待が出来ない、苦労の毎日が続いた。精一ぱいの努力をしたものである。

明善堂さんの指導も適切で、古本屋営業のノウハウは大いに勉強になった。

暫くして偶然、椎名町駅構内のマーケットが借りられた。三坪位だったと思う。権利金やら何やらで七千円かゝった。当時としては破格の金額である。小さいながら店を持つ事の出来た嬉しさ、感激は一生忘れられない。

店は持てたとはいってもまだ素人。何しろ武家の商法である。落語の「素人うなぎ」を地で行くようなもの、よくやってこられたものと今では語り草。

何しろ活字に飢えていた時代、何んでも売れた。今日仕入れたものの半分はその日に売れた。昨年廃刊になった（つまらなくなった雑誌の見本）リーダーズダイジェストを買うのに朝早く起きて書店の前に列をつくった時代である。当然客の持ち込みも多かった。当時はインフレに追いつけない、筍生活の時代。本を持っている人は強かった。生活費の穴埋めには本を売るのが手っとり早い手段であった。

インテリ風のサラリーマンが毎日何冊かの本を風呂敷に包んで、恥しそうに売りに来る、正直の処、買う方もお恥しい事ながら素人なのである。当てずっぽの値を付けても喜んで置いて行って貰った時など気がひける事も多かった。

多量に持ち込まれ、値付に汗だくは日常茶飯事。……今時明治古典会へ出品したら何十万もする初版ものも多かった事だろうが後の祭り。

何年かたつと組合に加入出来市場へ行けるようになった。市場では声が出ない。軍隊で号令をかけるのと勝手が違う。本を憶えるのに必死であった。池袋の市は当然、下町三の輪、向島の市、浦和の市迄足を伸ばして売ったり買ったり勉強したものである。

運命の神様のお陰で順調に営業成績も上がり現在の地に本格的建築の店を持つ事が出来るようになるのには数年しか、かゝらなかった。

真面目にコツ〳〵やれば古書店は必ず成功するものである。

　近来デパートの古書展の盛況は我々業界に対する社会の信用と、文化の橋渡しという使命が認められた結果だと思う。

　以上が語りつぐ古本屋の私の昭和史だが私にはフロクがついてくる。

　冒頭、帝銀事件の話の中で、泥にまみれて帝銀迄行ったと述べたが、この事が後になって平沢被告再審請求の新しい証拠となって話題となった。生き残った銀行員の証言のなかで、誰れもこの泥まみれの道、当時の周辺の状態には触れていない。当時銀行迄の道はどの方向とも泥濘の道で、銀行に歩いて来た者の靴には必ず泥がついていなければならないのである。

　平沢被告が池袋から歩いて行ったとするならば靴（平沢被告は長靴を履いていた）は泥靴であった筈。まして、膝迄つかる泥道、長靴の泥の下の靴の色は判明出来ない訳、処が証人の一人はたしかに○○色の靴を履いていたと証言している。当然犯人は別人であるとの推理が出来るのである。平沢被告を救う会の人、平沢被告の養嗣の方よりの求めに応じ、その方面の道は泥濘の道であったという事を書面にして最高裁に提出した。

　しかし結果は皆さんのご承知の通りとなった。（米軍が関係していたとの謎めいた噂もあるくらい、ジープで乗りつけていれば話は別であるが……？）

　戦後の混乱した状態を象徴する泥んこ道を息きってたどったあの時からの私の昭和史は、これからも続いて行く事であろう。


（303号／1987年8月号）

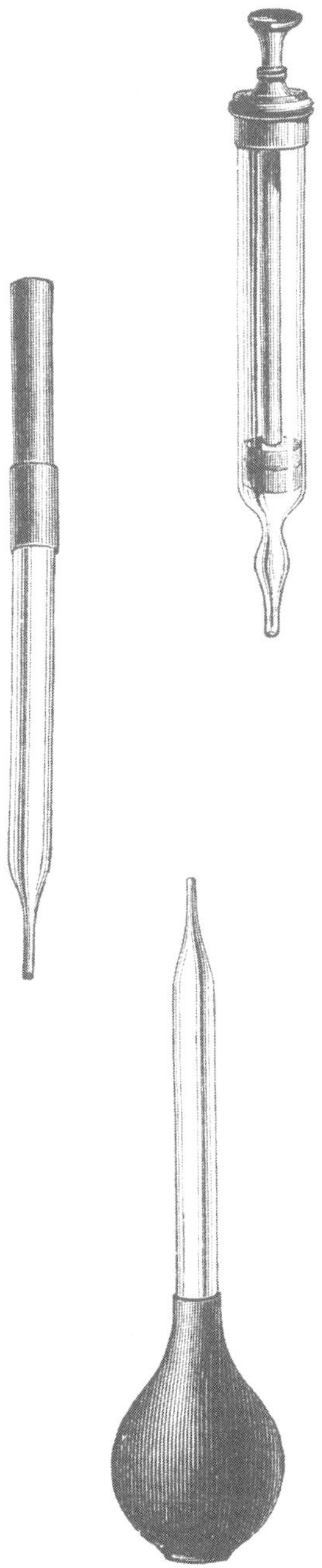

記憶に残る古本屋

誰からも愛される思いやりの人
藤井書店 藤井正さん

出席者
小林書店 小林静生
佐藤書房 佐藤邦彦
天誠書林 和久田誠男（司会）

天誠 昭和九年巌松堂に入り、昭和二十九年に吉祥寺で店を開き平成十一年に亡くなられるまで活躍された藤井さんのお話を今回お聞きしたいと思います。文徳書店の川路さんにも御出席をお願いしていましたが急用の為御欠席ですので、小林さんと佐藤さんの御二方に藤井さんの人となり、業績をお伺いしたいと存じます。小林さんは藤井さんとはどういうきっかけでお知り合いになったのですか。

小林 川路さん残念ながら欠席ですが、佐藤君も藤井さんとは公私共に付き合いがあった人で、僕よりも中央線で親しく付き合ったと思うんだけど、僕の場合は組合史の編集をやっていた時に藤井さんが担当理事になったんです。そろそろ編集も最終段階になった時でした。その頃僕が編集の最終責任者になっていた。その時僕は藤井さんに言われたんです。お前はね、この仕事は大変だからぬらりくらり二年間やって次期の人に渡しちゃえよと言うんだ。でも藤井さんは理事だから二年で任期は終るけど、僕は今更罷める訳にいかない（笑）。僕が今ここで投げたら後どうなるか判らない。藤井さんは直接自分が手伝えないからそういう事を言ったんだと思うけど、僕は今更この仕事をほっぽり出す訳にはいかないんだと言ったんです。そうしたら、分った。じゃあ酒代は全部俺が持つ（笑）と言うんです。その辺で飲んだのは全部俺に付けとけ。それでなかったら月々いくらいくらくれと言えって言うんです。それはしなかったんだけどね。その内友愛さんからも、費用は全部持つからと言われて、飲み代には困らなかったね（笑）。一人で飲んだ訳じゃないですよ、手伝ってくれた人達も皆一緒だったから。一晩皆で飲むと二〜三万かかるんだけど、あの二人が全部払ったね（笑）。藤井さんとはその頃からの付き合いだったけど、佐藤君はもっと前からじゃない？

佐藤　いやその後からだと思う。僕は昭和五十年からお付き合いが始まって、商売を始めたのが五十一年。下町に小林静生ってのがいるというのは藤井さんから良く聞きましたよ。こいつに委かしとけばなんでもちゃんと本になるという話は聞いてました。

小林　五十年史が出来たのが昭和四十九年だから、僕の方が藤井さんとの付き合いは二年近く古いんだ。ところで佐藤君に聞きたいのは、藤井さんとのそもそものなれそめの話なんだ。何で藤井さんと知り合う様になったの？

佐藤　話せば長い話になるんだけど、僕が大学卒業して二年目だから、昭和四十九年だったな。僕は日立に勤めてたんですが、二年でやめちゃうんですよ。そのいきさつは色々あったんですけど、宮城の実家に帰ったんです。そうしたら親父が、これからどうする、古本屋になってみないかと言うんです。そのいきさつが面白い。親父は植木職で東京に出稼ぎに行ってたんです。年末の忙がしい時には東京に行ってたんです。年末の或る日東京の西荻とか行ってたな、そこで三時のお茶を飲んでたら、古本屋さんもこちらでどうぞという主人の声が聞えたんです。それでその古本屋と一緒にお茶を飲んでたんですが、親父は古本屋なんて知りませんでしたからね、その古本屋に聞いたんです。あんな汚い本買ってって商売になるんですかってね（笑）。その古本屋が藤井さんだったんです。いやこれはこういう訳で高く売れるんだって藤井さんが話してくれた。その時の話が親父にはとても新鮮だったんでしょうね。それで私が二ヶ月で日立を退職して来たら、古本屋になれと言うんですよ。でもその時ははっきり言うと、古本屋には良いイメージはありませんでした（笑）。その時自衛隊から来ないかという話もあったんです。親父は軍隊にはアレルギーを持ってましたし、私も行くつもりはなかったので、藤井さんの所に手伝いで行ったんです。そうしたら、お前免許持ってるか？持ってますと言ったら、小金井のこれこれと言う所まで行って本を取って来いと言う訳です。タテ場ですね。そういう仕事が最初でしたね。

天誠　それは昭和何年位だったの？

佐藤　四十九年か、五十年だったと思いますよ。僕は藤井さんの所に勤めてたのは実質一年ちょっとだと思いますけど、そこで古本屋のノウハウは充分教えられました。親父が運んできた荷物の山を切るんです。これは百円に付けとけ、これは三百という風にね。親父はその中から二、三十冊抜いて、千円とか二千円とか値付けする訳です。そうすると、二百円とか三百円の本はもちろん売れるんですけど、その中から親父が抜いた千円、二千円の本も売れるんですよ。そうか、あのタテ場からタダ同然で買ってきた物が（笑）こんなに売れるんだ、古本屋って悪い商売じゃないなと思いましたよ。それで半年位してから親父に内緒でタテ場廻りをしたんです。藤井さんはウスウス気が付いてた様ですけどね。親父が抜いたカスを、ワケはワカらないんだけど、本らしい形をした物を文庫本を始めとして何でも買った、今となれば大笑いになるような物も買ったんです。それを皆田舎の実家に送ったんです。荻窪の日通からダンボールを二箱とか六箱とか送り続けたんです。それがたまりにたまって三百箱近くなったんです。それが私が店を始める時に役に立ちましたね。それが藤井さんとのなれそめで、育ててくれた親父が、今人生を歩ませてくれている親父を仲立ちしてくれなければ、今の僕はなかったなと、本当に二人の親父に感謝してます。

小林　じゃ藤井さんの所には一年ちょっとしかいなかったんだ。

佐藤　そう、一年ちょっとでしたね。即売展手伝ったのも小田急と東急吉祥寺の二回だけでしたからね。

小林　それですぐ店を出した訳？　今の所？

佐藤　今の所のすぐ隣り、三坪の店。昭和五十一年だったな。藤井さんは私が店を開ける時ずっと手伝ってくれてね。私がダンボールを開けると、それに値付けをしてくれるんですよ。例の字でね。その上開店の時には藤井さんのお客さんを十何人か呼んで来てくれたんだな。嬉しかったですよ。そのお客さんと夜飲んで、藤井さんを吉祥寺まで送って行きましたよ。僕は飲むに飲めなかったけど、藤井さんてそういう人でしたよ。だから開店した時は安い値付けの本がいっぱいあったんです。お客さんが言うんです。いや今日は良い拾い物がこんなにあった、これが何と八百円だ、これだって普通だったら八千円だなんて言うんです。値段をつけた藤井さんに失礼な事を言うんですけど。藤井さんは良いんだ良いんだ開店なんだからと言ってましたね。

小林　藤井さんはその頃中央線の市場には、しょっちゅう出入りしてたの？

佐藤　してました。もっぱら出品専門でしたね。買うのは岩森の親父さんとか、天下堂さんでしたね。だって藤井さんの店には夕方になるとチリ交が十何人列をつくるんですよ。それで品物は次から次へと入って来るでしょ。それを私の店の開店の時につけた様な値段をつけるでしょ。だから店の廻転は勿論良いんだけど、それを上回る本が入って来るんです。それを市場に出したんです。

小林　神田には出さなかったよね？

佐藤　神田には出しませんでしたね。この程度の物は神田に出すのは失礼だと思っていたんじゃないでしょうか。やはりあの頃も良い物は神田に声がかかってたんじゃないですか？　だから普通の町の本屋向きの本はものすごく入って来てましたから、自分の所でさばき切れない物は全部市場に出してましたね。その頃亡くなった竹岡正さんが事業部長で、振り手が柳町さんだったな。物すごい量をどんどん山を切ってさばいてね。良く売れてましたね。

小林　その頃藤井さんは倉庫を持ってなかったの？

佐藤　持ってました。東村山に。

小林　そこには良い物を持ってたの？

佐藤　良い物も持ってったけど、ゴミも持ってった、週刊誌とか。これは企業秘密なんだけど（笑）。

小林　何坪位あったの？　借りてたんでしょ？

佐藤　さあどの位あったかな、結構広かったですよ。今も移ってないと思うけど、借りてました。

小林　その頃息子の希望さんはまだ学生だった？

佐藤　いや、もうカネボウに勤めてましたね。だから店は、名前は忘れちゃったけど中年のおばさんが手伝ってました。

小林　その頃二階は住いだったの？

佐藤　いや違います。自宅は前進座のある東町にありました。二階は住める様な状態じゃなかったです。本がいっぱいつめこんであってね。ビルにしてからですよ、二階も店舗にしたのは。あのビルのオープンは何年でしたかね、覚えてないんだけど。そろそろ俺も格好良い店を造ろうと言って、牧水の書を飾ったり、色紙を飾ったりした二階を造ったんです。

小林　玉英堂さんの二階とはいかないまでも、限定本を並べたり、珍らしい本を置いたり、ああいう風にしたかったんだね。

佐藤　だからそういう物は結構寝かせてましたよ。

小林　雑本ばかりの売方だけじゃ飽き足らなかったんだろうね。ところで僕は市場での藤井さんの記憶はないんだよね。

佐藤　市場に荷は出すんだけど、市場に客として座ってた事はないです。朝出品だけしてすぐ店に帰っちゃう。別に市場で買わなくても商売は成りたってましたからね。昨日チリ交から買った本の整理値付けに追われてましたから、店で売る物、市場に出す物、倉庫に持ってく物の峻別で忙がしくって、市場に座って振りの声を出すなんてひまは全くありませんでしたね。だから仕事終ってからの一杯が唯一の楽しみでしたね。

小林　忙がしかったんだね。だから市場での藤井さんの記憶がないんだ。古本屋として商売してる姿を僕は見た事なかったな。

天誠　毎日毎日チリ交が十人も十五人も来るんじゃ、そりゃ忙がしかったろうね。

佐藤　五日市街道にズラッと順番待ちですよ（笑）。

小林　旅行に行くといつもお土産を何十も買って来て、そのチリ交達に配ったとか聞いた事あるけどね。

天誠　優しい人だったんですね。

小林　優しすぎる位の人だったね。僕が藤井さんと付き合い始めたのは、昭和四十七年頃だったかな、五十年史の編集をやってた頃だから。藤井さんが五十年史担当理事になって、小林君一杯飲もうという事になった。交差点を渡って右へ行った地下の寿司屋、何て言ったっけ？もうやめちゃったけど。

天誠　ゝ《チヨン》寿司？

小林　そうそうゝ寿司で飲んだの。その時が初めての顔合せ見たいなもんだったから、二人とも急ピッチで飲んでね。藤井さんは、俺は酒が好きなんだ。それも燗した酒が好きなんだと言いながら、二人ともだいぶ出来上っちゃった。人生観なんかを語り合ってね、この辺で終りにしようかと思ったら、いつも飲んでる所あるだろう、そこに行こうと言うんだ。「忍」というバーが今でもあると思うけど、そこはしょっ中行ってたんだ。友愛さんとも行ったしね、文化人とか作家とかが来るバーなんだ。そこに行ったら丁度藤原ていがいてね、「流れる星は生きている」を書いた、新田次郎の奥さん。藤井さん藤原ていと意気投合しちゃってね、どんどん飲めと言ってるんだ。藤原さんはあまり飲まないんだけど、くっついて来た編集者がどんどん飲んでね（笑）。あすこは僕が行くと安いんだけど、友愛さんが行くと高いんだ（笑）。ツケで飲んでると友愛さん月末に三十万位払ってたよ（笑）。最初にも話したけど、藤井さんには五十年史編集の時には随分お世話になったな。だから僕は自分の金は少しも使わなかったな、もっとも使える程の金も持ってなかったしね（笑）。五十年史の編集終ってからはあまり逢う事はなかったんだけど、旅行に行ったからと言っては必ずお土産を送ってもらったな、それは亡くなるまでずっと続いてましたよ。藤井さん旅行が好きだったからね。行った先からお菓子とかコケシとか必ず送ってくれたね。藤井さん、そんなに気を使わないで下さいと言っても、静生にだけじゃない皆に送ってるんだと言うんだ。チリ交にまでお土産を買ってくんだからね。

佐藤　藤井さんはお金の使い方もうまかったけど、文章もうまかったね。

小林　古書通信から「私の古本人生」という本を出して、その時僕も編集を手伝ったんだけど、その中の「K中尉の思い出」というのがあって、これは日本経済新聞に昭和五十一年に掲載された物なんだけどね。

天誠　戦争に行ってた頃の話ですね。それでは全部を掲載する訳にはいかないので、一部省略しながら御紹介しましょう。

「K中尉の思い出」

「番兵、貴様、貴様どこからきた」

「東京であります」

「東京と云ったっていささか広い。東京のどこだ」

「神田は神保町であります」

「神保町かあ、懐かしいことをいうんだなあ」

この会話の中の番兵というのは勿論私のことである。当時私は岩国海軍整備上等兵で、真夜中勤務の「時鐘番兵」として、当直将校の寒い部屋で、年の頃二十四歳くらいの容姿端麗な飛行中尉にめぐり会って、声をかけられた。もちろん顔を合わせたのは初めてであった。

昭和十九年の年の暮のことである。既に私たち三十歳台半ばの人間まで召集されるほど敗色濃く、士官、下士官の多くが特攻隊要員であることもあって、航空隊全体が暗鬱な空気に覆われていた。（中略）中尉に神保町のことを話し掛けられて私は嬉しかったが、上官にはうっかり気を許せないのである（中略）

「そうか、神保町か。神保町は本屋の町だ。古本屋がズラリと並んでいたな。貴様神保町のどこにいた」

「巌松堂におりました」

「巌松堂ね、あの店か、角っこの。右側が新刊本で、左が古本、大きな店だったなあ。奥の路地の左側に欧文古書部なんかあったよな。おれはよく知っているよ。ずいぶんと買ったよ」

私は正直いってびっくりしてしまった。学生時代にいくら古書の街神保町を歩いたからといって、巌松堂の欧文古書部のことまでつぶさに言い当てるのは相当の〝神保町通〟といわねばならなかった。

（中略）一週間後の勤務のとき、中尉は前回とは全く別人のように親しげに私に話しかけてきた。そこで私の方からつい言葉をかけた。

「神保町はどこを歩かれましたか」

「どこったって端から端まで知ってるよ。片っ端から店に入り、持ってるだけ金の続くかぎり買って帰った。おふくろが、どうせ戦争に行くのにどうしてそんなに本を買いあさるの、と笑いながら許してくれた。だからおれの部屋は本でいっぱいだよ」（中略）

「どうじゃ、おれが三省堂からはじめて九段下までの古本屋の店名を順に云ってみようか。始めるぞ」

といいだした。

「まずだな。たしか大屋書房を振り出しに、東書店だよな。そして東陽堂、玉英堂……」

「いえ、その間に三軒ほどあります」と私。

「そうか、続いて文川、村山、悠久堂、そして一誠堂支店、角に島崎、小宮山」

とやりはじめたのにはただもうびっくりするばかりであった。私の方がたじたじしたが、神保町の光景がぐんぐんクローズアップされてきた。中尉の記憶は多少薄れている点もあるが、順を追って九段下まで何とか思い出そうと懸命の表情だった。田村、松崎、光明、松村、一誠堂と多少とばしながらも進んで、最後に井上美術部、そして山岡書店で終りだ、とニコニコ顔であった。私たちは書店名を呼びあいながら、将校と兵隊の階級を忘れ、久々にお互い大声で笑う事が出来た。（中略）

そしてまた一週間。中尉は飛行帽をかぶり、純白のエリ巻きをして全く凛々しい輝ける海軍飛行中尉だった。私は直感的に今夜が最後の当直勤務で、私とのめぐり合わせもこれでおしまいだと思った。中尉の顔も今までと違って緊張感にあふれていた。

「藤井上整、別れの時がきた。いままで三回、お互いの勤務はほんとに楽しかった。神保町で集めた本のことは忘れていたが、藤井上整と会ってまた思い出し、二、三日やりきれない気持ちですごした。おれの青春時代そのものの神保町だった。藤井上整、おれは昨日たった一つの願いを上司に伝えた。もしも藤井上整がいつの日か故郷に帰ることになったら、必ずまた神保町へ復帰してほしい。そしてこれから続く若い学徒にいい本を安く与えてもらいたい。お互いあすの日が分らないが、おれの方はダメだ」

以上のようなことをシミジミと私に語りかけた。私はただわけの分からぬままガタガタ震えていた。中尉は最後に上官であるのに自ら挙手の敬礼をして、さっと部屋を出ていった。それが中尉との永遠の別れであった。

小林　その中尉のたった一つの願いは、藤井さんだけを大阪海兵団に回す事だったんだ。その部隊は全員南方に回されて、撃沈されて全滅しちゃうんだよ。

天誠　全文引用できませんでしたけど、藤井さん最後の所なんかは、涙しながら書いたんじゃないでしょうか。K中尉との出会いがなかったら藤井書店はなかったんですからね。

小林　この文章を中心にして、月報にも色々書いてたから僕と八木さんが「私の古本人生」を編集したんですよ。豆本だからそんなに手間はかからないしね。全体の文章を読んだのが一時間、割付けが一時間、校正が一時間、再校が一時間、全部で四時間もかかってないんだよ。それで本が出来たら藤井さん僕に茶色の封筒を渡すんだよ。君にはこれまで色々とお世話になったから、これはボーナスだと言うんだ、奥さんつれて温泉にでも行って来いと言うんだ。二、三万ならもらっても良いかなと思ったんだけど、封筒がえらく厚いんだよ（笑）。三十万円入ってたよ。藤井さん、いくら何でも、三時間位しかかかってないのに三十万はないんじゃないのと言ったんだよ。

佐藤 そういう親父だったね。

小林 おれの気持だから絶対取っとけと言われてね。そう言われれば返せないじゃない。じゃ貰っときますと言ったら、じゃ飲みに行こうと言って、又御馳走になっちゃう（笑）。

天誠 「私の古本人生」に石坂洋次郎の事を書いた文章もありましたね。

小林 教科書献本で東北を廻った時、当時先生だった石坂洋次郎と逢うんですよ。（教科書献本とは、戦前は国定教科書だった為、全ての教科書が各学校に見本として配られた。それを神田の古本屋が買い集めて安く売った。四月はそれを買うお客で神田は人で群れをなしたと言われる）その時のつながりから、大変親しくなって東京に出てくるきっかけまで作るんだよ。石坂洋次郎の田園調布の家だって藤井さんが斡旋したんだよね。

佐藤 希望さんだって名付け親だし、仲人だものね。

小林 石坂さんの色紙を一枚持ってるんだ、藤井さんから貰ったんだけどね。「柿一つ空の遠きに耐へんとす」というんだ。ところが明古のある市に石坂さんの手紙が出たんだ。何気なく見てたら、その書簡に「柿一つ空の碧さに耐えんとす」と書いてあるんだ。〝碧さ〟より〝遠き〟の方が数段上なんだよね。石坂さんが俳句をやってたってのは知らなかったけど、やっぱり文学者だよね。藤井さんにその事を話したら、お前俳句判るのかと言われたから、俺は俳句は判ると言ったんだけど（笑）。佐藤君も藤井さんから石坂さんの色紙もらわなかった？

佐藤 いやもらわなかったな。小遣いはしょっ中もらったけど（笑）。

天誠 石坂洋次郎と何でそれほど親しくなったかを話してくれませんか。

小林 これも「私の古本人生」に書いてあるんだけど、これも本人の文章を引用しましょうか。

「石坂先生との出会い」

昭和八年一月下旬、私は秋田県立横手中学校の教員室に入った。私の名刺を見た石坂洋次郎先生が「やぁあんたが巌松堂の藤井君かね。」非番だった先生はすぐストーブの前に案内してくれた。「君、お国はどこ。」東京ですともいえず「はあ九州です。」「九州じゃ大変だね。」「そうです、雪にはびっくりしました。献本が買えるかどうか、そればかりです。」先生はすぐ図書室に案内して、今のところこれだけだ、持っていきなさい、と云ってくれた。（中略）「藤井君、今夜はどこに泊まるの。」「はあここの女学校を済まして出来れば大曲まで行きたいのです。」「君この雪では無理だ、今夜は横手に泊まりなさい。僕が宿に電話してあげるから、食事が終わったら僕の家に遊びに来なさい。」

小林 それでその晩石坂さんの家で楽しい一夜を過ごす事になるんだな。それから献本の事で何年か石坂さんにお世話になるんだ。当時巌松堂は「むらさき」という雑誌を出していて、編集会議の時、波多野完治先生から、君は石坂洋次郎と親しいようだがいつまでも秋田にいないで東京に出る様に勧めたらと言われるんだ。それで石坂さんに上京の意志があるかと聞いたんだ。もう「若い人」がベストセラーになっていたので、石坂さんも東京に出る気持になっていたんだな。それで石坂さんから東京で家を探してくれと頼まれるんだ。それで藤井さんの従兄が田園調布で医者をしてたんだけどその人に頼んだらすぐ探してくれて、田園調布に居を構える事になるんだ。大出版社の編集者とも親しかったろうから、新潮社に頼んだって良かっただろうけど、藤井さんは石坂洋次郎によっぽど気に入られたんだろうね。人柄だよね。僕は色んな人と付き合って来たけど、裏表なく人から好かれた人は藤井さん以外知らないな。

天誠　書いた物を読むと、その時のお礼だと言って、石坂さん「むらさき」に「まごころ」という小説を連載するんですよね。それが入江たか子主演で映画化されて、出版された本もベストセラーになるんですね。堅い物専門の巌松堂としては大ヒットで、臨時ボーナスが出たと藤井さん書いてますね。

小林　石坂さんの事は「私の古本人生」に書いてるんだけど、松本清張とも関わりがあったんだと聞いたけど、佐藤君、知らない？

佐藤　それは聞いた事ないな、それに藤井さんて自慢話をする人じゃなかったでしょ。

小林　松本清張って娘いなかった？　男の子はいたでしょ？　新刊屋やってたよね。藤井さんにちょっとだけ聞いた事あるんだよ。どういう事かと言うと、ある時小さい女の子が本を売りに来るんだ。子供からは買えないんだ、お父さんの了解をもらわなければと言ってお父さんの名前はと聞くと、小説を書いてる松本清張ですとその女の子が答えるんだ。それでお父さんに来てもらいたいと言うと、一度戻るんだ。そうすると電話が掛かって来るんだよ、松本清張から。まだそんなに売れっ子になる前だったよね。それは間違いなく私の本だから買ってくれないかと言う訳だ。それで何回か清張の本をその娘から買ってんだよね。

佐藤　その話は聞いた事なかったな。献本の話、その時の手帳の話は何度も聞かされたけどね。

天誠　どんな話なんですか？

佐藤　教科書献本を東北に買いに行った時の話なんです。次の訪問予定の学校に電話ボックスから電話してると、列車が入って来て発車寸前なんです。あわてて乗りこんでやれやれと思ってると、訪問先の学校を書きこんだ手帳を忘れた事に気がつくんですよ。それでも大体は頭に入ってるから、予定通り学校廻りをしたが、行く先々で名古屋の古本屋の若旦那が先に先にと商売した後なんです。その名古屋の本屋も、献本買入れの大手で藤井さんもその若旦那を良く知ってるんです、それで藤井さん自分の手帳を拾ったのが名古屋の本屋だと判るんです。これではいけないと思い予定先を逆に廻り始めるんです。ところがある学校に行くと「本屋さん、名古屋の本屋さんがここで死んだの知っているか」と言われるんです。その若旦那、来た時もひどく急いでいて、買入れを済ましてあわてて出た門の道から落ちて雪の中にはまりこんじゃったんですね。それから何ヶ月かたって名古屋のその本屋から、息子の法事をしたいから藤井さんに是非出席してくれと案内があって出かけるんです。そこの所を藤井さんの文章からお借りしましょう。

家族並の歓迎を受けて指定された膳についた時、私は背筋が寒くなる思いがした。膳の端に私が新津で忘れたあの運命の手帳が置いてあったからだ。しばらく声が出なかった。一瞬のうちに頭の中を雪の越後、東北の旅、そして日本海の冷たさが駆け巡った。私は静かにT家の方々に深々と頭を下げるより術を知らなかった。

小林　僕も聞かされたけど、あまりうまく出来すぎてるから、藤井さんあれ本当の話なの?創作じゃないのって聞いたけど、本当の話だったんだよね。

佐藤　藤井さんにはまだまだ書くネタはあったんじゃないですかね。もっと書いといてもらいたかったですね。

小林　ところで藤井さんと外口さんとは仲が良かったね、毎晩二人で飲みに行くんだ。

佐藤　夕飯は喰べない、時間になるとバシッと店を閉めちゃう。俺だったらあんなにお客が居るんだから閉めるなよって言いたくなっちゃうけど、外口さんと二人で飲みに行っちゃうんですよ。ガード下の豊後という店なんです。生れたのは島根なんだけど、育ったのは大分なんで、それで豊後という名前が気に入ったんでしょうね。

小林　最初そこで飲んで寿司屋に必ず行くんだよ。僕もそこの寿司屋に行った事ある。ところが二人とも寿司はあまりつままないんだ。握った寿司が、ひからびちゃってる(笑)。外口さんもチビリチビリやる口で良い酒でね、酒はベロンベロンになるまで飲むもんじゃない、少しずつゆっくりと飲むものなんだっていう哲学なんだ。一回も乱れたりおかしくなったりした事見た事ないね。

佐藤　いくらでも飲むんだけど決して乱れない。

小林　ただこうやってホッペタをつねるだけ(笑)。

佐藤　お前聞いちょるかと言って何回もつねられましたよ。だけど本当に良い酒でしたね。それから私が藤井さんに本当に感謝してるのは、借金の保証人になってもらった事です。三坪の店を三倍の店に建て替る話があって、保証金が二千何百万要るんです。そうしたら藤井さん店を大きくするのは良い事だ、俺が保証人になると言ってくれて、今の店になるんです。嬉しかったな。だから大恩人ですよ。六年返済の契約だったけど、三年ちょっとで完済しました。その代り馬車馬みたいに働きましたよ。完済になったので借用書を持って藤井さんの所にすっ飛んで行きましたよ。良かった良かったと言って喜んでくれて、さあ飲みに行こう、どこでどう飲んだかすっかり判らなくなってしまって、十万円位持ってったんですけど、すっかり藤井さんに御馳走になって、そのあげくタクシー代だと言って一万円渡された(笑)。藤井さんの方には足を向けて寝られませんよ。

小林　そういう人だったね。人に優しく、面倒見が良かったね。藤井さんの悪口言う人見た事ないもの、僕は業界の事裏も表もだいたい知ってるけど藤井さんだけは陰口でも変な噂話でも聞いた事がない。大きな人だったね。色々な事を奥に秘めた人間として奥の深い人だったね。体も大きかったけど、大人だったね。

(412号/2005年10月号)

ほんの少しの自信と十分な悔しさと
――クリスティーズ・ニューヨーク日本美術オークションに参加して――

玉英堂書店　斎藤孝夫

七月初めの明治古典会七夕大入札会の時でした。隣に座っていらっしゃる反町さんが、「今年の秋に、あなたはニューヨークへ行かなければならないかもしれませんよ。ここ何十年も出なかった良い本がオークションに出ます。そのつもりでいなさい。」と、つぶやかれました。

八月号の「日本古書通信」に一頁大の「クリスティーズ・ニューヨーク日本美術オークション」の広告が載りました。「アッ！　このことだ。」と反町さんのお話を思い出しました。広告の一部をご紹介いたします。

〃ハイドコレクション――日本の古写本／古版本　ニューヨークにおける恒例の秋の日本美術オークションに日本の古写本、古版本の優れた蒐集家であるドナルド・ハイド夫妻のコレクション一六〇点が出品されることになりました。昭和三十五年の訪日を機に始められた氏のコレクションは、文禄三年の年記を残す龍女筆「源氏物語絵巻」五巻完本を始めとし、富岡本の清少納言「枕草子」三冊、正平版「論語」五冊完本、常縁本「つれづれ草」、「栄華物語」三条西本、竹取物語絵巻、日本書紀、「御成敗式目」写本、平家物語、大鏡など我が国の各時代を代表する重要な歴史的価値の高い作品の数々から成っております。〃

早速に銀座壹番館ビルにある「クリスティーズ東京」にカタログを申し込みました。ニューヨークでの下見会は十月一日から六日まで、入札は七日の午前十時から行われるとのことでした。九月二十日から三日間、オークション出品作品の中より、選りすぐられた約四十点の下見会が東京で開かれる由、ニューヨークに行くか行かないかはその時に決めようと思いましたが、ともかくパスポートはすでに期限切れなので、その手続きだけはやっておきました。

目録が出来たのが東京のオークション

レビューの二、三日前のこと。びっくりしました。ショックでした。東京古典会の大市数回分がいっぺんにきた感じです。またエスティメイテド・プライス（基準価格）の低いこと、お金さえあれば全部欲しい位です。すぐにニューヨーク行きの手配をいたしました。

ニューヨークへ行くのは、昭和四十九年三月、文車の会のアメリカ研修旅行以来十四年ぶりです。あの時の強烈な印象は、文車の会編「アメリカ古書紀行」に記しております。

〝ニューヨークにはあらゆる人種的宗教的背景をもった人たちが集まっている。その人種は五〇余りといわれ、二十六ヶ国語の新聞が発行されている。セントラル・パークの北側には貧しい黒人の地区ハーレムと、世界でも指折りの金持ちの最高級住宅街が背中を合わせている。この人種の多様性、そしてその豊かさと貧しさの極端な構図。これがニューヨークのもつ大きな魅力である。ホテルのバーに飲みに来る人はほとんどが一人である。カウンターの隣同士は国籍も違うまるで知らない人達なのだ。私は彼らに頼もしさを感じた。暖かさと冷たさと……。ニューヨークで一人で生きていく人間の孤独が彼らを強くし、大きくしているのだろう。そして私は、不安で淋しいこの街で暮らしてみたい気になった。今までの自分の恵まれた環境を捨てて、ここでもまれる必要を感じた。私に欠けているものがこの街で得られるのではないか……。知らないうちに、私はこの冷たい街の冷たい魅力の虜《とりこ》になっていた……。〟

あの時の感動をまた味わうことができるだろうか。しかも今度は仕事で行くのです。かなり不安でしたが、思いきって飛行機もホテルも全部一人で行動するつもりでスケデュールをたてました。

ここでオークションの売主、ハイド夫妻について少し触れてみます。カタログのメアリー・ハイドによる序文からの引用です。

〝昭和三十五年に、ハーバード大学のホーファー教授とニューヨーク・パブリックライブラリィーのクーブ館長の紹介状をもって、私達は文京区西片の反町宅を訪れました。そこで今回の売立目録にもあるNo.1天平二年写「大般若経」、No.5明徳二年写「御成敗式目」、No.22天政十一年写「枕草子」の三点を見せられました。「これから始めても、日本の最も重要な文学や歴史の版本や写本を蒐められるだろうか？」との質問に反町氏は、「五年から十年かければ可能でしょう。」と答えました。その時私達は前述の三点と他に六点を購入し、蒐集を開始したのです。蒐集の範囲は、初期の古写本・古版本、古活字本と美しく有名な日本の本に限りました。コレクションは年毎に充実していきましたが、昭和四十一年の初めにドン（ミスター・ハイド氏）が急死いたしました。彼は生前から日本の文化を明確に伝えるこれらの書物の公開を望んでおり、それが日本とアメリカ両国の友好に役立つことを信じておりましたので、私は夫の意志を継ぎ十数点をハーバード大学のフォッグ美術館に寄贈いたしました。そして残りをオークションにかけ、モルガンライブラリィーの拡張のための資金としてお役に立てたいと思ったのです。ドンもきっとこの趣旨に賛成してくれるはずですし、このカタログの書物たちが、私達三十年来の夢を叶えてくれる

ことと確信しております。〃

十月四日の正午に成田を出発。同日の午前十一時半に、私はケネディ空港に到着いたしました。真っ直ぐにタクシーで宿舎のニューヨーク・ヒルトンに向いましたが、時差の関係でとても眠かったので、その日はすぐに寝てしまいました。

翌日は午前十時にクリスティーズの下見会場にまいりました。下見会場は思ったよりせまく、十坪ほどでしょうか。しかも書物はまわりのガラスケースの書棚に入ったまま、見たい本はいちいち番号を言って出してもらうのです。広い会場に番号順に並んでいる、日本の大市の下見会場を想像していた私は、すっかり大あわて。急いで見たいもの（ほとんど全部です）を頼んで出してもらい、午後五時まで一所懸命に下見をしました。

次の日も朝十時から丹念に、しかも手早く下見に集中、どうやら一通り見ることができました。日本から参加した同業者は、反町さん夫妻、札幌弘南堂さん夫妻、京都の思文閣さんが三人、一誠堂の酒井健彦さん、八木書店の八木壯一さん、原書房さん夫妻、安土堂の八木正自さん、早稲田一心堂の水井みつ子さん、それに私の十四名。他に美術商・骨董屋さんたちが十数名いたようでした。

翌七日はいよいよオークションの日。始まる前に受付で名前と住所を記入すると、ロット番号の付いたしゃもじのようなものをくれます。私の番号は二十二番。何しろ初めての海外オークション参加なので、原さんの隣に座って色々やり方を教えてもらいました。席は真中の前から二番め。反町さんは中央よりややうしろの右端に座っていらっしゃいます。

午前十時にオークション開始。中央の振り手が番号と価格を大きな声で言います。もちろん米ドルで。その値で買っても良いと思う人が、ペンや手やしゃもじなどを上げるのです。振り手が値をだんだんと上げていくと、上がっている手の数がひとつふたつと下がります。最後はほとんど二人か三人の競争で、最後まで手を上げていた人の勝ち。その人のロット番号と価格が発表され、落札が決定いたします。前もってクリスティーズに直接注文してきた人や、会場に何本も設置された電話で注文している人の価格も交えながら、かなりのスピードでオークションは進行していきます。オークションが終了したのが正午少し前。約二時間で一六〇点の落札が決りました。

正直いってかなり興奮いたしました。緊張の連続でした。日本でカタログを調べ、かなり奮発した価格を心の中で用意していったつもりですが、まるでその値では落ちませんでした。何十年間もでなかったもの、今後恐らく出る可能性がないものが多いとはいえ、本当に空前絶後のオークションでしたし、またそれに相応しい値段でした。ただ古版本類など、いわゆるカタイ書物は安かったように思いましたが……。結果をご報告いたします。

総出来高はおよそ七億六千万円。一六〇点の内、一千万円以上になったものが二十点、一点の平均は約四七〇万円でした。日本人は大いに健闘し、点数で八十五パーセント、金額で九十パーセントを落札いたしました。中でも天皇陛下と同じお歳という反町さんは圧倒的な強さを示し、全体の約半分を落札されました。少し風邪気味ということでしたが、そのバイタリティーとファイトには完全に脱帽いたしました。ともかく海外へ流出した日本の秘宝の大部分が、母国へもどってきたことは大変喜ばしいことだと思っております。私が落札できたのは十五点。今回は本当に無我夢中で、お客様の注文を取る余裕も考えも浮かばず、ただがむしゃらに挑戦しただけでした。終わって冷静になってみて、買ったものの中には高すぎて後悔したものも何点かありました。しかし、すぐ売れなくてもいずれは売れるもの、決して腐るものではないと信じております。

　結果はともあれ、今回のオークションは二十三年間の私の業界生活の中で最も大きなイベントでした。大変勉強になりました。自信もほんの少しつきましたし、新しい道も開けたような気がしております。ニューヨークからもどって二、三日たった夜、酔って正体を失くした私は女房に向かって泣き叫んだそうです。〝今度のようなオークションが、あと十年先だったら、全部買えたかもしれなかった……。〟

　気ばかり強く負けず嫌いな私が、自分の実力のなさを再認識し、悔しさも十分に味わったニューヨークの一週間でした。

（追記）このオークションの模様は、十一月十四日のTBSテレビで「日本一の老古書商ニューヨークへ行く」というタイトルで一時間にわたって放映されました。芸術祭参加作品ということです。

（311号／1988年12月号）

本郷雑記
――人名のはなし（一）――

ペリカン書房　品川力

いつも会っている人なのに、さてこの人の名前はなんだったのかと、考えこむことがある。ものごとすべて忘れっぽくなった私ではあるが、私の周辺には一度きいたら生涯忘れることのないような、お名前の人がいる。

日本近代文学館の宇治土子《うじとこ》三津子《みつこ》さんなどもその一人で、美人であるような、またないような方だが、どことなく古典的な風貌をされていて、そのさわやかな話しぶりも印象的だ。京都産業大学教授玉木意志太牢氏は、『明治百年にわたる日本ミルトン研究』（昭和46風間書房）の著者宮西光雄老博士の紹介で、お目にかかったミルトン学者で、お名前の意志太牢は、太郎といったありふれたものでなしに、牢獄の牢の字である。

有名な英文記者に木村生死《しょうじ》という人がいる。この生死は、仏教語から取ったのだそうで、それはそれでうなずけるが、牢のついたお名前はめったにないものと思う。これはどのようなことに由来して付けたものか、ついうかがわずにしまったが――。

昭和女子大学近代文学研究室の槍田良枝さんは、つつましやかな女性で、書家でもあり、書道展の作品は幾度か拝見したが、このお名前はやりたではなくうつぎたである。久しく研究室にごぶさたしていたら、先日たよりがあり、私が美しい女性を星と呼んでいたのを覚えていて、「研究所の星座巡礼もお忘れなく、皆お待ちしております」には、恐れいった。この原稿を書いている時に、ある高校の教師が加藤一夫の文献を調べにやってきて、「野口ありやさんからも原稿をもらいました。」といった。どこの女性のかと思っていたら、すぐこのあと野口雨情の息子といった。

野口存弥《のぶや》が、ありや、私はもう少しで、「ありやあ」とシャレを飛ばすところであった。

さすがに高校教師は野口ぞんやとはいわなかった。

忘れられない名前といえば、私が少年時代にきいた一人の女学生のことだ。といっても苗字も知らない、どんな顔かも知らないが、その人のもせすという名は、私には永久不滅の名になっている。

新潟県柏崎で、本町通りの目抜きの場所に品川書店があり、海岸には品川牧場があった。私は牛乳配達もやり、牛舎で働いたり、時には牛数頭を連れて海辺の丘で、ひばりのさえずりも聞いた。いまから思うと詩の世界だった。それにもまして本町通りの品川書店に行けば、月々の新刊雑誌が手当り次第にふんだんに読めた。これはどんなに楽しいことであったことか。馬の画家谷洗馬や、樺島勝一の画集のとりこになったり、『石童丸』を読んで、涙がとまらず、両頰に伝って枕をびっしょりにさせた。

品川書店には、文学好きの女学生たちがよくきた。番頭と仲よく話しているのを見て、店の隅の方でジッ卜眺めていた私は、「早く大人になってあんなキレイな女学生と話してみたい」などと思ったもので「スネーク」だの「砂丘」といった同人雑誌がよく売れた。

　この読者の一人に、先のもせすという名の女学生がいた。番頭同士で話しているのを聞いていたら、これはいろは歌の最後のゑひもせすからきたものだそうで、末っ子にこんなハイカラな名をつけた親もさることながら、どの女学生がもせすさんか知りたくて堪らなかった。しかし小学生の私が、そんなことをきいたら「なんてませた子供だ。女学生の名前をきいてどうする」と、やられそうで、これはたずねることを、思いとどまった。

「スネーク」や「砂丘」。こんな雑誌には永久にお眼にかかれないものと思っていたが、いつか扶桑書房の古書目録に出ていて、びっくりした。古書展で親しく手にとって見ることも出来た。

　まさしくこれは、私にとって久しく会わなかった昔の恋人に会ったような感動で、わくわくとした。胸に熱いものがこみあげてくるのを憶えた。


（299号／1986年12月号）

本郷雑記
―人名のはなし（二）―

ペリカン書房　品川力

重森三玲、という名前をここに出しても、この偉大なる日本庭園史研究の人物にお目にかかったというのではない。重森は『日本庭園史大系』全三十五巻を手がけた人で、この超人的な業績は、まことに世界的なものだ。

ところでお名前の三玲は、さんれいだとばかり思っていたところ、東京ゲーテ記念館の粉川《こがわ》忠氏にミレーからきたものだと教えられた。『現代日本執筆者大事典』（昭和53・9日外アソシエーツ）で調べて見ると、ちゃんとみれいのルビがついている。

それがはたしてミレーからきたものか、どうか半信半疑であったが、粉川さんから見せてもらった昭和三十六年八月二十六日の毎日新聞（大阪）の切抜は、「この人」欄でとり上げられた重森一族の紹介記事。ところがその子供さんの名前が、いずれも世界の偉人からきているので、私は三玲がミレーからきていることを文句なしに納得した。

長男　重森完途（カント）

次男　重森弘淹（コーエン）
三男　重森執氏（ゲーテ）
四男　重森貝侖（バイロン）
五男　重森由郷（ユーゴー）

長男のカント氏は父親の跡を継いで庭園史研究をやり、コーエン氏は写真研究家として知られ、『写真芸術論』の訳書や、『写真の思想』『現代日本写真全集』全十二巻の編者であることが『執筆者大事典』に出ている。

このお二人の著書も見たが、奥附には、著者名にルビがついていなかった。

教えられたから分かったものの、完途、弘淹では、いやに六ケ敷しい名前もあるものだで、そのままになってしまう。ゲーテ、バイロン、ユーゴーの三氏が、どのような仕事をされているか、私は全く不案内であるけれども、「知る人ぞ知る」といった存在であられるにちがいあるまい。一度どこかの会合でお目にかかったドイツ文学の村井勇吾氏のお名前はユーゴーからとったもので、父親はキリスト教界の村井知至先生だ。

私が毎週のように出かける慶応義塾大学法学部教授の令息は、ロマン・ローランからとった楼蘭で、その妹さんはこれもミレーから美麗の字をあてられている。

この原稿を書いていると、久しぶりに日本リクルートセンターの専務取締役森村稔氏が、東大図書館に調べものがあってきましたと立寄られた。物識博士の彼は、東大美学科に学び、ギリシャ劇に出演したりもした才人で、筑摩書房から二冊目のエッセイ集が近日刊行される。その彼に重森さんの話をすると、待っていましたとばかりににこにこしながら、心理学者の波多野完治さんの息子が二人とも学者で、どちらも世界的な心理学者の名前、波多野誼余夫（ギョオ）波多野里望（リボー）だと教えてくれた。

そればかりではなくリクルートセンターの社内報、月刊『かもめ』（昭和62・3）をあとから送ってくれたが、驚くなかれ社員の珍名が勢ぞろいだ。表紙に九十名の一覧表を掲げて、「あなたは、何人、読めますか？」の問いかけがある。正解は別頁に出ている。

鷲見雄司、鬼頭秀彰、畔柳君香などは分かるけれども、3傳甫知葉瑠（でんぽちはる）9鼠入明彦（そいりあきひこ）25外鏡菜香（ほかみなこ）34可児茂一（かにしげかず）40渡會圭子（わたらいけいこ）59一百野昌也（いおのまさや）70朏義郎（みかずきよしろう）75相前宣久（そんざんのぶひさ）88主森武（とのもりたかし）89宣野座文小（ぎのざふみこ）。こうこられては、こちらがお手あげである。

（301号／1987年4月号）

女性店主だから
古本屋は楽しい

新春座談会

いきいき女性店主の〝古本屋ってどこかおもしろい〟

出席者
一心堂書店　水井みつ子
苔花堂書店　川守田広子
古書日月堂　佐藤真砂
呂古書房　西尾浩子
司会　東京古書組合機関誌部

平成十六年新春、新たな気持ちで迎えるべく、粋のいい女性店主にお集まりいただき、大いに語っていただいた。ともすると不景気で押しつぶされそうな世相ではあるが、明るく前向きな女性たちの話は、古本屋の楽しさ、古本屋の原点を思い起こさせてくれるものとなった。

本や古本屋街に親しんで

――女性店主による新春座談会ということで、いっぱい発言して、花を咲かせていただきたいと思います。まずは、みなさんのご紹介をかねて、古本屋になったきっかけあたりから、お話しください。

西尾　呂古書房の西尾浩子と申します。平成五年十二月十八日に開店しましたので、十一年目に入りました。私の場合は、父が本を集めていまして、小さいころから父にくっついて古本屋にお散歩に来ていました。家の中も本だらけ。本の中にいるのは当たり前でした。

本屋になるというのは、何となくいいなと思っていましたが、学校を卒業して結婚して……忘れていました。それでもあるきっかけでこの業界に入り、飛び込んでみたらおもしろい、こんなきれいな本、貴重な本、家にあった本とは別な意味で新鮮。こんなに多くの本が一堂に集まってきて見られるのは感動でした。やっぱり本屋さんはいい、文化に携わっている感じ、このかび臭いなかにいるのがいいんだなあって。

――資本金などは考えました？

西尾　ほとんど考えていません。安易に考えていて、もし売る物がなくなったら家の蔵書でも売ればいいなんて。でも幸い、まだ売らずにすんでいますけど（笑）。

――呂古書房の名前は？

西尾　私の時代はひろこという名前が多く、学生時代のニックネームがひろこの下の二文字をとって「ろこ」。それでどう漢字を当てはめるか。呂は要という意味がある、古は古本の古ということで。口が多いからという人もいたりして……（笑）。

佐藤　本当だ。口が三つもある（笑）。

――呂古さんは最初から神保町でやろうと？

西尾　ええ。本屋をするなら神保町でと決めていました。よく父と来ていましたしね。神保町もずいぶん捜しました。古くから駿河台にある不動産屋の名物女性の方から「あそこがいい、あそこしかない、あそこでやれ」というのでね。神保町の一丁目一番地というのが気にいって。しかしお借りするにあたり、四人の方の面接があって入るのは大変だったんです。でもその後つき合ってみると、いろいろご縁があって、私は呼ばれるようにしてあそこに入ったんだなと思いましたね。

――扱う分野は？

西尾　最初限定本をやっていました。少し修業させてもらったところに限定本があったので。自分なりのものをやりたいという思いはありましたが、分野を確立するのは難しいですね。幸いにあるご同業の方からいろいろご助言いただき、今は玩具関係書、版画挿画本、豆本、蔵書票、こけしなどになりました。

即売会、年二十六回はすごい

――苔花堂さんの名前もきれいな名前ですけれど、どういうことで？

川守田　私は大学を卒業するとすぐ、池袋の高野書店に入り五年ぐらいいました。その間に中央市会の経営員もやらせてもらったんですよ。そこを辞めて九曜書房さんでバイトしたり……。そのころいっとき独立を考えたのですが、資金もないし自信もないしで、できなかった。でも本屋の名前をどうしようと考えて、漢詩からとるのがいいのではないかということで、岩波文庫の中国詩集を頭からずっと読んでいって、最後の方、清の時代の袁枚《えんばい》という人の詩に「苔」という詩があったんです。苔花は米のように小さいけれど牡丹を学んで花開くというようなことが書いてあって……、それをとって苔花堂。その後えびな書店に二年ぐらいいて独立しました。

――苔花堂さん、古本屋に長くいたのですね。いい面も見えるし粗も見える？

川守田　粗というのはあまり覚えていませんね。今こうしているのは、やはり高野書店をまねしているなっていうのはあります。

　でも自分の古本体験というと、マンガや百円の本を売っている近所の古本屋なんです。高校生になって初めて神田に来て、そのとき捜していた本、文庫本だったのですが、千円の値段がついていて、百円の文庫ではない世界があるんだと驚きました。おそらくそれが原体験だったと思います。大学を卒業するとき本屋の仕事がしたいなあ、それなら新刊屋より古本屋の方がおもしろいと思って。

――定価より高い本があるという驚き。

川守田　そうか、今出ている本ではない本があるんだ、という発見でしたね。

――そう、だから古本屋さんが最初に手をつけるのが絶版文庫。入門的な所作というか。

川守田　店を開いたのは六年前。今まで経験した本屋さんが目録をやっていたので、私もやりたかったのですが、即売会をやって、それに追われて。年二十六回ぐらいやって、店も開けていたんですからね。三年ぐらい前からはインターネットを始めて、その方がいいので、そればかりになったけれど。

――女性で、基本的には一人でしょ。それで年に二十六回はすごい。月二回以上になる。

西尾　縛って持って行ってでしょ。もう気絶しそう……。

佐藤　想像を絶する。

――体力的に相当きついでしょ。

川守田　そのときは何だかできてしまった。小さいところも入れてですよ、目録もなくても大丈夫とか。それでも搬入と搬出だけは、人に少し手伝ってもらいましたけど。

――それでも回数がすごい。パワーあるね。

川守田　中央市会で鍛えてもらったから。

西尾　それにしても古本屋やると腕が太くなりますよね。体力勝負だから。

佐藤　頭、ほとんど使っていない（笑）。古本屋になってから体が変わりました。三島由紀夫の気持ちがわかりますね。このトシでこんなに変わるなんて、驚きでした。腕の筋肉なんかプヨンプヨンしていたのが固くなって。背中の脂肪が落ちてくる。古本屋は美容にいいんですよ（笑）。

どうやって売るか真剣に考えた

――では、日月堂さん、名前の由来は？

佐藤　私の場合は茶道の軸の壺中日月長しという言葉、つまり小さい壺中が宇宙を取り込んでいるというような意味で、そこから日月をいただきました。十一月二十五日オープンですから、ちょうど八年目が終わって九年目に入ったところです。大岡山で六年半、表参道に移って一年半というところです。

西尾　日月堂さんは、今までと違った新しい形の古本屋を築くという意味ではすばらしいと思いますよ。今までの古色蒼然とした古本屋とは全然違いますからね。

――古色蒼然の反対なら豪華絢爛？

佐藤　今、表参道は六畳一間、それで豪華絢爛は無理です。大岡山はそれでも七坪あったんですが、名前に呼ばれるように六畳になっちゃった（笑）。

川守田　でも、日月堂さんは、自分の店の本を一言で表現できるんですよ。これまでの古本屋さんは何となくやっているだけなんだけれど、日月堂さんは、わかりやすい言葉で表現しているからすごいと思う。

佐藤　それはもしかしたら、古本屋の前にやっていた仕事が関係しているかもしれない。ＰＲや広報の企画書を作るような仕事をしていました。博報堂の下請けで、場合によっては博報堂の名刺をもって仕事をするような。企画書を作るというのは、相手を説得するためなんです。相手を説得するにはどうするか、この予算で何ができるかを考える。企画でゴーサインが出なければ前に進みませんから。バブルの時代、企画書だけで一本二十万、三十万、イベント一つで数千万という世界でした。その企画を書く作業が日常だったから……。

　でも大岡山の店は、淡々と古本を売って食べていければいい、あとは何も望まないという気持ちで始めたのです。ところが何も望まないと食べることもできないんだと……。

――古本屋はそんなに甘くなかった……。

佐藤　甘くなかった。一日店に座っていて、売れたのは均一本三百円だけとかね。古本屋の深閑とした空間はすごく好きなんですけれど、あれはつらかった。深閑とした中に私一人が取り残されているような、この世に一人、私がぽつんといるような感じ。

――島流しされたような感じ？

佐藤　そう、島流し！　本って音を吸い込むのでしょうか。本当にシーンとして、このままでいいのか。まずい、預金残高が減っていく。ぎりぎりのところまで来て、開店のときにお世話になった古書いとうさんに「もうまずいです。貯金なくなります」と。それで「五反田展をやれ」と言われて、台二台ばかり出させてもらいました。そしたら二十万ほど売れて。これなら何とかなるかもしれない、即売会をやろうということになった。そうなると買う時も、即売会で売れるものを考える、市場でも買うようになる。そして店が売れない状況をどうしようと考え続ける。自分のなけなしのお金で買った本をどうやって売ったらいいのか、本当に真剣に考えるようになりました。即売会でお売りになる方の店の棚や目録と自分のとを比べてどこが違うんだろうとか。大岡山にいた六年半というのは大変でした。

――そこで苦労して……。

佐藤　最初から売れていたら、そこそこ家賃が払えて食べていけていたら、何も考えなかったと思う。食べられていればそれでいいやと。……その方が幸せだったと思う。

――そしたら今日の日月堂さんはなかった。

西尾　最初はとにかく大変ですよ。のれんというものがないと、お客様はそう簡単に売ってくださらないから、お客様から仕入れるのはなかなか難しい。だから初めは市場で仕入れるしかなかった。うちなんか、開店早々ビルの外壁工事でネットをかけられて、店がまるで見えないから売り上げなし。ネットがとれて少しずつ、……十年経ってやっと知られてきたかなという感じですよ。

日月堂さんの表参道の店は赤を主体にしてとにかく斬新なんですよ。そういうアイデアは今までにない。いい感覚持っていますね。

佐藤　あれ、自分で色を塗っちゃった。パリに「コロバ」というカフェがあって、当時最先端といわれていました。地下のトイレに降りていったら、四方真っ赤な空間があって、これは結構格好いいゾと思ってしまった。表参道の店は狭いし、赤で塗りつぶしてもいいかなって思って。でも半年後にその「コロバ」は潰れてしまいました（笑）。ちょっと嫌な予感がしてます。ウチもあぶない。

海外のオークションを経験

――一心堂さんはどうして古本屋さんに？

水井　どうしてって、二代目ですからね。

――お父様と一緒に市場で入札されていた姿が印象的でしたね。

水井　三十年前ぐらいからですよね。結局、学校を卒業して就職しそこなったというか、サラリーマンやるより自営の方があっているなって思って、そのまま店を手伝うようになりました。

――正統派ですね。

西尾　私のころは、学校出てもみんなお勤めする雰囲気ではなかった。スチュワーデスとか特殊な職業ならつく人はいましたけれど、だいたい花嫁修業というか、お稽古事に行くぐらいでしたね。

――女性が働くことが特殊な時代。そういう中では新しい人だったんだ。お父様がやっておられるから、だいたいわかって……。

水井　父親は教えるタイプではなかったから、自分で覚えるしかなかった。そのかわり市場には毎日連れていってくれました。父親はもともと地方の旧家に買い出しに行くタイプ。それを市場に売るというパターンでした。だからそこで出たものは何でも扱う。現場で覚えるというやり方でした。

――その割にはいいものを扱っているではありませんか。昔から和本を扱っていた？

水井　和本はもともとありました。

西尾　旧家で仕入れるなんて、いいわね。私なんかワクワクしてしまう。

水井　今ならそう言えるけれど、あのころは運送システムが発達していないから大変でしたよ。今みたいに宅急便があればね。父は運転できないから、一時は車買って運転手を雇っていたこともありました。その前は自分一人で行って、行き当たりバッタリですよ。近所の人に聞いて、蔵があると訪ねていくんです。物怖じしない性格だったから。

佐藤　版画は水井さんご自身で？

水井　そうですね。十五年ぐらい前から。

西尾　すばらしいですよ。彼女がいたから、女性でも市場に入っていけたんですよ。

佐藤　私も楽させてもらっている。奇異な目で見られないですんでいます。

水井　私のためというより、時代もそうなっている、まわりの目も徐々に変わってきているんですよ。私のときは先輩ばかり、同年代でも数えるほどしかいませんでしたから。

——版画では海外にも行かれるとか。海外に行くきっかけになったのは?

水井　きっかけはですね。「ハイドコレクション」というオークションがニューヨークのクリスティというところで行われたんです。そこには古本の業界からもいろいろな方が行かれたんですよ。反町さんが手を下げなかったという有名な話があるじゃないですか。私はそのときはオークションってどんなものか見学がてら行っただけで、初めてのことでもあり何もわかりませんから、もちろん一点も買いませんでしたけれど。

西尾　日ごろ見ないものを見るという経験はすばらしいことですよね。

水井　二度目からは今度は買おうという気持ちで行ったんです。やはりニューヨークのクリスティで「シャイベ」という版画のコレクションでした。一応自分なりの金額を決めて手張りで買おうと、で四点ばかり買いました。予算オーバーでいい値段になってしまいました。バブルのときでしたから、日本に帰ってきて、全部売れましたけれど。

——売る当てがないと難しいでしょ。

水井　難しいです。高いものですし、売れ残ったら抱えていかなければならないので、しばらくドキドキしますよ。

——英語はできるの?

水井　全然できないですよ。ただ度胸だけ。

西尾　女は度胸なんですよ。

水井　最初はアメリカだけ、今はヨーロッパも年に六、七回行きますが。あのころは品物も出たんですよ。買ってきても売れました。明治古典会の大市や東京古典会の大市を利用して売ったんです。

——ニューヨークで落としたものが、明古でそれ以上に売れたわけですね。

水井　外国人と日本人では好みが違いますから、日本で高く売れるものでも、安く仕入れられるということがあるんです。

西尾　日月さんもフランスに行ったでしょ。

佐藤　私は一度だけ。ひたすら足で。

西尾　ゴッホなんか捜さなかったの。

佐藤　ゴッホ見つけたら、今店やっていませんよ(笑)。

新会館の情報コーナーの活用

——新会館ができましたけれど、どうですか。女性にやさしい会館になりましたか。

西尾　女性にやさしくなりましたね。使いやすくなりました。荷さばき所なんかもね。

水井　よくなりました。前の建物は女性は入るベカラズ?

川守田　エレベーターもたくさんあるし。

西尾　車もたまらなくなったし、空気清浄機があるせいか、あまりほこりっぽくなくなったし。

――二階の情報コーナー、今、広報部で企画していろいろな展示をしています。女性も何かやってくれるといいのですが。

佐藤　個人で使いたがっている人はいますよ。自分のコレクションを見せたいというのはあります。あるカメラマンが即売会に来ている人たちがおもしろい、必死になって本を抱えている後ろ姿、背中ばかりを撮って、その写真を展示してみたいなんて言っていました。問題はお客さんのプライバシーということがありますけれど……。こういうように、外部から入ってきてもらうと、いろいろな企画ができるのではないでしょうか。そのために、使い方の案内とか、料金体系が一般の人に示されていればね。

――二階の情報コーナーの利用料は一日につき二万円です。ただし、そこで売り買いはできない。展示する内容が古書業界をアピールするものである場合は、その二万円は補助されます。展示にかかる費用はお任せする形ですけれど。企画を出してくださいよ。

佐藤　たとえば、活字が捨てられているということがある。ガラス製の文字板も割られています。文字板を捨てるというなら売っちゃいましょうというので、「印刷解体」という即売会をやろうという話になって、夏にやります。今の若い人たちは活字を〝拾う〟ということ自体わからなくなっているでしょ。日の目を見ないままなくなっていく活字に日を当てようという企画です。ほかにも、活字や印刷工程を見せるとか。「本」をとりまく人たちを取り込むことで、二階の情報コーナーのやり方はもっともっと広がると思いますよ。

――おもしろいですね。今活字にこだわる人たちもいますね。短詩系の人たちなんかね。

佐藤　確かアララギ派の同人誌がいまだに活版だと聞きました。今名刺サイズの印刷機はあるけれど、全紙サイズの活版の印刷機を持っているのは都内で一か所らしい。活字の存在自体が消えていく運命なんですよ。

　まだまだテーマはある気がしますね。

女性が入ってこられるような組合、市場に

西尾　ところで考えてみると女性店主というのは、東京では少ないですね。

佐藤　市場に来ている人が少ないのかな。

川守田　中央線では何人かいますよ。

佐藤　南部は振り市に来ている人はいます。

――女性も市場に来ないとだめだと思うんですよ。本の流れ、売り方、買い方、商売の形態など、学ぶことがたくさんある。市場で磨かれますからね。

西尾　ファッションと同じで、本の中にも流行があるから、市場でそれを感じることができます。勉強になりますよね。

佐藤　組合員以外にはインターネットでやっている人とか、女性店主もたくさんいるんですよ。組合の方が女性に関しては遅れていると思います。ネットをやっている人に、組合に入った方が楽しくなるよと言っているんですけれど、市場の仕組みにおじけづくというか、組合に入るとやることが多くなるのではないかと

かで、敷居が高いみたいです。
――日月堂さんのように楽しくやっている方もおられるのにね。
佐藤　苦しくやっているような気もします（笑）。
西尾　市場で入札するというのは、素人の人が来て見ると異様な感じがするんじゃないでしょうか。最初は緊張しますよね。
佐藤　度胸でしかない気がする。博打みたいなものですよね。
西尾　そう、毎日が博打のようなもの。
佐藤　でも自分で買わないと本気で売ろうという気にならないですからね。インターネットやっていて、組合に入っていない人の値段のつけ方を見ていると、ちょっと疑問に思ってしまう。市場の値を見ているから。そういうところで相場を作っていいのかなって。
――市場などでもまれた値段じゃないとね。
佐藤　若い女性たちの間で古本屋があこがれの仕事になっているのだとすれば、そういう人たちを市場に引っ張ってこれるようなものがあるといいなって思うんですよ。
――なるほどね。苔花堂さんは市場は？
川守田　最初はついて行くだけでしたけれど、高野書店の店員というだけで、いろいろ教えてもらいました。でもやっぱり買わなくちゃわからない。高野書店時代の後半二年ぐらいは入れていいよと言われて、少しずつ入札しました。
――僕は郊外で、最初は振りで入りましたけど。女性は振りは抵抗があるでしょうね。
佐藤　抵抗ありますよ。振りの方が相手の値段がわかるという気楽さはありますが、でも最初は声が出せない。後ろ向いてツブシを片付けているふりして、声をやっと出したり。まるで失敗をごまかす猫みたい（笑）でした。でも支部市って、こんな値段入れたら駄目じゃないかなんて言ってくれる人がいたりして、和気あいあいとしたところもあるんですよ。そういうところでスタートできたのはラッキーだったかもしれない。最初から神田だったらどうしていいかわからなかったかもしれません。
――お仲間がいて、和気あいあいとして、いいですね。振りというのは、本を見ただけでパッと五千円とか声が出てしまうから、直感的なおもしろさがあって、なかなか懐かしい。入札だとよく見過ぎてしまって、変なところに引っかかったりね。封筒のふくらみ具合を見たり。
佐藤　私も封筒を触りながら、いくらぐらい入れようかなんて考えます。
――一心堂さんは市場は？
水井　私が買うようになったときは入札制。神田も昔は振りをやっていましたけど。
――和本の高い物の場合、札は飛ばして入れます？
水井　どうしても欲しい物は十万とか二十万とか飛ばしますね。和本の初刷本は少ないですから。自分がいいと思っても、明治の刷り直しのものだと恐いですよね。
西尾　怪我しないとわからないということはありますね。それが肥やしになるんですが。
佐藤　それにしても、十万、二十万と飛ばせる人、女性にはそういないですよ。こういう博打は、日常家計をつけている女性にとっては考えられない世界ですよ。
水井　私だって商売だからできるのであって、日常生活ではできませんよ。
佐藤　でもやっぱり、これはリアリストではできないと思う。ある種ロマンチストみたいな部分がないとできない。
西尾　それと懐具合もある。いいと思う本は高くなるからお金のある人に落ちるし。
水井　それとお客さんを持っている人ね。それなら少々高くても買えるから。

インターネットも新しい段階

――お金がある人、お客をつかんでいる人が買えるというのでは、あまりにも当たり前過ぎておもしろくない。新しく店を持つ人はそのどちらもないわけだから。ゴミのようなものの中に何かきらりとしたものを見つけるというようなことがあってもいいのでは。
佐藤　大岡山にいたころ、絵はがきやチラシはだれも札を入れなかったから、私でも買えると思って買ったんです。中にはムーランルージュのきれいなものもあったり。すきまだったからできたんですよね。
――そういう、これはと思うものね。
西尾　でもインターネットが出てくると、ある程度値段が一律化するから、なかなか独自にこれというわけにはいかなくなる……。
佐藤　インターネット書店の検索で出てくるような本はできるだけ安く値を付けます。そういうのは白っぽいものが多いでしょ。ブックオフのようなところで扱うものを単価で競うとスケールメリットで負けてしまう、勝ち目がない。そうではない、インターネットで検索しても出てきそうにないものを揃えて。ある程度回していく部分と、そうでない差別化していく部分とを持つように考えています。
川守田　私はあまり他のネットとか調べないんですよ。他の本屋さんがいくらつけているかとかはあまり気にしないですね。今までの目録に出てこないような五百円とか千円の本でも、探している人がいて、そういうのを入れると意外な人から注文が来たりします。
佐藤　苔花堂さんのホームページはメルマガ形式なんですよ。身辺雑記があって、本の解説が詳しくあるのがおもしろい。
川守田　紙の目録の感覚で書いています。本の状態よりも、中身を書いた方が反応があるんです。だからできるだけ書こうと。
佐藤　あれを見ると安心して買えますよね。ここまで書いてあるなら間違いはないと。
西尾　日月堂さんのホームページもすごくきれいよね。自分のところのを作ろうと思って、いろいろのホームページを見たのだけれど、日月堂さんのを見て、これはすごい、これはダメだ、自分のはあきらめようと。
――ほんと、デザイン賞をあげたいぐらい。
佐藤　ありがとうございます。私は入力だけで、人任せなんですけど。
――水井さんも錦絵なんか色鮮やかなものを出しておられますね。
水井　〝みずい版画〟の方は独自のホームページ作ってかなり点数も入れていま

す。最近一心堂のも作ったのですが、どこをクリックしてもみずい版画に飛ぶようにしています。

西尾　ビジュアル系はきれいでいいわね。

水井　海外から注文来ることも多くあるんですけれど、質問が英語で来るから大変。

――写真集も海外から注文が来るらしい。

西尾　地図なんかも来るらしいですね。

――写真集やマンガなんか、日本のものが今海外に進出していますよね。新しい方向として今後伸びていくのではないですか。

佐藤　恩地や村山あたりの装丁とか、あと中面の文字の構成とか、デザイン性で求められる面もあります。ビジュアルな部分はテキストを越えて世界につながる、そういう意味では可能性はいろいろな形であると思います。

買って覚え、お客さんに教えられ

――ところで本の魅力は？　どんなところに感じていますか。日月堂さんは、市場で本をよく見ていますね。向こうが見通せるぐらいに。執着心がすごい。

佐藤　最近は気力が続かなくて。でも一生懸命なのは売れないからで、この山の中から一点でもおもしろいものはないかと。

西尾　彼女の買い方はすばらしい。私は限定本でわかるものしか入札してこなかったけれども、今は分野を増やしたので、彼女のまねをして、よく見て買うことを大切にしています。そうすると発見があり、ウブく買うことができたりする。

佐藤　私は最初から知らないものばかり。顧客スケールから考えて同じ本を何冊も売る自信がないから、知らない本を買っていくしかない、そういう情ない事情がありまして、それで気づかされることはあるにはある。脈絡なく買っていたものが、あるとき一つに繋がっていたことに気づかされたり。この商売、こんなに苦しいのに続けているのは、いつも知らない新しいものに事故みたいにぶつかる、それがおもしろいからでしょうね。それも買ってみないとわからない、その事故を幸いに転換しなければならない、その不自由さみたいなものがおもしろい。

――そういうおもしろさは初代じゃないと味わえないことかも（笑）。

西尾　教えられるものではなく自分で発見するものなのね。繋がっていくという感覚、私もわかります。だから人間死ぬまで勉強なんですね。お客様のちょっとした一言から教えられることもあります。収集することではお客様の方がある意味プロですからね。

佐藤　そういうとき女性は得ですね。話しかけやすいし、教えてもらいやすい。

西尾　逆になめられることもあるけれど。

――お客さんは女性が多い？

佐藤　うちは男性が多いです。

西尾　女性だから男性だからというのは関係ないんじゃないですか。うちは扱っているものがこけしや豆本、紙もの、かわいいもので女性向きのものがあるから女性も多いですけど。七対三で三が女性というところかな。

――店売りが充実していいですね。

西尾　それでも売り上げがいいわけでは

なくて、うちは目録が主体ですから。本関係を年三回、こけし関係を年三回出しています。

佐藤　ということは目録年六回！　それでデパート展もやっているんでしょ。すごい。

――やることやっているんですね！　豆本には分野があるのですか。

西尾　装丁のおもしろさからくるもの、池田満寿夫の版画が入ったもの、掌中本といって和綴のものなどですね。あと文学から入る人もいるんですよ。生田耕作とか吉行淳之介とか。外国のものも手がこんでいてすばらしい。でも洋書は海外から買ってこないとなかなか。だから洋書なら青山にあるリリパットさんを紹介し、和書は呂古を紹介してもらうということに。自分のところだけよければいいじゃなくて、おこがましい言い方ですが、みんなで協力して、この業界が発展していければと……。

――一心堂さんは目録の方は？

水井　年一回です。今回は全ページカラーにしたんです。五年単位で特集のようにして。

――カラーにすると反応がいいですか。

水井　自己満足ですよ（笑）。

佐藤　確かに、これだけきれいだと満足してしまうかもしれない。

――ほとんど目録とネットですか。

水井　あとは交換会ですね。

新しい感覚の古本屋、店も大事にしたい

――今後の展望というか、将来どうなっているか、十年後は……どうなっているでしょう。水井さん、一心堂とみずい版画は別のもの？

水井　一心堂は父親から受け継いだもので、組合は一心堂で登録しています。私が自分でやりだしたのが錦絵などでみずい版画。将来はこれも登録していきたいと考えています。

川守田　結婚して、最近引っ越しまして。引っ越しを機会に、これはいいやというものと心に引っかかるものを整理しています。これからはその引っかかるものをやっていきたい。

――高野さんやえびなさんからはどういうことを学びましたか。

川守田　高野書店からは古本全般。思いきって値段をつけても買っていくというおもしろさを知りました。えびな書店は雑誌も扱っていました。美術展からよく招待券が来ていたんです。それでブリジストン美術館にいったとき、そこにその雑誌があって、こんな風に活用されているのか、その時代の風俗がわかるし、雑誌って力がある、おもしろいものだと気づかされました。

――感動があるというのがすごい。そういうことで、山の中から、すばらしいものをみつけることができるんですね。日月堂さんは展覧会とかいろいろ多様ですね。

佐藤　展覧会はさすがに年を感じるけれど、ちゃんとやらないと食べていけないから……。百貨店は年二回です。あとパルコのギャラリーで年一～二回の企画展です。平成十五年は三人でウルトラモダンと題して、二十年代や三十年代の都市風俗やファッションをテーマにしてやりました。この四月には桐ダンス四棹とその中の着物、本も本棚に入れて売っちゃおうというのを。たまたま本をとりに行

った先が、昭和の三代に渡って住まわれてきたお宅で、持ち主は執着心がなくてとにかく何でも捨てるという。ちょっと待ってくださいと。それで、三代の歴史をたどりながら、家族の物語ごと売ってしまうのはどうかと企画したら、通ってしまって……。

西尾　私も古い着物などを何とかならないかと相談を受けたことがあるけれど、結局古道具屋さんを紹介するぐらいしかできないのね。手間暇かけて、そういうことを企画にするところがすばらしい。日月堂さんは企画の方からいらした人だから目のつけ方が違いますね。ニューウェーブの人。

佐藤　素人だからできるだけのことで。

西尾　いやいやそんなことはない。古本屋というのは古色蒼然としていて、昔のスタイルを踏襲している人が多いわけだけど、今の若い人たちに入ってきてもらうためには、新しい形態が必要でしょ。デパート展のようにきれいな方がいいという人も多い。若い人に新しいスタイルから古書の世界に入っていただいて、奥が深いと感じていただけるようにしなければ。それには日月堂さんのように新しい感覚が必要で、その企画はすごいと思う。

佐藤　貧乏ですから、どうせ貧乏は変わらないなら、せめて楽しく仕事をしたいと思うんです。でも本当は店を何とかして食べていけるようにしたいんですけどね。店ではお客さんからの生の情報が入ってきますからね。書名検索では見つからないものにお客さんにも出くわしてもらいたいし。店を維持していくために即売会やインターネットやっている感じです。

西尾　お客様に教えてもらうことが多いですからね。十年後も店で売れるように考えていかなければ。ヒイヒイ言いながらやっていますが、好きなことをやっていられるのは幸せ。楽しいですよ、仕事はね。もう少しお金があって、お金の心配しないで入札できるといいけれど。

川守田　仕事でストレスはお金だけ。

佐藤・西尾　そうね（笑）。

川守田　十年経っても、地味な町の古本屋さんなんだろうな。自分がそういう古本屋さんで育っているから。こういうおもしろい本がありますよということを伝えられるような古本屋さん。

佐藤　そういうのって大事ですよね。

川守田　日月堂さんは、将来本にこだわらず、「アンティーク」の中に広がっているような気がする。

佐藤　十年やっていたら何か専門がないと恥ずかしいと思うけど。

西尾　いろいろな出会いがあるから古本屋は楽しいんですよ。

佐藤　本当に。でも古本屋って変な商売、喜びの見いだし方が違うって感じがする。

――儲けというよりは、何を扱ったかというのがあると思いますね。

西尾　それがありますね。人それぞれの価値観ですから。

――何年も探していた本が見つかったなんて言われると、たとえ千円の本でもうれしい。

佐藤　うちで何年も寝てたからなんてね（笑）。お金に換算されない喜びが支えてくれてる。

（402号／2004年2月号）

流れにのって泳いできてみたら…

古本 海ねこ　場《ば》生《しょう》松《まつ》友子

「古書月報」に書かせていただくのは、三度目だろうか。今回、機関誌部からの依頼書には文字量自由とある。貴重な機会を有り難く受け止めながら、あえて、ふだんのブログ（http://www.omaken.com/umi-neko/）と同じく気軽に書いてみたい。誠に恐縮ですが長文です。古書店経験6年弱の若輩者ゆえ、ものを知らない点、生意気な点など、どうか大目に見て、読み飛ばしてください。

惜しむらくは、古書店で修業を積んだ経験がない。明治大学の学生だった四半世紀前、神保町の古書店は今よりずっと敷居が高かったように記憶している。すずらん通りにあった「ニュー浅草」という居酒屋でサークル仲間と管を巻いていた学生にとって、まるで別世界。表通りの格式ある古書店は、扉を開けるにも緊張して息を殺した。ミーハーだった私は、華やかなマスコミの世界に憧れる。在学中、知人の紹介で大手出版社のとある編集部に入り込み、無我夢中で仕事を覚えた。バブル景気が追い風となり、雑誌が多数創刊、仕事がたくさんあった。そうして編集・ライターの仕事を続けて20年になろうかというころ、相次ぐ雑誌の休刊。『BOOK TOWNじんぼう』の取材やりませんか」との誘いに飛びついた。けやき書店、古書ちいろば、羊頭書店、明倫館書店、萱村書店、萬羽軒、翠光堂書店、キントト文庫、一誠堂書店、書肆ひやね、ギャラリーかわまつ……、取材しながら魅了された。とくに小規模店に感じたことだが一国一城の主どうし、独自性を認め合う懐深い世界に思えて。気がついたら古書組合加入を志す自分があった。

「女子の古本屋」（筑摩書房　岡崎武志・著）でご紹介いただいたので繰り返しになるが、さらに遡ってみよう。組合加入の前から編集・ライター業の傍ら、細々とオンライン古書店を営んでいた。はじめのうち、古書店をやりながら体験談を本に出来たら面白い、女性店主を取材してビジュアル中心のムックを作りたい、といった野次馬根性があったことを告白しておく。たまたまBOL JAPANというドイツ系資本のネット書店で本を紹介する仕事が回ってきた。次々送られてくる新刊の大半は返却不要。たまる一方である。一体どうしたらよいものかと、当時始まったばかりだったアマゾンマーケットプレイスに出品してみた。ライター業の片手間に、ぐらいの気楽さだったが、思いのほか売れる。面白かった。もともと編集・執筆が好きなので、興味津々ウエブ上に自店サイトを立ち上げたのが２００３年５月。うさぎ書林・北尾トロさんの著書、他のオンライン書店などマニュアルは結構あった。２００冊３００冊であってもネット上に紹介して「オンライン古書店です」と名乗れば、「自称・古本屋」になれたのだ。

買い物好きなので「仕入れ」と称してヤフオクや新古書店でセドリ出来るのも面白かった。店舗の家賃を支払うなど、リスクを抱える勇気はなかった。やがて店舗や事務所がなくても古書組合への加入が認められるようになったと知り、本気でこの世界に取り組んでみようかと組合に加入。２００５年10月のことだ。

古書市場に通い始めたころ、入札の競り合い、駆け引きは、それまで経験していたヤフーオークションと案外似ているなと感じた。落丁調べをしたこともなく、本を束ねて縛ることもろくに出来ないまま、市場で落札した本はネットでどんどん調べた。ネットを使えば、内外を問わず値段の相場、希少性、需要の有無など、調べられることはたくさんある。が、古書店主を名乗りやすい時代になっても、長年続けるのは容易ではない。自店ＨＰにリンクしていた他のオンライン古書店はひとつ、またひとつ、オープンしては消えた。古書市場に通ううち、さまざまな年代のさまざまな経歴を持つ古書店主らに出会った。市場でいろいろ教わり、飲み会に混ぜていただき、山歩きを共にさせていただく。充実した品揃え、独自性に富んだ店舗を展開し、目を見張るような紙目録を作り続ける古書店主に圧倒された。ネットさえあれば、と盲信していた自分が恥ずかしくなった。

値段や需要を手軽にネットで調べられるようになったが、その先、どこでどう差がつくのか。どのような古書を、どのような人相手に、どのような手法で、どのようにアピールしながら販売展開していくのか。ニーズを嗅ぎ分け、商品やショップの色に反映させていく感覚。そこに男女の性差はさほど関係せず、ときに女性が強みであるとも感じている。

もちろん女性である辛さはある。なにしろ本は重たい。身長１５２センチの自分が全集を梱包するとなると、さながら「格闘」だ。じき背筋にくる。倉庫を自宅向かいのアパート２階に借りたため、本の出し入れは楽でない。じき背筋にきて「本重たい。やだよー、疲れるよー」と、ひとり悲鳴を上げている。古書展にも何度か参加した。はじめ、なないろ文庫・田村治芳さんに頼んで「本の散歩展」のメンバーに加えていただいた。他店と協力しあって、熱く打ち上げられる古書展は好きだが、なにぶん腰にくる。「続けていくうちに鍛えられて丈夫になりますよ」とN堂さんから言葉をいただいて、早三年。それにしてはあまりにも弱っちく、また扱いジャンルが絵本・児童書なので、古書展は「向き」じゃないかも⁉ と感じている。

まもなく開店6周年だが、依然として実店舗はない。自店ホームページと日本の古本屋で販売している。古書店の仕事のひとつとして「記録する」を重視している。専門ジャンルにおいて、先人がどのような古書を遺してきたか、なんとか後世へとつなげる記録を残しながら販売していきたい。字数制限がないホームページ上では、1冊千円の本であっても400字ほど紹介文を書いてきた。1日5―6冊更新するのが関の山。「あまりに非効率」「別のやり方を考えないと」と先輩書店から助言をいただくが、お客様には評判がいいので、やめにくい。

宅買いは、思うところあって以前ほど宣伝していないが、ときどき依頼がある。初めてのご依頼の場合、私のごときアラフォーならぬアラフィー女性がひとりで伺っても問題はおきなさそうに思う。ただ、万一、奥の部屋に連れ込まれて殺されても困るので、運転手・搬送助手を兼ねて、会社員である夫に付き合ってもらうことが多い。

で、最近のこと。自家目録第一号をなんとかこしらえようと考えている。遅々たるスピードだが、地味に、情けないほど地味に入力し続けている。ホームページや日本の古本屋の梱包・発送と併行してで、なかなかはかどらない。ネットは消えていくもの、紙に残さないと、きちんとまとまったものを作って顧客をつかんでいかないと、先輩書店から植え付けられてきた。確かに20年30年たったらネット上のものはどこにも残っていないだろう。紙目録をこしらえたところで、時代を越えて残っていくものがごく一握りであることは、古書店主なら誰もが感じているだろう。が、先人の仕事からこれだと思うものを自分なりに記録して伝えたい。記録しながら、古書を人から人へとバトンタッチしていく手伝いをしたい。見果てぬ夢だろうか。

今の時代、ネットを使ってピンポイントで古書を探す人は多い。ニーズのある古書をどんどん紹介してオンライン古書店をきちんと展開していけば、ある程度は売れるだろう。が、オンライン上で買う人は、私も含め、すぐ探して、すぐ手にしないと気が済まない。良いお客様は多いが、そうとばかりも言えない。「件名・問い合わせ」の携帯メールで、名乗らず、なんの前置きも挨拶もなく、ただ知りたい質問のみが書かれている。ときに「至急」の件名で命じられる。自動販売機でコインを入れれば飲み物が出てくるように、何十年も前の古書が自宅に届くと思っている人がいるらしい。「私ひとりですべて対応しておりますので、どうかお待ちください」と詫びたところ、「まさかそうだと思いませんでした。大組織で機械的にやっているのだと思っていました」と返事が来た。女性店主だからナメられているというよりは、毅然としていない自分が原因かと落ち込んだ。

催事を続けている女性店主は、並の体力・精神力ではない。尊敬するが、自分は女性店主による木槿堂書店のように、できれば紙目録で展開していきたい。腕力・体力がなく、腰が弱くても、いくつになっても対応できるやりかたを探っていきたい。いつかそのうち、顧客が喜んで利用したくなるような紙目録を届けられる店になれたら、と夢見る。

もっとも、紙目録を入力し始めてみたら思いのほか大変で、目下、苦闘中だ。締め切りがない。ネットのように打てば響くような反応をいただけるわけでもない。印刷代・発送代を考えると、だらだら長く紹介文を書く訳にもいかない。本当に出せるのか。出したところで売れるのか。不安ながら、3月12日現在、入力を続けていく気持ちではおります。

　最近は、男女の性差より、整理が嫌いでないかどうか、分類し決断していく能力があるかどうかが適性の分かれ道と感じている。自分は、ネットで人気の本を市場でバンバン買って、懸命にサイトに更新しては売ってきた。そうこうしているうちにツケがたまってきた。市場通いに追われる、市場で買った荷物の整理に追われる、日々の梱包・発送に追われる。そこそこ売れても、気づいたら未整理の本の山。未整理本を見ないことにして、市場で買い続ける。このたび自家目録を、と思い立って、あちらこちら本をひっくり返して、整理が苦手・整理嫌いな悪癖に改めて気づかされる始末。さて、踏ん張って続けていけるかどうか、いきたいかどうか。

　大変長い拙文にお付き合いいただき、ありがとうございました。今後とも宜しくお願い致します。


（433号／2009年4月号）

ギャルのある一日

金井書店　蓮池寿雅子

　私、古本屋のお仕事って（頭脳労働の値段付けから、肉体労働の搬入出に至るまで）好きだけれど、スーパーのお店番というのは、大が付くほど嫌いである。（そんなこと言ってたら〝自称スーパーマン〟である、うちの店長にしかられて、いや笑われてしまう。うちの店長とは、金井書店の若ダンナ花井敏夫氏である。あしからず。）今日一日、私は、その嫌いな仕事と手に手を取っての楽しいデート。なぜ嫌いなのか、自分でも良くわからないのだけれど、一人ぼっち、可愛い、ギャル一人でお店番でしょ、世の中の人が全部、私のことを取って食べるのではないかと不安で……と言うのは冗談だけれど、何でもそうだと思うけれど、慣れるまでは、心細さが、先に立ったためだろうか!?

　AM9：45ごろに、お店へ入ってざっとワゴンを、見回ってから、「さあ、いらっしゃいませ」と腕まくり……と考えながら家を出たけれど、とんでもない、迷子になってしまった、この場所へは、今日で3回目なのに。

　今、普通車の免許を取りに、教習所へかよっているのだけれど、いざ免許を取りドライブしたら、東京の道を走っているつもりがいつの間にか、太平洋を渡って、アメリカ大陸横断なんて……又朝からドジ。遅刻をしてしまった。

　本日は、土曜日「お昼を過ぎた頃から忙しくなるな、きっと……」と、力こぶをつくりながら一人つぶやく。ぎゅっとにぎりしめたこぶしを見て、日に日に、ごっつくなる様子、指の先なんて、ささくれだらけだし、「可愛いピチピチギャルの手じゃないわ。」古本屋の仕事の苛酷さをあらためて、思い知らされる。うちの店長の手など、やせているのもあるけど、ごちごち、ゴジラの手。ゴジラの手になる前に嫁に行こうっと心にかたく決める。

「今、手を洗ってきますからまっててネ！」と、どこからか、優しい、おばさんが、私に声をかける。「うわーい！」お昼ご飯の時間だ。仕事以外のことばかり考えているうちに昼食の時間になってしまった。「こんなことで良いのだろうか」と思うのは、心のうち3分の1であとの3分の2は、「色気より、食い気だ。古本屋の商いは、体が、資本」などと考えている。さて何を食べようかな!!

「ふう。おなかがいっぱい、ちょっと栄養つけすぎて、又、ウェイトが……さて、食べた分、とりもどすために、じゃんじゃん売らないと。」

この場所は、国際空港が、出来たおかげで、人種のるつぼとまで、言わずとも、とにかく外人さんが、目に付く。外人のお客さんが、来るたびに、ヒヤヒヤ。先ほども、お客さんの顔を見ずに、値札を切り、（あまりにも、お客さんの背が、高かったので私の目には、お客さんの顔が、入ってこなかった。ちなみに私の背は、1m45㎝）。

「250円です。」

と言ったら

「YES！」

という返事。小銭を、私の手のひらに、のせてくれた人がいた。なんと外人さん。動揺かくしきれず、頭もボーっとなり

「はい、ちょうどの、お預りです」

と言ったら、

〃ツーハンドレッド、フィフティーエン？〃と本の表紙に、はってある、ラベラーを指さしながら言うので、「何か、文句あるの」って言えないから、心の中で思ったら、「ははは。」私の間違いでした。だって、その外人さん百円玉2つと五十円玉1つと十円玉4つと五円玉1つと一円玉5つ計三百円を、小さな、私のつぼみの様な手のひらに、のせるんだもの、それでなくとも、ボーっとしてしまっているのに。ちなみに、私、短大、英文科卒業であります。あれ程、毎日、英語と接していたのに、何を恐がっているのでしょう。英文科卒にもかかわらず、外人さんが、お客さんというだけで、間違ってしまった。自分を恥じながら、五十円お返えし、しました。それからというもの、外人さんが、前を通り過ぎるたび、「鬼畜米英、父母の仇、覚悟いたせ」とばかり、にらみつけていた。

PM2：00だというのに、朝の期待とは、大きくはずれ、あまり繁盛していない。どういうわけ!? 棚もあまりがたがたなっていず、ああお昼ご飯が、身に付いてしまうではないか、一人で、てんてこまいする程人があつまらないだろうか。（お客さんが、沢山来ても文句を言うに、きまっているのに、ギャルの心は裏腹。）

ん!? なにやら、騒がしくなって来た。さすがに、土曜日ですネ！ お父さんと一緒に、お買い物の人が、多いです。私も、早く乳母車など押して買い物したいなぁ。㊟やはり、ギャルをスーパーで働かさない方が、良いのでは、普段持っている夢や希望が、風船の様にふくらんで、すぐにでも嫁に行かれてしまいますぞ！）

隣の食料品売り場のレジが、ものすごい勢いで怒鳴っている。うちの方もだんだんと忙しくなって来ました。「いらっしゃいませ」「ありがとうございます」とオウムの様に、くりかえしているうちに、

「今日は、どれくらい売れたかな?」

と売り場の主任が、様子を見に来た。

「〇〇〇〇〇〇円ぐらいです。」

と値札を、見ながら、答えた。さすがに土曜日、平日とは、差があります。売り上げも声を大にして言えない様では、肩身が狭いし、でも良かった。肩身の狭い思いをさせられると、又、スーパの仕事が、今よりも、もっと嫌いになりそうで……。

まったく、どうして、本を見たら、きちんと戻してくれないのだろう。「あんな人間にはなりたくないわ」などとぶつぶつ言いながら棚をなおす。もういやだ。最後に、タネ銭を返し、レジ回りを、かたづける時には、ふくれっ面。一日中、立ちっぱなしだし、早く帰りたいという気が先に立ってなかなか進まず、パッと回りの電気も消され、暗く、人のいない所で、明日のお店番の人への伝言を書く。マネキンさんが、自転車に乗ったりしているのが見えたりするので、よけいに、うす気味悪い。自分の荷物を、こわきにかかえて、いさんで売場から飛び出る。デパートやスーパーのうら側って迷路の様なのよネ。一歩入ったら、もう出られない様な感じ。もう私の他、誰れがどこにいるかわからないので怖い。「早く帰えろ、いそげ、いそげ」と走って出口の灯をめざす。千葉の夜は、寒いだろうな、風邪をひかない様にしないと、又明日も古本屋のお仕事が、まっているの。やっと楽しいデートが、終った。もう、足が、棒、いや大根の様だ。(なにしろ太いから。)

(294号/1986年2月号)

開店三年

公苑書房　武田由紀子

成りゆきと勢いで古本屋を開業して三年目の正月が過ぎた。もう三年目、まだ三年目、業界では新参者でありますが、開店の際には素人の悲しさ故インチキFCにひっかかるわ、やっとこ出した店の周囲の商店は不況のあおりかバタバタ潰れ、二年足らずで移転の憂き目にあうわ、こんな商売下手でよくぞ持ちこたえたもんだと、自分で自分をホメてあげたい。誰もホメてくれないもんね。

OL稼業は十年やってもなじめるどころか年々我が身とギャップが深まり、さりとてフリーランスで立てる何の実績も才能もなく、亭主を巻き込んで脱サラを決め込んだもののラーメン屋でもコンビ

ニでもなく古本屋だったのは、本が好きという、あたり前すぎる理由。めったに客が来る様子も見ないのに決して潰れない古本屋の謎を解いてみたいという好奇心もあったが、決して「姑獲鳥の夏」を読んで京極堂のカッコ良さにはまった訳ではない……と思うが……自信はない。

　世の中には二通りの人間がいる。本を読む人と読まない人。古本屋となれば接するのは圧倒的に前者であろう。しかも相当ディープにマニアだろう。こちとら素人、本好きといった所で内実は少女まんがとSFと特定ジャンルの少女小説（どの辺かは御想像におまかせ）、ミステリーはちょこっとかなの乏しい読書遍歴で、果たして対応出来るだろうかとの心配は全くの杞憂に終わった反面、全く予想しなかった後者との付き合いに振り回された。当店を見て生まれて初めて本が金に変えられると知って、ン十年前亭主が通勤で読み捨てた新書やら家庭旅行に使ったであろうガイドブック等、家中ひっかき回して〝本らしきゴミ〟を集めて来る主婦、外から帰って手も洗わずに読みつぶしたミニ四駆本や「ドラゴンボール」を持ち込む小中学生《ガキ》。本を売るという行為に出るのは、自宅の本棚が一杯になって、これ以上収納スペースも無くなって新しい本の行き場がない。売って減らしてその分買う人……という経験から来る認識はチョー甘過ぎ。ゴミを持ち込む人ほど買取金額に拘るのは、世相からか、土地柄からか、これでも世間じゃ高級住宅街らしいのだけど。

　買いがこうなら売りもおのずと知れたもので学生はまんがしか買わない。たまにスティーヴン・キングの文庫あたり買う学生がいると一緒にいた友人数人で「すごい難しいの読むじゃん」「絵がついてなくて読めるの」これが大学生の会話なんだから。稀に素晴らしい買いがあっても、注目して下さる方は片手の指でも余る程。市場か展覧会行きなのは、当店の質が低いのはいた仕方ない所としても、二十年前言い古された活字離れは最早ここまで定着したのネ。

　コミックブームと言われたが、その実若者がまんがしか読めなくなって、他の本が売れなかっただけ。「るろ剣」読んでも司馬遼は読まんし、「金田一」読んでも島田荘司は読まない、否読めない。その上あざといメディアミックスのツケが回って、最近まんがも読めなくなって来ている。だってアニメやゲームと違ってミヤムーの声出して動いてくれないし。

　次世代がこんなで古書業界は大丈夫だろうかと不安になる事しばしばですが、どこぞの出版社がクリックまんがなる、何トチ狂ったかのモン作った日には、古書業界より出版業界の行く末が、もっと危ぶまれる。私が危ぶんでも仕方ないか。

　ブームに踊らされず、景気に惑わされず、ただひたすらに良書と向き合う姿勢を崩さぬ気骨の通った店主になれば、客はおのずと訪れる。なんちゃってカッコいいけど、それには先ず、雑本だらけの当店の棚の革命必須。これが一番難しいけどねと、ああでもない、こうでもないと頭を悩ませているだけのうちに、今日も閉店時間と相成りました。本日の売上げは如何程でしょうか。


（372号／1999年2月号）

パパは本屋さん

えびな書店　蝦名火見子

うちのパパは本屋さんです。わたしは今小学二年生ですが、パパが本屋さんを始めたのが四年前、私が四歳の時です。それまでの私は、とてもしあわせでした。それは、パパと遊べる沢山の時間があったからです。お母さんは言います（お母さんと呼ぶのは、わたしが小学校に入る時、いつまでもママじゃ恥ずかしいから、これからお母さんと言いなさいと命令したからです）「あの頃、パパはしがない出版社に勤めていて、それはそれはひどい貧乏暮しだったけれど、いまより幸せだったね。みんなでよく散歩にも出かけられたしね。今はもうまったくの母子家庭。週に一回しか晩御飯を一緒に食べられないんだからね。お勤めの方がうらやましい」わたしは強く思います。確かにあの頃のほうがしあわせだったと。

　日曜日ごとにパパはわたしを自転車に乗っけてあちこち連れて行ってくれたものです。よく行ったのは玉川上水の遊歩道です。木立でおおわれた道は夏でも涼しく、覗きこむのがこわいぐらいの深い水底（水はほとんど流れていませんでしたが）からは冷気が上って来て快適でした。国立の一橋大学の構内にもたびたび行きました。ボール投げをしたり、長い散歩をしたり……。けれどいま思い出すと、その頃すでに不幸のきざしはあったのです。

　パパの本好きは昔からだそうで、田舎に一軒しかない古本屋に中学生の時分から出入りしていたそうで、高校の修学旅行で東京に来た時も自由時間は神田の古本屋さん街を歩いたと自慢していますが、わたしを連れて歩く本当の目的は、じつは古本屋さんを覗くためだったのです。なぜって、お母さんは一緒に歩いている時、パパが古本屋に入るのをとても嫌っていたから。パパ、もう時間よ、お母さんはよくそう言っていました。

　わたしは一度パパに殺されかけたことがあります。本当です。今は市で禁止していますが、その頃国立駅の南口、大学通りの広い歩道には、日曜日ごとに市民がそれぞれ勝手に不用品を並べたバザーが開かれていました。ある時（それは真夏でした）、そこにいっぱい本が並んでいたのです。それを見てパパは別人になりました。眼の色が変わりました。わたしが「パパ」と呼びかけても「うん、もうすぐだよ」とか「ちょっと待ってね」とか言うだけでそこを動こうとしません。「ヒミちゃん待たせたね、コーヒー牛乳でも飲むか？」と言ったのはそれから一時間後、私が炎天下で指しゃぶりするのもおっくうになって何だか悪寒がし始めた頃です。

　段ボールにいっぱい本を積めてごきげんのパパを待っていたのはお母さんの一

喝でした。
「パパ！　ヒミちゃんは脱水症状を起しかけているわよ。あなた子殺しになるつもり？　ほんとに浅間しいんだから！」
わたしは危いところだったんです。
それから一、二年してパパは古本屋さんになりました。もう全然遊んでくれなくなりました。運動会や発表会には初めちょっと顔を出すだけです。パパは言います。「オレは金には縁がないかも知れないが、好きな仕事だけやって来たから幸せだ」お母さんはつぶやきます「あなたはいいけど私はどうなの。」わたしはそのつぶやきに万感の思いをこめてうなづくのです。

えびな書店　長女九歳
父　蝦名則　聞書代筆
（300号／1987年2月号）

古本屋女房のすすめる育児本

古書音羽館　広瀬由佳子

二年前の秋はじめての子どもが生まれ、私は慣れない生活にパニックを起こしていた。

昼夜問わず二、三時間毎に空腹で泣き、おむつが汚れては泣き、抱っこして欲しいと泣くフニャフニャした赤ん坊がかけるプレッシャーは強烈だった。これからの彼の将来を考えると希望より不安でいっぱいになり「こんな世の中に生んでしまって申し訳ない」と思いつめる始末（産後多くの人が経験する、ホルモンの変化からくる一過性の落ち込みだったらしい）。

そんなとき読み漁った出産育児本には「みんな同じように大変なんだ〜」とずいぶん励まされた。そこで悩める新米ママの味方、『育児本勝手なランキングベスト5』を発表します。

5位　小林カツ代『育児ぶっつけ本番』学陽書房
友人に勧められて読んだ。自分の母親世代の、あまりあけすけでない表現がかえって新鮮。そうして育った子がケンタロウと結果（？）がわかるのも安心なような……。

4位　川上弘美『なんとなくな日々』岩波書店
作家になる前、郊外の団地で二人の男の子を育て、一日に二回洗濯機を回す専業主婦生活を送っていたという。女の生き方に思いをめぐらし、今ある生活を大事にする気持になった。

3位　西原理恵子「毎日かあさん」毎日新聞社
多忙な仕事、酒に溺れる夫、やんちゃで無謀な息子、既に女の技を身につけた娘、全部ひっくるめて突っ走るしかない母ちゃんのたくましさよ。

2位　石黒彩『娘。からママへ』角川書店

今、若いママたちのカリスマは元「モー娘。」のこの人だろう。夫と子どもを大事にする姿に若くない私も尊敬してやまない。「モー娘。」にいたときよりずっと可愛いし！

1位 高橋三千世『風まかせシリーズ』PHP

育児出産の師は犬！と、自宅風呂場で出産する野生に驚く。その後の節約生活を描いた『爆笑！ママが家計を救う』（PHP文庫）も力強くてすばらしい。

番外編 古庄弘枝『沢田マンション物語』情報センター出版局

藤沢モト『勝負師の妻』角川書店

子どもが生まれて見落とせないのが夫との関係の変化だろう。我が夫は、こんなに近くで戸惑っている女房がいるのにマイペースを保ち続け、心底がっかりさせられた。そんなときにこの二冊を読み、自分の悩みがちっぽけだということに気づいた。夫婦とは、生涯サシで勝負し続けるものなのだ。

最後は少し話がそれたが、子どものいる生活にだいぶゆとりが出てきたのもこれらの本のおかげだ。どの本もあっという間に読み終わるのも忙しいママには大助かり。古本屋にはほとんど見向きもされない出産育児本だが、すがるような思いで読んでいる人もいるということを身をもって体験した。

（410号／2005年6月号）

古本屋の娘としての十数年

ポラン書房 石田奈保美

私が幼稚園の時に家は突然古本屋になった。思えば私の人生にとっても記念すべき出来事だった。幼稚園に程近い所にあった古本屋は私の第二の家になった。幼稚園が終われば古本屋に帰り薄暗く薄汚い古本屋の奥でお菓子を食べていた。今から思えばなんとも哀れみを誘う光景だ。たいしてかわいくもなかった私が大家さんや八百屋さんにかわいがられたのはこんなトリックがあった為だったのかもと思ってしまうのは少し卑屈だろうか。

さて少し大きくなって古本屋とは遠い小学校に入学した私だが、相変わらず古本屋は私の生活に密着していた。習い事が忙しくかまってくれない友達をあきらめ一人でマンガと文庫を読むまさに金はないが本はある古本屋らしい生活を送っていたからだ。また、店の手伝いや搬入・搬出も楽しいものだった。スーパーの営業終了のアナウンス後も店内に残っていられる。これは店員に注意されるという多少のスリルと普通の小学生であれば見た事のない電気の消えた店内にいられるという優越感の入り混じった妙にワクワクした感情をともなう仕事だったからだ。あの台車も良い。小学生にとっては「乗ってくれ。」といわんばかりの台車は格好の遊び道具だった。

中学に入り、私と古本屋の距離は更にちぢまった。なにしろ通学路の途中に店があるのだ。そこに店があるのに寄らないことができようか。いやできない。という訳で私は毎日の様に古本屋に通うことになった。中学生であるにもかかわらず部活もせず友達と放課後遊ぶでもなかった真面目とも不真面目ともいえない私はヒマな時間をひたすら店でつぶした。親の「お客さん、立ち読みはやめて下さい。」という言葉にもめげず、ある時はバックヤードの暗闇の中で、ある時はこっそりバッグの中に差し込んで私はひたすらマンガを読みあさった。

あの頃の私は店の棚に並んでいた少女マンガをすべて読みつくしていたのではないだろうか。おかげで私は店のマンガ事情を掌握できるまでになった。何が売れるか、これは高くしても買ってもらえる、この判断は親からも評価してもらえた。また、店のマンガを知っているという事は友達にマンガを売る際にも非常に効果的な手段になる。頭の中には友達の好きなマンガ家のリストと家の棚にあるマンガがあるので、照合させ、ビンゴならば早速交渉開始。

「ねえねえ◯◯ちゃん。△△の□□っていうマンガ持ってる？　えっ、持ってないの。なんかね、うちの店にあるんだけど買う気ない。」

しかも本当に仲の良い友達ならば安くもするが、普通程度の友達であれば、「うちだって一家四人の生活がかかってるんだよ。」

と反対に泣き落とす。古本屋の年増のおばちゃんの様なことを平気でやっていたのだ。今から思えば我ながらスゴい女の子だった。

そんなこんなで多感な少女時代をマンガに埋もれて育った私にも古本屋を卒業する時がきた。毎日一冊は確実に読んでいたマンガと離れるのは非常にツラかった。おかげで高校時代も自転車に乗り、休日にはよく店を訪れた。時給つきの本格的なバイトもしたが親の評判はいまいちだった。確かに文句は多いし、ケチはつける、店の悪口を言う。こんなバイトはいい印象はもたれにくい。しかし私の気持ちも考えてみてほしい。客が誰もいなくなった店内で親子三人でいる状況下で本でもみがいた日には、誰がしゃべらずにいられようか。幸い私には親と何をしゃべったらいいのか分からないという様な恐ろしい現代病はなかったし、一応バイトとしての気をまわして話題を古本屋にしてみる。するとでてくるのは文句か批判なのであるから困ってしまう。なにしろうちの店はケチをつけようと思えば後から後からわいてくるような普通の古本屋なのだから。売れない、汚ない、本は沢山あるはずなのに需要のある本は置いてない、生意気なガキはやってくる、親はしょっちゅうケンカしてる。考えただけでイヤな気分になってきてしまった。

そう、古本屋なんてこんなものなのだ。十八年間一緒に生きてきて愛着はあるものの、本当にこれから先もやっていけるのかと不安をいだいてしまう。世間にはブックオフがどんどん開店している。なんでも三日で一店のペースで開店しているらしい。やはり金持ちは違う。子どもも大人も本を読まなくなった。バブリーな本が売れなくなった。目の前にふさがる黒い雲はどんどん重くなっている気がしてしまう。お姉ちゃんも私も私立の大学生。まだやめるわけにはいかないというか困る。というわけで養うべき家族のいる古本屋の皆さん、つぶれる事だけは避けましょう。なにしろ古本屋はつぶれる要素を沢山持っているのだから。売れない、汚ない、人がこない。こんな古本屋ではいけない。きれいで人の入りやすい親しみやすい古本屋こそ未来の古本屋像ではなかろうか。飲食店などと違い古本屋はサービスを提供しない。それはそれで良いと思う。しかし、せめて入りやすい程度のサービスは必要ではなかろうか。現役女子大生から言わせてもらえば、古本屋は高校生からＯＬ程度の年令層の女の子は一人で入りづらい店が多い気がする。

　ところで、古本屋が生き残る為には他の道もあると思う。一つはマニアをターゲットにした店。マニアは金に糸目をつけない。けっこうおいしいのではと私は思う。もう一つは古き良き古本屋。古いものが新しい、格好良い時代がやってきている。ビジュアル的なもので勝負をかけるのだ。

　かなり内部事情も知らずに勝手なことを書きまくったが参考意見程度に頭のスミにとどめておいて頂ければ嬉しい。

（375号／1999年8月号）

オカミの超忙ニッキ

ポラン書房　石田智世子

　古本屋になって十四年。十四年たてばゆったりとと思っていたのに、このごろますます激しい不況の波は店にも押し寄せ、のんびりどころか、前よりももっともっと忙しくなってしまったのです。古本屋おかみの日記の一部をご紹介します。

五月八日　催事の当番日。九時半には会場に着く。主人が週末は古書展だったので、私は連休日に店を離れられず、こちらの催事には整理にも来られなかった。それなのに、ウチのシマで乱れている台は、安く値付けしたコミック台と均一台だけ。そのほかの八台は直しもできない。とくに本、少し読みごたえのある本の台にいたっては、押してもびくともしない状態。

　ここは若者が多いところ。雑誌もパックされたものの方が売れる。私など中身がどんなものかわからないと買わないのだが。でも、目録で本を売るのも中身が見られないのだからと思うと、一口にパック商品を批判することもできない。

開店してもお客さんはポツンポツンとしか来ない。午前中の二時間は、レジを数回打っただけ。バイトと交替で休憩。

こういうときにしか、本を読めないので、最近読み始めた髙村薫を読む。午後の休みには昼寝までしてしまった。休憩できても、その日の売上を見ると元気がなくなってしまう。

五月九日　店の定休日。でも、主人と九時に店に入る。この前買い取りに行った人の一口ものを南部の大市に出品するため。

　そのお宅へ買い取りに行った日のことは、インパクトが強く、よく覚えている。ワンルームアパートで、ドアを開けるとなんか暗い。最初はなんだかわからなかったが、タバコのヤニで部屋全体が茶色くなっているのだ。その上、よく見ると、一度もそうじをしたことがないらしく、壁や天井から、ほこりが太いクモの巣のようにたれ下がっている。

　そんな部屋から出てきたものを分けるのだから大変。ヤニをふき取りながら分けていると五時までかかってしまった。

　もちろん、昼食はスーパーの弁当。おかずを三品にそばとお茶ボトルなど合わせると、二千円を越してしまった。ホントはお弁当を作りたいのに、このところ作る時間がなくなり、外で買うことが多くなった。おいしくないのに、お金ばかりかかってしまい本当にいやだ。

　五時過ぎに北部会館へ出品するものを積んで、主人と出発。北部へ荷物を下ろし、その足で催事の撤収へ。

　六時から撤収。今回は売れ残りの中身がわかるように、箱にラベルをつけて整理しようと思ったのだが、時間がかかってしまった。一番早く終わるはずだったのに、出たのは十時過ぎ。トランクルームに下ろして、コンビニでおかずを買うと十一時半を過ぎている。

　遅い夕食を食べる。

五月十日　朝、ゆっくり寝ていたいのに、七時起床。今日は別のところの搬入日。いくらなんでも昨日のものを全部もっていくわけにはいかないので、午前中、時間のゆるす限り、値札付けをする。なんとか新ネタ五本位つくれた。主人は倉庫経由で会場へ向かう。

　私は店を開ける。まず、古書展の送り分を梱包する。注文が少なかったのですぐ終る。前は、半日かかったなんて夢のような話だ。宅配便は今日取りに来てもらい、郵送分は明日出すことにした。

　次は棚の補充。このところ、私の担当の箇所、コミック・アダルト・文庫の補充をする時間がなかったので、棚に少しはスキマができている。でも、補充用のコミックが入っている移動棚の前には、仕入れたままの本が山積みされていて、移動棚が動かない。

　コミックの補充はあきらめ、文庫を補充しようと思う。カウンターの前にとっておいたはずの文庫をさがすが、ない。市場用にしばられてしまっている。

　アダルトに切り替える。心当たりを引っくり返し、やっと掘り起こすと、買ったままひももほどかずにいた魚住さんの束が出て来る。伝票を見ると、8週間前に買ったもの。あー頭がカーッとしてしまうが、なんとか、主人が帰ってくる頃までにはすべて片をつける。

　七時、搬入を終えて主人が店に入る。入れ替わりに、私は店を出る。

　今日は、久しぶりに子どもが二人帰ってくるので、なんとか手抜きでない食事をつくろうと思う。でも、いつも買っている産直の露店も、おいしい豆腐屋さんも、七時半なのに閉まっている。案の定スーパーも、八時の閉店にせかされて、買い忘れが多くなる。

九時半にはなんとか、親子四人で、たけのこごはん、ヒレカツ、カレイの煮付け、サラダ。そしてデザートは子どもが買ってきてくれたセシーマのケーキ。さすが。

上の子の就職が内定したのと、一足早い母の日をかねての夕食でした。

五月十一日　催事の当番日。九時半集合なのに、八時五十分に着いてしまう。早く行っても入れないので、駅のベンチで髙村薫を読むが落ち着けない。

新規の催事の初日なのに、勢いはない。駅の真ん前なのだが、宣伝が、折り込み広告の片隅だけということの限界かもしれない。

カズモノの料理本と、文庫の推理物しか売れていない感じがする。この間の催事とはちがい、キレイな本と新刊で手に入る本とを、安く買おうという客だけのような気がする。

単価が安い物しか売れないせいか、けっこう疲れた。

今晩もスーパーそうざいに、ごはんはレトルト。

＊＊＊

この数日間の超忙日記です。

入ってくるお金は前より少なく、出るお金は以前の倍位。子どもが学校を卒業するまであと三年は、このような生活でしょうか。

店が売れないから外売をやる、外売をやるから店が売れなくなる、それでは目録販売かインターネットか、そこに載せる本が入ってこないから、仕入れ資金をかせぐために外売をやる……どうするのか悩む間もなく、今日も終わってしまいます。

（３８０号／２０００年６月号）

「わが泥酔半生記」というテーマをいただいて

古本 海ねこ　場生松友子

市場から帰宅して「しまった。四千円で買い取ってきた本が二三八〇円で落札されてしまった」など、鬱々としていたときである。電話が鳴った。「お願いがあるんですけど。原稿を書いてください。テーマは『わが泥酔半生記』ということで」と。電話の主は、高円寺で古本酒場コクテイルを営み、中央線支部で機関誌の仕事をしている狩野さんだった。「そのテーマはちょっと……。あまりにも恥ずかしすぎるから」と動揺していたら、「もうさんざん人様に迷惑をかけているんだから。恥ずかしいことをさんざんしてきているんだから、恥ずかしいことなんてないでしょ」と畳みかけるように言われた。あまりの暴言に言葉を失っているうち、さらにこうも言うのだ。「ほかのテーマでもいいけれど、そのほうが面白いと思うけどなあ」。……まあ、そう言われればそうかもしれない。通常の自分は平凡すぎてつまらないヤツなのだ。

思えば、学生時代から始まって、ずいぶん人さまに迷惑をかけ続けた半生である。

私の弱点は、計算に弱いこと、計画性がないこと、酒に弱いことだ。それなのに、商売なんぞ志し、酒には目がない、とくる。「またやってしまった」と悔やんだこと数知れず。これまで酒に貢いだお金があれば市場でどれほど古書を買えることかと嘆いてみたところで、後の祭り。宿酔でもう二度と飲むものかと思った日の晩には、やっぱり飲んでしまうという懲りなさ加減である。

はじめてホワイトの水割りを飲んだのは、当時、バイト先だった三省堂書店のあった三鷹だった。学生時代は、神保町にあった「ニュー浅草」という居酒屋でよく飲んだ。吉祥寺の居酒屋の常連でもあった。吉祥寺には、泥酔した挙句、恥ずかしくて二度と行けなくなった店が何軒もある。先輩の下宿でホッケを焼いてもらい、皆でウイスキーをしこたま飲んだ翌日の七転八倒。あの気持ち悪さは、今も忘れられない。学生時代、喫茶店でひとりビールを飲む私を見て目を丸くしていた友人らも、その後飲むようになり、来月も神保町・酔の助で集う。

社会人になってからも酔いどれ街道、驀進である。とある編集部で働き始めた初日、上司に連れられ飲んだ挙句、編プロに届けるゲラを失くして顔面蒼白となった。一緒にいた人の話によれば、酔ってラーメン屋の丼に顔を突っ込んだまま寝たことがあるらしい。あるとき上司に大森・地獄谷で奢ってもらった。ツブれた私を自宅まで送ってくれた上司は、そのころ怪我で肋骨や腕を骨折してコルセットをはめていた。ちなみに、コルセットの主はいまや大出版社の社長である。

わが半生において、もっとも華やかさと孤独の織り交ぜだった一九八〇年代バブル期。当時、恵比寿に住んでいた。屋台で朝までよく飲んだ編集者の友人は、すでに二児の父となった。スリランカ人の友人がくれたアラックという酒も懐かしい。タクシーで帰宅し、財布を自分で出せなくなったらしく、気づいたら恵比寿駅前の交番にいたことがあった。自転車で帰ろうとして転んでヒザを捻挫し、しばらく松葉杖になったことがある。レンタルビデオを借りてきてひとり飲んだクリスマスもあったが、酒の思い出は大半、人の思い出とともにある。

つい最近も、西部優良書市のあと、三軒めに梯子した回転寿司店で椅子から転げ落ちた。一緒に飲んでいたI書房さんやR舎さんばかりか、ほかのお客さんまで巻き添えにして倒れたらしい。Iさんの美しい腕に青あざをこしらえたのは、どうやら海ねこというヤツのせいらしい。Iさんには神保町でもずいぶんご迷惑をおかけした。金輪際、頭が上がらない。どれだけ飲んでも翌日きちんと店を開けるIさんR舎さんを尊敬する一心である。

とりわけ極端に緊張したとき、極度に楽しいとき、自分の酒量を忘れてカパカパ飲んでしまう傾向があるようだ。目の前にどんどんおかわりをついでくれる人などいると、終電のことなどポーンと頭から吹き飛んでしまう。ビールを飲むのと同じペースでワインをあけ始めたら警戒信号。立ち上がったとたん足に来るのは、すぐそこだ。ブラボー。

人からなかなかそう見てもらえないけれど、私は通常、シャイな緊張症である。飲み会の席で自己紹介の順番がまわってきただけで、しどろもどろになってしまう。人さまの顔色を必要以上に気にするばかり、肝心なことはさておいて、余計なことにばかりおろおろ気を回してしまう。不器用で要領が悪く、損なことばかり請け負っているような気がする。思ったように自分を表現していけない自分、うまく立ち回れない自分がいつもいつもいる。飲んだときばかりは、おしゃべりで楽しい自分でいられるのだ。お酒の力を借りてようやくのびのび解放気分を味わうことが出来る。要は、弱気な小心者なのである。

そんな私だが最近、南部古書組合の登山愛好グループ「徒歩徒歩会」に混ぜていただいた。絶壁を渡り歩いてヘロヘロになりながら山小屋にたどりつき、先輩書店とともにさせていただいた酒の味は忘れられない。お酒という魔法は、年齢や立場をこえて人と人をつないでくれるような気がする。得たものと失くしたもの、どちらが多いかわからないけれど、元気にカパカパ飲んで非日常的空間を人と分かち合えるのは、人生の華やぎでもあるように思う。

この業界、飲み仲間には事欠かないのは、うれしい限りである。ただ、天誠書林さんも月の輪書林さんもオヨヨ書林さんも、単なる飲兵衛ではない。充実の店舗も充実の目録も、いまだ「作品」と呼べるようなものを何も残せずにいるのが、先輩たちと「ただのノンベ」である私との決定的な差異である。「ただのノンベ」から脱皮できる日は果たして来るのだろうか。仕事でも何かやらかして「あの店は凄いね」と、良い意味で話題になりたいものだと思う。そんな当て所ない夢に酔いながら、今夜も飲んでしまいそうだ。

（426号／2008年2月号）

古本屋のオヤジさん

絵と文　照井吾子

「とりあえず南部古書会館に行けば分かるから」五反田展覧会のバイトを頼まれた。彷徨舎（当時は弘隆社）のなないろさんに電話でそれだけ言われたが、結局何をするのかさっぱり分からない。とりあえず辿り着いたそこには、オヤジさん達が溢れかえっていた。チョロチョロと動いているなないろさんに挨拶をする。まるで小動物のようだ。たまに止まってこっちを見て、また何も言わずに行ってしまう。お客さんの鞄を預かる以外の説明はない。

　会館はオヤジさんのオンパレード。沢山いすぎて名前なんかさっぱり覚えられない。どれが客でどれが古本屋だかすら分からない。途中まで三木さんと伊藤さんは同一人物だと思っていた。今思えば、二人とも声がでかい、顔が怖い、色々話しかけてくる（ちょっかい出してくるとも言う）等々、インパクトが強烈なので、それだけでそう思い込んでしまったのだろうか。

なないろ氏

　その後気付いたが、古本屋は「とりあえず」が口癖だ。三木さんに青年部の野球に誘われた時も、グラウンドへの行き方を教えてもらったが、さっぱり分からない。とりあえず行ってみるが、もちろん迷子で大幅に遅刻。でも誰も気にしない。他の古本屋さんのバイトで行った展覧会やデパート展も、神田も、五反田も。説明と言うものはあまりない。しかし、まあホントにとりあえず何となく分かるから不思議だ。

　そんなこんなで、私が五反田クローク金曜日担当になってから、早くも2年が経とうとしている。当然の事ながらやめたいと思ったことは一度もない。友達の片岡（クローク十曜日担当）に誘われバ

イトに入り、そのまま金曜日担当としてオヤジさん達と共に2年。なんともわけの分からない2年。何しろ昼間からビールを飲むバイトが他にあるだろうか。中華屋でビールを飲むなないろさんは、さっきまでの小動物とは別人で、とても楽しそうだ。生き生きしている。気付くと、昼食後のオヤジさん達は皆もれなく顔が赤い。というわけで、私も何度も昼ビールをご馳走になった。そして、午後の眠さに耐えつつ、今日も五反田で鞄を預かっているのだ。

　ある晩の遊古会の飲み会で、ニコニコとご機嫌な天誠さんにいきなり「原稿書いて下さい」と言われた時も、正直最初はよく分からなかった。しかし、今その原稿を書いている。これが何に載るかも分からずに……。

（407号／2004年12月号）

　人の名前を覚えるのが苦手である。更に、人の顔を覚えるのも苦手である。まぁついでに言ってしまうと、道を覚えるのも苦手なのだが。そんな私に古本屋のオヤジさん達はかなりの難関だった。なにしろ呼名が沢山あるのだ。お客さんに「リブラリアさんいる？」と聞かれ、思いきり「そんな人いましたっけ？」と下さんに聞いてしまった。迂闊だった。顔と名前は覚えられても屋号までは無理だ。又は、屋号は知ってても名前がさっぱりだったりする。まぁ顔の方はわりと忘れられない感じなので心配はいらない。名前、顔、屋号の三つを記憶する事は、その頃の私の脳ミソの許容範囲をわずかに超えていたのだ。田中さんは小川さんだし、秋川さんは明理さんだし、シカさんは鈴木さんで弘南堂さんだ。ケイメイさんは、飯島啓明さんだった……。

　石黒さんにいたっては、名前も屋号も同じなのに呼名が「エノキさん」って。

　いつかの五反田で「エノキさん」の由来について話題になっていたが、皆それぞれ勝手な由来を考えて面白かった。ちなみに私はエノキダケが好きだからかと思っていた。

　そういえば、ある古本屋さんが面白い事を言っていた。なんでも、名前の最後に〝ん〟が付くと覚えやすく、呼びやすいらしい。だから薬の名前には最後に〝ん〟が付くものが多いのだ。というわけでなぜかその日の話題に上ってしまったのが「りぶる・りべろ」だ。「りぶる・りべろ」は呼びにくいので「りーぶる・りべろ」の方がいいのではないかと言う話から入り結局最後は「りーぶ

る・りべろん」が一番呼びやすいと言う結論に達した。その日以来私は「りぶるさん」と呼ぶ時実は心の中で「りべろんさん」と呼んでいるのだった。これは確かに呼びやすいかもしれない。そういえば「りぶる・りべろさん」の「りぶる」は本だとは思うけれども、〝りべろ〟は一体何だろう。〝自由〟ということですと「りべろんさん」が教えてくれた。

　個人的には、名前を覚えるのには繰り返すのがいいのではないかと思う。例えば、下さんなら「シモシモ」とか。三木さんなら「ミキミキ」とか。とすると、九曜さんは「クヨクヨ」になるのかなぁ。

（409号／2005年4月号）

今まで南部関係でしかバイトをしたことが無かったが、今年から東部初上陸ということで、実は上野にも出没している。

　上野、それはかなりディープな場所だった。ビルの中二階みたいなとこに古本がひしめいていた。やはり客層はオヤジ率120％。中には上野公園在住みたいなオヤジさんもチラホラ。虫もチラホラ。展覧会や催事にはあまり出てこない大人な雑誌に文庫本、更にはビデオがわんさか……さすが上野といった感じ。

　12店の集まりなので古本屋も入れ替わり立ち替わり本の入れ替えにやって来る。朝、とかちさんは黙々と文庫の入れ替えだ。しかし、古本屋が集まる水曜の夜、とかちさんはとてもご陽気にちょっと遅れ気味にやって来る。朝の真剣なむっつり顔が、正反対に夕方エヘヘへの赤ら顔、同じ人とは思えない。白鳳書院さんはお店が近いのでいつも自転車にツッカケで、フラリいい感じでやって来る。自転車に乗る後ろ姿はまさに下町のおっちゃんだ。白鳳さんの字は個人的には好きなのだが、読むのはナカナカ……という個性的な字で、ご本人それを気にされているようだ。でも大丈夫、だいぶ慣れて8割方読めるようになりましたよ。

　文雅堂さんは腰が低い感じで、来ると「どもども」と言ってネットに入れる本をコソッと置いていく。しかし、飲みに行って分かったのだが、本当の文雅さんは全然違った。明らかにツッコミ担当だ。もう1人のツッコミ担当なざわさんと一緒にすごい勢いで高木さんにツッコんでいる。

がしかし、ツッコまれる方はなんとも飄々としていて、なんだか楽しそうだ。しゃべる時に口がニョッととんがる。初めてお会いした時、そこが気になってずっとそこばっか見てた。なんかつまみたくなるんですよね、あのニョッ！

（412号／2005年10月号）

エンドーさん

春になり、土の中から蛙も出てきて、それと同時にオヤジさん達も出てきた。南部野球の開幕である。自称青年部のオヤジさんがウキウキしながら川原にやって来る。市場や展覧会には姿を現さない人が、野球には楽しそうにやって来る。そういう私も三木さんに誘われ、迷い迷い辿り着いたのが3年前。その時は気が向いた時だけと思って参加してたのに、最近では火曜日に用事を入れないようにするまでになってしまった。どこまで毒されてんだ自分……。

あごらさん

いつも練習に来るのは10名前後、去年から八十島さんも参加してるし、下さんも復活して、「平均年齢がグッと上がっちまったなぁ」とか「さすが禁酒した人間は違うねえ」なんて言われてる。それにしても、さすが皆さん朝から怖いくらい元気です……。

そんな中、ふづきさんはいたってマイペース。早くに来るのに、のんびりタバコを吸って景色眺めて、みんながキャッチボールを始める頃になってやっと着替えだす。逆のマイペースは三木さん。誰よりも早く準備運動、気が付いたらもういない。自分が満足したら、紅白戦だろうがなんだろうがサッサと帰っちゃう。

外野を守っている人は大体決まっていて、レフトには難しいフライでも難なく捕っちゃうあごらさん、センターは好プレーも珍プレーもおまかせの遠藤さんと、足も体もそして口もとても良く動く田中お父さん、ライトにやっと着替え終ったふづきさん、マルチプレーヤーの下さんは空いている所で野次を飛ばす。

内野は、ピッチャーにサウスポー三木さんと山路息子さん、最近は色んな人が投げる事も。「なんだかなぁ、勝手にカーブしちゃったよ」とか「いやぁ、バッターの事、嫌いみたいでストライク入んねえよ」などなど大半はボールの所為になってしまう。

うーむ、さすが一番長い付き合いの野球部面々、一回では書ききれない……。

つづく

（416号／2006年6月号）

ミキさん

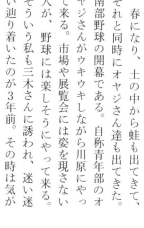

さて、いよいよこの連載も最終回。前回の月報を読んだ野球部面々、それぞれ言いたい放題。もっと渋く描いて欲しかったとか、今度はアイツを描いてやれだとか、注文の多いこと多いこと。

朝から元気なお父さんと、対照的に寝ぼけ顔した息子さん、とは親子で参加の山路さん。

息子には負けけんと張り切って、サードでは長身を生かしてのナイスプレー。というか、手が届いちゃうからズルイ。今シーズンから田中息子さんも参加して、親子対決が見ものの今日この頃。夏休みにはお孫さんも……かな？　サードはもう一人、西村文生堂の新婚松川さんがピョンピョン跳ねるように守ってる。日に焼けた赤い顔といいまさにウサギ……？

ヤソさん

山路さん

ショートには、目は覚めたけれどまだダルそうな山路息子さん。そして最近ではなんと八十島さんが！　サードに下さんが入ったりすると、かなりすごい三遊間に。なにしろ二人ともかなり神がかり的なプレーをします。いや、アレは見る価値ありですよ……。そして、南部野球部の顔といえば、カントク・北上さん。堅実な守備はみんなを唸らせ、打席に立てば打球が唸ってる。外野に飛べばどこまでも追いかけ、内野に飛べばあまりの速さに取ることよりもよけることを考えてしまう私。

カントク爽快、守備ヘロヘロ。

さてさて、練習が終われば楽しいお昼。さっきまでの清き汗はどこへやら……の大ジョッキ。飲んでる時でも食べる時でも黙っていられない面々、この楽しみの為ならば練習にも身が入るってもんですかね？……と私も昼ビールにありついて、やっぱり野球はやめられない。

おかげ様で、月報に連載させてもらうようになって、沢山の個性豊かなオヤジさん達と知り合い、仲良くなることが出来てとても楽しかった。それでは最後に、長い間失礼極まりない絵と駄文にお付き合い下さり、数々の笑いとビールを提供して下さったオヤジさん達に感謝致します。ありがとうございました。編集長！　次は誰を描きましょうか……？

おわり

（417号／2006年8月号）

北上カントク

古本以外の趣味だってあるのだ

座談会「プロ野球と古本屋」

出席者
内堀　弘（石神井書林）
高林孝行（東陽堂書店）
初谷康行（沙羅書房）
田中俊英（小川書店）
志賀善成（志賀書店）
関澤哲郎（広報課職員）
司会　山崎　賢（古書ことば）

山崎　今日はお忙しいところ、ありがとうございます。今期の機関誌部では「もっと同業のことを深く知りたい！」という想いから、商売とは離れたテーマを設けて座談会を実施しています。前回は「ロックと古本屋」と題し、かつてバンドをやっていた、あるいは今も音楽活動をされている方々にお集まり頂いたのですが、とても面白い話が聞けましたし、読者にも好評でした。

今回はその第二弾、「プロ野球と古本屋」ということで、皆さんにはプロ野球の魅力や贔屓のチームに対する熱い気持ちを存分に語って頂きたいのですが、大変申し訳ないことに私はまったく野球に関する知識がありません。かなり雑な進行になってしまうと思いますが、その点はどうかご容赦ください。

はじめに自己紹介も兼ねて、どのチームのファンなのかを教えて頂きたいのですが、それでは高林さんからお願い致します。

高林　どこのファンっていうか、社会人まで野球をやってたので……。
山崎　社会人まで野球をやっていたというのは、つまりどういうことなんでしょう。
内堀　ちょっと待ってよ、高林さんのこと何にも知らないの？
山崎　すいません、全然。
内堀　座談会やるなら少しは勉強しなきゃダメでしょ。もう僕がかわりに言っちゃいますけど、高林さんはアトランタオリンピックの日本代表ですよ。しかも銀メダリストで、今や球界の長老とも言える存在の福留と一緒だったんだから。
高林　現役はもう福留だけで、あとは井口が監督やってますね。
内堀　この呼び捨てる感じがいいよね。
高林　年下ばっかりでしたから（笑）。
田中　東京ドームの野球殿堂博物館に行くと高林さん出てますから。
志賀　今岡とか松中とか谷とか、すごいメンツがいましたよね。
山崎　全然わからない……。
内堀　当時のオリンピックは社会人と学生だけのチーム編成で、高林さんは日本石油だったんですよね。その前が立教大学、そして立教高校のときには甲子園にも出場されて。
山崎　えっと、すごく素朴な質問なんですけど、そんなすごいところまで行って、どうしてプロにならなかったんですか。
高林　古本屋があったからかな（笑）。
田中　あ、お父さんのことも知らないんだ。
山崎　……知らないです。
内堀　今でもよく覚えてるけど、少年漫画に出てましたね。
山崎　漫画!?
志賀　巨人の選手だよ。
山崎　マジすか！
内堀　もうね、何にも知らないで座談会やるんじゃないですよ（笑）。僕たちはものすごく緊張しながらここに座ってるんだから。
山崎　なんか、本当にすいません。
内堀　お父さんも立教高校から立教大学ですよね。
志賀　お父さんは長嶋といくつ違うんですか。
高林　長嶋さんは二つ上です。ちなみに一茂さんも僕の二つ上なんですよ。
志賀　「週刊ベースボール」の六大学選手名鑑で一茂さんと高林さんが載ってるの見たことありますよ。
山崎　いつ野球をお辞めになったんですか。
高林　二十九です。そろそろ本屋をやらないと間に合わないなと思って。
山崎　それまで本屋の仕事を手伝ってはいなかったんですか。
高林　日本石油の社員だったから。社会人野球って練習試合も入れると年に百試合近くやるんですよ。トーナメントだから勝てば勝つほど試合も多くなるけど、その間に全日本の合宿もあったから会社にはほとんど行ってませんでした。
志賀　ずっと負けなしだったキューバに勝った試合がありましたよね。上原とか由伸がいたとき。
高林　オリンピックの次の年ですね（※インターコンチネンタルカップの決勝戦）。一年間キャプテンを務めていた頃です。
志賀　上原はわかる？
山崎　……聞いたことあります。
内堀　本当に高林さんはすごい人なんだよね。
山崎　申し訳ないです。……それでは内堀さんお願いします。
内堀　僕は阪神ファンですけど、他のチームのことはよく知らないのでプロ野球が好きなのかはちょっとわからない。二月のキャンプを見ているときが一番楽しくて、一年間ずっと練習していて、たまに紅白戦をやってくれたらそれで十分じゃないかって思います。

山崎　キャンプの見学には行かないんですか。

内堀　今はどの球団も中継がありますから。本当にただ見ているだけのにわかファンで、自分で野球をやっていたわけでもありません。子供が小学校から高校まで野球を続けていて、そこからアマチュアにも興味を持つようになりましたけど。

山崎　その、野球っていうのはどういった瞬間に好きになるものなんですか。

内堀　僕の両親は関西出身で、西に行ったら阪神ファンしかいない。

田中　スポーツと地元愛は密着してますよね。今のカープなんかすごいけど、応援することが日常になってしまっているというか。

高林　昔はみんなテレビで野球を見てたっていうのもあるでしょ。

内堀　地上波の中継はほとんどなくなっちゃいましたよね。

山崎　野球好きの皆さんの前で言うのもアレなんですが、昔は延長のせいで映画が最後まで録画できてなかったりして、「ふざけんなよ」ってよく思ってました（笑）。続いて田中さんお願いします。

田中　僕も野球は本格的にやったことはないし、中継でドリフが中止になったりするのは嫌だったけど、試合を見るのはわりと好きでした。親父はアンチ巨人でしたが、南部で草野球をやっていたから、そういう影響もあると思います。だけど五、六年生の頃にジャイアンツで唯一好きな選手が登場して、それは「絶好調男」って呼ばれていた中畑清なんだけど、それが今へと続く運命的な出会いだったんです。

中畑っていう人はとにかく元気で明るいムードメーカー的存在で、その人柄ゆえに全国にも浸透していくんだけど、そういう選手ってそれまでいなかったと思うんです。見ているだけでこっちも元気になってくるっていうか。そういう中畑の魅力に夢中になってしまって、買ってもらったプラスチックのヘルメットに自分で「KIYOSHI NAKAHATA 24」ってシールを貼って、それをかぶって応援してました。

山崎　そこからどんどん野球にのめり込んでいったわけですか。

田中　そうではなくて、働き始めてからは野球を全然見なくなったし、興味もなくなってしまったんです。徐々に仕事も忙しくなるし、結婚して子供も生まれたら色々と大変じゃないですか。奥さんや子供には「お父さんって趣味がないよね」なんて言われたりもして、「一生懸命仕事してるんだからいいじゃないか」って思ってたけど、本当に何にもなかったんですよ。

でも四十一のときに再会してしまうんです。二〇一一年のオフにTBSがベイスターズを手放してDeNAが買収するんだけど、興味もなくなっていたから、最初は「ああそうなんだ」くらいに思っていたんです。ところが監督に就任したのが、あの中畑清だった。それでもう、全てが決まってしまいましたね。

山崎　たまらなかったですか。

田中　たまらなかった（笑）。それから一気にDeNAに気持ちが引っ張られて。今はネットで情報も調べられるし、子供の頃と違ってチケットも買えるから、「選手に近づきたい！」という想いはどんどん大きくなりました。DeNAになってまだ七年目ですから、生粋の横浜ファンから見れば新参者ではありますけどね。

山崎　「中畑清」で綺麗につながっているのがすごい。

内堀　野球と人生との関わりに物語があるよね。

山崎　野球のことは全然わかりませんけど、今みたいな話はとても興味深いです。では志賀さん。

志賀　小学校二年のときに少年野球を始めたんですけど、テレビでよく見ていたし、やっぱり強かったので自然と巨人ファンになりました。周囲もほとんど巨人ファンだったけど、野球を始めたのはちょうど原が入団一年目で、巨人が久しぶりに日本一になったシーズンだったから、それも一つのきっかけかもしれません。

山崎　志賀さんは以前「データを見るのが楽しい」って言ってましたよね。全然意味がわからないんですけど。

志賀　地上波も少なくなったし、家でゆっくり野球を見る時間もないから、新聞でスコアや成績を見て試合を想像するんです。「あいつはここで三振してニヤニヤしてたんだろうなあ」とか（笑）。

山崎　今はだいぶ違うのかもしれませんけど、昔の「プロ野球と言えば巨人」みたいな風潮はどこから来てるんでしょうか。

内堀　僕も小学校の頃は東京だったから巨人ファンでしたよ。V9時代だったし、テレビ中継も巨人が中心に組まれていたし、野球帽も巨人しか売ってなかった。

田中　強いチームは子供たちの憧れですよね。

山崎　本格的に野球をやられていた高林さんは巨人に対する印象もだいぶ違うんじゃないですか。

高林　小学校の頃は巨人が嫌いで阪神ファンでした。父への反抗というか……。阪神の手袋をつけて手打ち野球やったりしてね。

山崎　手打ち野球？

志賀　カラーボールを手で打ったりしたでしょ。

山崎　はいはい。

内堀　学童野球は経験されているんですか。

高林　錦華小学校でやってましたよ。中学も軟式で高校から硬式です。

内堀　中学時代に全国大会に出場されたとか？

高林　都大会にすら出れなかったんです。立教中学史上最低のチームって言われてましたから。

田中　僕は立教高校で高林さんの二個下だから、夏の甲子園に連れて行ってくれた大先輩なんです。あのときは前代未聞って言われるくらい応援のバスが出ましたよね。それで初戦の佐世保実業に五対一で勝ったのはよかったんだけど、みんな盛り上がり過ぎちゃって、大学野球のイメージが強かったのか、紙吹雪を撒いたりして高野連に怒られたっていう（笑）。でもあれ以来夏の甲子園には出ていないから歴史的な快挙だし、アトランタ五輪の銀メダリストである高林さんは僕たちのスーパースターですよ。

山崎　次々に色々な話が出てきてついていけないんですが、皆さんが野球を見てきたなかで忘れられない試合やシーズンがあると思います。それぞれお聞かせください。

高林　やっぱり阪神が西武をくだして日本一になった一九八五年じゃないですか。同じ年に甲子園に出たこともあって強く印象に残っているし、日本中が大騒ぎになってましたよね。

内堀　石神井公園の踏切をゆっくり通り過ぎていく西武線から「六甲おろし」が聞こえたことをはっきり覚えてます（笑）。西武球場からずっと歌い続けてきたんじゃないかって。

山崎　すごい話（笑）。

田中　道頓堀にカーネル・サンダースが投げ込まれたりとか、社会現象でしたよね。

内堀　まあそれから星野の二〇〇三年まではずっと暗黒期が続くわけですけど……。

志賀　「PLよりも弱い」なん

て言われてましたもんね。

内堀　二軍が神戸市の消防局と試合をして負けたっていう話もあるくらいですから。

　個人的にはいま言った二〇〇三年の優勝のほうが印象に残っています。暗黒期は本当に肩身が狭くて、子供を野球に連れて行くと「阪神の帽子をかぶってる」って笑われるんですよ。たまに知らないおじさんが子供の頭を撫でて「がんばれよ」なんて小声で言って、レジスタンスみたいだった（笑）。

　そう言えば、二〇〇三年か二〇〇五年のリーグ優勝のときに大阪組合主催の祝勝会があって、僕も瓶ビールを送ったんです。後日、そのときの資料や式次第が送られてきたんだけど、理事長挨拶のあとにベランダで「六甲おろし斉唱」って（笑）。ビールかけをしてたら近所の人に通報されたそうです。

田中　暗黒期の話をすれば、横浜は一九九八年の権藤監督時代に日本一になったのが三十八年ぶりだから、阪神さんの比じゃありません。しかもそれからずっと弱いわけで、横浜の帽子なんか被ってたらもっと笑われたと思いますよ。

　僕がファンになった二〇一二年も本当にボロボロのチームでダントツの最下位なんです。でもこの年齢になって社会の様々な悲哀を感じるようになるとね、弱い者を応援したくなるんですよ。中畑さんが監督をやった四年間も結局は六位、五位、五位、六位で優勝どころかAクラスにもなれなかった。だけど彼は「ファンにいっぱい来てもらえる楽しい野球をやりたい」と言って、監督自身が率先的にサインをするし、選手にもファンサービスを促したんです。そういう振る舞いにも魅力を感じるんですよね。

山崎　試合結果がどうこうじゃないと。

田中　中畑時代はあまりにも弱すぎたから（笑）。高林さんの後輩が横浜のコーチになっているから市場で話を聞いたりしましたけど、「横浜を応援してつらくないのか」なんて言われたりね（笑）。確かに強くなければ面白くないっていうのはあります。でも弱くても気持ちを鼓舞して、とにかく一生懸命戦っている中畑さんや選手の姿を見ると応援しないではいられない。

内堀　「大人になるとはどういうことか」っていう問題ですよね。誰でも子供の頃は強くてわかりやすい巨人を好きになってしまうけど、大人になって色々知ったり考えるようになれば、そのままではいられなくなる。

山崎　志賀さんはいかがですか。

志賀　印象に残った試合は沢山あるし、スコアや成績も覚えちゃってますね。今はYouTubeでポイントになる試合はほとんど見られるじゃないですか。それを何度も繰り返し見るのが好きで。「あーここで打つんだよな」っていうのはもちろんわかっているんだけど、いちいち感動してしまいます。

山崎　……えっと、関澤さんは野球好きだから僕なんかよりも詳しい質問ができると思うんだけど、せっかくだから司会変わってみない？

関澤　ムチャ言わないでくださいよ（笑）。っていうか、そもそも今日は機関誌部長から発言者として参加せよという指示を受けているのですが……。

山崎　あーそうだった！　ごめん、ホントにごめん。じゃあ贔屓のチームは？

関澤　今からですか（笑）。

山崎　うん。

関澤　巨人です。

内堀　大人になるとはどういうことかって話をしたばっかりじゃない（笑）。

山崎　どんな感じで野球を好きになったの。

関澤　両親がとにかく野球嫌いだったんですよ。テレビもあまり見せてもらえなかったから部屋でラジオをよく聴いてたんですけど、「ニッポン放送ショウアップナイター」にドハマリして、それからっていう感じです。自分用のテレビを手に入れてからは中継を見るようにもなりましたが、先程から話に出ているように地上波もぐっと減ってしまったので、今はradiko様々ですね。

山崎　特に印象に残った試合とかはある？

関澤　めちゃくちゃあるんですけど、強いて一つ挙げるなら、一九九五年の原の引退試合です。これはテレビで見てました。九回裏、一死ランナー無し、3対1で負けているという場面で原が打席に入るんですが、球場全体がもうこれで原は見納めだという雰囲気になっている。広島もわざわざ大野を出してお膳立てしてて。で、結局原は凡退して、確かに現役最終打席にはなりましたけど、本来は四番に入っていた次の打者の落合が綺麗にセンター前にはじき返すんですよ。あの手首をくるっと返す見事な広角打法で。それを見て「これぞプロだ！」って本当に感動しちゃって。「ありがとう原！」みたいなムードのなかでいともも容易くヒットを打ってしまうのは、ある意味空気が読めないと思われかねないけど、でも試合は終わっていないし、たった2点差だったわけです。雰囲気に飲まれずに淡々と仕事をするあのときの落合は最高にかっこよかった。

山崎　よくしゃべるね（笑）。

田中　関澤さんは球場に行ったりするの？

関澤　年間に十五～二十くらいは。本拠地は札幌と福岡以外は行ってます。

山崎　ラジオは情報が音しかないけど、映像で見るのとは違った楽しみがあるんですか。

関澤　アナウンサーの技術にもよりますが、基本的にはひたすらしゃべるので、テレビや球場とは異なる高揚感はありますね。「これは大きい！」とかアナウンサーが叫べば、どうしたって期待したりヤバいと思ってしまうけど、映像では全然たいしたことなかったり。あるいは贔屓の選手がエラーして「今のはいけませんねえー」みたいなことを解説者が言っても状況がいまいちわからないので、映像で見るよりは怒りがさっ引かれる、かもしれないです。

山崎　ちなみに好きなアナウンサーとかいる？

関澤　山田透ですね。

山崎　即答だ（笑）。

田中　すぐ出るのがすごい。

山崎　そうやってずっとラジオを聴いてると、「感覚が研ぎ澄まされる」みたいなことがあるんじゃない？

関澤　ラジオに限ったことではないんですけど、「あ、ここで絶対にホームラン打つ」っていうのがわかっちゃうときがありますね。

山崎　どういうこと？

関澤　本当に「わかっちゃう」としか言えませんが、でも絶対に打つ。もちろん試合の流れとか選手の成績とか好不調が頭のなかに入っている上で見ているわけですけど、なんていうか、もっと感覚的にわかってしまう。

志賀　夢中になって見てるとそういう瞬間はあるよね。「やっぱり打った」って。

内堀　それは関澤君の願望じゃなくて？

関澤　贔屓に限ったことじゃないから困るんです（笑）。

内堀　僕が初めて理事になったときの理事長が市田さんで、二回目は仙波さんだったんだけど、どちらも阪神ファンなんです。だから実は東京組合は阪神ファンを中心に動いているようなところがあるんだけど（笑）、それはいいとして、市田さんがよく「俺が見てると負けるんだよ」って言っていて、阪神ファンはそういうこと言う人が多いんです。もちろん市田さんが見てるから負けるわけじゃなくて、負けた試合を市田さんが見てるだけなんですよね（笑）。

僕も夕食を終えて皿を洗っていると阪神が打つことに気付いたときがあって、「負けそうになったら皿を洗えばいいんだ！」って（笑）。熱狂的な阪神ファンの北杜夫は「どうせ打たないだろう」と思って腰を上げたときに打ったから、チャンスになるといつも中腰になったっていう話があるんだけど、関澤君もそういうタイプじゃなくて？

関澤　違います（笑）。

内堀　わかる？

関澤　わかるんですよ！

山崎　見ている人それぞれに観戦のスタイルとか「ここを見たい！」っていうポイントがあるものなんでしょうかね。

田中　高林さんと話をさせてもらうと、「あのピッチャーはここが悪い」みたいな技術的なことを教えてくれるのですごく面白いです。シロウト同士だと勝った・負けたの話にどうしてもなっちゃうけど、そういう意見を聞くと観戦するときの楽しみが増えますよね。

山崎　高林さんは観戦には行かれないんですか。

高林　めったに行きません。試合よりもバッティング練習やシートノックを見たいんですよ。ただやみくもに打ったり投げたりしてるのではなくて、必ず課題を持って取り組んでいるわけだから、それはなんなんだろうと考えながら見ています。それからずっと勝つことにこだわって野球をやってきたので、「ここで成功したら勝つ／失敗したら負ける」っていうポイントがなんとなくわかるんですよね。だからそういう場面が過ぎたらテレビを消してしまいますね。

山崎　皆さんはいつも球場でどんなふうに観戦されているんですか。

志賀　外野の騒がしい感じが嫌いなので、内野席で「ケツでっかいなあ」「足早いなあ」とか思いながら選手をじっくり観察したいです。

関澤　東京ドームであれば内野二階席のポールにできるだけ近いところに座って、一人でぶつぶつ言ったり、応援歌をうたってます。試合に没入したいので基本的に飲食はしないし、トイレにも行きません。というか、そんな暇ないです。

田中　この年になると外野で大声を出したり、攻守交替のたびに立ったり座ったりするのはきついので、もっぱら内野席です。

今は球場のエンターテイメント化が進んで、試合以外にも楽しんでもらおうという試みが沢山あるんですよ。横浜スタジアムであれば、ライトがLEDだから素早くつけたり消したり、色味を変えたりできるので、光を使った演出でスタンドを盛り上げたりします。去年のホーム開幕戦ではドローンを何十台も飛ばしてベイスターズのマークを作ったりとかね。そういう取り組みもまたファンを大事にするDeNAのいいところです。それから最近はどの球場も飲食に力を入れているので、野球に興味がなくてもかなり楽しめると思います。

志賀　今はどの球場も本当に人が入ってますよね。

田中　ちょっと前まではハマスタもガラガラで寝転がって見られるくらいだったけど、今はチケットを取るのに何時間もかかります。サイトの販売開始が十二時なのに、九時にはもう接続できませんから。

内堀　昔は川崎球場の外野に幽霊が出たっていう話があったくらいなのにね（笑）。

田中　試合中に肉焼いちゃったり（笑）。

内堀　ついこの前までは市場が終わってからふらっと神宮に行って、外野自由席でカレーを食べて、花火が上がるのを見て、だいたい負けてるから途中で帰るんだけど、最近はもう当日券が取れない。「カープ女子」っていう言葉が聞こえるようになった頃から球場での観戦がブームになってますよね。

田中　SNSの影響も大きいと思いますよ。野球人気は下火になったっていうけど、ファン同士がSNSでつながって一緒に応援したり、飲みに行ったりするみたいで、そういう輪がどんどん大きくなればチケットは売れますよね。

内堀　だけど野球っていうのは基本的に「昭和」のスポーツだと思うんですよ。働かないお父さんが昼間から酒を飲んでるところに高校生の息子が帰ってきて、「親父なにやってんだよ」って言うときに必ず野球を見てるじゃないですか。それがサッカーとかラグビーだと妙な知性や上昇志向が発生してしまう。僕らの世界で言えばサッカーはブックカフェみたいなもので、古本屋は野球なんです(笑)。野球の持ってる大衆性っていうか、土着性っていうか、ドメスティックな感じはずっと変わらないで欲しい。

　でも地上波が少なくなったっていう話をさっきからしてるけど、ラジオもTBSが中継をやめちゃいましたよね。ラジオの野球中継なんてそれこそ昭和のものだから、それが少なくなるのはとてもさびしい。

関澤　実況するアナウンサーも高齢化が進んでメンツが変わらないから、かなり心配してます。

山崎　今から選手やルールを覚えるのは難しそうだし、試合を見ても楽しめる自信はないですけど、例えば「負け続けても好きでいられる」みたいなファン心理にはとても興味があります。いい加減嫌になったりしないものなんですか。

内堀　阪神は球団じゃなくて「教団」って言われてますからね(笑)。

　僕は高校野球も好きだけど、アマチュアは試合で負けたらそこで終わりっていう一回性のものじゃないですか。でもプロは毎日試合があって、それを何年も続けるのが仕事なんだけど、それは僕たち古本屋も同じだということに気づかせてくれたのが新庄なんですよ。

　新庄って、三振してベンチに帰ってくるときにまるで悔しがらないんです。そういう態度にちょっと腹が立って「もっと真剣にやれよ」と思ったんだけど、でもプロっていうのはさっき言ったみたいに一回性のものではなくて、仕事である限りはずっと続けていかなければならないのだから、打ち損じるたびに感情を露わになんかしていられない。気持ちを入れ替えて次の打席にのぞまなければいけないわけで、僕たちだって今日の市場で本を買えなくてもまた明日の市場があるっていう……いや、あまりにも野球の話ばかりだから、無理やり古本屋に結びつけてるんだけど(笑)。

高林　でも打席に入れば配球を考えるように、札を書くときにもどれくらいなら落とせるかなど考えますよね。ヒットか凡打かっていうのも品物が落ちるかどうかなわけで。

(※広島ファンの初谷さんがここから参加)

山崎　今日はお忙しいところ、ありがとうございます。皆さんには一通りお話頂いたのですが、初谷さんはどういった経緯で野球を好きになったんですか。

初谷　幼い頃は父の影響でジャイアンツしか知りませんでしたが、中学になったときに「今日勝った?/負けた?」っていう会話に主語がないことに反感を覚えたんです。「野球＝ジャイアンツ」みたいな感じはおかしいんじゃないかって。それで自分なりに野球を見始めてファンになったのがカープで、当時は「赤ヘル」と呼ばれてすごく強かったんです。魅力的な選手も沢山いましたけど、特に好きだったのが高橋慶彦で、足も早いし、スイッチヒッターだし、とにかくかっこよかった。高橋慶彦が出てくる村上龍の『走れ！タカハシ』を読んだりもして、どんどんカープにのめり込んでいきましたね。

山崎　試合を見に行かれたりもするんですか。

初谷　東京ドームのカープ戦はほとんど行くし、もちろん中継も見ます。見られないときにはスマホで一球速報をチェックしますね。

山崎　これまで特に印象に残った試合などあれば教えてください。

初谷　やっぱり二十五年ぶりに優勝した二〇一六年九月十日の巨人戦です。優勝の瞬間を見届けることができたんですけど、スタメンが全て生え抜きの日本人選手だったことには本当に感動しました。黒田と新井は出戻りですが。

山崎　今まで見てきた試合が走馬燈のようによみがえったりとか。

初谷　そこまでは（笑）。でも暗黒時代が長かったから、感慨深いものはありましたね。

　もう一つ忘れられないのは、一九九六年の野村謙二郎が負傷した神宮でのヤクルト戦です（七月六日）。盗塁を試みた野村が怪我をしてベンチに退いてしまうんですが、そのときになんだかとても嫌な予感がして。野村は少し休んで試合に出続けましたが、調子を落としてしまったし、それまで独走状態だった広島も負けが重なってしまった。それがいわゆる「メークドラマ」の発端だったんです。

志賀　我が巨人軍が一一・五ゲーム差をひっくり返して優勝したときですね。

内堀　大人になるっていうことは……。

志賀　ガンガン補強して百勝すればいいと思ってますから。

関澤　勝つことが最大のファンサービスですよね。

⚾⚾⚾

山崎　皆さんには事前に今シーズンの順位予想をして頂きました。（※二月二十七日時点の予想です）

山崎　門外漢の私にはまったくわかりませんが、皆さんは他の方の予想を見てどう思われますか。

内堀　高林さんにたてつくわけじゃないけど、阪神が最下位っていうのはさすがに納得いかないですよ。あれだけの実績を作ってこられた方が何を見ているんだって（笑）。

高林　キャッチャーがよくないですよ。それとキャンプを見ていると矢野監督が選手に自由にやらせてますけど、一年目っていうのは自分の方針をしっかり

高林
①巨　②広　③横　④ヤ　⑤中　⑥阪
①ソ　②日　③ロ　④西　⑤楽　⑥オ

初谷
①広　②巨　③横　④ヤ　⑤阪　⑥中
①ソ　②日　③西　④楽　⑤ロ　⑥オ

田中
①横　②広　③ヤ　④阪　⑤巨　⑥中
①ソ　②楽　③西　④日　⑤ロ　⑥オ

内堀
①広　②巨　③阪　④横　⑤ヤ　⑥中

志賀
①巨　②広　③ヤ　④阪　⑤横　⑥中
①ソ　②日　③西　④楽　⑤ロ　⑥オ

関澤
①巨　②広　③阪　④ヤ　⑤横　⑥中
①ソ　②日　③西　④ロ　⑤オ　⑥楽

出さなきゃいけない。監督が何をやりたいかわからないのに選手に委ねてしまうのは、チームの作り方としてはかなりマズいと思います。

内堀　でも新戦力の西とガルシアで二十勝はかたいし、藤浪も復活するでしょう。もともと投手はいいけど、さらに盤石になったんじゃないですか。

田中　だけど藤浪はオープン戦でも相変わらずの殺人暴投じゃないですか。阪神ファンじゃなくても、あれだけの選手だから活躍して欲しいとは思ってますけど。

高林　あとは外野のベテラン二人が居座っているようでは厳しいですね。そろそろ代わりになるような人が出てこなきゃ。

内堀　福留は高齢で三連戦続けて出られない。

志賀　休み明けによく打つんですよね（笑）。

内堀　新人の近本や木浪も期待してますけどね。

田中　近本は相当走れるみたいですね。

内堀　いつまでも赤星の幻影を追いかけて、似たような選手ばっかり取る（笑）。

初谷　メッセンジャーに外国人枠を使わなくていいのはかなり大きいんじゃないですか。

関澤　去年鳴り物入りでやってきたロサリオは結局ハズレでしたけど、マルテはどうなのかなあ。

内堀　阪神の外国人選手はネット通販で買ってきたようなところがあるでしょ（笑）。「本当にプレーしたところを見たのか！」って言いたくなる。しかし最下位はないですよ。さすがに優勝できるとは思わないけど、いくらなんでも中日より下っていうことはあり得ない。

関澤　中日はポジティブな要素がまったくないですからね。

田中　松坂も怪我しちゃったしなあ。

志賀　広島はどうなんでしょうね。

高林　やっぱり二遊間がいいし、中継ぎもしっかりしてるから強いですよ。巨人、広島、横浜は横並びで、どこが優勝してもおかしくないんじゃないですか。特に横浜は若い選手も揃ってきているから、かなり面白いと思います。宮崎もいいですよね。

田中　筒香が来年メジャー行きたいって言ってるので、今年は絶対優勝して欲しい。

高林　行かないでしょ。松井でもあれだけ苦労したんだから。

田中　若いうちに挑戦してもらって、ダメだったら帰ってくればいいんです。ＦＡで読売さんとかに取られるのだけは嫌なので（笑）。

　僕は巨人を五位にしたけど、これは予想ではなくて、原監督時代にベイスターズはめちゃくちゃやられてるので、その仕返しをしたいっていう願望です。

山崎　巨人ファンのお二人は当然一位予想ですね。

関澤　ファンですから。

志賀　全球団に勝ち越して、交流戦もシーズンも優勝して、完璧な日本一になって欲しいです。

関澤　ちゃんとした予想をすれば、去年と比べて巨人と阪神以外はマイナス要素のほうが多いと思います。広島はもちろん丸の穴が大きいし、ヤクルトと中日は打線が弱すぎでしたよね。横浜は目立った補強もないし、ロペスはそろそろ限界、ソトもさすがに去年ほどは打ちません。正直、丸がいなくても総合力は広島が頭一つ抜けてるけど、それくらいの戦力差なら原の采配でどうにかできるんじゃないかと思います。

内堀　そりゃあれだけお金を積んだらねえ……。

田中　しかし長野と内海が抜けたっていうのはすごいことだよね。投打の精神的支柱みたいなもんでしょ。

高林　チームの内情は変わっていくものだから、もうそういうことじゃないんだと思いますよ。若手はもう内海とキャンプ前の合宿に行かないし、長野も年俸上がってよかったんじゃないですかね。

内堀　あのFAは「仁義なき戦い」を見てるみたいだったな。巨人で引退して、ずっと骨を埋めるような選手が容易く捨てられてしまって。

関澤　つらかったですよ……。

志賀　すぐ戻ってくるらしいよ？

田中　でも年齢的なことを考えたら、キャリアハイでも出さない限り取らないと思うけどな。

高林　今年の巨人はキャッチャーの使い方次第じゃないですか。阿部は結局どうするんでしょうね。

関澤　内海を取られたことの恨みは関係なく、炭谷の補強はまったく意味がわかりません。同一リーグのキャッチャーを抜くならともかく、よりによってなんで炭谷なんか……。

田中　岩隈とか中島とか、原さんがWBCのときに一緒だった人ばっかりっていう話だけど、戦力になるかは怪しいよね。

志賀　できれば若手を積極的に使って欲しいですけどね。阿部や中島が普通に出ちゃってるようだと今年も厳しい。

初谷　重信あたりが代走枠で固定されると、こっちとしては嫌ですよ。

田中　結局は巨人の調子によって全体の順位が大きく変わってくるんじゃないですか。

内堀　だけどね、横浜が一位っていう田中君の予想は客観性に著しく欠けてるよ（笑）。

田中　ファンっていうのはそういうものじゃないですか！（笑）

内堀　尼崎あたりの商店街のインタビューを見ると「阪神は絶対優勝！」ってみんな自信たっぷりに言うじゃない。あれを見ると「ああ、今年もやっぱりダメだ」って（笑）。

関澤　「優勝マジック143」っていうのが恒例行事になってますよね（笑）。

初谷　でも私もカープが優勝なんて予想できるのは最近の話ですよ。どうせ今年もBクラスって思い続けてきたから、こんなに嬉しいことはありません。

内堀　さっきもちょっと話したけど、カープ人気は本当にすごいですよね。去年神宮で広島戦を見たけど、半分が綺麗に真っ赤。

田中　応援も迫力がありますよ。現南部支部長の月の輪さんご夫婦がファンなので、毎年ハマスタの広島戦に必ず行くんです。そのときは僕も三塁側に座るけど、みんな応援歌をちゃんと暗記して、声を張り上げて歌っている。外野席ならわかるんだけど、内堀さんが言ったように球場の半分が完全にカープファン。マツダスタジアムのチケットが取れないっていう話もあるから、地元から遠征してくる人もいるんでしょうね。

　横浜も最近はチケットが取れないけど、昔は一塁側でもボンタン履いた阪神ファンのお兄さんたちがいて、「怖いなあ……」って（笑）。

内堀　「打倒読売！」なんて刺繍が入った暴走族みたいな人いるよね。そういうやんちゃそうな人がすごく子供に優しかったりして、だから人は見かけによらないんです（笑）。

志賀　でも昔に比べて汚いヤジとかケンカは少なくなりましたよね。

田中　女性ファンも増えたからマナーには厳しくなったんじゃないですか。

内堀　「ここからは巨人の応援グッズは持ち込みできません」っていうふうに、ホームとビジターの区画を分けるようにもなりましたよね。

山崎　そんなのあるんですか。

田中　三十八度線みたいのがね（笑）。それでもチケットを取れなかった人が一塁側でビジターのユニフォームを着ていたりすれば、警備員がやってきて、さらし者にならないようにこっそり注意するんです。

山崎　時代にあわせて球場の対応も変わっているわけですか。

内堀　阪神ファンの野次って本当に心ないですから。東京ドームのビジター応援席には、目の前で守っている巨人の選手を攪乱させることが自分の使命だと思っているような人もいるし。

山崎　でもその人にとってはそれが野球なんですよね。

田中　野球っていうか人生でしょ。

内堀　だけど東京ドームだと八割ぐらいは負けるから報われてないんだよね。

関澤　長嶋・王みたいな頃は違ったんでしょうけど、今の巨人ファンは肩身が狭くて、例えば神宮でヤクルト対中日を見に行けば、東京音頭で必ず「くたばれ読売」なんです。ヤクルト対巨人ならまだわかるけど、「巨人関係ないじゃん！」って。さらに言えばオールスターですら３６０度からの「くたばれ読売」で、これはさすがにつらい。

志賀　打席に入っただけでアウトコールが鳴ったりね。

田中　「くたばれ読売」とか阪神さんの「あと一球」コールなんかもやめようっていう話はあるよね。極端に厳しくしすぎるとつまらなくなってしまうのかもしれないけど、今は問題行為があればすぐネットで話題になってしまうから、球団も放置できないわけで、昔に比べたらマナーは大幅に改善しているはずです。さっきの話で言えば、そういうえげつないヤジが平気で飛び交っていた頃が「昭和」だったんだと思いますね。

山崎　今日は本当に沢山お話をして頂きましたけど、最後はずばり「私にとって野球とは」ということを一言ずつお聞きして終わりたいと思います。初谷さんはいかがでしょうか。

初谷　難しいですね……。間違いなく生活の一部になっていて、野球が始まれば一日中カープのことが気になります。必ず毎試合チェックするし、勝てば夜のニュースも翌日の新聞も見るし、日常のなかにずっとカープがあります。

田中　ニュースはハシゴしますよね。僕は片っ端から予約して、勝ったときにそれをじっくり眺めるのが好きなんです。奥さんに怒られるから全部消しちゃうけど（笑）。

初谷　あと「リブレール東京」っていう神田の古本屋を中心に作った草野球チームに参加しています。もう十数年続けていて、人数は少なくなっていますけど、楽しんでやってますよ。

田中　僕はもうしゃべり倒したので言うことはないけど、野球は人生になくてはならないっていうか、古本屋とどっちを選ぶかって言われたら……。

山崎　キヨシナカハタ？

田中　（笑）。それぐらいの気持ちにはなってますね。大人になっていい趣味を見つけることができたとつくづく思うんです。お酒を飲んだり、どんちゃん騒ぎするのもいいけど、初谷さんも言ったように野球は生活の一部で、夜にナイターを見れば、次の日は市場であれこれ話ができて楽しいし、ベイスターズが勝っても負けても本当に励まされる。「野球があるから仕事をがんばれる」っていう活力源みたいなものかな。

山崎　高林さんは他の方とは捉え方がかなり違ってくると思いますが。

高林　確実に趣味ではないものです。死ぬまで趣味にできないスポーツだと思いますね。試合を見ていても「ここで何を投げるのか」「どういう采配をするのか」というところにしか興味がなくて、楽しみや喜びとか、勝ち負けはほとんど興味がなくなりました。純粋に「野球というスポーツ」を見ているという感じでしょうか。

志賀　子供の頃は野球をやるのも見るのもワクワクしましたけど、大人になってからは眺めているだけで落ち着くんですよ。酔っぱらって家に帰ってくれば、まずは結果をチェックして、ハイライトくらいはYouTubeにアップされているから、それを見ながらまた飲んで、そのうちに眠っちゃって。さっきも言ったけど、気に入った試合があったら何度も繰り返し見て、いつも同じところで喜んで、本当に飽きないです。

内堀　それは巨人が勝ってる試合じゃなくて？

志賀　高校野球も見るし、他のチームでも気になる選手は沢山いますよ。野球の試合ならプロでなくても面白いですね。

山崎　たまたま通りかかった公園でやっている少年野球なんかでも？

志賀　やってれば見ちゃうね。

山崎　野球を見てると落ち着くっていうのは想像がつかないなあ……。じゃあ関澤さん。

関澤　酒を飲むのも本を読むのも音楽を聴くのも楽しいけど、そういう好きなことをすべて天秤にかけても勝負にならないっていうか、圧倒的に野球が大事です。野球がない長い人生と野球ありの短い人生でも野球ありを選ぶんじゃないでしょうか。

内堀　設定がいちいち深刻だよ（笑）。

山崎　そこまで思わせる魅力っていうのはどこにあるの？

関澤　日常になっているのはもちろんですけど、三十年近く野球を見てきて、しかもずっとかけがえのないものとしてあり続けたから、それがなくなるっていう想像ができません。めちゃくちゃ詳しいわけでもないし、毎試合欠かさず応援に行ったりもしないけど、自分にとって野球はなくてはならないもので、その気持ちを言語化するのは難しいです。

　いま三十七なんですが、もう自分より年上の選手がほとんどいないという事実がさっぱりわからないんですよ。野球を好きになり始めた頃は大人たちがやっていて、そのうちに選手と同世代になり、今はもう自分より年上の選手は数えるほどになっている。歳を取ってるんだからそんなのは当たり前の話なんだけど、ずっと自分を感動させてくれたり、励ましてくれた人たちが、あと数年もすればみんな年下になるっていうことのわからなさもまた言葉では表現できません。

内堀　僕も高校野球は「お兄さんがやっているスポーツ」っていうイメージが強かったから、選手が自分より年下だって理解するのにだいぶ時間はかかったけど、だいぶおじいちゃんだと思っていた明徳義塾の馬淵監督が年下だって知ったときはかなりショックだった（笑）。

田中　若い選手は自分の子供みたいに応援したくなっちゃいますけどね。最近ドラフト会議が終わった後にTBSで指名候補のドキュメンタリーをやるじゃないですか。「女手ひとつで育ててきた息子が……」みたいな。ウチの奥さんもそうだけど、そういうのを見て野球を好きになる人もいますよね。

　シーズンが始まれば、チームは色々な問題を乗り越えながら勝ったり負けたりを繰り返して、それが一つのドラマみたいに進んでいくわけだけど、一人の人間である選手にも例えば生い立ちであるとか、大きな怪我をしたりだとか、クビになったところをまた拾ってもらったりだとか、それぞれに物語があって、プロである以上はそれを隠すことはできませんよね。でもそういう人間味のあるところを

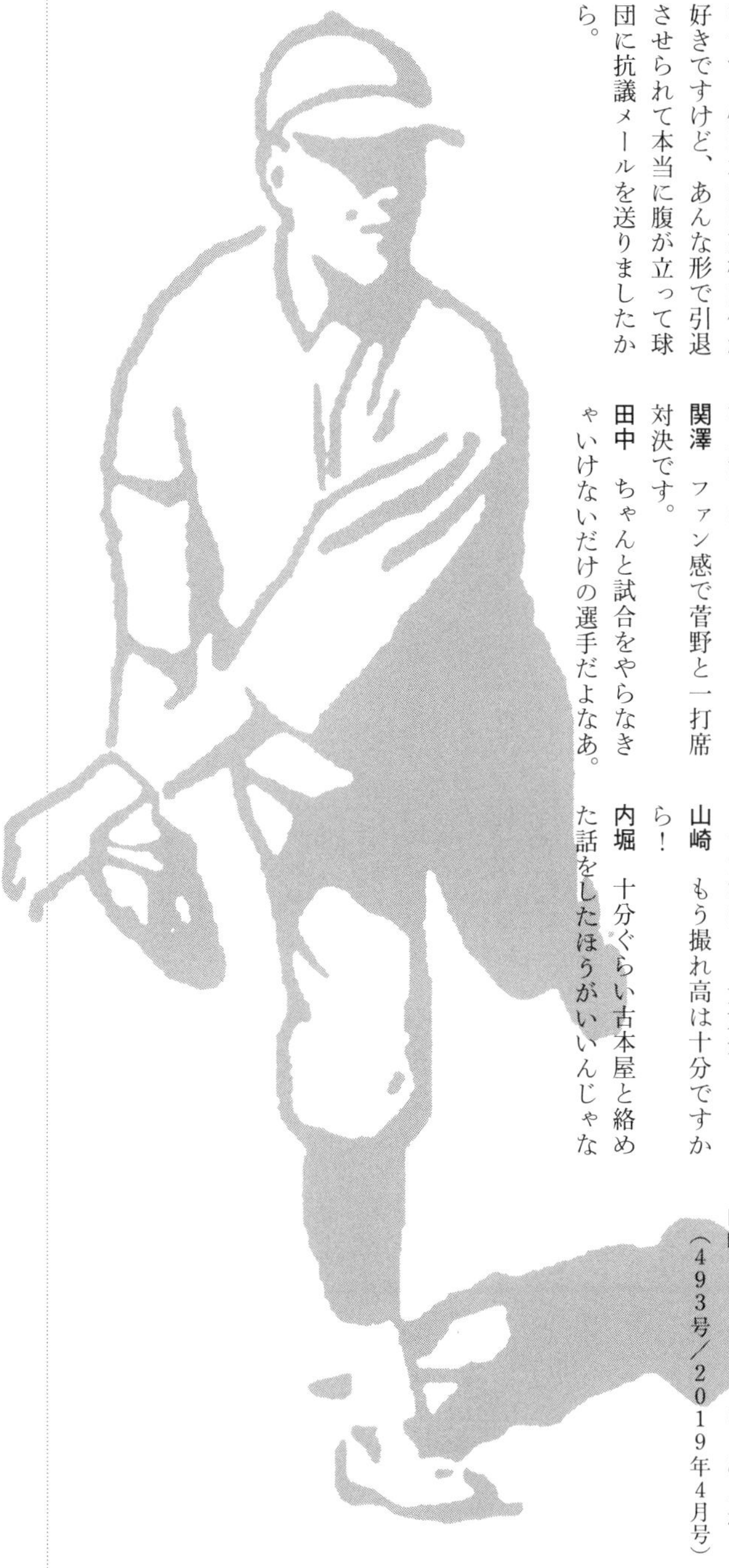

知ると応援したくなってしまうし、好きじゃないチームの選手でも見方が変わってしまうんです。

山崎　チームだけでなくて、選手にも自分自身を重ね合わせるわけですね。

関澤　だから選手の引退はきついです。僕は本当に高橋由伸が好きですけど、あんな形で引退させられて本当に腹が立って球団に抗議メールを送りましたから。

山崎　すげえなあ！

田中　本意気の人だ（笑）。

内堀　それはもっとわかりやすく巨人ファンをやめればいいんじゃないの？

田中　巨人愛があるからこそだよね。

初谷　由伸は引退試合やってないんだっけ？

関澤　ファン感で菅野と一打席対決です。

田中　ちゃんと試合をやらなきゃいけないだけの選手だよなあ。

初谷　引退試合やってくれる選手なんか一握りだもんね。

山崎　あの、すみません！　話は尽きないと思いますが、予定の時間を大幅に過ぎているので、申し訳ないのですが、今日はこのあたりで……。

内堀　古本屋と関係ない話しかしてないけど、大丈夫？

山崎　もう撮れ高は十分ですから！

内堀　十分ぐらい古本屋と絡めた話をしたほうがいいんじゃない？「古典会大市は甲子園より難しい」みたいな（笑）。

山崎　いやもう、ホント勘弁してください。あとは関澤さんがどうにかしてくれますから。ね？

関澤　どうにもなんないですよ（笑）。

山崎　……ホントにごめんね。

（493号／2019年4月号）

散歩

古本遥《はる》　吉田芳治

一度だけお見合いした事がある。

相手は小学校の先生だった。二十年以上も前のことだ。英仏二ヶ国語ができる才女で余暇には乗馬をする等々を聞かされた後、相手の母親が私に趣味は何かと尋ねたので「散歩です」と答えたら見合いの席は沈黙してしまった。帰りの電車の中で母親に「もうすこしまともな事を言え、あれでは先方を軽視している様に思われる」と叱られた。しかし履歴書の趣味を書くところでいつも苦痛を味わう程無趣味な私が見合いの席上、必ず趣味の話が出るだろうから、今迄生きてきて趣味と思われるものが何かあったろうか考え抜いて出したもので、小学校の先生ならこの風趣を解してくれると思った。残念ながら怪訝な顔をされた。思えば小学校の低学年の頃から街を目的もなく歩きまわることが好きだった。しかしあの頃は散歩というより冒険に近かった。帰る道が分からなくなりそうな所迄歩いた後、これ以上先に行くと迷子になりそうだという不安を抱えながら、更に先に進んでみようという冒険心に酔いつつ歩き続けた記憶がある。迷子になった事はなかった。今思えばたいした距離を歩き続けたわけではなかった。ただあの時の私は冒険家リビングストンにでもなった気持ちだったようだ。

散歩が楽しくなったのは高校生の頃だった。自宅のあった池袋を出発して雑司が谷付近や護国寺のある音羽町の方をよく歩き回った。同級生に一人同好の友がいた。人を集めて同好会を作ろうかと話ができたが結局中止した。彼と一緒に散歩したのも一度だけだった。彼は銀座や日比谷界隈を歩くのが好きでその辺は当時の私には興味がなかった。また歩くペース（散歩にも個人のペースがあるようだ）が合わず、同行の友にはならなかった。女の子とのデートも散歩ばかりだと、歩くばかりは辛い、映画とかディスコとかオーソドックスなデートコースにしろと抗議された。散歩は孤独な楽しみだというのが私の高校時代の散歩観だった。

大学生になると自由に使える時間が増えて、散歩する地域が広がった。歩くことにこだわったため、例えば明治通り沿いに歩いて新宿まで行ったが、原宿までは強行軍になる。鉄道やバスを利用するようになり、おかげで東京二十三区が散歩の対象になった。私にとってあの頃隅田川の対岸は異境だった。昭和五十年頃の東京はまだ戦前の建物や街並がけっこう残っていた。江東区の散歩はその後のこの地域の変貌を思うと貴重な体験だったように思える。新しい東京も好きだった。六本木や青山へ行って新しい感覚の建物や施設の探索もよくやった。しかしその頃は戦前の昭和の東京に憧れていた。桑原甲子雄や師岡宏次の戦前の東京の写真を見てはその当時の面影を残した建築物や街並を訪ね回った。

あの時代を体感したい思いが募り、おかしな工夫をした事がある。戦前の東京を体感できる場所として同潤会のアパート群がある。原宿が有名だが、私は代官山にあるアパート群に魅かれた。休日、戦前の東京を写した写真集を持って渋谷へ行く。静かな喫茶店で写真集を広げ、一頁一頁を細部にも注意して丁寧に見る。写真の中の人物の行動をイメージする。充分見た後、代官山の同潤会アパートへ行く。私の好きな場所がある。雑草が茂っている空き地でそこからアパートを見ているうちに僅かだが、あの時代にタイムスリップした様な感じを受けた。あまり長居すると住民に危険な男と思われるので余韻に浸りながら渋谷へもどる。おかしな事に渋谷に着くと街を歩く人々に妙に懐かしさを感じてしまった。その後他の街でも昔の東京を味わう事があった。が、昭和六十年頃から東京は大きく変化した。大学の頃は散歩によくつきあってくれる友人が何人かいて私のよく行く散歩コースを喜々として楽しんでくれた。

あの頃いろんな散歩のコースを作ってその日の気分で選択した。

高校の頃からよく行ったのが雑司が谷周辺の散歩。ここから護国寺に向かうコースと早稲田へ行くコースがあった。早稲田方面へ行く散歩コースは更に幾種類かあった。オーソドックスなのが、鬼子母神から明治通りに出て新宿方向へ向い、千登世橋から都電荒川線に沿って行く。面影橋駅からは神田川沿いに歩き新江戸川公園を探索した後目白通りに出て池袋へもどるコース。池袋にもどるコースはどれも最後は、今は存在しない「コンサートホール」という名曲喫茶だった。東口にあった。哲学堂公園から中野迄の散歩コースは友人達に人気があった。池袋からバスでオリエンタル写真工場前という停車場（今は名前が違う）で降りて哲学堂公園を徘徊した後、新井薬師へむかって行き、薬師銀座商店街を抜けて中野へ入るコースだ。ゴールは「クラッシック」という喫茶店。けっこう有名な店だ。哲学堂公園の付近が大変気に入って、後年お金を稼ぐようになると自宅を出てこの地で結婚する迄ひとり暮らしを始めた。西武池袋線と現在のJR線が接する付近も好きな散歩エリアである。昔、西武線の上り屋敷という駅がこの近くにあったらしい。この近辺にはF・ライトの設計した自由学園の明日館がある。また独得な建築物、個人住宅も見ていて楽しめる。前述した文章と矛盾するかもしれないが、隅田川の向側の街にはあまり熱心に行かなかった。二十歳前後の私にとってこの場所はあまりにも生活者のための街。という表現で分かってもらえるかは自信がないが味気なく思えた。この辺が面白くなったのは十年程前からだ。それでも大学の頃月に一度くらいは隅田川を越えて遊びに行っていたと思う。今は後悔している。もっとこの地域を徘徊して二十五年前の江東や墨田の街を目に焼きつけておくべきだった。

職探しの季節になって履歴書の趣味欄で悩んだ。散歩を趣味とは自分で認めてなかった。働いて給料が入る身分になり、自由に使えるお金ができ、それを使って遊ぶのが楽しくなって散歩はしなくなった。再び散歩をするようになったのは妻と知り合って、彼女も散歩が好きだと聞かされたからだ。休日のデートは前述した雑司が谷や哲学堂公園付近の散歩。平日は勤務先が三軒茶屋にあって、彼女も同じ職場だったので退出後三軒茶屋や三宿周辺をふたりで徘徊した。それがきっかけでひとりで散歩することもあったが、この頃から東京が変わっていくのを感じた。その変化は都庁が新宿に移る事が決定した頃だろうか。街では個人店が減り始め代わりにチェーンストアが多くなった。働く人もその土地の人とは限らなくなった。現在、私の散歩エリアは自分の店のある練馬周辺だ。この辺はまだ個人営業の店が多い。店を妻に任せて街を歩く。散歩しながら思った。若い頃は散歩が好きだなんて年寄りくさくって、恥ずかしくて言えなかった。でももう趣味は何ですかと聞かれたら、散歩ですと答えてもいいかな。

（403号／2004年4月号）

パラノイア文献学

栄光なきマンガ家たち

くだん書房　藤下真潮

戦後、マンガ文化が隆盛を誇り、手塚治虫のようにいまや三世代にわたり読み継がれるようなマンガも出現した。

そのマンガ創成期から約六〇年、一体どれだけの数のマンガ家が出現したのだろうか。マンガが売れないと言われる昨今に於いても、年間一千近いマンガ雑誌が出版されていることを考えれば、すくなくても万を超えるマンガ家たちがかつて存在したはずである。

その中には数十年にわたり描き続け、何百という単行本を残したマンガ家もいれば、わずか一冊の単行本すら残さずに消えていったマンガ家も数多くいる。

出版データが多く残る七〇年代以降であるならば、まだしもその名を留めることも可能であるが、六〇年代以前のしかも貸本向け出版のみで活躍したマンガ家であれば、それすらも難しい。

古本屋を開業して二年。そのわずかな期間にも、店の棚には実に多くのマンガ家の本が置かれ、そして売れていった。少しでも店に個性を出そうと少女マンガ系に商品をシフトさせ、なるべく珍しいものをと買い入れるようになると、もとより主流より傍流に肩入れしたがる店主の悪い癖も相まって、棚には名も無きマンガ家の作品があふれるようになった。

それらは、現在の視点でひいき目に見ても絵柄に魅力もなく、ストーリーも没個性的であり、淘汰もやむを得ない作品が多い。しかしそんな中にも、これだけの才能を持ちながら、なぜ消えていってしまったのか、理解に苦しむマンガ家もいる。

個人的に気になったマンガ家といえば、遠藤信一、谷川一彦、オオトモヨシヤスの三者である。

遠藤信一は、若木書房を中心に昭和三十年代初期から末期まで十年程の期間活躍した作家である。初期には、かなりの絵の上手さを発揮したが、後期にはなぜか凡庸な絵柄に陥ってしまった。作品としては若木書房のB6単行本が5、6点、白鳥ひとみ名義での作品が2点、他に短編を多く描いたが、単独名義の本としては十冊前後だと思われる。同じマンガ家で、のちにアニメに転向した遠藤政治の実弟らしいが、昭和四十年以降の消息は、はっきりとしない。

谷川一彦は、『漫画少年』の投稿時代から絵柄に関しては天才的と呼ばれ、昭和二十年代末期から三十年代中盤にかけて講談社『なかよし』や光文社『少女』を中心に活躍した。出身が広島郊外であり、三十年代中盤には原爆の悲劇をテーマとした少女マンガの連載を立て続けに行っていたが、唐突に作品が見られなくなる。わずかな期間であるが、それなりの数の作品は描いたはずである。しかし単行本として残る物は、『なかよし』で連載され、その後兎月書房から発行された『星は見ている』一作品あるのみである。数年して、虫プロの『鉄腕アトムクラブ』にその名前を見せ、それを最後に消息は不明となる。

　オオトモヨシヤスは、昭和二十年代後期に中村書店で単行本を出し始め、初期の講談社『なかよし』などにも読み切りを多数描きおろしていた。中村書店での単行本は実数は掴めないが十数点は存在するはずである。中村書店がマンガ出版から手を引いた三十五年以降は、若木書房の少女マンガ短編誌に移り、シリーズ物の連載等を続けるが、すでに絵柄は魅力に乏しく、最盛期の面影は残っていない。そして貸本マンガの終焉とともに消

上から、遠藤信一『少女の四季』昭和三三年 若木書房、谷川一彦『星は見ている』昭和三五年頃 兎月書房、オオトモヨシヤス『黒い太陽』昭和三一年 中村書店

えていってしまった。

三者に共通する特徴といえば、活躍の主軸が少女マンガであったことが挙げられるだろう。多くの少年向けマンガの描き手が、貸本の終焉とともにアニメや青年劇画系に転向していったのに対し、彼ら少女マンガ家たちは、少女マンガという枠組みから、上手く逃げることが出来なかった。

それは彼らの絵があまりに早い段階で完成されてしまったために、逆に新しい時代に対応できなかったからかも知れない。あるいは戦後生まれの読者が増えるに連れ、新しい女性観や価値観に対応出来なくなったからかも知れない。

やがて昭和四十年頃を境に急激に増え始めた、戦後生まれの若い女性マンガ家たちの進出によって活躍の場を失ってしまった。

巴里夫や鈴木光明等のように、一見少女マンガの世界で生き残ったかのように見えるマンガ家も、昭和四十年代に入ると後進の指導を主軸にして一線から退いている。このことからも推測されるように、彼らにとって少女マンガの世界は非常に住み難くなってしまったのかも知れない。

棚に売れ残る栄光なきマンガ家たちの単行本。時折それが、マンガ家自らが墓銘を刻んだ墓碑のようにも思えてくることがある。

そうして客の来ない昼下がり、本に薄く積もったほこりをハタキで払っていると、自分はさながら、人気のない墓地の墓守りにでもなったような気分に襲われるのだ。

（402号／2004年2月号）

酔生夢死

白鳳書院　鈴木吉繁

貧乏学者の家に生まれた私は、本に囲まれて育ったと言ってもよい。家には電話もテレビもなく、およそ本しかなかった。庭に書庫があったものの食事をする部屋以外はほとんど本で埋り、われわれ家族六人は本と本とのわずかな空間で生活していた。家は貧乏でいつも同じような服を着ていたが、本だけは自由に買ってくれる家で、親父は特別勉強しろとも言わなかったので、小学生の頃は好きな本ばかり読んで学校の勉強はしなかった。私の生れたのは小田急線の経堂と言う所で、近くに三軒ほど古本屋があって、時々覗いては古銭や古鏡の本などを買ったりしていた。小学生の頃から古本屋が好きだった。

親父は早くに亡くなり母の期待は一身に私に集まったが、学校の勉強はまったくせずにいつも横道にそれては何の役にも立たないことに夢中になっていた。

大学生のときに短歌と出合って学校にはあまり行かずに、夢中で歌ばかりやっていた。歌の先生は前川佐美雄で、この出合いがほぼ私の人生を決定したと言ってもよい。なにしろこの先生は生涯定職を持たなかった人で、隅田川の死体浚いを数日と、代用教員を数ヶ月やったことがある他は、家の財産を食い潰してきた人で、どこか謎めいていた。由緒ただしき貴族のような風貌と、眼光鋭く寄らば斬るぞと言うようなただならぬ殺気とがあった。

七十数年生きてきておよそ円満、円熟と無縁のあの鋭い眼光に学生の私はひどくひかれた。それから先生の歌集を古本屋で集めはじめた。そして貪るように読んだ。こんな面白い歌人は他になかった。昭和の時代に歌と刺し違えた歌人は前川佐美雄ただ一人である。私も先生のように自由に生きようと思った。何の拘束もなく自分のために好きなことだけをやろうと思った。そしてぼんやりと古本屋か香具師になろうと考えた。的屋の各地を転々とする漂泊の思いに憧れた。誰も知人がいなかったために結局ならなかったが、今でも風にふかれて金魚でも売る風情に、憧れがない訳でもない。

二十代のほとんどは遊び暮してすごした。今でも言うフリーターで、遊ぶために働いていたようなもので、何をやっても長続きしなかった。つくづく自分が無用者であることを思い知ったが、立派に生きようなどと言う向上心はもとより私にはなく、短歌と酒と女とギャンブルに現をぬかしていた。酔生夢死の一生をおくろう、などと粋がっていた。そろそろ三十歳が近づく頃になって母に泣きつかれた。定職についてくれと。金を出してくれるなら定職についてやってもいい、と言う経緯から古本屋になることになった。自分の好きなことで他にやれそうなこともなかったし、やりたいこともなかった。店名は前川先生の歌集「白鳳」に由来する。先生はたいそう喜んでくださり、店を開店してからは御目にかかるたびに店のことばかり心配してくださった。御自身は生涯定職につかれなかったが、弟子達の仕事のことには親のように親身になって心配されていた。先生の体験された苦労を、弟子達にはさせたくなかったのかもしれない。

このシリーズ若者コーナーを書くには、私はそんなに若くはない。野球選手ならば引退の年齢である。しかし私のような極楽蜻蛉にはあまり成長と言うことがないらしく、まだ学生の気分が残っていて夜更しの習慣が抜けない。三時、四時まで起きている。当然店は午後からで当然貧乏である。しかし貧乏は楽しい。守るべきものがないと自由でいられる。雨なら店をやめて寝ていられる。昼間から酒が飲める。早仕舞をして飲むこともできる。やはり古本屋になってよかった。私は私の生れた家の本の林にまぎれ込んだままいまだ迷いつづけて、浅草の古本屋の売れ残った本の林の中をさ迷っているのかもしれない。

（３２５号／１９９１年４月号）

藍甕のごとし

風光書房　重田秀範

ある日、市場の帰りしなに立ち寄った古本屋で、私は一冊の本に呼び止められた。その日の市場では全く落札できず、しょげかえっている私の心を見抜いて慰めようとしたのか、それは『一茎有情』という本であったが、迷わずに買い求め、一読、私は胸に衝撃をうけた。この本は宇佐見英治と志村ふくみによる対談と往復書簡集なのだが、それから日を置かずに志村ふくみの本、『語りかける花』、『一色一生』と読み継ぎ、私はすっかり染織家志村ふくみの世界のとりこになった。

ただならぬ世界なのである。染織のこと、植物で染めた糸を織るという古くからの伝統的な仕事のことしか語られないというのに、その作業の深みから汲みあげられた豊饒な輝きに充ちた言葉の世界、そこでは、植物界によって人界が規定され、草木の存在によって人の歩むべき道が照らされ、方向づけられているのである。植物人間という言い方に象徴的に隠されている我々人間のヒューマニスティックな傲りなどここには微塵もない。はじめにいのちありき。植物からいただく色は単なる色ではなく、植物の精であるという。植物のいのちと染める人のいのちが合わさった時、色が生まれ、そしてその色をとおして、色の背後にある植物のいのちが映し出される。

はじめにいのちありき。たとえば志村ふくみは次のように語るのだ。

《私は次第に「色がそこに在る」というのではなく、どこか宇宙の彼方から射してくるという実感をもつようになった。

色は見えざるものの彼方から射してくる》

地球の中心に向かって根をおろし、天空の頂点に向かって茎を伸ばしつつ、宇宙のリズムと秘めやかに共振する植物のいのちの遥けさを、これほどみごとに示す言葉を私は他に知らない。そしてこの天空の色、藍ほど染めるのが困難な色はないらしい。

藍以外は、炊き出した液で染めるのに、藍だけは蒅《すくも》という状態にしたものを甕に入れ、醗酵建《だ》てという方法で染める。甕から引きあげられた糸の色は、ほんの数秒、真正の緑であるが、空気に触れた瞬間に消滅し、藍色になるという。少し長いが引用する。

《私は黄色の糸が藍甕の中にひそみ、藍分を吸い込んで緑に生れかわって出てくることが光と闇、その中間の生、束の間のいのちこそ緑だと、嬰児《みどりご》こそ闇から光をうけて誕生したことの意をそのまま表わしているのだと思いました。嬰児は束の間のいのち、すぐ幼児にかわってしまいます。まだ私にはわからないことばかりですが、植物の緑も謎にみちていて、ひょっとすると海の水のように手に掬えば色はないのではないかと、何かの射影なのではないかと思われたりします。そういうとらえがたい色こそ、別の次元では実在しており、人間がこの世で染め出せる色の限界を超えたところにあって、ある植物の存在が、醗酵とか、還元とかどこかで形を変えたところで「あっ」というすきまを通って生れ出てくるというか、人間のある種のカンがとらえるというか、私には藍というあの甕の存在がいまだに不思議でなりません》

私はときに市場がこの藍甕のようだとおもうことがある。市場に集められ、たたずみ、あるいはうずくまっている本たち、いつもなら、書物というものの貌しか見せないのに、あるとき、ふと、それら本たちのなかから、本の精とでも呼ぶほかないものが立ちあがる気配を感じることがあるのである。そのとき、人界の物であった本も一時期人の手を離れて本源に還ったのち、ふたたび生れ変わろうとしているのであり、本もまた、布がそうであるように、植物のいのちのメタモルフォーゼであることに気づく。嬰児《みどりご》は、値を付けられ、商品という幼児になるまでの束の間を、本の精となって我々の心に呼びかける。そのとき、市場は競売の場であるというよりも、むしろ藍甕のように広大無辺なひろがりを宿す死と再生のトポスと化しているのであり、そこで落札される本は、もはや勝ちとられるのではなく、遥かなみなもとからの恵みなのである。

（341／1993年12月号）

昭和衰へ馬の音する夕かな

古書古群洞　須賀典夫

　昭和といえばすぐに頭に浮かぶ一句がある。これは新興俳句の最期の巨匠三橋敏雄の昭和四十一年の無季作品。「昭和衰へ」は戦争に向かう時代の思想や文化、経済の衰えであり、「馬の音する」は軍馬や荷馬車「夕かな」は不穏な時代を象徴する翳りであって、決して戦後の昭和の景色などではないだろうと私は解釈している。

　二十代の頃から新興俳句の魅力に取り憑かれた私は、神田や中央線沿線の古本屋でそれらの句集を探し歩き回った。その時の書誌的参考書となっていたのは、高柳重信編集の雑誌『俳句研究』だった。（『俳句研究』は、角川書店の伝統俳句誌『俳句』のアンチ誌としての唯一の商業誌だったが、高柳重信亡き後に三橋敏雄が権利を買って編集に当たったのもつかの間、経理に会社の資金を持ち逃げされて廃刊になるところを角川書店傘下の富士見書房が引き継いだが、アンチ伝統俳句誌の編集会議を角川本社内の『俳句』編集部と合同で行っている、と三橋敏雄は呆れながら話してくれた。）『本の手帖』（昭森社）の続処女句集特集も新興俳句の句集が数多く載っていて、バイブルのようにボロボロになっても持ち歩いていた。

　句集が商売にはならないことは重々承知の上だったが、昭和五十六年暮れに三十歳で西荻の場末で古本屋を始め、食い扶持を得るためにエロ本から漫画まで何でも扱った。ある日、いつものちり紙交換の車が停まり「こんなのどうかね」と薄汚い本の束を持って来た。私は一瞬目を疑った。その束には富澤赤黄男「天の狼」高屋窓秋「白い夏野」ほか、戦前の新興俳句系句集が五十冊ほどあった。驚きと興奮と財布の中身を隠しながら「ま〜なんとか使えるかな、全部で五千円」というと彼は大喜びで帰っていった。前者の二冊は愛蔵しておきたかったが、当時の妻が予定外に身籠もり出費がかさんでいたので泣く泣く神田の市場に出品し、六十万円近くになった。古本屋は一日五千円売り上げるよりも一日五千円買い入れをするほうがよほど儲かることをこの時初めて知った。

　店番をしながら俳句雑誌を読んでいると、三橋敏雄が特別選者の俳句大会があるのを知り、居ても立ってもいられなくなり無我夢中で作句を始めその年の大会に出席し投句した。百人を超える会場の中、雛壇の中央で三橋敏雄が眼光鋭く選句をしていた。もちろんその時は私の俳句など箸にも棒にもかからなかったが、三年目の大会の時、三橋敏雄の特選に選ばれ、彼の主宰する少人数の句会への入会を許された。

　三橋敏雄ほどの巨匠が何故結社を持たないのか不思議でならなかったが、その後その理由を伺うと「大結社を持てば指導に時間を取られてしまい、自分の作句の時間が削られるのは堪らない」という答えだった。いわゆる宗匠俳句やお稽古事俳句とは一線を画した真の表現者、文学者の言葉だった。以後、毎月の句会をはじめ一泊鍛錬句会など、平成十三年十二月に亡くなるまでの十八年間、師について学んだ。その間、私の実績といえば、現代俳句協会新人賞候補に二回上がったぐらいで実に不甲斐ない弟子であった。

昭和の終わる頃、家賃を払っての店売りが苦しくなり、店を畳んで目録一本の商売に切り替えた。当時は翻訳文学がよく売れ、特に岩波文庫をはじめとした絶版文庫が私の目録では売上げの三割近くを占めるようになっていた。イギリスロマン派ものは一冊数千円、バーバンク「植物の育成」八冊、「カタリー・サリット・サーガラ」四冊などは数万円つけても必ず重複注文が来た。某古書展の目録には幻の山本文庫数十冊が一万数千円で出て大騒ぎになったこともある。私も申し込んだが百数十人から注文が来たと当の店主は驚いていたし、昭和七年版玉川文庫「ゴッホ」安原喜弘著、を市場で小向いで一冊十万円で売り買いしていたのを目撃したこともあり、この著者が実は中原中也だったことを後日知った。この本は多分現在でもそれなりの古書価になるはずだ。

経費のかかる紙の目録から、普及し始めたインターネットに移行し、ホームページに目録や自作の俳句などを載せるようになった。やがて頻繁にメールで注文してくれるお客が現れ、しかも私の句を丁寧かつ正確に鑑賞解釈してくれた。聞けばデビューしたばかりの新人の女流作家だという。結局はその女性と不倫を始めてしまい、家庭崩壊、離婚ということになってしまったが、三橋敏雄の師匠の西東三鬼も、三橋敏雄もバツイチ再婚だったから私も仕方ないか、などとうそぶきつつ流れに身を任せるより他なかった。

その後その女性と籍を入れ、銀座の小さなレストランで結婚披露パーティーを開いた。私の主賓は小田原からわざわざ駆けつけてくれた三橋敏雄夫妻で、師匠からは「一家に二人の作家は必要ない。君は縁の下の力持ちとなって奥さんを支えてあげなさい」と暗に才能の見切りをつけろといわれ、妻の主賓の瀬戸内寂聴さんからは「女流作家は結婚すると幸せになって小説が駄目になるわよ。小説家はね不幸でいるものよ」と、とんでもないスピーチを頂いた。それからたった数週間後に師は八十一歳で急死してしまい、私はその虚脱から抜けられず俳句の目標や意欲を失いそれ以降作句を断念してしまった。

平成初期になるとあらゆる流通がインターネットに集中し始め、大学や図書館等の公費が削られ、翻訳文学のみならず古本全般が売れない時代になってしまった。私も三十数年間の紆余曲折した販売形態から、また商売を存続させるための方策を考えなければならなくなり、専門分野を広げることと、商品単価を上げることを必須として現在に至っている。

昭和、それは私にとってはあらゆる意味で、人生の転回点を迎えた時期であった。

（493号／2019年4月号）

古本価格ことばなー抄

上野文庫　中川道弘

流儀

古本屋の値付けとは？
叩き上派は　経験に従って
マニア転向派は　好悪に従って
脱サラ派は　よその目録に従って
未亡人派は　うろ覚えに従って
世襲派は　必要に従って

段階

値段の付いていないその本について、古本屋が女房に教えている。

「いいか。お幾らかって聞かれたら〈三千円です〉と答えて反応を見る。満足そうだったら〈箱は別で千円です〉と言い、それでも買いそうなら〈オビは五百円です〉と付け加えるんだぞ」

時価

お客が尋ねた。

「棚のあの全集はお幾らでしょう？」

古本店主は相手をじろりとながめ、

「お買いになりたいんですか？　それとも、同じものを売りたいんですか？」

逆転

古本の目録が届いた。見ると珍本稀書がならび、しかも信じられないほどの安値だ。わななく手でざっと見終わると、最後に一行。

〈以上の本、右記の値段でいただきます〉


下落？


古本マニアの家の子供が自慢した。

「ぼくんちには本がいっぱいあるぞ！」

ところが、相手が悪かった。

「ぼくんちなんか、〈ねだん〉のついた本がいっぱいあるぞ！　古本屋だもん」

古本マニアの家の子供はちょっと詰まったが、

「そんなの、ぼくのおとうさんに全部買ってもらっちゃう」

すると、古本屋の子供。

「じゃあ、〈ねだん〉がなくなってもいいの？」

他店

「お宅では五千円と付いてますが、あちらの古本屋じゃ三千円とありましたよ」

「では、どうぞ、そちらでお買いください」

「ところが、売切れになってましてね」

それを聞いた店主、

「うちも、…売切れになれば三千円にしますよ」

真価

古本屋で、手にした本を男が見せた。

「これって値打ちがありますか？」

「ま、千円といったところでしょう」

「えっ、そんなに安いんですか？」

「よくある本だし、傷んでもいますからね」

「ほんとに、そんな値段なのかなあ」

「そうですよ」

「じゃあ、いただきます。値札は三千円となってますが」

ちぐはぐ

本を手に取るお得意様に、店員が言う。

「人気作家ですからね。その処女作の、美本でサイン入り。もちろん初版ですし、十万円はお買い得かと思いますよ」

「…ちょ、ちょっとお待ちください」

何か呼ばれてお客を残し、店員は席を外した。

そこへ、たまたま店主が姿を見せた。

「やあ、お売りなんですか？　この作家ももう落ち目ですな。実際の処女作はもっと前ですし、初版で当り前、それしか無いんですから。署名もやたら多くて、美本も何も、あまり読まれてませんからね。まっ、二万円でなら頂戴しましょう」

価値

古本屋に転じた新人に与えられる心得の一つ。

「初めは本の値段を付けるのに悩む。しばらくすると値段の付かない本に悩む」

優先

目録を出した古書店が、ある本に注文が殺到してきたので独り言。

「そうか、そんなに安い値付けだったのか。じゃあ、自分で買っておこう」

高目

古本店主は謙虚なお人柄が多い。…お客には安目の値付けが一番と知ってはいるが、一番いいものを取っては申し訳ない、と遠慮しがちなのだ。

お許し

お客　この本ですが、もう少し安ければ、と女房が申しましてね。
店主　じゃあ、安くするかどうか、私も女房に相談してみましょう。

論評

品揃えや値段にちくちくとケチをつけるお客がいた。

店主はアタマに来てしまい、

「立場が違います。あなたが本を売るわけじゃ無いでしょう?」

「ですがね、私は卵を生みませんが、卵焼きの味はニワトリよりも知ってますよ」

恨み

ある古本屋が、看板にキャッチフレーズを入れていた。

〈いい本が安く買いやすい店〉

だが、誰かに一字書き替えられて、

〈いい本を安く買いやすい店〉

交渉

古書店のショーウインドーの品を出させて、お客が迷っていた。店主が、

「いやー、いい本をお選びです。…十万円と付いてますが、九万、いや八万で結構ですよ」

相手は感激の面持ちで、

「嬉しいな、そのお気持ちが。…よし、七万とはいわない、六万まで出しますか」

「なんの。五万と言おうとしたところです。それで手を打ちましょう」と店主。

「うちは掛け値なしですから」

まだしも

万引きされた古本のことで店主がひとり言。

「値段を付ける前だったから、まあ被害は三分の一ってとこか」

トリック

古本屋の店頭で同業の会話。

「こんな所に、よその店の前の値札を貼ったままの本を積むのはマズいんじゃないか?」

「いや、わざと置いてあるんだ」

「どうして?」

「お客が値段を尋ねると、『セドリしてきた本だけど、特別に、そのままの値でいいよ』と答えるんだ。

喜んで買っていくね」

「それじゃ儲けにならないな」

「なーに、金額は高いものに替えてある」

お店柄

A店では、古い本は高いが古くない本はない。

B店では、古い本は高いが古くない本は安い。

C店では、古い本は高いが古くない本も高い。

D店では、古い本は安いが古くない本はない。

E店では、古い本は安いが古くない本は高い。

F店では、古い本は安いが古くない本も安い。

G店では、古い本はないが古くない本は安い。

H店では、古い本はないが古くない本も高い。

（348号／1995年2月号）

旧い映画と「クラブ化粧品」

パラディ　岩崎洋介

店を閉めて家に帰り着くのは、だいたい夜11時前後。疲れているときは、そのまま横になって、即、夢の中へ直行というパターンだが、いくらか元気のあるときは、衛星放送でオンエアされた映画を楽しむことにしている。

目下、ハマっているのは旧い日本映画。よく観るのは、戦前から、戦後すぐ、せいぜい昭和30年代前半くらいまでの映画。古本などの場合でもそうだけど、旧いものの中に知らなかったことを発見すると、物語とは関係なく、それだけでうれしくなってしまう。

昭和10年前後の松竹映画は、ちょうど俳優の新旧交代の時期。昭和6年に『マダムと女房』で幕が開いた日本のトーキー時代も、この頃になると完全にトーキー一色。サイレントの時代に名を売った役者も、トーキー時代の到来に対応できず、凋落していく者が少なくなかった。

会社としては、時代にマッチしたニューフェイスの獲得に力を入れる必要に迫られた。そうして登場してきたのが、桑野通子や、高杉早苗、高峰三枝子といったモダンな女優たち。彼女たちの初々しい姿は、このころの映画を観る楽しみの大きな要素だ。たとえば、三人が共演した『蛍の光』などは、三者三様の個性がよく出ていて見応えがあった。

このころの映画を観ていて、いつも気になることがある。それは、「クラブ化粧品」の宣伝がどこに出てくるか、ということ。この当時、「クラブ化粧品」は松竹と全面タイアップをしていたようで、映画のどこかに必ず宣伝シーンが登場する。それは、場面の背景にポスターが貼ってあったり、店の看板が映ったり、当然商品のアップもあったりと、まさにあの手この手で出てくる。作り手の苦労も本編以上だったりして……。ときどき、なんの脈絡もなく、「クラブ乳液が切れたから買っといてね」みたいなセリフが飛び出したりして笑ってしまうこともある。

「クラブ化粧品」、その創業は明治36年（1903年）・創業時の社名を「中山太陽堂」といい、自社製品「クラブ洗粉」を世に出したのが3年後の明治39年のこと。以来、〈クラブ式広告〉と呼ばれる派手で新機軸の広告を次々と展開していくことになる。輸入車（フォード）による宣伝カー（明治43年）、飛行機によるビラまき（大正2年）、飛行船による電飾広告（大正4年）、人工霧への空中映写広告（大正4年）などなど、さながら広告手法のパイオニアという観。タイアップ広告も、「三越」と組んでいち早く展開し、ブランド・イメージの確立を図るなど、創業者中山太一の広告にかける取り組みは並大抵のものではなかったようだ。

というようなことは、大正末期、「女性」、「苦楽」、「演劇・映画」などのモダンな雑誌群を通じて、日本のデザイン史の巻頭に燦たる山六郎や山名文夫を輩出し、若き川口松太郎や三十五を名乗る以前の直木三十五たちが在籍した伝説の出版社、プラトン社のことを詳しく知りたくて読み始めた『モダニズム出版社の光芒―プラトン社の一九二〇年代』（淡交社、平12）で知ったこと。プラトン社の創設及び「女性」の創刊は、中山太陽堂の宣伝活動の一環として構想されたものという定説に対して、必ずしもそうではなかったという論も興味深く、読みごたえがある一冊。

　ところで、プラトン社と映画のつながりでは、松竹座の劇場パンフレットをプラトン社が制作していることにも注目しておきたい。洗練されたその表紙デザインなど、いかにもプラトン社で、ボクはとても好きなパンフなのだ。

　さてさて、今日は何の映画を観ることにしようかな。

（414号／2006年2月号）

踊る古本屋宣言！

古書興居島屋《ごごしまや》　石丸徳秀

　14年前に店を開いた時は55歳で半分引退して、あとはラクチンに生きるつもりだった。べつに自分の商才を過信していた訳ではない。ただ「貧乏なれ」していたから、世間並みの半分のご予算でも充分楽しい老後を送る自信があっただけのこと……、まぁ55まで働けばあとは「商売は趣味の域でございます。」なんて言っちゃったりしちゃえるだろ……。

　こうした心算というのは案に相違せず外れるもので、見事外れたのには様々理由があるけれど、やはり「とどめ」を刺したのは4年前、45歳を過ぎてから立て続けに生まれた子供の存在である。

　名だたる名店や老舗ならともかく、素人が毛むくじゃらになった程度の私の商売など、継がせようなどとは間違っても思わないが、せめて世間並みに成人するまでは生活保障してやらねばなるまい。お稽古ごとや塾などトンデモナイが、読み書きが出来るくらいには学問もさせたいし、着る物だってまぁそこそこにはネェ……。

　上のチビは今度4歳で、下が明けて2歳。トーちゃんはこないだ49歳になったばかりのホヤホヤときているから、考えなくとも下が成人する頃にはもう70が目前なのだ！　とても「趣味の域」などほざいている場合じゃない。もー必死！

　必死でやるとなれば色々考えねばなら

ないことも多々ある。経営の合理化！のちに然るべき期を見て拡大へ!!……なんてことも、まぁその内気の迷いで考え出すかもしれないけれど、とりあえず一番に着手すべきは「健康！」ですわね。

　若い頃は全くメの出ない「舞踏家」なんてことをやっていて、身体もそれこそ糸の如く痩せていたが、40過ぎてからは立派にメタボ予備軍！

「こりゃあヤバイわ！　ちょいとプールでも通ってみるかしら?」

なんて言ってはみても結局三日坊主。やっぱりね、人にはそれぞれあったやり方があるだろう！　踊る阿呆に戻るか、踊らぬデブで早死にするか？……そんなことを考えている時に、奇しくも昔お世話になった田中泯氏が主催する「ダンス白州」というイベントからお声がかかり、もう数年ぶりの「踊る古本屋」の復活と相成り、これを書いている数日後には南アルプスを背に踊り狂っているはずである。

　声が掛かってから一ヶ月半、思い込みさえすれば昔とった杵柄で、7キロや8キロの減量は朝飯前！（いや朝飯は三分の二減量なんだけどネ、勿論昼も夜もネ！）あんまり極端な減量をするとリバウンドが……などと家人は心配するが、なぁに無理しないで痩せるなんて、そんな素人臭いことできるか！　こうなりゃ何がなんでも痩せて健康になってやる！

　コチトラなぁ！　健康のためにゃ命だっていらねぇんだ！

（436号／2009年10月号）

カレーなる遍歴

古本一角文庫　前原航平

　カレーには思い入れがありません。定食屋やラーメン屋なら一人で入りますが、カレー屋に一人で入ることはありません。定食屋によってはメニューにカレーがある場合もあって、一人外食で食べる可能性が最も高まるのはこの時ですが、頼みません。積極的に嫌いではないのですが、若鶏南蛮定食や若鶏竜田揚げ定食を差し置いて注文候補に入ることはありません（私はSガストが好きだったのです。閉店して悲しい。CoCo壱が閉店しても気付かないでしょう）。つまり全然興味がないのです。

　それで私がカレーを食べるのは必然誰かと一緒の時、ということになるのですが、最近では経営員を務めている資料会の昼食に用意されたものを食べるくらいです。チャントーヤはおいしい。

昔は私にも連れ立って出かけたり家で食事を共にしたりする恋人がいて、そのせいでいまよりカレーチャンスが多かったように思います。

はじめて付き合ったのはたいへん料理の好きな人で、英国留学帰りの異国かぶれだったのでパエリアや牛フィレ肉のビール煮が得意で、肉じゃがや筑前煮のレシピなどは知りたがらない人でした。当時我が家には「周富輝」印の中華鍋くらいしかなかったのですが、イタリアンもフレンチもなんでもかんでもその鍋から器用に繰り出されてくるのを見て、周富輝ってすごいなあ、と感心したものです。出てくるもの出てくるものはじめて口にする料理ばかりで感激したインパクトに負けてその人が肝心のカレーを作ってくれたかどうか、どうしても思い出せないのですが、もし作ってくれていたらそれは異国情緒あふれるスパイシーなものでとても我が記憶のカレー枠に収まらない逸品だったに違いありません。

そのあとに付き合った人は特別料理好きな人ではなく、一緒に台所に立つのを遠慮する必要がなかったのでよくふたりで料理をしました。夕飯はカレーにしたー、と言われて買物袋を見るといつもドライカレーだったりするのは育ってきた環境が違うのでイナメナイのでしょうか。豊島園の映画館に映画を見に行って、映画館の前にあったインドカレーの店でカレーを食べた折、トイレの近い私が映画の最中に催すのを恐れてセットのラッシーを断固飲まず興醒めさせた時も、石神井公園のパキスタンカレー屋で会計を済ませて外に出たら入ってくる時にもあった看板の上に割引のチケットが重ねてあって、今日から適用されるのに見逃した愚鈍を叱責された時も一緒だったから、私の人生で一番多くカレーを共にしたのはこの人かもしれません（ただしこのタイトルは近日中に資料会の経営員連中に奪取される見込みです）。

その人と破局した私を励ますために「カレー作るから食べにきなよ」と誘ってくれた銀行員の女友達の家を訪ねると、食材も分量もルーの箱に記載されたレシピを完璧に厳守した真面目なカレーを供与され、ははあカレーは人柄を映すのだなあ、と腑に落ちたこともありました。こんなことで物足りなさを感じるなんてのは最低な男の所業だぞ、と自分に言い聞かせながら食後の食器を洗ったのは未熟な年頃の思い出です。

独り身の現状で、その後の顛末を考えればどれもこれも一抹の苦い記憶に結びついた思い出ばかりなのですが、どのカレーもただおいしかっただけでその味の多少の違いを思い出すことはできません。

私にとってカレーは誰かと食べるものです。いつどこで誰と食べてどう思ったということは覚えていたとしても味は思い出せないのですから、よほどカレーそのものは大事でないのです。

これから先、また誰かとカレーを食べる日がくるといいと思いますが、こないような気がしておそろしい。こんな恐怖、寄稿の依頼がこなければ気付かなかったのに。

（501号／2020年8月号）

my favorite things

魚山堂書店　伊藤俊一

　昨年の松屋の古書目録にフリージャズギタリスト高柳昌行の写真アルバムを徳尾さんが出品していた。市場で徳尾さんと二人並んでひらいたアルバムだったと直感した。そのうえに高柳のボーヤだった大友良英が生前の師と渡辺貞夫との深い交流のなかで二人の共演が記録されていないことを残念がりながら放送した音源のステージの観客の一人だったのにもかかわらず、若き日の高柳と認識できなかったことに顔が青褪めていくのがわかった。アルバムの写真のやせこけた青年とは異なり、当時の高柳は体調不良のためか青白くむくんでいるような印象しかないにしても、自分が買うべき商品には違いなかった。大げさではなく、とりかえしがつかない後悔と、自分が今まで積み上げてきたことの意味はなんだったのかという失望感にとらわれたのは、今までひきずってきた自らの存在理由にもかかわることだったからである。

　すれからした今から遠い昔の多感な少年時代に出会ったものがその後の自分の人生に影を落とし続ける。私にとってそれは映画であり音楽である。ニッポン放送が地元局と提携したことで、東京との間にそびえる山にさえぎられ、半分も聴きとれなかった深夜放送が一局だけは聴けるようになり、駅前の映画館で上映されていたのは「ウッドストック」とビートルズの解散を撮影したドキュメンタリーの二本立てで、フリーダムと絶叫する歌手やギターをステージにたたきつけたギタリストの前ではレノンも色あせてみえたのが中学2年生の初夏のことだった。「俺たちに明日はない」、「明日に向って撃て！」、「イージーライダー」など映画史上の名作問題作がやつぎばやに上映され、新宿西口広場や岡林信康をおしえてくれたのは年上の従兄弟だった。国内外のプロテストソング全盛期があり高校生になると友人の兄が聴いていたコルトレーンのレコードジャケットに出会った。モノトーンの写真そのままの都会的で大人びた旋律と即興演奏の生命感にひかれ、油井正一の番組をエアチェックするようになる。進学を前に、音楽と映画に充満していた諦念であれ抵抗であれ、既成概念への批判精神にあこがれ、自由という字面だけを鵜呑みにして体制には与しないこと、そしてサラリーマンにはならないとの思い込みは胸にめばえていた。

　学生時代に音楽を通じて二人の友と出会った。大きな鉢植えと天井にシーリングファンがまわるカフェバーではホテルカリフォルニアがいやになるほど繰り返されていたが湿っぽい音楽が好きだった3人は、車やサーフィンより、斜に構え煙草をくわえていたほうがよかった。

高校時代からプロに交じってギグするほどの腕前だったKは、親族のコネで公務員になったとき、「生活の基盤がなければいい音楽はできない」といいはなっていたが、彼がプロミュージシャンになるとばかり思っていた私たちは少し失望した。

幼少期に経済的に不安定な生活を体験しているTは上昇志向がつよく牛乳配達や家庭教師のアルバイトで貯めた資金で渡米していった。その間私は本屋で働き始めKは最初の奥さんと別れてチューバを吹くふくよかな音楽家と再婚した。私がアメリカのTを訪ねたのはそろそろ独立開業を考えはじめた日本ではバブルの終焉を迎える前年の夏のこと。Tは苦労の末アメリカの弁護士資格を取得し大きな弁護士事務所で働きはじめて、金髪の奥さんとミシガン湖のほとりの煉瓦造りのアパートに住んでいた。シカゴは風の街だった。湖岸にそって進展した街にはいつも風が吹いていて、大きなイグアナとシーリングファンのある部屋はここちよかった。湖にかかる橋のたもとで黒人がサックスを吹いている。ブルックリンの橋で再起をかけ練習していたロリンズの話をしたのを憶えている。ライブスポットでは駆け出しだったロバート・クレイをみた。その頃からTはブラックミュージックの話をあまりしなくなって、ほどなく日系大企業の顧問弁護士としてカリフォルニアに居をかまえることとなった。ミュージシャンと公務員の二足の草鞋の生活をつづけていたKは昨年めでたく定年退職し、退職金をつぎこんで渡辺貞夫グループで名をはせたミュージシャンの楽器を買い受けた。今年の冬の終わりの何枚目かのアルバム発売記念全国キャンペーンはコロナ禍で頓挫してしまったが、いまほど幸せな時はないという。

還暦をすぎ自分の半生をふりかえりまた友人たちの生き方にふれ、高柳昌行の写真のように眼前に提示されても見逃してきた本や、どこかにまぎれた在庫があるはずの本のこと、また見過ごしてきた人との出会いを考えると、忸怩たる思いがわきあがってくるが、時代にだまされ、安易な思い込みを免罪符として大学受験や就職のように現実への挑戦を逃避していたことが事実だとしても、今以上の生活と仕事も、今以下の生活と仕事もありそうにはない。だから、風の音や雨の音が聞こえてくるわが事務所の高い天井に、シーリングファンをとりつけることを宿題として、当面はこのままですごしていこう。

最後に拙文の題名は、映画サウンドオブミュージックの主題歌でジュリー・アンドリュースが歌った、薔薇に降る雨のように私の好きなものを悲しい時に思い出せば元気になれる。そんな歌だが、もっとも針を落とした数が多いコルトレーンのアルバムから拝借した。アルバムの写真を撮影したのが大御所フリードランダーと知ったのはこの仕事に就いてからのことだった。自分が仕事を続ける意義と、見えないウィルスのトンネルから抜けられない重苦しい時期にぴったりだったと自賛している。

（500号／2020年6月号）

私のなかのハエトリソウ

古書ことば　山崎　賢

　先日、いつも行っている金町の飲み屋でまた喧嘩になりそうになって、ようやく自分を押しとどめた。もうこんなことはやめよう。酒癖がいいとか悪いとか、そうしたことは他人が判断することであって、自分では決して分からないものなのだ。

　誰しも望んでいることが手に入らず、もがいているように私には思える。なぜなら、旧約のヨブという良く出来た男でさえ、神に向って呪いの言葉を吐いたのだ。

　私たち凡人が悩んでいない訳がない。天才だって悩む。

　旧約のヨブという良く出来た男でさえ、神に向って呪いの言葉を吐いたのだ。

　例えばマックで一晩を明かしている家出中の少年少女、デニーズで一晩を明かしている中年男女、漫画喫茶で漫画を読んでいる人とかがそうだ。そのへんを歩いている人もそうだし、こないだなんか、ドラッグストアで歌舞伎揚げを大量に買っている人がいて、彼などは私には異邦人のように思えた。逆に考えると、そうしたことをするだけで異邦人になれるのなら、人生は至極わかりやすいものとなるかもしれない。

　私が高校生のとき、いたずらでコンビニで肉まん100個をオーダーしたことがあった。高校生は存在自体が迷える子羊そのものだから、そうしたエピソードは誰しも数多くあるものだ。ところが、そのコンビニ店長は表情一つ変えず、裏にストックがあるからといって、肉まん100個本当に持ってき始めたのだった。解凍に時間がかかるのが唯一の救いでもあったので、私は急いで100個をやめて1個に注文し直し、顔を真っ赤にして家に帰った。そうして肉まんを食べながら日記にこう書きつけた。

『コンビニで肉まん100個注文することは可能である』

　このようなことを数多くしたところで迷いが晴れる訳では決してない。いや、むしろその迷いはさらに人生の深淵を覗かせ、私たちを悩みの坩堝へと誘うかのようだ。

　坩堝へと赴く人間の心持ちについて考えないわけではないが、先日、念願の食虫植物のハエトリソウを手に入れた。ハエトリソウはその名の如く、二つに別れた葉の縁に刺がついた、恐ろしい口のような形態をしており、近づいてきた虫を食べて生計を立てている驚異の植物である。家に帰った私は早速その葉の表面を撫ぜてみた。即座に葉は反応してばっくりと口を閉じた。この植物は官能を味わっているのだ。

　ハエトリソウを前にして私はしばらく考えた。ハエトリソウに食われる虫の気持ちはどんなだろうか。迷った末にハエトリソウのグロテスクな口の中へ赴く虫の気持ちはきっと、私のなかにもちょっとはあるにちがいないと思ったりした。

　そちらへ赴くと危険だと知りながらどうしても惹きつけられるものがハエトリソウにはある。それは私たち自身にも言えることだ。私たちは虫たちを引き寄せるある種の信号を発している。市場の中に置き換えると、本がハエトリソウで虫は私たちである。

　私たちが食われる喜びというものがあるとしたら、すいよせられた本を開く瞬間でもあるだろう。

　このときから主客は転倒して私たちがハエトリソウになり、お客さんが虫になる。

　本の虫たる我々は甘い香りを放つ本の形をした花や草を求めて、いたるところを飛び回り、やがて何かに食われる。食うか食われるか。やるかやられるか。

　恐ろしい世の中になったものである。

　君だったらどうする？

（453号／2012年8月号）

書けない

永福堂　小泉耕治

　気質なのか、たんに怠惰なだけなのか？で、気がついたら明日が原稿の締切日なのだ（オイオイ）。まずは一服くゆらせてト、なにげないふうを装って、めったに開いたことのない月報を（ゴメンナサイ！）ぱらぱらとめくってみた。「屋号の由来」「私の前職」。なるほど、何故か感心して、いくつか読んでみては、「フムフムこういうふうに書けばよいのか」とうなずく自分であった。「よし、三十分で仕上げてみせるハ」、威張りくさってペンを取ってみたのだが、なんともこれがまったくダメなのだ（トホホ）。イザという時に立たない男の辛さ……。

　古本屋になる前は「けっこうユニークな仕事もしてきたではないか」「喜んでもらえそうな開店当時のエピソードもあるではないか」「自慢ばなしの一つや二つが何故書けぬ」「ああ君の人生は輝いていた！」と、自らオダテテみたのだが、どうにも、四十をすぎた体（アタマ）がいうことをきかない。この期におよんでどういうリョウケンなのかとキツモンすれば、アキレタ返事がかえってきた「だって書きたくないんだもん！」オイオイ許してくれヨ。

　だが、確かにキミの気持ちはわかる。だいたいこの手のハナシは、ひとさまの事なら盛り上がって愉快なのだが、いざ自分に向けられると、尻込みしたくなるものだ。それだけは「勘弁して下さい、お代官さま」の部類に入るのだ。それに大体が、自らが前職や屋号にキョーミがないときたヒには、これはもうどうしようもないではないか諸君（イナオってどうする）。

そんな言いのがればかり考えていたら、ふと一年ほど前に観た映画が脳裏をヨ切った。これは何かの掲示か。よし、この掲示（啓示）にアタリをつけて、ここはひとつお茶を濁してしまおう……。

それはどんな映画だったかというと、たしか「全身小説家」というなんともヘンテコなお題のもので、あの偉大な？作家、井上光晴のドキュメンタリーだった。

やたらに長い映画で、しかしまったく飽きさせない、ホントお薦めの作品だったのだが、いまはそれは置いといテ、肝心なところだけを話すと、リアリズムにこだわり続けたこの作家が、ジツハですね、自分の過去をですね、偽っていたのです。特に出生については、かなりゲキ的に粉飾していて、評論家の方々もすっかり彼にダマされて、そのシャレタ生い立ちを年譜に使っているらしい。

で、問題は、彼が何故ウソをつきとうしたかということだな。映画を観終えての感想を言うと、まず彼のウソは確信犯のものだったということ、そしてリアリティ作家の逆説的精神の表明だったということ、それと彼のやさしい気質からでた読者サービスだったということだ。

彼にとって文学がメインディッシュだとすれば、人生は食後のブランデーみたいなもので、多少感傷的に（彼は撮影途中にガンで死ぬ）思いでに浸ってもらおうとしたのだ。だから話題性に富んだ、喜びそうな生い立ちに仕立てたのだ。その「文学」とは別に、彼の出生のヒミツとやらから何かを導き出したい読者や批評家への、彼の心のこもったプレゼント（皮肉ではなく）だった。

同じ映画の文学講演会の場で、彼は聴衆（文学仲間・弟子）にこんなふうに言っていた。「無数にある過去の中から自分にとって意味のありそうな一部の体験を取り出してきてそれを小説にして、何がリアルか、全部の時間を記述することが出来ない限り、過去はいまの自分にとって都合のいいものでしかない……」。

その他にもけっこうコウカクアワをトバシて喋りまくっていたのだが、彼が言いたかったことをさらに勝手に解釈させてもらうと、自分の小説は、「私」を実態化して、そいつをどこかに位置づけなければ書けない。書くかぎりは、言語体系の約束ごと（ルール）の外に出ることはできない。そして意識が思考のレベルになければ書けない、ということで、書くことは、断片、限定、条件付きの作業なのだということだ。

思うに井上光晴ってひとはリアリズム作家としての使命を自覚していたにちがいない。彼の一番書きたかった「生」そのものは生きる以外に表現方法を持たないと気づいていたのだ。だから彼の人生の物語はウソだろうとホントだろうとどうでもいいことなのだ。どちらにしろそれは言語ゲームの中でのことなのだから。書くことの不可能性を書くことで知ったのかもしれない。

しかしいまモンダイなのは井上光晴ではなく、「屋号の由来」であり「私の前職」なのだ。そしてここに答えがある。結局は自分はその属性からしか語れないということ、そして、もしも自分がどこにも属していないと感じていたら、何も書けないということにはならないだろうか。古本屋であること、屋号を持っていること、前職（前科ではない）があること、男であること、日本人だということ、人間だということ等々。それは否定すべきことでも肯定すべきことでもない、ただの事実で、そしてそれは自分とは無関係なのだと感じていたら…。しかし、一体こんなデタラメなことを書いている自分はどこにいるのか。さらにそう問う自分とは何者なのか…。いやはや、まったく書けなくなってきた。

（357号／1996年8月号）

茶飲み話〈須田町〉

みはる書房　井上悦郎

松屋から松屋が見える冬雀

大晦日の朝、須田町の牛丼松屋で納豆定食が運ばれてくるのを待ちながら通りの向こうを眺めていると、池波正太郎が好きだった蕎麦の松屋が見えた。

噺家も背広着ている深見草

安藤鶴夫が名人桂文楽の本名「並河益義」を、「須田町あたりのラシャ問屋の旦那みたいな名前」と評していたので、そのラシャ屋なるものがまだあるかと探しにいったらわけなく見つかった。

湯けむりの向こうに霞む昔人

讃岐うどん「はなまる」須田町店の店員が好きで、しばしば立ち寄る。

ボクシングに挑戦しているタレントのシズちゃんを小さくして、美人にしたような娘が、会計係。子供みたいに小さな女子店員がトレイと皿の設置係。店内が広々として、とても気持ちが安らぐ。開店間もない頃がいい。

襟首に薄日差すかや橋の上

萬世橋警察署の警官に二度ばかり不審尋問を受けた。一度目の日、市場の支払いが六万円程あったのに、財布には三万円しか無かった。それでも所持金が多すぎると言われた。近くに、ソフマップがあって、早朝七時頃、キレイなダンボールが様々出してあるのを物色して、本の梱包用にと小脇に抱え、警察署の前に立っている警官を睨め付けて通って来る。

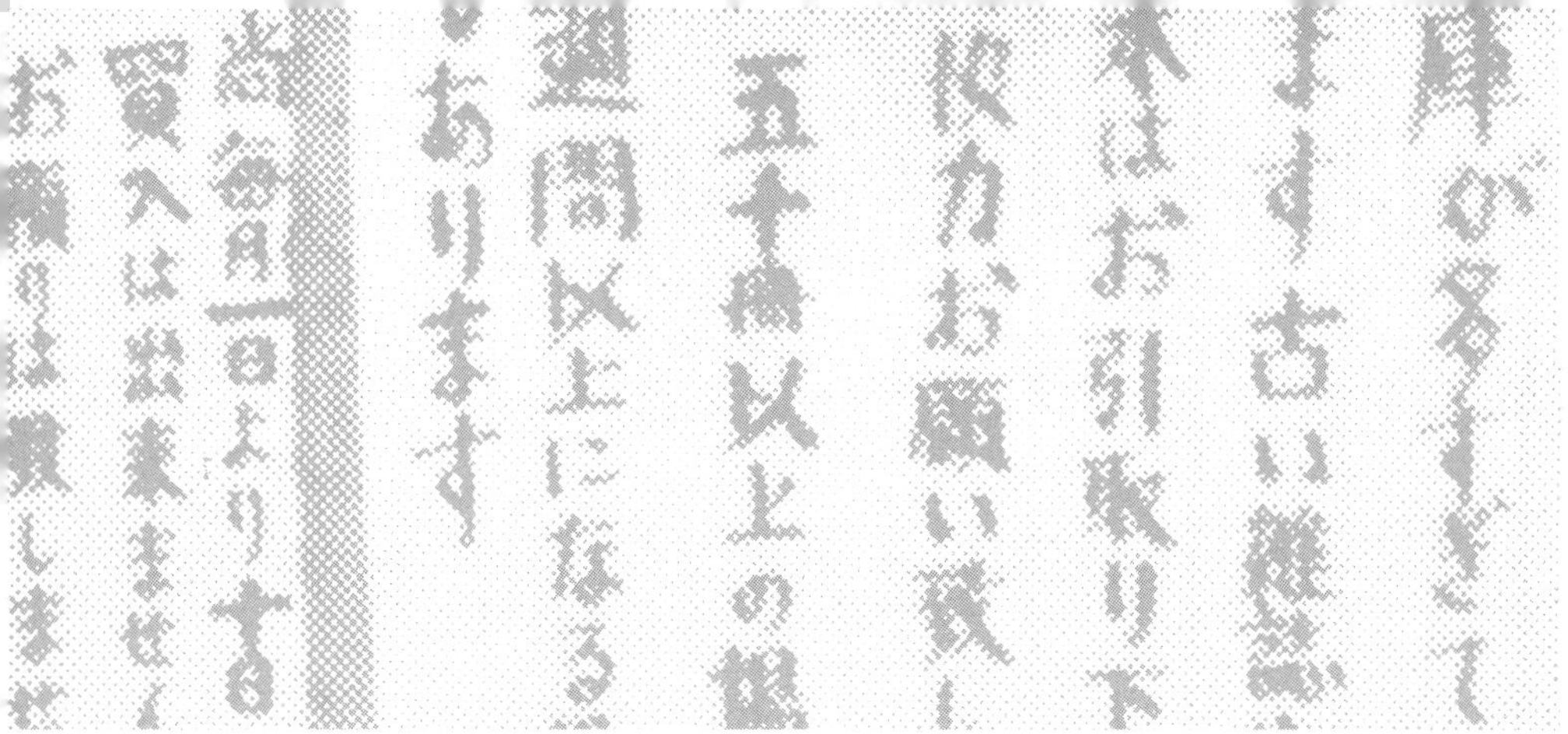

都電から今降りてくる売春婦

早朝、須田町交差点の見える「なか卯」のテーブルで阿部定を想う。彼女は此処であの「先生」と待ち合わせをしたとある。ホットケーキの美味しい万惣の前の少女のブロンズ像が後ろ向きに見えている。

相模太郎の「青竜刀権次」は、此処で「須田町での活劇は次回にいたしますよ、まず是まで…」で、浪曲は…おしまい。

〈七色の声〉

一声が七色に響いた五世清元延壽太夫。SPレコードで聴くその声はまことに不思議な美声である。

豊竹山城少掾の義太夫をラジオで初めて聴いた時、一人で語っているとは思えなかった。今でも、そう思う。安藤鶴夫は、その著「文楽」で、なんべん聴いても初めて聴くような気がすると書いている。

雲月節の芸豪伊丹秀子。その七色の声を、大衆は愛し、評論家正岡容は嫌った。

先日、ラジオから中村メイコの「物語」の放送が流れた。唯々聞き惚れてしまった。子供の頃、老若男女、この方一人でラジオドラマができていた。東北の震災地に此の方の娘が慰問に赴いたら、お母さんを連れてきてくれとの要望があったと、新聞にでていた。

〈聞き違い〉

神田青空古本祭りも無事終了。最終日、本部会館前に人だかり。聞けば、オベントーが配られるとのこと。

私も並ぼうとしたら、イベントの聞き違い。

酔っ払いに「お客さんカンバンですよ」「なに？　ハンバーグ？」

人に話したら、それはあんただろう。

関西の芝居では、相撲と侠客は同じ話し方をすると、桂米朝師の本に書いてある。

学生運動華やかなりし頃の演説訛りが、今の娘どもの語尾延ばしに残っている。我々はー、あたしー。

（449号／2011年12月号）

座談会
クラシックと古本屋

出席者
広瀬洋一（古書音羽館）
上田真吾（常盤書房）
宮地健太郎（古書ほうろう）
熊谷清孝（古書ワルツ）

司会（東京古書組合機関誌部）
山崎　賢（古書ことば）
髙畠裕幸（徳尾書店）

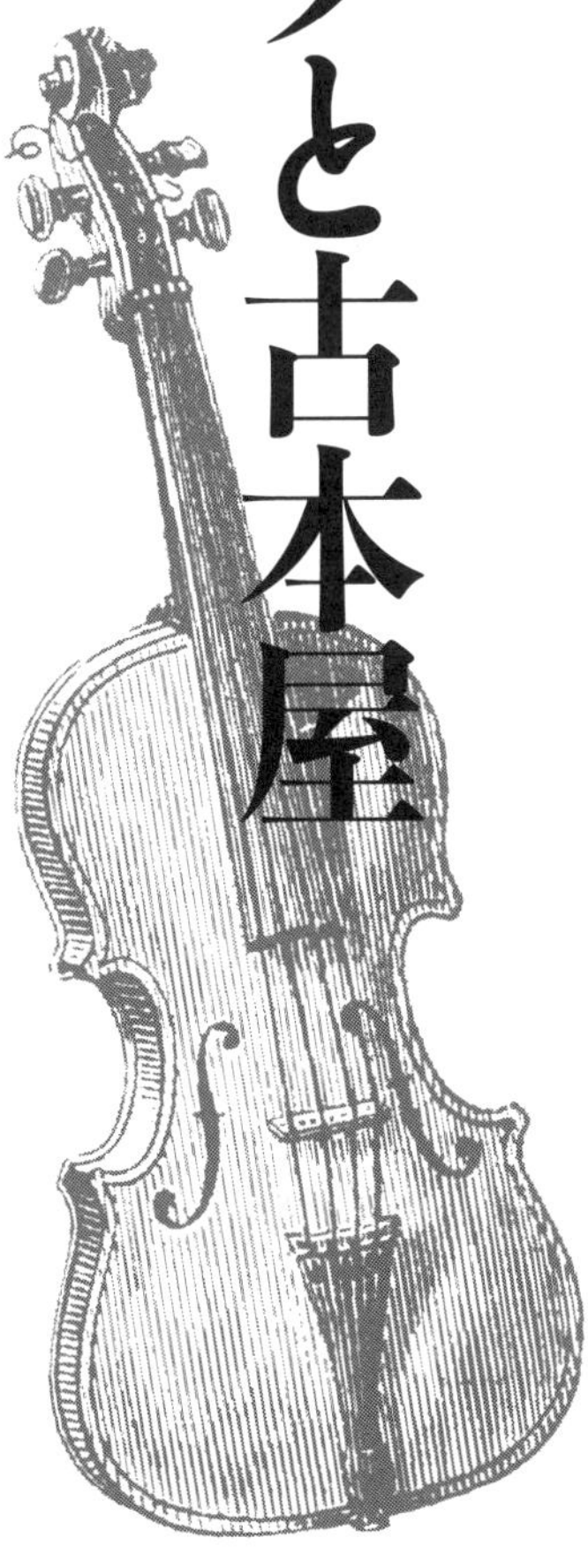

山崎　本日はお忙しいところ、誠にありがとうございます。ようやく会館業務や市場も再開し、徐々に日常が戻りつつありますが、新型コロナウイルスの不安は依然として続いています。そういったなかで座談会にご協力を賜りましたこと、心より感謝申し上げます。

　今回は「クラシックと古本屋」と題して、皆さんにお集まり頂きました。このようなテーマを設けたのは、私たちが機関誌部の理事を担当し、最初に組んだ特集が「ロックと古本屋」という座談会であり、次号が任期中に発行する最後の月報となりますので、「音楽で始まって音楽で終わったら面白いんじゃないか」と考えたことが一つの理由です。

　また個人的な話ですが、このコロナ禍にあって、仕事がまるで手に付かなかった私は、日常のほとんどを音楽を聴いて過ごしました。特に聴いていたのがクラシックで、私はそれほど詳しくないけれど、定まらない心が不思議と落ち着き、家に籠らざるを得ない生活の支えになりました。そしてこの二年間、機関誌部で苦楽を共にしてきた徳尾さんがクラシックに精通していらっしゃるので、最後に徳尾さんが喜ぶような企画をやりたいと思いました。

私たちは組合員の顔が見える誌面作りを心掛けてきましたので、今日は皆さんの好きなクラシックについて、おおいに語って頂けたら幸いです。
まずは自己紹介を兼ねて、クラシックとの馴れ初めについてお聞かせください。

広瀬 小さい頃から音楽が好きだという自覚はありましたが、クラシックとの出会いを決定づけたのは中学の担任の先生です。国語の受け持ちだったんですが、文学だけでなく映画や音楽をこよなく愛する方で、とても憧れ自然と導かれていったんですね。今思えば型にはまらない自由な先生で、クラスの書棚に手塚治虫の漫画『火の鳥』やドヴォルザークのレコードなんかを並べたりして、「持ち帰っていいよ」と言うわけです。

山崎 それは先生の私物ですか。

広瀬 自腹ですね。でも家にはプレイヤーがなかった。親にせがんでビクターのお手軽なやつを買ってもらって、それから小遣いで少しずつレコードを集めるようになりました。

山崎 近所に買える場所はありましたか。

広瀬 当時住んでいた川崎の駅前に「新星堂」という神奈川では大きなチェーン店があって、品揃えも豊富だったし、視聴コーナーも設けられていました。常連にはコーヒーを出したりしてたかな。学生の僕らも頼めばちょっと面倒くさそうにサワリを聴かせてくれてね。クラシックは廉価盤が充実しているから、一枚一五〇〇円くらいで一通り聴けるのはありがたくて、でもレコードはやっぱり大事ですから、カセットにダビングしていました。
それで今日家から持ってきたけど、高校時代に諸井誠の『交響曲名曲名盤１００』という本に出会います。「ONTOMO MOOK」っていう音楽之友社が出している新書シリーズの一冊で、ハイドンからメシアンまでの百曲が紹介されています。こういう本を読んで知らなかった音楽に触れて、本格的に聴くようになりました。

山崎 その本に載っている楽曲はだいたい聴いたんですか。

広瀬 昨日確かめたら聴いていない曲が一つだけあって、リストの「ファウスト交響曲」でした。

一同 あー。

山崎 皆さん納得してますけど、ちゃんと知ってるのがすごいですね。では宮地さんお願いします。

宮地 父がクラシックマニアで、オーディオにも凝っていて、常に何かしらの曲が流れている環境で育ちました。父は週に二、三回はコンサートにも行っていて、僕も小学校高学年ぐらいから時々ついていくようになったので、知らないうちに素養は身に付いていましたね。でもそれがクラシックへの反発にもつながって、自分ではＹＭＯから始まって、主にジャズを聴いていました。今考えれば、いい演奏会をタダで聴いていたのに、もったいなかったなっていう思いはあります。

山崎 当時のことはあまり記憶に残っていないんですか。

宮地 中高と卓球をやっていたんですけど、部活で疲れた身体でホールに行くと、どうしたって寝ちゃうんですよね（笑）。
転機は、たしか高三か大学一年でしたが、父の棚でＥＣＭのＣＤを見つけたんです。アファナシエフの弾くシューベルトの「ピアノソナタ第21番」で、そのときＥＣＭがクラシックを出しているのを初めて知りました。これは異常に遅い演奏で有名で、シューベルトのピアノ曲はそれまでも家でさんざん耳にしていたのに、改めて素晴らしい曲だなと感動しまして。あと、黒田恭一のライナーノーツもよくて。これから聴こうする人の興味を惹く文章で、それもきっかけになって自分でクラシックを探るようになりました。

山崎　そういうガチガチの環境だとかえって興味を失ってしまう人もいるだろうけど、宮地さんは自分の好きな音楽からアプローチしてクラシックにたどり着いたんですね。

宮地　ええ、それはラッキーでした。ともかく父はレコードや本を山のように買う人で、そこに惜しまず金を使うのは善きことだ、という感覚をその背中から学んでしまって、それで今こういう仕事をやっているんだと思います。

広瀬　お父さんと「この音源よかったよ」みたいな話はしましたか？

宮地　父親と息子という関係はどうしても話題がなくなりがちですが、僕は大学で上京して以降も、帰省すると音楽の話をしていましたね。父の好みはよくわかっているので、その範囲で気に入りそうなものを薦めたり、逆に父は僕が何を好きなのか計りきれていなかったと思うけど、「最近このピアニストが好きだよ」と言えば聴いてくれたり、そういうコミュニケーションはずっと続きました。

広瀬　好きなものについて話せるのは羨ましいです。アファナシエフのCDは宮地さんが言ったようにとにかく遅いんですよ。もう一回録音したはずだけど、それはさらに遅くて、でも僕はこっちのほうが好きかな。

髙畠　ただでさえ長い曲なのに遅いんですよね。

宮地　様々な音源を比較して、「アファナシエフがいかに遅いか」を書いている人がいましたよね。

広瀬　シューベルトの21番は死の直前の作品で、それこそ棺桶に足を半分突っ込んでいるような恐ろしさがある。それをダイレクトに伝えるような演奏です。

山崎　だんだんマニアックな話が出てきて楽しくなってきましたね。では熊谷君お願いします。

熊谷　クラシックとの最初の出会いは兄貴からもらったカセットテープに入っていたヴィヴァルディの「四季」です。親父が持っていたaiwaのカセットプレーヤーで聴きましたが、「すっげえ音響！」って感動したことをはっきり覚えています。聴きながら街を歩くと世界が本当に変わって、びっくりしましたよ。

山崎　音響っていうのは「曲」よりは「音」っていうこと？

熊谷　そうですね。ロックやポップスを普通に聴いていましたが、クラシックは感触が全く違って、説明はできないけど、とにかくすごいなって。僕は基本的にピアノしか聴きませんが、最初に印象に残ったのは思いっきりミーハーだけど、XのYOSHIKIです。ロックにがっつりピアノが乗っかるのが面白くて、バンドスコアを見ながら音楽室のピアノを弾いて遊んでました。吹奏楽やってる友達に「Es-Durってなに？」とか聞いたりして。

　大学に入ってからは漫画にハマって佐藤書房に出会うわけですけど、デイヴィッド・ヘルフゴットの半生が題材になった『シャイン』っていう映画があったじゃないですか。あれを見てラフマニノフの「ピアノ協奏曲第3番」をめちゃくちゃいい曲だと思ったんです。当時はお遊びだけどバンドをやっていて、NOFXとかGREEN DAYとか、いわゆるメロコアばっかり聴いていました。でもラフマニノフからピアノに対する欲求が一気に高まって、それを髙畠さんに話したら「実はホロヴィッツというすごい人がいてね……」とビデオを貸してもらったんです。それでまた度肝を抜かれちゃって、「ジジイなのになんなんだこの人は！」みたいな。それからも髙畠さんには「こういうのも好きだと思うよ」とあれこれ教えてもらいました。ホロヴィッツが得意にしているスクリャービンにもハマりつつ、いわゆるヴィルトゥオーゾ系の上手い人たちも好きになって。

　さっき言ったように僕はピアノばかり聴いていて、アンケートにも「ピアノ曲・好きなエモいコーダ」という観点から選んでいます。つまりは最後が熱くなる曲が好きなんですよね。ベスト3に選んだのはリスト「ドン・ジョヴァンニ幻想曲」、アルカン『大ソナタ』第2楽章」、ショパン「スケルツォ第1番」だけど、三番目はスクリャービンの「練習曲 op.8-12」でもいいです。

山崎　あとで振ろうと思ってたベスト3の話がもう出ちゃったね（笑）。では常盤さんお願いします。

上田　両親はクラシックが好きでしたし、母は自宅でピアノ教室を開いていました。絶えずピアノが鳴っているから空気のような感じで、特に意識もしませんでしたが、中学一年生だったでしょうか、ラジオからヴァイオリンの音が聴こえて、それがすごく新鮮だったんですね。チャイコフスキーの「ヴァイオリン協奏曲」でしたが、「弦楽器はなんて魅力的な音色なんだろう」と思って、それからクラシックを自分で聴くようになりました。結局趣味が高じてディスクユニオンのクラシックレコード専門のフロアで四年働くことになりますが、そこまで惹き付けられる要因の一つにはCDとはまるで違った、レコードならではの音の良さがあります。もちろんジャケットを見るのも楽しいし、手に持ったときの重さも含めて、レコードにはなんとも言えない味わいが備わっていますよね。

山崎　そこまで好きだとユニオンで働くのは楽しかったんじゃないですか。

上田　自分の好きなレコードを聴きながら仕事ができますから、もちろん楽しかったです。

　宮地さんがお父様と音楽の話をされたということを言われましたが、私も羨ましく思います。私は大学のときに父が亡くなりましたが、健在であればどんな話をしただろうとたまに想像もします。

髙畠　宮地さんのお父さんから注文を頂いたことがありますよ。「ほうろう宮地の父です」って。

宮地　そうでしたか！　僕の父は一昨年亡くなりましたが、出歩けなくなってからも毎日のようにネットで買い物をしていたので、そういうことがあっても不思議ではないですね。

上田　自分の葬式で流してほしい曲について考えたりしませんか。僕はシュトラウスの四つの最後の歌「眠りにつく時」などが候補です。

宮地　僕はずいぶん昔に父から「ブラームスのピアノ協奏曲第2番をかけろ」って言われていました。でもその後両親はクリスチャンになったので、葬儀は教会で行われ、普通に讃美歌でした。

山崎　この年になると、死ぬときにかけたい音楽を考えるようになりますね。

上田　山崎さんはおいくつですか。

山崎　もう四十四です。

髙畠　まだ若いじゃないですか（笑）。

山崎　運転するときにはやっぱり好きな音楽をかけますか？

上田　かけたいんですけど、子供が小さいのでそっちにあわせてしまいますね。

山崎　僕は独り者だからワーグナーを大音量で流して、バイク乗ってるお兄ちゃんに怪訝な顔されたりしますよ。

広瀬　僕も家族や店員さんがいてもお構いなしにモチベーションを上げる曲をかけます。「春の祭典」とかね。顰蹙ものですよ（笑）。

山崎　流れる景色に合わさると音の受容の仕方が全然変わってくるけど、クラシックはそれが特に顕著だと思うんですよ。

上田　聴いている音楽に影響されて運転がふらつくとか、スピード出しちゃったりとか？（笑）

山崎　それはないですけど（笑）、クラシックには長い歴史があるわけだから、それだけ人間の心身にも強く影響を及ぼしてきたはずですよね。

上田　すぐ消え去ってしまう音楽も何万とあっただろうなかにこれだけ残っているのはすごいと思います。

山崎　しかしディスクユニオンで働くっていうのはいいですね……。

熊谷　古本屋ってユニオンに所縁がある人多くないですか？うちの社長もそうだけど。

広瀬　しかもクラシック館なんだよね。

熊谷　ボブ・ディランとか好きなのにあえて知識のないクラシックに行ったらしいです。

宮地　僕もユニオンの面接受けたことあります。落ちちゃいましたけど（笑）。

熊谷　競争率すごそうですよね。

上田　いつ頃ですか？

宮地　二十五年以上前です。飯田橋のオフィスまで行きましたが、きっと専門分野に特化した人が欲しくて、何でもかんでも広く浅くっていうタイプは求められてなかったのかも。もし受かっていたら古本屋にはなってなかっただろうから、よかったんですけどね。

山崎　こういう商売をしていると変わった人と接する機会が多いけど、ユニオンにも面白いお客さんがいそうですよね。

上田　私はネットで本を売っているのであまり比較はできませんが、紳士な人が多い印象があります。

髙畠　広瀬さんはお店にCDを置いていらっしゃいますけど、本好きと音楽好きは被るところがあると感じますか。

広瀬　似てますよね。ひとつ買ったら全部揃えないと気が済まない、みたいな。

山崎　話好きの人は多いですか。

広瀬　はっきり分かれます。ものすごくしゃべる人もいるし、何にも言わない人もいる。

宮地　ですよね。で、話好きな人も二つに分かれて、長話しちゃって悪いねえと買ってくださる人と、話すだけ話して満足して帰っちゃう人がいます（苦笑）。

山崎　皆さんも気になっていると思うので、徳尾さんもクラシックとの馴れ初めを教えてもらえますか。

髙畠　僕は高校がキリスト教の学校だったので、音楽の授業で先生が自分で歌って録音した「グレゴリオ聖歌」を聴かせたりして、普通の学校とは少し雰囲気が違ったと思います。ピアノを弾ける人も多くて、学校の玄関を入ったところの一画に自由に使っていいピアノが置いてあったんだけど、休憩時間になると入れ替り立ち替りで弾く。そういう環境があってピアノを聴くようになりましたが、あるときに転校生が来て、とにかく技巧的な曲を演奏するわけです。それまでのピアノは繊細というか、落ち着いて鑑賞するものと思っていましたが、イメージが大きく変わりました。

山崎　徳尾さんは生演奏を聴いて魅力を感じたわけですね。皆さんそれぞれ出会い方が違うんだなあ。

上田　山崎さんはどういうきっかけでクラシックを聴くようになったんですか。

山崎　私は誕生日が三月二十五日で、いつだったか自分と同じ日に生まれた有名人を調べたらベラ・バルトークと一緒だったんですよ。なんか名前がかっこいいなと思って、それで試しに「ミクロコスモス」を聴いてみました。

宮地　それもすごい出会いですね。

山崎　芸術家全般に言えることですが、私は音楽そのものよりも作った人に関心が向いてしまうというか、「どうしようもなくそうなってしまう人」にとても惹かれます。芸術家になるような人は少なからず変わっていると思うけど、バルトークもそうだし、ブルックナーとかアイヴスも大好きで、その人の生活がそのまま音楽に染み出てしまう、たまたまそうなってしまうだけで意識的にやっているわけではない、みたいなところにすごく共感します。もちろんそれは私の想像でしかないけど、「ああ、なんかわかる！」って思っちゃうんです。

山崎　さて皆さんにはクラシックにまつわる「ベスト3」を選んで頂いたので、熱い思いの丈を語ってもらいたいのですが、まず広瀬さんはシンフォニスト（交響曲作家）三人でベートーヴェン、ブルックナー、マーラーというラインナップになっています。

広瀬　山崎君から三つ選んで欲しいって言われて、指揮者とかピアニストとかあれこれ考えたけど、そう簡単には選べない。ある程度縛らなきゃダメだなと思って、交響曲という形式を極めた作曲家で、しかも自分が特に好きなのはこの三人かなって。

さっきの話の流れで言うと、卒業するときに先生がシュミット＝イッセルシュテットが指揮したウィーン・フィルのベートーヴェン全集をくれたんですよ。もちろん先生の私物を。それが本当に嬉しくて、テープに落として繰り返し聴きました。自分のなかではベートーヴェンが音楽の基本になっているというか、そこからモーツァルト、ブラームスというふうにいい発展ができたと思っています。

上田　年齢とともに好きな曲の傾向が変わるということはありますか。

広瀬　ロシア音楽特有の感情の起伏っていうか、ある種の粘りっていうか、それにはなかなか入り込めませんでしたね。ラフマニノフを好きになったのもこの二、三年です。以前はショスタコーヴィチの「交響曲第5番」なんかもそうだけど、構えが大きくなると引いてしまうことがあった。でも最近は感情的におおらか、いや単に涙もろくなったのかな、受け入れる幅が広がってきました。

山崎　クラシックは同じ曲でも演奏者によって印象が全く異なるのも魅力ですよね。

広瀬　実演のインパクトはとても大きくて、「これまでなにを聴いてたんだ！」と思うことがあります。まったくつかめていなかったものがすんなり懐に入ってくるというか。

山崎　宮地さんからはファリャ、

プロコフィエフ、ラヴェルという三人が挙がりました。
宮地　この十五年ぐらいずっとアンダルシアの音楽を追いかけていて、ロルカが採集した民謡とか、フラメンコのようなコブシの効いた歌がすごく好きなんですけど、ファリャはそれをより洗練した形にした人です。僕はさっきお話しした家庭環境のせいで、オペラ的な女性のソプラノをときどき無性に聴きたくなってしまうのですが、オペラを聴くような余裕ってなかなかないじゃないですか。でも、ファリャの管弦楽曲にはたいてい歌が入っていて、そういう欲求も満たしてくれたり、あと、ピアノ協奏曲ではないけどオーケストラにピアノのパートがあったりとか、多様な要素が含まれてます。なかでも気に入ってるのは「恋は魔術師」で、アルヘンタが指揮してテレサ・ベルガンサが歌っている盤をよく聴きますが、歌手によって雰囲気が変わる曲でもあるので、知らない演奏を見つけたらともかく買ってます。ただ、残念ながら、日本で生で聴ける機会はほとんどなくて。なので、以前ラ・フォル・ジュルネ・オ・ジャポンで聴けたのは貴重な体験でした。あの音楽祭は、マイナーな作曲家の知られざる曲を紹介する、という点では大きな役割を果たしてきましたよね。
　プロコフィエフは「ロミオとジュリエット」のピアノ版（バレエ『ロメオとジュリエット』からの10の小品）を父がよくかけていて。演奏はラザール・ベルマンなんですけど、どうやら一曲目はお気に召さなかったようで、二曲目から弾いてるんです。なのでこの曲だけはいまだに二曲目から始まらないとしっくりきません（笑）。プロコフィエフはずっと好きですね。二十世紀的な不協和音も、変態的なリズムも、あともう少し突き進むと親しみが持てなくなるのに、絶妙なところで均衡を保っていて。メロディ自体は甘いところも含めて完璧だなあと。なかでも「ヴァイオリン協奏曲第1番」が一番好きです。
上田　いい曲ですよね。私も大好きです。
宮地　ですよね！　ファリャに比べたらプロコフィエフはまだ演奏会でかかるんですけど、この曲はなかなかチャンスがなくて。以前放映された、五嶋みどりさんのNHK音楽祭での演奏は断トツで凄いです。
　ラヴェルはとにかく「弦楽四重奏曲」が好きです。もともと室内楽にはあまり興味がなくて、とくに弦楽四重奏は苦手だったんですけど、二十代前半に「C階段」という映画を観て、そのなかでこの曲が使われていて、いいなと。さっそく買って聴いてみたら噛めば噛むほど味わい深くなる、スルメ的な魅力があって、ひと頃は寝ても覚めてもという感じでした。その後いったんは熱が冷めたんですけど、組合に入ってからユニオンのクラシック館に寄り道するようになって、ある日、カルミレッリ四重奏団の演奏を見つけたんです。ジャケもいいし、カップリングもプロコフィエフの「弦楽四重奏曲第2番」という珍しいもので。それで久しぶりに聴いてみたら「俺はラヴェルのカルテットが本当に好きなんだ！」と改めてわかって、最近はまたどっぷりです。これに関しては山のように演奏があるので聴き比べにも苦労しません。
広瀬　ドビュッシーとのカップリングも多いですよね。
宮地　ドビュッシーのカルテットも大好きなんですけど、でも得体が知れないっていうか、うまく言葉にできないんですよね。その点、ラヴェルはまっすぐに好き、という感じで。室内楽への扉を開いてくれたという意味でも、本当によい出会いでした。

山崎　じゃあさっきフライングした熊谷君お願いします。

熊谷　リストの「ドン・ジョヴァンニ幻想曲」が一番好きで、とんでもなく技巧が必要な曲だけど、終わり方がかっこいいっていうか、終わりそうで終わらないところがいい。ベートーヴェンの交響曲もしつこいけど、僕はそれが好きで、リストはベートーヴェンをずっと尊敬していて、机の上に肖像を置いていたっていう話もありますよね。意識していたわけではないだろうけど、ちょっとした共通点かなと思います。

ただ僕が言うのはおこがましいのはわかってますけど、「ドン・ジョヴァンニ幻想曲」は難曲過ぎるからか、なかなか納得できる演奏に出会えません。今はありがたいことにYouTubeで色々な人の演奏が見れるけど、どれもしっくりこないっていうか。

山崎　しっくりくる演奏っていうのはどういう感じなの？

熊谷　なんでしょうね、最後まで気持ちがいいっていうか。「このテンションでどうしてこうなっちゃうの？」っていうのが多いんですよ。

上田　その曲を最初に聞いたときのイメージが固まってしまうと、そこから抜け出すのが難しいですよね。

熊谷　確かに「解脱したい！」みたいな気持ちはあって、全然違うアプローチの演奏が聴けたらいいんだけど、見つかりません。

山崎　この間ユニオンでコダーイの「無伴奏チェロソナタ」のレコードを買ったんですよ。だいぶ昔の録音だったけど、「もっとゆっくり弾いてくれ！」って思うくらいに早かった。さっきも話に出たように同じ曲でも演奏者によって解釈の仕方がまるで違って、それはもちろん大きな魅力だけど、熊谷君の言う「しっくりこない」という気持ちもわかる。僕の好きな「ミクロコスモス」もバルトーク自身の演奏を聴いても早いし、なんか金属質なんですよ。

広瀬　しっくりこない？

山崎　うーん、「自分が聴いているものはなんなんだろう」っていう感じです。

熊谷　長い曲だと余計にわからなくなってきますよね。

上田　ベートーヴェンもそうですけど、作曲家が指定するテンポだとかなり早く感じるという例は多いと思います。歴史の積み重ねによって、「聴く側にとってのちょうどいい早さ」が醸成されてきたのではないでしょうか。

山崎　その時代の流行もありますよね。

広瀬　「ベートーヴェンの使っていたメトロノームは壊れていた」っていう説もあるじゃないですか。まさにメトロノームが発明された時代に生きた人だったから、そもそもまともなものがなかったっていう。時代の流行っていう話だとこの二、三十年はむしろベートーヴェンの指定に近い演奏になっていますよね。二十世紀は大ホールに合わせた、ロマンチックな演奏を志向していたから全体的にテンポが伸びる傾向がありました。

上田　残響を味わうためですね。

広瀬　曲が作られた時代の楽器を使う演奏が行われるようにもなって、そうなると楽器自体がそもそも響かないし、ホールも今と違って小さかったから、必然的にサクサク進むような流れになります。

山崎　続いて常盤さんはシベリウス、ブルックナー、ブラームスの三人です。

上田　僕は山登りが好きでガイドもやっていたくらいのめり込んでいましたが、大自然の神秘的な雰囲気のなかで新鮮な空気を吸っているとシベリウスやブルックナーを感じるんですよ。

広瀬　山の写真を撮るお客さんがいるけど、「ブルックナーは山岳的な音楽だ」と言いますね。

上田「交響曲第6番」の第2楽章が好きですが、山のなかで霧にまかれた光の中を彷徨っている感じがします。ブルックナーもおそらく同じような体験からインスピレーションを得たのだと勝手に想像しています。

　ブルックナーは全て好きで、シベリウスは6番、7番でしょうか。この二人は昔から聴いていますが、ブラームスは二十代の頃は交響曲やバイオリン協奏曲くらいでした。でも四十を過ぎてブラームスの室内楽に親近感を覚えるようになりました。特に「クラリネット五重奏曲」や「弦楽六重奏曲第2番」、ピアノ四重奏1番、2番。また近頃はマーラー「大地の歌」の終楽章をよく聴きます。若い頃にピンとこなかったものをとてもいいと思うようになりました。

山崎　その変化にはどんな理由があるんでしょうか。

上田　僕も山崎さんと同じように作曲家の生き方にも興味を抱いていますが、ブラームスには優柔不断で結婚の決断もできない、うじうじしたところがあります。「中年を過ぎても、こういう曲を作ってしまうのか」と思ってしまうのですが、そんなブラームスの気持ちもよくわかるというか、身近に感じるようになりました。

山崎　歌詞があればまた別ですけど、音楽を聴いて作曲家の心情を察するのはどういう作用なんでしょうか。

上田　言葉にするのは難しいですね。言葉にできないからこそ音楽が生まれるのではないでしょうか。

山崎　最近『ラインズ 線の文化史』（ティム・インゴルド／左右社）という本を読んでいるのですが、そのなかに「音を目で聴く」みたいな話があって、聴覚だけではなく視覚もそれを聴いているときの光景を受容しているから、ある曲を耳にしたときに記憶が映像的に立ち上がってくるのかなと思うんです。ものすごく雑な説明だけど、『ラインズ 線の文化史』は人間にまつわる文化、社会的な事象を〈線〉という観点から捉えようとしている本で、楽譜の記述について触れられたりもするけど、鼻歌をうたうと揺れ動くっていうか、直線的ではないですよね。指揮者の振る舞いもすごく流動的で、素人には何をやっているのかわからないけど、一つ一つの動作に意味がある。そういう点と点をつなぐ線的な、でも型にはまっていない自由で豊かな動きが幾重にも重なっている、それがクラシックの魅力なのかなって。

広瀬　クラシックの場合、よく「苦悩から歓喜へ」なんてドラマ的な要素が強調されやすいじゃないですか。けれど音そのものの面白さがより本質的な魅力だと思うんです。学生時代、一般教養の音楽の講義が作曲家の別宮貞雄だったんです。

　その彼がたとえ話で野球を例にとって、野球を突き詰めていくとキャッチボールに行き着くんだと。試合の勝ち負けというドラマも面白いんだけど、どんどん遡って、ただボールの投げっこだけでもすごく楽しいじゃないか。つまりボールの行ったり来たりの繰り返し、その運動自体が大元なんだと。結局音楽も音の動きの繰り返しに惹かれているんだと腑に落ちたんですよ。

山崎　指揮者と演奏家の掛け合いも、それを見ている観客の反応も、反響する音も全部がキャッチボールみたいなものかもしれませんね。

上田　音楽に備わっている文学的な要素、表題的なものを削ぎ落したあとに残る音の動きだけの面白さがある、という広瀬さんのお話を如実に表しているのがブルックナーの5番だと思います。

山崎　ブルックナーはハードロマンチッカーだったんですよね。私はそういうところが大好きなんだけど。

広瀬　ロマン派の作曲家は音楽室に飾られていても絵になる人が多いけど、ブルックナーだけは冴えないおっさんっていう感じですよね。

上田　ブルックナーの故郷に行くと、そっくりな農夫が居酒屋で飲んでいるらしいですよ（笑）。

山崎　徳尾さんの三人はショパン、スクリャービン、プロコフィエフですね。

髙畠　僕も熊谷君と同じでピアノばかり聴いています。その時々で興味は移ろうけど、この三人はピアノの特性を活かした曲を書いていて、ずっと好きです。

山崎　スクリャービンは面白いですね。

髙畠　好みがはっきり分かれますよね。ダメな人は全く聴けないと思う。

宮地　スクリャービンを初めて聴いたのはグールドだったけど、僕はホロヴィッツで一気にグッときました。

山崎　まだまだ表に出ていない人がこれから発掘されるようなこともあるんでしょうか。

上田　パブリックドメインになった録音を紹介しているサイトがあって、自分が知らないものをチェックしているけど、そこで初めていいなと思うことはあります。ただ若い頃ほどの感動はなくて、昔は目の前に無限の海が広がっているというか、何を聴いても刺激的でした。

宮地　新しいものと出会おうとする気持ちを失ったら終わりだと思うけど、二十代のような感覚は持てませんよね。好奇心を維持することは大きな課題です。

熊谷　記憶と経験でもう容量がいっぱいですからね。

山崎　でも感動しなくなったっていうのは悪いことじゃなくて、それだけ現実を生きるための筋肉がついたわけですよね。鍛えられた感覚を土台にしてまたアンテナを張れば、確率は低いかもしれないけど、びっくりするようなものに出会えますよ。

違うジャンルの話になってしまうけど、インドには「ラーガ」という古典音楽の奏法があって、「心を彩るもの」という意味だそうです。いい言葉だなあとしみじみ思うけど、あんな強烈な形態なのに控えめというか、「音楽はずっと人間に寄り添うものとして存在していた」ということに感動してしまうんですよ。そういう在り方としてクラシックはまさに王道で、だから私はコロナ禍にあっても心が癒されたんだと思う。

ところで毎回座談会は楽しくて、好き勝手にしゃべらせてもらっていますけど、今日は特に面白かったです。ね、徳尾さん、ロックよりも面白かったですよね？

髙畠　ロックはロックでよかったですよ（笑）。

山崎　もっと話したいことはあるけど、そろそろ時間も迫ってきたので今日はこのへんで……。

広瀬　こんな終わりでいいの？（笑）。

宮地　これ、まとまりますか（笑）。

山崎　では最後にですね、今日の座談会の感想を一言ずつもらえたらと思います。常盤さんからお願いします。

上田　普段の生活でクラシックについて人と話す機会はあまりないので、とても貴重な時間でした。皆さんがどういう曲をどんな思いで聴いているのか、それが伺えて大変面白かったです。

山崎　常盤さんの名前は存じ上げていましたが、初めてお会いすることができて、そういったところも座談会ならではのことと思います。では熊谷君。

熊谷　今日はいい刺激になりました。交響曲はあまり詳しくないので、これをきっかけに足を踏み入れてみたいです。

山崎　熊谷君の原稿はまだ待ってるからね。続いて宮地さんお願いします。

宮地　二年前に組合に入って、最近は中央市に通ってますが、やはりなかなか思うようには買えません。そんななか、わりと落ちるのはレコードに札を入れたときで、あまり欲しくないものでも、とにかくドカンと買う。これまではレコード屋に行って、迷いながら好きなものを選んでいたのが、まず仕入れて、それを店で仕事しながら選別する、という生活になってきて。それは強制的に知らない音楽を聴く時間でもあって、さっき好奇心の話をしましたけど、未知のものに触れざるを得ない機会が増えました。組合に入る前はこんなことが起きるなんて思いもしませんでしたけど、いまはそれが楽しいです。

　今回座談会のお話を頂いて「僕がクラシック好きなのなんで知ってるんだろう？」とびっくりしましたけど、呼んでもらってほんとよかったです。

山崎　では広瀬さんに締めてもらいましょう。

広瀬　山崎君が「ロックと古本屋」より面白かったって言ってくれて、お世辞かなと思ったけど、これ（『古書月報』４９１号・「ロックと古本屋」掲載）を読むとロック勢は発言がかっこいいんですよ。「古本屋も音楽活動の延長線上にある」みたいな。

山崎「ロックと古本屋」のときは不思議と具体的なバンド名が出ませんでした。

広瀬　そういうところもロックな感じがするよね。クラシックはどうしても知識偏重になってしまいやすいから、今日は全然話し足りなかったと思うけど、寄せる思いは伝わったかな。皆さん趣味という言葉に収まりきらず、音楽の中に生きているんだと勝手に想像して嬉しくなってしまいました。

山崎　ありがとうございます。座談会をずっと続けてきたのは、皆さんが好きなものについて夢中でしゃべっているその有様を見たいという、それだけで、だからテーマはなんだって構わないんですよね。今回は「クラシックと古本屋」というテーマでしたが、ご参加頂いた皆さん以外にもクラシックが好きな古本屋は絶対にいるじゃないですか。今日の模様が誌面に掲載されて、それを読んだ人と仲良くなるきっかけに、「ブルックナー好きなんですか？」なんて会話がもし生まれたならば、機関誌部理事としてそれ以上の喜びはありません。

　今日は長時間、ありがとうございました。

（５０１号／２０２０年８月号）

買取こそが
古本屋の醍醐味である

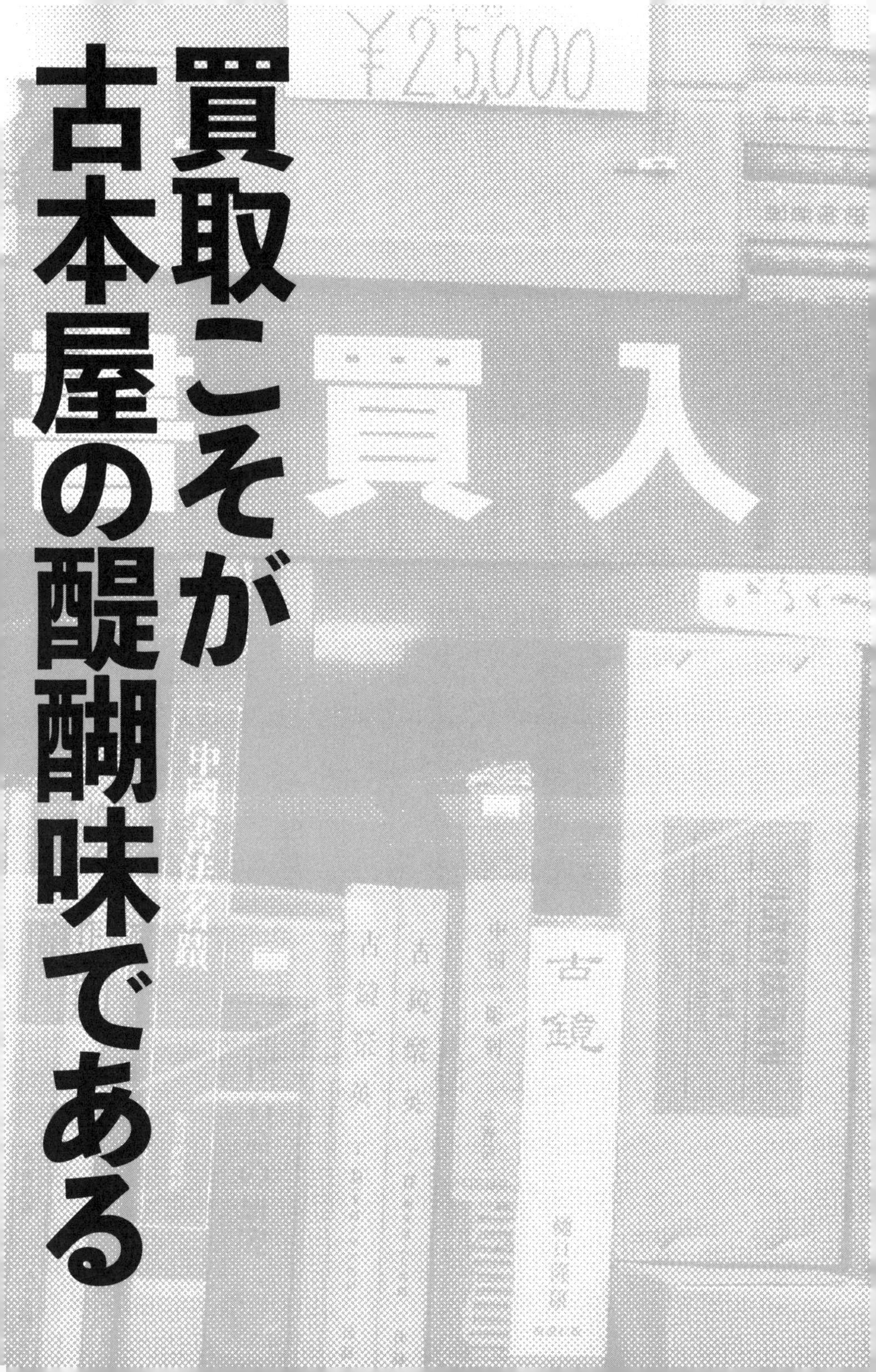

「ふらんす物語」が時価一億円の土地に代った話

山田書店　山田朝一

私が永井荷風を知ったのは昭和七、八年頃だったと思う。当時私は一誠堂に勤務していたのであるが、ある日、主人があの人が永井荷風だと教えてくれた。やせ形の長身でソフト帽をあみだに冠りこの頃流行ったボヘミアンネクタイをして洋服の着こなしもスマートで英国風紳士と言ったスタイルだった。この人が有名な永井荷風かと思った。黙阿弥全集の揃を買ってもらい麻布の偏奇館の自宅へ届けたことがある。これが荷風を見た最初であり最後であった。荷風に会える機会は戦後に幾度かあったし、一度来店したことがあるが生憎外出して私が不在だったのと、気むづかしい人だと聞いていたので何の用件があるのかと思ったら戦時中荷風が書いた未発表の作品で、「浅草交響曲」と題した映画脚本で、私が所持していることが何時しか荷風の耳に入り、原稿を見るために来たのだった。この脚本はＰＣＬと言う映画撮影所から上映される

計画だったが時局柄許されず、遂に沙汰止みになった。この脚本に関係した荷風の書簡三通があり珍らしいものである。

さて荷風の本に纏るエピソードは色々あるが、誌面の関係で一冊の本にしぼって記してみる。戦後、古書展の常連のO氏に暫らくぶりに駿河台下で会った。近くの喫茶店でコーヒーをすゝり乍ら話を聞くと、古書漁りは三度のめしより好きだがもうやってゆけなくなった。毎月竹の子生活に追われ預金は封鎖され困窮している。と漏らしていた。仕方が無いから売る決心をしたので来てくれと言うのである。それから日を約し伺うと、応接間に古書が雑然と積んであった。値よく引取ってくれと言うのだが実のところ余りいゝ本は無かった。岩波文庫、新書が千冊位あった。でも先方の意に沿える値で買うことにした。未だ外にもあるが今日はこのくらいにしてと言うので奥の書斉を見せてもらうと、こゝには明治大正の初版本が書棚にビッシリ詰っていた。これは珍本だろうと誇らしげに抜き出して見せてくれた本を見た途端思わず固唾をのんでハッとしたのである。これが問題の「ふらんす物語」だなァと思った。是非これを譲ってくれと幾度も繰返し執拗に頼んでみたが、これだけは勘弁してくれと言うので諦らめた。しかし後髪を引かれる思いであった。それから何ヶ月か経て又来てくれと言うので伺うと今度は娘の結婚で何かと金が入るので「ふらんす物語」と演劇書だけは残して後は皆売ると言うのである。私は喉から手が出るような思いで例の「ふらんす物語」を持ち出そうと思ったが、この時は何も言わず先方の言う通りにしたのだった。それから半年くらい経て又私のところに来たのである。さてはいよいよ「ふらんす物語」を売る気になったなァと思っていると今度は金を貸してくれと言うのである。実は家は自分の家だが、借地になっているので地主が買取ってくれと前から矢の催促で買取ることにした、それでどうしても金がいることになったと言うのである。そのかたに「ふらんす物語」を預けておくと言う。譲ってくれるのならとも角預かるのでは気乗がしなかったが、今までの関係もあり無解に断る訳にもゆかず用達したのだった。未だ私の所有ではないが預かれば外濠を埋めたようなものでやがては落城の日もあろうと預かったのである。それから永い間音沙汰が無かったが一年くらい経たある日ひょっこり現れ、さては金の工面がついて引取りに来たのか…それとも売る気になったかと思っていたら、意に反して譲るけれど追金つまり買増をしてくれと言うのである。私は一年も経ているし、こんな話が出ようとは思わなかった。だが本は欲しかった。すでに私の手元にあるものを、返したくもなかった。遂に希望を入れたのであった。私はこの「ふらんす物語」を手に入れるまで前後三年を要した。これにて一件落着したのである。

余談になるがそれから何年か経て、O氏に会った。前には色々お世話になった、お蔭で土地も自分のものになったし、娘も一人の母親になったと感謝してくれた。でもあの本を手離した時は身を切られる思いだったと、如何にも愛書家らしい言葉だった。君に譲って安心したと言っていた。その後息子さんから聞いて驚いたが父が死んでもう五年にもなると言う。家蔵の「ふらんす物語」を見る度にあの頃を思い出すのである。この一冊の本が時価一億円の土地に代ったのだから大きな支えになったに違いない。私にとってもこの一冊が蒐集の基礎をつくってくれたのである。

（263号／1980年12月号）

十年の夢

アルカディア書房　矢下晃人

　十年も前のことである。古本屋を始めてまだ間もない頃、市場でバレエの洋書を一束買った。大判で図版も豊富、刊期も古い。いかにも値の張りそうな本だったが、いい加減に書いた札にもかかわらず、一番下札で落ちてきた。それゆえに大した本ではあるまいと、一冊売れれば元がとれるくらいのごく曖昧な値段を付けて店の棚に差しておいた。ところが、ふらりと現れた初老の紳士が一冊を買い、あくる日にその客がまた若い男の客を連れて来て数冊が売れ、また別の客が残りをまとめて持ち帰り、とうとう十冊程あったバレエの本はわが店の棚から一冊残らず消え去ったのであった。

　労せずしてマンマと十倍儲けたわけだが、今思い起せば夢のような話である。大概は店の本の値段が高くなると客は離れて行くのだがその時お買上げいただいたお客様とは不思議と現在も交流が続いている。「あの頃のお宅は本当に安かったネ。」と言われると、実に悔しいような惜しいような気がするが、実際本当に安かったのだ。当時の相場の1／10くらいだったらしい。だから客も十倍儲けたわけで、本当は百倍の儲け口をよく調べなかったがためにみすみす逃した大損話なのである。

　これがもし客からの買物だったら必死になって色々な目録を参考に妥当な売価を付けていただろうが、市場で落札した本だったというところが癖物だ。バレエ――そして洋書という特殊な分野を扱う業者がたまたま市に来ていなかった結果としてこの百倍儲けがあり得たのだということに気付いたのは随分後になってからのこと。以来、売値が判らないで落札した本に限っては先ずその仕入値はあてにしないというのを旨としている。若輩者の私が今更言うことでもないが、現実は百倍儲かるように買えるうちは仲々その種の物が市場に出て来ない。逆に市で高くなれば必ず物は市場に流れ出す。だが、その頃には既にその商品の売行はピークを過ぎ、本来の売り頃はやはり百倍とまでは言わないが、相応の利幅が得られる頃までだろう。

　最初の出会いが人生を狂わすことが往々にしてあるものだ。爾来、「バレエ＝儲かる」という等式が頭の中に定着してしまい、洋舞関係の本との付き合いはずっと続いているのだが、段々と目的を持って買い、よく調べてから値付けするようになってからは、売行の方は芳しくなくなって来ている。少なくとも二三日のうちに完売するようなことはない。開店当時の客は「お宅も随分高くなったネ。」と苦笑いを浮べながら本を帳場に持って来る。客も本屋も高買いした本の事はスグに忘れるが、安かった掘り出し物の事はよく覚えているものだ。当方も1／10の価格差を縮めるのに十年の歳月を費した。現在は百倍儲けの掘り出し物を狙うというより、むしろ弊店とあともう一軒の店ぐらいしか取り扱わない極く特殊な分野の資料を百倍儲けされないが為に毎日足繁く市場に通っているというのが現実のようだ。十万円で売れる本を一万円で客に売るのはやはりマズい。あのバレエの本も同じ十倍で売るのなら、もう一度市場に出品してしかるべき専門店に買ってもらった方がよかったのではないかと今では思えてくる。

　ともあれ、この十年で私が市場から学んだことは交換会の価格がいかに流動的で、それが本の売価を決定する唯一の要素ではないということに尽きる。本の売価は店主が付けても買う買わないは客の自由。いつまでも百倍儲けの夢ばかり見ていないで、初心に帰り、欲を捨てればよく売れる——はずだ。

（349号／1995年4月号）

一生に一回の買取

りへい書房　吉田利兵衛

「買取していただけるでしょうか？」

　ある日、1本の電話がかかってきた。組合に入って2年目のときだった。場所を聞くと、すぐ近所で自転車で10分あれば行けてしまうところ。小雨の降るなか、自転車でその場所に向かった。

　古ぼけたアパートの中に入ると、にこやかな表情をした恰幅の良い60歳ぐらいの婦人が出迎えてくれた。「亡くなった兄の蔵書整理しています。見て下さい」と言う。いろいろ話してみるとこのアパートの近くに古本屋がないか「日本の古本屋」で探していたらお宅しかなかったという。「日本の古本屋」経由で私のHPを見て趣味が一致していそうだからという理由で電話してくれたとか。私の住む小平市では組合所属の古本屋は私の店しかない。他はない。

亡くなったお兄さんというのはHさんというが、妹さんは千葉の方に住んでおり、1年以上前から1ヶ月に1回ぐらい上京してはお兄さんの残した蔵書の整理をしているとか。整理と言っても半端な量の蔵書ではないので1年かかってもまだまだ相当量の冊数がある。Oさんの周りに3・4人の年配の方がいらっしゃったが、Oさんの知り合いの方でこのメンバーで1年前から整理をしているということ。

もともとアパートだから住人が何人か住んでいたそうだが、アパートから1人2人と出るたびに空いた部屋を蔵書の置き場所とし、最後はアパート全体がHさんの倉庫と化してしまった。アパートは4人部屋。2階もある。1階で2部屋、2階に2部屋。市役所の4トントラックで2回不要本を処分し、やっと入口が確保できたと笑いながら言う。素人ながらいい本と思われる本だけ残しているということでいよいよ、その蔵書を見せてもらうことに。

さてその蔵書とは……。

まず目に飛び込んできたのは部屋一杯に埋まる雑誌の山。超大量の雑誌である。「少年倶楽部」「幼年倶楽部」「婦人倶楽部」「主婦の友」「令女界」「少女の友」「少女画報」をはじめとし、その他「冨士」「キング」……戦後の「少女」や「少女クラブ」等。どのくらい種類があるのかわからない。人間の背丈ほどに雑誌が積み上げられ、その束が奥までびっしりと並んでいる。全部で千冊以上ありそうだ。もっとかもしれない。

レアな雑誌がこれほど大量にあるのは初めて見る。市場でもこれほどの量は見たことない。壮観である。それだけでも驚くが、雑誌の山の奥には何と、「コドモノクニ」の山が無造作に積み上げられていた。この本が山になっているのを見たのも初めてだ。市場では出ても山ではない。せいぜい数冊、多くても20冊程度。

とりあえず「コドモノクニ」の査定をし、これだけは必ず買うことをとりつけ、次回のときに大金を払って買取した。冊数は150冊ほど。ただこのときは貯金の半分を使い果たし、売れなかったら非常に厳しい状態だった。それほど金がなかったのである。が、何とか売れてそのときは本の力というものを強く感じ、その資金を元に今度は「令女界」「少女画報」「少女の友」売れたら今度は「少女倶楽部」……という風に売った資金で雑誌を買い取る方法を行っていった。いわば自転車操業である。雑誌だけではなく、単行本も山の状態で何千冊あった。ほとんどが戦前もの。最初はよくわからず代理出品で市場で売り、妹さんに還元していったが、次第に目覚め、中ほどからは単行本も買い取るようにした。

写真集もおそらく2千冊あったと思われたが、後、私の忠告を無視して他の古本屋を呼んでしまったためにタダ同然の値段で買取されてしまった。相当いいものもあったはずだが、かえすがえすも惜しい。涙を流して「申し訳ないことした」と後悔しておられたが、後の祭り。

なぜ買取金額提示されて断れないかと

疑問に思うかもしれないが、百戦錬磨の古本屋にかかれば有無を言わさず安値で買い叩くことなど朝飯前である。それがプロというものだ。私などこの点では非常に甘く、貴重な本を目にするとついペラペラと熱く語ってしまうので後でシマッた思うこともしばしば。ただそうわかっていてもやはり本を目にすると何回も同じことをしてしまう。プロ失格だ。

市場で売り、Oさんに還元するつもりがメンバーの一人が勝手な行動をしたためOさんを悲しませることになってしまった。戦前の貴重な写真集や有名写真家の写真集など相当あったと思う。写真集の一部、私も買うつもりだったが当てが外れた。

2年くらいかかって買取も終わり、もうほとんど残っていない。最後の雑誌買取は「幼年倶楽部」で174冊。大正15年〜昭和18年まで。創刊号も含まれている。

それにしてもこの未熟な古本屋に辛抱強く2年もかかって一級品を買わせてくれたOさんに対し、感謝しても感謝し切れないほどの恩を感じる。時間はかかったが、いい本とは何かを勉強させてくれたし、古本屋の持つべき本はこうだと教えてくれた。古本屋の基礎を教えてくれた恩人として一生心に刻み付けるだろう。

またものすごい執念で集めていた故人のHさんに対しても貴重な蔵書をわけてもらい感謝しています。所有している本や雑誌のほとんどが戦前の子ども本で、これだけ大量に持っている人などもういないのかもしれない。

ただこの買取を通じて、古本屋としての力不足を感じざるを得なかった。大手の古本屋ならどんなに量があり高価であってもおそらく一日で全部引き取れるし金も出せる。たとえアパート一軒分の量があってもだ。しかし私の場合は、とても一回では引き取れないし、また金もない。本当に古本屋なのかという疑問符を与えてしまい、情けない状態で恥ずかしいかぎりだ。ふつうの人なら私のような古本屋をさっさと見限り、すぐに持って行ってくれる別の業者を呼ぶだろうと思うだろうが、なぜかOさんは私の相手をしてくれた。不思議だ。

2年かかって買取した本は「コドモノクニ」150冊のほか、「少女倶楽部」「少女」「少女の友」「少女画報」「令女界」「少女クラブ」「幼年倶楽部」数百冊のほか、戦前の少年少女単行本、戦前文学書籍や戦前の小学生新聞や戦前絵本その他いろいろで数百冊。これほどのものを買取れるのはおそらく今後はないはずで貴重な体験をさせてもらった。

思えば「日本の古本屋」に参加させてもらったおかげで縁があり買取できたわけだ。「日本の古本屋」に参加しなかったらこのような買取もできなかった。Oさんに話を聞くと「日本の古本屋」というのは一流の古本屋さんが参加させているのでしょうとか言われたのでおそらく信頼や権威を「日本の古本屋」に感じているのだろう。ふつうの人がそう思っている意見として受け止めた。

最近はアマゾンとよく比較して利益云々言う人もいるが、利益以上に大事な権威というものが「日本の古本屋」にあることを忘れてはなるまい。参加していれば何かの縁でいいこともあると思う。

（459号／2013年8月号）

落語・狸算

草木堂書店　横田盛夫

車一杯積んできても、これっぽっちにしかならないんだから、本は安いね。全く手間賃にもなりゃしない。誰もよっぽど商いがよくないんだろうな。買いっぷりが悪いやね。まあ、あたしにしたって、店じゃさっぱり捌けないんで、こうして市場に売りにくるんで、あまり文句は言えた義理じゃありません。

あれ、あの本屋さん、朝、風呂敷包み一つで来たけど、随分分厚いお札を財布にしまってますよ。何が高かったのかちょっと聞いてみよう。「だいぶ売れましたね」へえ、本じゃあなくて風呂敷包みの中身は掛け軸ですか！

しかし何だなあ、車満載の本と掛け軸一本の値段が一緒だてんだから、驚いちゃうな。掛け軸ですね。これからは誰が何言ったって掛け軸、掛け軸！　あっと！　ハンドルから手を離して揉手しちゃいけませんでした。危ない、危ない。

おやっ、あそこの交差点の所にゴミが山になってますね。掛け軸が混じってないか車を停めて見てやろう。……段ボールと生ゴミだけか。そうコロコロ落ちてるって代物じゃありませんね。掛け軸なんてものは。

よっこらしょっと。こうして店に座ってれば、いつ話が持ち込まれないとも限りません。早起きして、近所中捜し回る事はない。お茶でも飲んでりゃ、向こうから儲けがころがり込んでくるてんだから、こたえられないねえ。古本屋なんて商売は！

おや、チリ紙交換の健さん、今日は早いねえ、困っちゃってる？　どうしたの？　お得意さんの物置整理してたら、軸が？　出てきたの？　待ってました！　いや、こっちの話。え？　そこに持ってきてるの？　ああ、預かりでね。とても手に負えないから、あたしに見てもらいたいと、こういう訳ね。見ますよ。見ます。

こういうものはプロに任せておけば安心。健さん軸持ってて、こうしてひっぱって、はあ、これは字が書いてありますね。さっぱり読めないな。逆さま？　分かってます。こっちへこう回して、成程ね。ふ～ん。お得意のばばあは鉄舟だとか言ってたって？　この「鐵」という字が古い字だから、素人には読めない。鐵舟？　説明しだすと長くなるから講釈は止しとこう。あと何本あるの？　全部で二十本。健さん、ちょっと店番してて、金工面してくるから。

へえ、鉄舟が二十本ときたね。掛け軸一本で車一台の勘定だから、二十本だと二十台分ですよ。鉄舟、鉄舟。渡りに舟だ。ありがてえ、ありがてえ。

◇◇◇◇◇

この川に飛び込んでも溺れないだろうね。浅いし、第一汚いや。首くくろうにも手頃な木も無い、睡眠薬買うお銭もない。……

まさか、市に出した掛け軸に札が一枚も入らないとはねえ。誰も見向きもしないんだから。先輩に泣きついたら、そこに捨ててくと邪魔だから持って帰れ……てえ、ひどい言われよう。

とりあえず、担いで帰ってはきたけれど、どうする当てもない。しみじみこうして見てみるとただ薄汚いだけの代物だね。こんなもの今時買う客がいるはずない。大体今時床の間なんてものが無いんだからな。

有り金を全部叩いた上に、おじさんから「一生のお願い」なんて、借金までしちまったし……弱っちゃったなあ。儲けに目がくらんだのが運の尽きってえ奴だ。情けねえ。

ああ健さん、しばらく。昨日会ったばかり？　そうだった……顔色が悪い？　そんな訳は言えません！　〓かって？　そんな色っぽい事じゃない。

折り入って話？　折っても畳んでも今日は何も聞きたくありません。後生だから手を合わせて、うす気味悪いな。聞くよ。聞きますよ。

何！　昨日の掛け軸まだあるか？　返して貰いたい？　持ち主が「そんなに高価なものなら家宝にしておきたかったのに、勝手に売った。どうしてくれる」と、こう言い出した？……シメタ！　いや、こっちの話。

「一度でも売った品物、戻して欲しいと言うからには、言い値で戻して貰うのが筋だから、言い値を言ってくれ」だと？

水臭いね健さん、ああたとあたしは昨日今日の付き合いじゃないよ、といっても百年も付き合ってる訳じゃないが。買値のまんまでいいよ。だから買値のまんまでいいてんだよ。色なんて付けなくたっていいよ。この軸は買って、ここに置いといただけなんだから。そりゃ市にでも出せば、倍にはなったろうけど、だから、いいてんだよ！　そのまま銭返してくれりゃ。「これでお得意に顔が立ちます」？　これからは健さんは自分の分に過ぎた品物には手をださねえ事だよ。おや、泣き出したよ。店先でみっともないな。早く持っていきなっての。

あれあれ、自転車の篭から二、三本落としてやがる。あわてて拾ってるよ。おうい、大丈夫かあ。高い物なんだから大事に扱えよー。色気出して他所の店に売ろうったって無駄だってばあにそういっとけよー。安くて腰抜かすぞー。はあ、行っちまった。

おや酒屋さんと寿司屋さん。どうしたの？　健さんがお詫びにって頼んだ？　気が利いてるじゃねえか。酒は三千盛だよ。いい酒だ。寿司は……いや、寿司の方は止めておこう。

『巻物』は、もう、こりごり。

（336号／1993年2月号）

飾り物の価値

龍生書林　大場啓志《ひろゆき》

先日、神田の同業の方からの紹介とのことで、初老のお客が一冊の本を持参された。と言っても天下の珍本稀本の類などにはこれっぽちも縁も無い、多分現代文学の初版本を扱う店でも売価二、三千円、郊外では均一の棚に転がっていそうな小説本である。

昭和五十九年新潮社より刊行された「恋文」。著者の連城三紀彦はこの作品で直木賞を受賞、前作で吉川英治文学新人賞を受賞している。こんな、いわゆる業界用語で白っぽいピカピカの本を何のためにわざわざ東京外れの池上まで持参してきたのか、戸惑いつつ対応したのだが、その客が言うには「是非この本の帯を鑑定して頂きたい」とのことであった。鑑定などとは相手が違うと思いつつもとにかく拝見したのだが、なるほどそれは今まで目にした事の無いもので、一般に流布している「吉川英治文学賞新人賞受賞の著者」の背文字印刷が無い。入手状況を伺うと、本の発売初日新宿の大型書店の店頭で購入したとの事であった。推測だがカバー・帯共に既に刷り上がっていたところにこの受賞の知らせが入り、急遽作成し直したのではなかろうか。その時廃棄したはずのオリジナルが誤って数冊出荷されたものと思われる。そう結論づけたのだが、白っぽいとはいえ、既に刊行から十八年が経過しているので事実を確認するのは困難である。ところで、一体それが何なんだ、本の帯は別称（蔑称？）コシマキ、売らんが為出版社の宣伝用に便宜的に作られた付属品に過ぎない。たかがそんな帯一本に、推測だ事実の確認だのと大袈裟な事を言うなと思われるかも知れないが、この帯紙一本に五万いや十万の値が付けられ、マニアが獲得に血眼になっているとしたら、話は変わるのではないだろうか。事実、前述の金額で是非譲ってほしいとの希望者がこのお客の周囲には何人もいると言う。

この様な、なんらかの事情により作り変えられ、一般に多く流布している以前の帯を元帯と称してマニアは珍重している。

古書展での桁違いはともかく、どの分野においても一冊十万もの本を何人もの客が欲しがる状況などといった、景気の良い話の聞かれなくなった昨今の業界で、これは驚異と言えるのではないだろうか。

現代文学でさえこの状況。まして戦前の文学書、又は戦後の昭和三十年頃までの帯付と帯無本では驚くほどその価値に差がでるのは周知の事実で、今さらの感があるのだが、その極端な例を参考までにいくつか取り上げて見たい。だがその前に、この帯への執着はいつ頃から始まったのか私なりに調べて見たのだが、余り判然としない。

古本屋以前の私は昭和四十年ごろから、

神田、早稲田の古本店を廻り、戦後文学の初版本集めを趣味にしていたが、ほとんど帯に関心は持たなかった。もちろん収集家、または専門店の一部ではすでに帯に注目はしていたと思うが、その事が収集家や専門店で一般化したのは、昭和四十年代半ば、当時発禁本と現代文学初版本の蒐集・研究家で知られた城市郎氏の著作「初版本―現代文学書百科」の刊行が大きく影響していると思われる。なぜなら、この本の主たる内容は本そのものよりも帯の紹介に費やされてるからである。つまり、帯が付いてこそ完本、との考え方がこのあたりから定着して来たように思えるのだが、いかがなものであろうか。

　これは十年も以前の話だが、ある女流評論家から一人の作家の著作を二十点余りご注文頂いた。その大部分は戦後のありふれた本で、各帯付と帯無の二種類在庫していた。当然価格に差があるので、確認の為連絡を入れたところ、「私は本に飾り物は要らない」と憮然とした調子で言われた事がある。その時は、なるほど研究者とはそういうものかと納得もしたのだが、図書館・記念館でさえも帯付を集める現在なら多分、逆であったろう。

　とにかく、現在では文学書に限らず、一部の美術書から映画演芸・漫画まで文科系ならなんでも帯付にこだわり、極端な例では個人全集にさえ、帯の有無を問い合わせてくる。ちょっと行き過ぎでは?と業者の私もうんざりさせられる。聞くところによると中古レコードの世界も状況はまったく同じとの事であった。

　十数年前、神保町の山田ビルで営業していた頃、親しかったあるお客の依頼で、その方の帯を買う現場に立ち会ったことがある。待ち合わせの喫茶店に現れた男は、文字通りある本の帯だけを買ってくれと持参したのであった。第一回芥川賞受賞本の「蒼氓」の帯で、たしかに、その頃も今も古書界にも滅多に帯付は現れない。だが一般にはいかに珍しい帯とはいえ本に巻かれている状態で取り引きされるのが常識と思うが、帯だけをテーブルの上にだされた時には唖然としてしまった。まったく意表をつかれたわけで、当店で保管していた半分だけの帯と比較して、本物には間違いないと思うのだが、なんとなくスッキリしない。が、結局お客は五十万余りの現金を渡し、商談は成立したのである。

　ところで、肝心の帯付と帯無の価格差だが、昭和十二年芥川賞を受賞した石川淳「普賢」は帯無は二十万前後だが、帯付は今でも百万ぐらいするかも知れない。かも知れないと書かざるを得ないのは、他店はともかく目録もインターネットもやたら忙しい割に売り上げ額が伸びない、つまり高額商品の売れない今日、百万という数字に自信が持てないからである。太宰治の第一著作「晩年」にしても帯無美本が四、五十万。帯付でバブル期(バブル期などすでに死語に近いが)の京都の全連大市会で三百万弱での落札は夢幻であったにしてもその半分ぐらいはするであろう。

　戦後でも井上靖の「流転」や芥川賞受賞本の「闘牛」などは帯無六、七万。帯が附けば十倍近い値になると思う。ついでに、三島由紀夫の昭和二十四年、河出書房から刊行された「魔群の通過」の帯付は、この三十年まったく市場に現れた記憶は無い。帯無は市でもたまに見かけるが、美本で十万前後している。

ただし、この本の帯付完本となると十倍となるのか二十倍となるのか見当もつかない。たかがコシマキ一本と粗末にするなかれ。文学書初版本は本より帯に多くその価値が付けられている。ご同業各店の奥深い倉庫の片隅にそれらは陽の目を見る日を待っているかも知れない。


（394号／2002年10月号）

「苦笑高価買受」

大山堂書店　青木和広

先日、ある地方にお伺いした際、思い出深い買取り現場がありました。

「主人が亡くなってから、なかなか古書を整理できなくて……」と老齢の奥様。ご主人の思い出がつまった古書を手放す寂しさと、お別れしなくちゃという決意が感じられます。

おもてなしのお茶と和菓子がとても美味しく、いただいてから作業を始めようと考えていたところ、まずアルバムを持ち出したのでした。

ご想像通り、
写真を見ながら『延々と思い出話』です……。

亡くなられたご主人を思う気持ちは蔵書にまで反映されていて、ようやく作業をし始めた時も、

「この書籍は生前、主人が本当に大切にしていて……」とまたもや思い出話を持ち出すのでした。

「好き勝手に本を買って、好き勝手に生きた主人なんですよ。」

「そうですか。でも、好き勝手に生きられたのは奥様のサポートがあったからではないですか？」

そんな会話をしているうちに奥様の頬には涙の雫が……。

お気持ちを察しながらもそろそろ全体の値段をつけなければなりません。いざ、お話をしようと思ったその時に、ホコリでクシャミが出そうになり、我慢して鳴咽を発してしまいました。

「うぅ……」

「あら、主人のためにあなたまで……。すみません……グスッ。」と、また涙ぐむ奥様。

「いえ、ホコリで……」と言えるわけもなく、「ご主人はこの御蔵書をホコリに思っていたことでしょう。」

と訳のわからないフォローを入れてしまいました。

「古書は主人の生きた証なのです。商業的に、事務的に値段を言う本屋さんでなくてよかった。主人の古書の価値をわかってくれ、次に活かしてくれそうな大山

堂書店さんに来てもらえて……」

　ここまでおっしゃっていただいて思わず舞い上がってしまいました。

　そこで、いつも以上に査定金額を高めに踏んでお伝えしたところ、

「え？　それだけ？」

　と奥様の顔色が変わり、目尻が上がるではありませんか！

　いつも通り古書をとりまく現状や市場性、在庫についてご説明してご理解いただけるかと思ったのですが、

「私は独り、年金で暮しているのです。」と今度は『延々身の上話』を……。

　残ったお茶はすっかり冷めて苦くなっていました。

　暗くなってきたので、細かい本はダンボールに入れたり、紐で縛ったりと作業を再開しました。

　そのうち、プ～ンとお線香の匂いがしたかと思ったら、隣の仏壇の置いてある部屋から念仏が……。

「なんまんだー、なんまんだー。あなた、蔵書を売ってしまってゴメンなさいね。」

と、私に聴こえるか聴こえないかの微妙な声で奥様は何度も唱えていました。

　う～ん、なんという心理作戦!?

　いつのまにか洗脳されたように一万円札を査定金額以上多くお支払いし、目尻がすっかり下がった奥様の笑顔を車のバックミラーに見てから車を出しました。

高速道路という経費を重ねて、車の窓ガラスに映る私の顔はグッタリしていました。

　東京に帰ってきて、倉庫で買取ったばかりの古書を並べ、改めて見た途端、

「あれ、なんでこれで○万も払っちゃったんだろうか？」と夢から覚める思いでした。

「はて、あの涙も褒め言葉も演技だったのだろうか？」と、疑い出したらキリがありません。

　やれやれ、お話が多いお客様には注意しなければ……。

（429号／2008年8月号）

本を売りたい

森井書店　森井健一

　上品な中年女性の声。ゆっくりとした口調で、先頃主人を亡くし、遺品を整理していたら主人宛の手紙やら何やらいろ／＼と出て来たので、ついては見ていただけないかとのこと。

　聞けば文学者の差し出した書簡がゴッソリ、他にも蔵書はあちこちの書棚に詰まっており、整理し切れない本が階段やら、そこらに山ほど積んであるという。

スワッとばかりに電話を置いて飛び出した。東京近郊の何々台と名の付く閑静な住宅街。いずれもお屋敷とみえる町並みを通り、めざすお宅へ。

応接間に通され、椅子に腰を掛けると座りごこちが良い。松本民芸家具で特注だという。お茶が出てくる。茶わんはと見ると陶器には暗いが、濱田庄司ぐらいはわかる。

煙草を吸ってもよろしいですかと聞くと、出された灰皿が、白磁で富本憲吉の作だという。若い時に富本さんはこんな作品をよくつくっていたとのこと。本人からもらったのですよと、こともなげに言う。まだ売れない頃の作であろう。裏を返すと「憲」と大きく署名があったが、なるほど若い。晩年の洗練された陶器ばかり見て知った気でいたが、白磁の清さに恐れ入った。

さて、肝心の売っていただける品物はとお聞きすると、しばらく奥へ入って出てこない。あたりを見回すと、壁に扁額が掛かっている。小振りだが會津八一の「無」の一字。その横には江戸時代の舟簞笥が、時代がかって黒光りしている。その上に置かれているのは河井寛次郎の呉州扁壺、青の色合いが良い。凛として思わず息をのむ。

いったい亡くなったご主人とはどんな人なのか、これから出てくる品に否が上にも胸が高鳴る。

重そうにトランクを引きずってきた。フタをあける。手紙が無造作に幾束にもくくられてあった。ざっと目を通すと、出てくる〳〵。文学者では谷崎潤一郎、川端康成、志賀直哉、萩原朔太郎、高村光太郎、上林暁、草野心平、石田波郷。民芸関係では柳宗悦、濱田庄司、富本憲吉、バーナード・リーチ、芹沢銈介、黒田辰秋、河井寛次郎、棟方志功。眼がくらんできた。掛軸も沢山あってどこから手を付けて良いやらわからないという。

出来れば拝見したいと有無を言わさぬ。持って来たのは川端康成の軸、広げると有名な「雪国」の冒頭の一節を書いた半折、次に若山牧水、これ又有名な「幾山河こえさりゆかば……」である。夢二があった。何と自画像、賛には「風がひとり街の巷を走るなり　かぜに追われていそぐ心か」と読める。折口信夫がある。この人のは読めない。

河井寛次郎の半折が出て来た。アッと驚く。記念館に展示されてある「非草非人非木」である。この書は記念館にあるのと、主人の残したこれのみという。意味は解説によれば、「茶」という字を分解して従来の茶道を批判した書という。寛次郎の半折は少ない。

幾らでも出て来る。志功は女人像、共箱である。いくらか若書きとはいえ女人像は人気がある。

すべてそっくり売ってくれるという。

アー、どこかにこんな良いお客が居ないだろうか。明日にはこんな電話がかかってくるかも知れないという夢があるから、古本屋はやって行ける。

トルルル――。ハイ、森井書店です。エッ、本をお売りになりたい、手紙やら掛軸なんかが沢山あるですって？

原稿なんか書いているどころではない。

「ハイ！　スグにお伺い致します。」

（343号／1994年4月号）

実際に開業した人座談会

出席者
かげろう文庫　佐藤　龍
いにしえ文庫　岡田則夫
相澤書店　相澤健次
古書玉椿　石井佐祐里
古書赤いドリル　那須太一
司会
西村文生堂　西村康樹

司会　私は祖父の代から古本屋で業界に入ったのは二十年ほど前ですが、その頃は世襲または店で修業してから開業する人がほとんどでした。しかし最近は全く古本屋経験の無いまま組合に加入する方もいますし、女性もかなり増えました。業界全体がずいぶん開かれてきたと感じていますが、今日はこの十年以内に開業された方々に、古本屋になるまでの経緯や組合へ加入する前後でのイメージの変化、ご自身の商売の在り方について率直にお話頂きます。まず古本屋になったきっかけを教えてください。

佐藤　大学生の時に神保町の古書店でアルバイトを始め、後に就職しました。その古書店では店舗販売だけではなくカタログにも力を入れていて、そのカタログ作りに面白さとやり甲斐を感じ、今に至っています。独立してから八年目です。

岡田　私は学研に三十五年勤め、定年後に開業して四年目になります。一度「古本屋のオヤジ」をやってみたかったんですね。生まれが本郷弓町ですから神保町界隈は庭みたいなもので、小さい頃から本をよく買っていました。本好きなら一度は古本屋になりたいと思うでしょうが、私はそのサンプルのようなもので運良く開業にこぎつけることができました。神保町の裏通りを歩いていると友達の古本屋が「自分が使っている倉庫を借りませんか」と昭和二十年代の古ぼけたしもた屋だったんですが、そこをパっと借りてしまいました。家賃は五万円と大変手頃で、もともと倉庫でしたから収納スペースもあり、蛍光灯二本と安いスチール棚を買ったくらいです。本は蔵書を五千冊運びました。

まあ店といっても神保町で一番小さな店と言われるくらいの広さですし、硝子戸を開ければすぐ私がいますから、とても入りにくい（笑）。店の前で入ろうかどうしようか、逡巡しているのをよく見かけますが、意を決して入ってきた人とはとても親しくなります。「入りにくくて出にくい」というキャッチフレーズで毎日楽しくやっていますよ。

相澤　大学を中退し神保町の明倫館書店に就職をしました。九年間勤めました。この業界には、店員は独立しなければならないような雰囲気が漠然とあるんですね。ですから、皆さんには安易だと思われるかもしれませんが、何となくそろそろかなと独立した感じで七年目になります。

明倫館書店は自然科学系学術書が専門ですから、身についた本の知識も特定の分野しかなく顧客もいませんので、当時流行り始めていたインターネット販売で専門書を扱うことにしました。開業当初は一応、事務所兼店舗のような業態でしたが、住宅街ということもあってお客さんはほとんど来ませんので、現在は、通販のみにしています。販売は主にホームページと日本の古本屋、顧客にメールマガジンを紙の目録のような意味合いで配信もしています。

石井　去年の九月に聖蹟桜ヶ丘で開業、組合には今年の四月に加入したばかりです。大学時代に新刊書店でアルバイトをし、卒業後に自分が何をやったら良いか考える傍ら好きな本を集めたり、それらをネットで販売していました。そのうちに古本屋は自分に合っているかもしれないと思い、大泉学園のポラン書房さんで働かせて頂くことになりました。

ポラン書房さんには市場にも通わせて頂きとても勉強になりましたが、自分の好きなものが大きくなってしまい二年で辞め、それからオンライン書店を始めました。実店舗は考えていませんでしたが、一年ほどしてすごく気に入った物件を見つけてしまい、一気に決めました。現在は小さな喫茶スペースのあるお店とホームページ、また店で扱えない本はAmazonで売っています。雑貨も少し扱っていて、イベントに出店することもあります。都心から離れていますので古本慣れしていない人も多く、こちらから色々と提案するような形でやっていけたらと思っています。

那須　去年の六月に下北沢の南口で開業しました。開業後、組合加入にとっておいた四十万をイニシャルコストに充ててしまったので、申請は八月、九月に承認を頂き、初めて市場に行ったのが十月ですから実質一年になります。

古本屋の前は広告営業を十六年やっていました。早期退職制度を利用してから何となく店を始めようとは思っていましたが、古本屋は考えていませんでした。本は好きで集めてはいましたが、ある時突然「これ以上買うには古本屋になるしかない！」と思い、それから半年ぐらいで開業しました。また本を買うために市場を利用したかったので、非組合員はあり得ませんでした。

下北沢を選んだのは家から近いのと、若い方がやっている古書店がいくつかあって、いつ見てもお客さんが沢山入っているんですね。だから「下北沢ならやっていけるかもな」と思ったんですが、実際始めてみるとうちの店には全然人が来ない（笑）。場所選びは大切だと今更思うんですが、しかし物件的には下北沢の一階の十坪弱で家賃は十一万円とかなり魅力的です。残念ながら人通りが少なく店だけではやっていかれないので、「日本の古本屋」やAmazon、また展覧会も「五反田遊古会」や「本の散歩展」など月一回ぐらいのペースで参加しています。

司会　開業までにどんな苦労をされたか、お聞かせください。

佐藤　一番大変だったのは顧客の創出です。私の店は古書会館の裏にあって小さく、初めから店舗だけでビジネスが成り立つとは考えていません。カタログ販売で培った経験を活かし、特定のお客さんへ向けた商売をしようと思っていました。

　そのために自分のコネクションを最大限に利用しました。自分が在籍していた学校の先生に本を探している図書館はないか聞いたり、以前働いていた時にお世話になった学芸員さんに連絡を取り、お客さんを紹介してもらう。そのような手法がメインなので店舗そのものに強いこだわりはありませんでしたが、高額商品を売るときにはどうしてもお客さんと会う場所が必要になります。先輩の話では、昔は本を風呂敷に包んで研究室まで営業に行ったそうですけどね。また実店舗を持っている、さらに神保町であるという点で、大企業や公共機関からある程度の信頼を得ることも期待しました。

　しかしそれ以上に、私は古書店で働いていたおかげで市場のシステムも理解できたし、同業同士の付きあいもあって、神保町の素晴らしいところを沢山知ることができたんです。お客さんも紹介し合うし、美術館から「本を集めて欲しい」とリストを送られるような場合も、街を一回りすれば大体揃う。神田支部の広報を二年間務めましたが、所詮古本屋のつながりと言えば響きは悪いですけど、やりたいこと・やるべきことが明確で、簡単に言えばみんなが儲かれば良い。宣伝活動も即売展もガイドブックを作るのもそのためですが、とにかく結束力が強く、だけど窮屈ではない。僕が一番惹かれるのはそういう部分なんです。

岡田　私は定年退職後ですから、無茶しないで楽しくやることを基本に考えました。古本屋はこじんまりやろうと思えば、極端な話スチールの本棚二本ぐらいでもできるんです。だからあまり手を広げずに分相応にと決めました。年金というありがたいものも頂いてますから、その足しになればと。

　ただ小さいながらも路面店ですし、神保町は色々な人が徘徊していますから、お客さんと親しくなれる楽しみがあります。偉そうなことを言うわけではありませんが、本好きのためのサロンになれば良いと思ってますね。

相澤　先程も言ったように専門店に勤めていたおかげで、本についてはよく教えてもらいある程度はわかっていましたけれど、その他のこと、経営や仕入れについてよく知りませんでしたので、一年ぐらいかけて準備して独立するつもりでお店の社長に相談したところ、「早いほうがいいんじゃない？」と言われ、相談してから半年位であわただしく開業した気がします。開業と同時に組合にも加盟しました。「うちの店員が独立するから」と方々に紹介して頂いたのは嬉しかったのですが、かなりプレッシャーでしたね。市場では、知っている分野の本から入札しましたが、殆ど落札出来ずとても苦労しました。

　なかなか市場で買えないことを色々な方に相談したところ、「すき間を狙え」と言われました。とりあえず、「すき間」

を見つけるため学術系図書を中心に幅広く扱うことにしてみましたが、市場では専門書はなかなか買えませんから、即売展でセドリしたり、当時やっている人が少なかったインターネット上での学術図書の買取をはじめました。仕入れが安定するまではかなり厳しかったですね。

石井　皆さんのお話を伺っていると、色々な蓄えがあって開業された印象を受けます。私はしっかりとした計画を立てたわけでもなく、「とにかく古本屋をやりたい！」という気持ちしかありませんでした。ですから、始めるときの苦労よりも店を続けることの苦労の方がずっと大きいです。

本も全然持っていなくて、自分が集めていた本、知り合いに譲ってもらったもの、そしてオンライン古書店をやめる方からまとめて譲って頂いた在庫分、それらが三分の一ずつという感じでした。また最初はホームページと店の商品のイメージが異なっていることも悩みの種でしたが、今は少しずつ修正しています。

那須　石井さんがおっしゃったように今の方が大変です。退職金はあっという間に無くなり、家賃はたいしたことないと思っていたけれど他に色々と経費は生じるし、まだ子どもが小さいから日々の生活費が結構かかる。店舗を持ったからには新しい本を仕入れなければいけないし、即売展用の商品も必要です。ただ本を買うために古本屋を始めたのだから仕方ないし、市場はすごく楽しいですけどね。

司会　古本屋を始める前と後ではかなりイメージが変わったと思います。始めて良かった、またやめておけば良かったと感じたエピソードをお聞かせください。

佐藤　大学四年の時に就職させてくださいとお願いしたのですが、その時に「番頭としてずっと働く」のか、あるいは「いずれ独立する」のか、どちらかを予め決めなさいと言われたんです。つまりその選択によって教育方針が異なってくる。僕は独立を選んだので、ずっとそのための仕事――市場やお客さんから買ったものをどう売るのか、また同業との関わり方などを徹底的に教え込まれました。だから開業してからのギャップは特にありません。

厳しさが身に染みたのはなんといっても資金力の差です。老舗の書店は何百万単位の本でもパッと買えるのに対し、こっちは命懸けです。売れなければ明日潰れてしまうかもしれないような自転車操業に近い形で、資金繰りにこんなに苦しむとは思いませんでした。現金をどれだけ持っているか、それが古本屋にとって最も大きい要素だと思います。

店に通ってくれるお客さんもいますが、基本的には不特定多数に向けていて客単価も三～四千円と安く、いくらかの現金が日常的に入ってくる、ある意味保険のようなものです。在庫も店頭に出ていないものが半分以上で倉庫や自宅にありますが、それは高額商品という位置づけです。とは言え百万～二百万が限度ですが、市場にはそれをはるかに超えるものも出品されます。やはり本が好きなのでどうしても落札したくなってしまい、買えないのが本当に悔しい。それでも自分が欲しいものを同じように欲しがっている人がいるはずだと信じて仕入れをしています。

岡田　大体思っていた通りです。私はまだ四年目ですし、古本屋ごっこに毛の生えたような商売ですから、あまりお金を動かさず持っているものでやろうと。資金があればそれだけ利益も上がるでしょうし、確かに市場には欲しい品物が出ますが、あくまで隠居仕事の域を出ないようにね。

　古本屋は一生懸命頑張ればその分報われるし、暢気にやってもそれなりにやっていける。自分の性分や興味にあったスタイルで商売できるのが一番の魅力だと思いますよ。

相澤　店員経験がありますし色々とサポートして頂いたので、イメージは特に変わりませんでした。最初の頃は「良いものがあれば人は集まってくる」というアドバイスに忠実に、数は少なくても良いものだけをまずは集めようと考えました。当時、即売展では、自然科学系の書籍はかなり安かったので、自分の知識を総動員して集め、インターネットで販売する。数百冊の在庫でもなんとかなるような時代でした。またGoogleなどに「学術系の図書を出張買取します」と広告を出せば、毎日のように電話がかかってきて、今はそんなに簡単ではありませんが、インターネットで商売を始めるにはとても良いタイミングだったと思います。

　古本屋で良かったと感じるのは――例えば買取で研究者の蔵書を見るとき、学生時代の教科書から始まり、活躍していた当時の資料や著作、そして晩年になると突然宗教に目覚めていたり……そんな色々なことがわかります。そういう人生の流れが見えたときは本当に感動するし、これからも古本屋を続けたいと思う。それが勤めていた頃とは決定的に違う部分です。

石井　古本屋になってからはとにかく毎日が楽しいです。大変なことも多いけれど、自分がやりたいよう何でもできる。ただ手段を増やしすぎると核の部分が薄くなってしまう恐れもあって、最初は宣伝の意味も込めて色々やっていましたが、今は特化した売場を作りたいと考えています。

那須　市場では買うだけではなく、出品者として利益を得ることができると知ったときはとても衝撃的でした。即売展に参加できるのも組合に入ったおかげで、正直今は店が疎かになってしまっているのですが、もし店がゼロでも外で売れた分でどうにかやっていけます。店で本を売る以外の儲け方がある、それが一番大きなイメージの変化でしょうか。

司会　最後にこれから古本屋を目指そう、また組合に入ろうと思っている方々に皆さんからメッセージをお願いします。

佐藤　ビジネスとして割り切る人と、本が好きだからという思いが強い人とははっきりわかれるでしょうが、私は後者でした。ただ、あわよくば儲けてやろうとは思っていて、下世話な話ですが、独立して最初に「十年で都内に一軒家を持つ」ことを目標にしました。八年目ですけど、全然無理ですね（笑）。先程言ったように稼いだお金はほとんど本に溶けてしまいます。百万円稼ぐのは苦労しますが、市場で百万円使うのは本当に簡単です。

　しかし勧誘する側から言うと、市場は売る場所としても大きな魅力を秘めています。十万円で落札した品物をもう一度市場に出す、そのタイミングやどの交換会を選ぶかによって十万円より高くなる可能性があります。逆に十万円で買った本が二千円になってしまうことはなく、最低でも三〜四万円ぐらいにはなる。しっかりとした相場が形成されているので、例えば月末までにまとまった金額が必要な場合でも現金を作るのに苦労しません。

岡田　古本屋の重要な仕事である値付けは、昔は知識がなければできませんでしたが、今はネットの時代ですから情報がオープンになり色々と参考にできます。専門性の高いものでなければ、それほど苦労しないでしょう。

　先程佐藤さんもおっしゃいましたが、市場は買うだけでなく売ることもでき、それは古本屋にとっては生命線のようなものです。そして単に売り買いだけではなく人間関係も豊かになるし、思いがけない情報も入ってきます。

相澤　本が好きな方、また自分の思想を棚で表現したいと思ってらっしゃる方が多いでしょうから、学術系の本しか扱わない僕のアドバイスは適切でないかもしれないけれど、本を介してお客さんとつながりが持てるような環境が羨ましいと思います。

　古本屋を始めてみて、最初は本が売れてさえいれば嬉しいし満足でした。しかし、学術書は使えるもの・そうでないものをシビアに選別しなければなりませんので、段々その作業に閉塞感を覚えるようになりましたし、毎日の同じことの繰り返しに、何か新しいことをしなければと感じるようになりました。文京区役所での即売展を企画したのもそうですが、長く続けていくには自分がこれからどうなりたいのか、時代の流れにどう合わせていくのか、そんなことも考えなければいけません。これから始められる方も最初は古本屋になれた楽しみに浸ることができるでしょうが、いつかは壁にぶつかります。その時にあきらめず続けていくために組合へ加入し相談できる仲間を作ることは、大きな意味があります。僕も文京支部の方々にとても親しくさせて頂いていますが、そういったつながりがなければ古本屋を続けていなかったと思います。ビジネス面でだけでなく、メンタル面においても組合加入は助けになるはずです。

石井　私も組合に加入した方が良いと思います。市場で本を買うようになってからは棚の雰囲気が新しくなり、お客さんに喜ばれています。買入も少ないので、市場で買うことで店は成り立っています。

　何より組合には本のプロが大勢います。良いお店を作るためには、厳しい環境で経験を積むのが一番の近道ではないでしょうか。

那須　店舗を持つ・持たないというのは一つの大きなポイントです。持つのであれば当然人通りの多いところが良いでしょう。無店舗でも即売展やネット販売で成り立っている面白い本屋さんは沢山いますが、そういう業態であればなおさら組合に入る必要があるのではないでしょうか。

　組合加入をお勧めする一番の理由は市場で買う楽しさです。欲しい本を目当てに山で買った中に別の面白い本が紛れていたり、全然欲しくなかった本が高値で売れたりする。セドリだと欲しいものしか買わないんですよね。自分の興味や得意分野を超えた思いがけない本と出会える市場の素晴らしさを皆さんにも体験して頂きたいです。

（449号／2011年12月号）

私の一冊「せどった話」

おもしろ文庫　夏目一郎

　この八月で私も七十歳になりました。古稀、古来稀なりと云うのでしょうが、今の高齢化社会では七十、八十はざらなんでしょう。しかし私は生れながらの古本屋の倅です。だから幼少年時代から私の廻りには絶えず古本の山がありました。店は勿論、階段の三分の一は申すに及ばず、私達の寝床のまわりさえ古本が絶えず積み重なっていました。そして家業を継いで七十歳、私の生涯は古本の中に埋もれて生きて来た様なものです。

　もともと少年時代から読書の習慣が薄く、むしろ映画（活動）か演劇（芝居）の方に夢中になっていました。今この年になっても、じっくり本を読むよりむしろ完璧なテレビ人間になっています。

　そんな私が青少年時代の僅かの読書歴の中から感動した漱石の「明暗」や、リルケの『神様の話』、ドストエフスキー、トルストイそして後年本当に愛読した山本周五郎のことなど書いてみても、人さまから見れば全くのお笑いぐさ、笑止の沙汰に違いありません。そこで開き直って、自分の古本屋人生を振り返って見て、もっとも生き生きとしていたと思う、せどりや時代のことを書いてみようと思います。せどりやと云う職業、今これを本業としている人は殆んど絶無に近いと思います。

しかし終戦の後、昭和二十一、二十二年頃から十年位の間は、このせどりやが一時的に古本屋の世界をリードした時代があったことはまぎれもないことです。今業界のリーダー的存在である内藤さん、竹岡さんを始めとして、紅谷さん、私共一族をふくめて多勢の方々がこのせどりや稼業に毎日をすごしていました。

食べ物も少ない、衣料もない、あらゆる物資が不足している時代、勿論本も少ない。しかしそんな時代でも（戦時中空襲のさなかでさえ）人々の本に対する欲求はすさまじいものがありました。マル・エン全集が日々市場で相場を変え、油脂石鹼類の実用理工書が飛ぶ様に売れる時代、経済書でも、今まで目もくれなかった、ケインズだのスイージー、トラハテンベルグ等々、横文字の名前が新しく登場して来ました。理工書でさえリヤシチェンコだの、ダンチェンコだの今まで古本屋には耳馴れない外人の名前が多くなって行きました。

せどりやはそれを覚えるのが商売です。混乱する頭で夢中になってそういうカタカナの著者の名前を覚えました。勿論せどりやというなりわいは古本屋の中で、戦争前から少人数ですがあることはありました。でもそれは殆ど副業的なものであったと思えます。しかし戦後あんなに多数の、しかも若い人々がせどりやという職業に集まったと云うことは、時代の要求とは云え、一種特異な現象であったかも知れません。

＊＊＊

そして、その頃のせどりやの一日。先ず風呂敷一枚をかかえて家を出ます。私は専ら歩き専門ですが、自転車専門の人もいました。未だ自家用車の人はなかったと思います。軍資金は四、五千円程度、余程の金額ものの全集でも買わない限りは一萬円も買ったら、とうてい風呂敷一枚には収りません。

さて家は出たものの今日はどの方面に行こうかと思い悩みます。そして私の習慣では、何を置いても先ず渋谷に出ました。渋谷と云う処は、その場所そのものにも沢山の本屋さんがありましたし、あの駅を中心として東横線、井の頭線、玉川線、その他多くのバスが処々方々に発着していました。せどりやにとっては一番便利な駅だったのです。今日はどの方面に行こうか、昨日行った方面はどうしてもさけます。もう心はハンター（狩猟者）の心境です。一駅一駅で電車を降ります（当時一駅の乗車賃は10円だったと思います）。必ず各駅に一軒か二軒の古本屋さんがありました（多い駅では四、五軒）。

「こんちわ、お邪魔します。」

先ず初めの古本屋さんに入ります。もうすっかり顔馴染です。棚の隅から隅まで探し廻って一冊も買えないで、

「すみませんでした、お邪魔しました。」

と店を出る時のむなしさ、恥しさは何とも云えません。今日は一冊も収穫がないのではないか、不安がよぎります。し

かしコツコツと電車を乗り変えて、一軒一軒廻って歩く内に、一冊、二冊と少しづつ本がたまって行きます。初めは小脇に抱えていた風呂敷が、やがて片方の肩でかつぐ程の量になります。そして最後は二重に揃えて、風呂敷にシッカリと包んでそれでもくずれそうな時は、用意してきた細紐でしばって、両肩にかつぐ様になります。私の様なやせっぽちの非力な人間には、荷物を背負っての電車の乗り降りが大変になります。各駅々の階段の数、一呼吸ちょっと荷物を置いて休める場所など、さまざま計算します。そして時にはその荷物を肩にかつぐと自分の頭より高くなるような時もあります（それがたとえ雑本ばかりの時でも）。家にたどりついて帳場の上へその重い今日の獲物をやっと降ろした時の安堵感、何とも云えません。収穫の良し悪しは別です。

＊＊＊

こんな毎日の連続です。唄の文句ではありませんが、今日は東に、明日は西に、風呂敷一枚小脇にかかえ、狩猟者（ハンター）の放浪が続きます。私はその日その日の収穫の中からその一日の中で、これが一番という一冊だけを抜いて私共夫婦の部屋にあった書棚に並べる習慣でした。中学生の頃たいした読書家でもないのに、小遣いの中から無理をして造って貰った総欅材の本棚。そこに毎日一冊づつ蔵書（?）が増えて行きました。

そして或る日、その日も私は渋谷から始まって自由ヶ丘にいました。自由ヶ丘という町は私達せどりや仲間にとっては大変魅力的な狩場でした。毎日のように多勢のせどりや達が歩き回るのですが、それでも棚の本が変るのです。それ丈買物の多い処だったのでしょう。そんな自由ヶ丘に一年位前から、中年の御夫婦が新しく古本屋を開店しておりました。その店は駅の裏側に当る処で、間口が二間半位、奥行が三間近くの格好の広さのお店でした。土間はコンクリも敷いていない土がむき出しでした。店構えといい、本の配列法といい、御主人の経歴といいどう考えても我々せどりやにとってはウブそうなお店に見えました。しかしいつ行って見ても隅から隅まで探し回って見ても、大した獲物のない店で空振りに終ることの多い店でした。

その日も私はいつもの様に、それ程の期待もなくブラリと立ち寄ったのです。一応すべての棚を見終って「ああ、やっぱり今日も」という気持で「お邪魔しました」といつもの挨拶をして出ようとした時に、店の出入口の上に粗末な板棚が造られていて、そこは店としては大して力を入れていない場所だったと思える処に、しかも端っこの方に前々からあこがれの一冊が無雑作に並べられていました。胸が高鳴りました。この店で、この場所。絶対にいけると思いました。背延びしてやっと届く棚からその本を取り出し箱を抜いて恐る恐る売値を見ました。果して思い通りの値段、ヤッたと思いました。たしか四、五百円だったと思います。まやかしに大して欲しくもない本を一、二冊交えて「お願いします」と帳場に出して勘定を済ませて表へ出た時は何とも云えない気持でした。ハンターの感動というか、まさにせどりやの妙味です。そのあとは家に帰るまで宙に浮いた様な気持でした。

前にも書いた通りその頃の業界では、

今まで省りみられなかった理論経済学の本や、ややこしい横文字の理工書や哲学や西欧文学の世界も、もてはやされておりましたが、矢張り相場の主流は、歴史書、国漢文書籍でした。そしてその時の一冊、御橋悳言の「平家物語略解」です。当然その本は私の二階の書枷に収められました。

後年私が浅草（現在の店舗）に貸本屋を開店した時の権利金が足りなくて、それを補うために、この三、四年のせどりや稼業の最後の収穫二階の本棚の本はその年の一新会の大市に売りに出しました。当時一新会の主任さんだった沼さんに無理を云って、振り手は村内さん（当時業界随一と云われて居りました）をお願いし時間帯も午前十一時前後のゴールデンタイムをと勝手をお願いしました。しかしその時の私の出品書物は、自画自賛になりますが、僅か小一時間ばかりでしたが、その日その市の逸品であったと思います。オール振り市でした。一冊一冊振り手に取り上げられると、それは飛び交う買手の声の中、村内さんの手で蝶の様に舞って行きました。あの御橋の平家物語は一萬円位で落されたと記憶しています（現在この本は芸林舎から七千円位で再刊されています）。

当然あの日の売上げ金は、殆んどがこの浅草の店の権利金になりました。

（322号／1990年10月号）

一冊でない本

河野書店 河野高孝《たかゆき》

場所柄、大学の先生も、多く店へ来ていただいているらしい。らしいというのは、よほどマスコミなどへの露出度の高い先生以外、こちらがその顔を知らないからで、うっとうしい客をニラミで〈送り出し〉たりすると、入れ違いにやって来た学生に、「○○先生、よくいらっしゃるんですか」などと尋ねられたりする。

先方にしてみれば、本屋に入って、一々自己紹介をする必要があるなどとは考えないのが普通で、名乗らぬことに何の罪もない。しかし当方では、たった今ニラミ帰してしまった客が高名な学者であったことに、あたら一人の上客を失ってしまったような（もちろん高名な学者が上客になるという保証はないのだが）淋しさを感じ、浅ましくもしばし落ち込んだりする。

ところが、ここに一人だけ、店に来るなり名刺を出して自己紹介された先生がいる。本屋のそのあたりの機微は先刻承知で、余計な不愉快光線を浴びないようにと、永年の本屋回りから編み出された技かもしれない。名はY先生。英国ロマン派の研究者、蒐集家として知られるが、大読書家でもあり、著作の中で繰り広げる書物論の鮮やかさから、根強いファンを持っておられる。かく言う自分もその端くれであった、と告白しておこう。

　そんなわけで、こちらの愛想にも熱がこもり、おかげで以後、何かとご贔屓いただくことになる。仕入たまま積んである本でも、嫌な顔せず見せたり、あてずっぽうで買ったものの訳の分からない本があると、こちらからお伺いを立てたりというお付き合いになって、ある日、即売展用に準備していた本の中から、ある一冊に目を留められた。

　ウイリアム・ジョイス『イギリスを覆う薄暮』一九四〇年ベルリン刊（英文）

「これは、安過ぎる。少なくともこの五倍には付けてよろしい」そう言葉を残して帰られると、先生、日ならずして、その本のために、それがいかに珍本であるかを格調高い文面にして送って下さった。残念ながらワープロ書き、B4横位置縦倍文字縦書き二十字三十行。ただし署名落款入り。

　この書面付き『イギリス――』は、Y先生のゼミの学生の一人が、是非にと言って買ってくれたのだが、値段の由来を話し、元の五倍ではなく三倍で売り、なおかつその金は、その学生と一緒に飲んでしまった。

　それだけの話であるが、この、ことの経緯は、今思い返しても、なかなか楽しい。

　しかし、一つだけ困ったことが残った。大きな声では言えないのだが、先生が先に自著の一つでも言及し、当の書面には「極めて珍本なりとす」と述べられ「国内に未だ二冊しか、その所在を知らない」とまでおだてあげていただいたその本を、あと二冊、何やら売るに売れず、死蔵しているのである。

（321号／1990年8月号）

こんなこともあらあな

苔花堂書店　五本木広子

　先日、電話があった。発信元は「ヒョウジケンガイ」となっている。「表示圏外」海外からの電話である。

「インターネットで拝見したのですが、○○○という本は在庫がありますか？」という問い合わせだ。本は明治の頃に出された報告書の復刻版である。本を手元まで持ってきて在庫を伝えると「海外なのですが、送ってもらえますか。」とおっしゃる。

インターネットを取り入れて以来、年に数回、海外から問い合わせがくるようになった。ほとんどは海外駐在の日本人だが、ごくまれに外国人からのメールもある。たいてい流暢な日本語の文面で、送金方法の確認ができれば特に支障はない。年に一、二回でも何度か繰り返せば多少慣れてくる。

「大丈夫ですよ。」とお答えし、本の状態などを説明していると、どうやら先様は、日本でいう文化庁のようなところで、その部署では文化財の復元作業を計画している為、本当は図版がより鮮明であろう原本の方がいいという話であった。原本などうちで扱っているわけがない。そもそも問いあわせる本屋を間違っているのだ。インターネットの検索サイトで、この書名を検索していたら、復刻版を掲載していた当店のホームページにぶつかった、という事なのだろう。話のなりゆきで「できるだけのことはいたしましょう。」という事になった。

調べてみると原本はうちの店の家賃一ヶ月分くらいの値段だ。よそ様はどうかわからないが、三百円、五百円と細かい仕事に精を出す零細書店には大きな仕入だ。お客さんホントに買ってくれるのだろうか。しばらく考えたが、「その本買って、売れなかったら、うちの店の宝にしちゃる。」と腹を決めた。

何軒かに問いあわせ、ある書店で在庫の確認をし、現金を握りしめて伺うと、「海外でしょ。お金は入金したあと、後払いでいいから持って行きなさい。ダメだったら戻してくれればいいから。」と言ってくださる。「ありがとうございますぅぅぅ。」とお借りした。

店にもどって、復刻版と比べてみる。紙質は復刻版の方が良いが、印刷ののりというか、とけ込み方は原本の方がずっと良い。原本の写真は比較的明るい。白っぽく写った箇所、線などをコピーするには印刷が濃くなる。そのため復刻版は余計な影も写ってしまい図版は少々汚い。比べてしまうと当たり前だが原本の方が良い。違いのわかる部分をデジタルカメラで何点か撮影し、その写真を添えてメールで連絡した。

さて、土日が入ったものの、返事がない。メールがうまく届いていないのだろうか？　文字化けしてしまい迷惑メールと思われて捨てられたのだろうか？　思い切って電話するか？　海外のお役所に電話する語学力は無い。「あいむ　こーりんぐ　ふろむ　じゃぱん。　ありど　らいくつー　とーく　つー　みすたぁ〇〇」でいいのかぁ？　この部署は英語で何というのだあぁぁ？　と本気で考え始めた頃、返事があった。

「原本を入手したいが、値段の関係で今回は見合わせる。」値段は先にメールでお知らせしていたが、ちょうど出張で行き違いになったらしい。

最初の「いざとなったらうちの宝にしちゃる」という意気込みもどこへやら、先の本屋さんのお言葉に甘えて、菓子折り持って、早々にお返しにあがったのである。全く、お客さんをどうこう言えないていたらくである。

（409号／2005年4月号）

古本屋冥利

安芸書房　福光三治

さき頃息子が嫁と一緒に晩飯を食べに来た折のこと、お前何歳になると聞くと、けげんそうな顔をして、三十六だよと言う顔色には、親父そろそろボケたかよと言いたげだ。嫁にお父さんどうしてと言われて「アノ」と言いかけて口をつぐんだ。子供の生まれた年にこの業界に入り、子供の成長と共に歩んで来たのだが、果して子供の育っただけ古本屋として成長しただろうかと、ふと思った。後悔先に立たずという諺が身に沁みる。

機関誌部のT君より一冊の本という題名で何か書けと言われたが、さて何から書いていいやら、三十六年間に手の中を通り過ぎて行った本は何万冊、いや何十万冊になるかも知れない。商人としては損得計算が先に立ち未だに涙と笑いのこの頃だ。自分の様に店を持たない者にとっては、旬日ならずして結果が一目瞭然だ。古本屋は結局終生勉強であり、経験が総ての様な気がする。それだけに面白味もあるのだろう。

何年か前、信州のお寺から蔵書を整理したいからと連絡があり、天の助けとばかりに喜び勇んで出掛けた時のこと。天の助けとは丁度金が要る事があって、御仏のお慈悲だと思ったのだが、案内された蔵の中は和本の山で、高鳴る胸をおさえるのに苦労する程だった。照明設備のない蔵の中に差し込むほのかな秋の日を頼りに、二日かかって目を揃えたり、版を揃えたりと作業に終始して、夜床に就いてからもあれは幾ら位、この方は相当利益を上げる事が出来るだろうと、とらぬ狸の皮算用に寝られぬ夜だった。

三日目の朝、荷造りも終えて、和尚さんにこんな所でどうだろうと言うと、福光さんの損のない様にお持ち下さいと言う。和尚さんの顔がまるで後光のさす生仏の様に見えた。他に何か欲しいものがあればと言うので、上辺が少々破れた六畳間もある曼陀羅を譲って

もらった。
こんなものはどうだろうと、連れて行かれて指さゝれた物を見て驚いた。山間の仁王様の脇に並ぶ木彫の脇仏ではないか。この中で好きなのを一体どうだと言われたが、さて困った。これ迄も本以外の物は何回か買った事はあるが、何百年と戦火と人災を潜り抜けて来たであろう仏像を、昭和の年代の或る日、心ない古本屋に依って、風光明媚な信州の地から流浪の旅立ちがなされて良いものだろうか。これだけは丁重にお断りした。其の折、心なしか木仏の額に安堵の笑みがもれた様に思えたのは気のせいか。聞く処に依ると、それ迄も心ない人に依って数体が持ち去られたとの事だ。

さて、持ち帰った本は、和尚さんの卒業した宗教大学に見積もってもらったが、買値の半値にもならない。一抹の不安もよぎったが、まあ古典会という、業界には助け舟があると出品したが、やはり、買値の三分の一にもならず、神も仏も無いものかと情けなかった。冷静に考えて見ると、誰を恨むでもなく、責められるのは自分自身で、勉強不足と経験の浅さに起因するもので、またとない勉強をさせてもらったと、今では感謝していると言えば嘘になるだろうか。それにしても舞台装置があまりに整い過ぎていた。金が欲しいという欲、場所も信州の何百年も続いた古寺の薄暗い蔵の中、石ころもダイヤに見えたものだ。其の時の和尚さんも数年前に他界され、寺も放火に依り全焼した。天をにらんで寺を護っていた仁王様と脇仏達も灰燼に帰し、地に帰っていった。あの時一体でもと思ったが、やはり、寺の歴史と共に、定めに従った方が良かったのかもしれない。

最近の出品物をみると、庫の中に山積された版木が目に浮かぶが、これも灰となり、大地に帰っていった事だろう。例の曼陀羅は其の後修復されて、大切に保存されていると聞く。合掌。

損ばかりしてはおれないので、少しばかり儲かった話。古本屋としての使命というか、冥利を味わった事例。

この品物を入手する迄には、五年の歳月を費した。今にして思えば良かったと思っている。数年前に雅楽関係の一口物を買った時の

事だが、最初に見た時、既に相当虫害が進んでいたが、持主は処分するなぞびじんも考えていない様子だった。それもそうだろう、何百年も先祖の人達があらゆる苦難を乗り越えて伝来された貴重な資料を、当主の代に於いて手放す事は許される筈ではないが、此の儘では、数年を経ずして姿をとどめない状態になる事は目に見えている。最初は、それでも良いのだとかたくなに断わられた。一握りの虫の糞になる事を先祖は喜ぶでしょうか。戦争中は火災から身を挺してあらゆる物を犠牲にしてでもこれだけはと、井戸の中に荒縄でしばって避難させたと、書き記してあるのを見ても、先人達が如何にこの貴重な資料を後世に伝承する事に懸命だったか。

この際、家という感情から離れて、国のものをお預かりして来たのだという気持ちになって、当主としては忍びがたいと思いますが、しかるべき機関に於て保存される方法を選んで下さいと説得し続けたが、首は縦には仲々振られなかった。拝見してから五年目の秋近い或る日、決心がついたからよろしく頼むとの事で、早速自宅に引き取って、一週間かけて虫退治をした。予想外の高値となり先方様にも喜ばれ、充分過ぎる手数料も頂いた。今では修復されて研究者のお役に立っている事と思う。文化遺産の掘り起こしに一役買う事が出来たと、古本屋冥利につきる。

其の後、この御縁で明月記、元仁二年四月〜六月分一巻と、天福三年十一月十二月分二巻を手にしたが、事情に依り、ある機関に納まった。今市場に出たら幾ら位になるだろうか、後に雅楽関係の中で某公爵家の名笛に関する資料は、大阪の文庫に収まり、雅楽器、能衣裳の一部は早大に納まった。

こうして見ると、損をしたり得をしたりしているうちに、いろ／＼な出会いがある商いとは良く言ったもので、アキない事、本が好きである事が、必要な様な気がする。三十六年の泣き笑いの営みの中で、得たものは何だったのだろうか。多くの人達との交りが最大の遺産の様に思える今日この頃だ。機関誌の要望されている一冊の本というタイトルにふさわしい記事になったか、甚だ疑問ですが、お赦しください。

（321号／1990年8月号）

座談会「新組合員に聞く!」

出席者
松井芳之(山吹書房)
小国貴司(BOOKS 青いカバ)
高橋良算(古書むしくい堂)
伊勢亀郁(しろくま堂)
司会
東京古書組合機関誌部
(藤井孝雄、藤田讓一、広瀬洋一)

藤井　本日はお忙しいところ、誠にありがとうございます。今回は組合に加入して間もない皆さんのお話を伺うべく、座談会の場を設けました。ご承知のことかと思いますが、組合員数は長らく減少傾向が続いており、その時々の理事会で新規加入を促進する手立てを講じてはいるものの、はっきりした成果にはつながっていません。少子高齢化という構造の問題もあるでしょうが、組合において皆さんのような新しい力がますます重要になることは間違いありません。

今後、古書業界が爆発的に成長することはまず考えられず、経営環境はむしろ厳しさを増しています。そういった状況にあって、皆さんがどうしてこの世界に飛び込んできたのか、それを知りたいというのが座談会の趣旨です。古本屋は確かにやりがいのある仕事ですが、それだけの理由でこの道を選ばれたわけではないと思います。皆さんのお話を伺い、業界に人を呼び込むためのヒントにしたいと考えています。

初めに皆さんが組合に加入されたきっかけを教えてください。

小国　去年の一月に店をオープンして、組合には八月に加入しました。それ以前はリブロに十三年間勤めていたので、新刊業界の状況や流通については一通り把握しています。池袋西武で行われていた古書展の際には、リブロ側のスタッフとしてお手伝いしたこともありました。

広瀬　新刊業界に留まる選択肢はなかったんですか。

小国　入社するときから独立したいという気持ちがありました。リブロで沢山の経験もしたし、仕事も面白かったんですが、自分のなかで区切りがついたっていうか。池袋本店がなくなったこともきっかけになっているかもしれません。

新刊は商品としての命がどんどん短くなっていて、最近の本はすぐ絶版になってしまいます。必然的に扱う品物が限られてしまうけれど、古書にはそういった背景がなく、値付けでコントロールもできます。新刊書店を経験した立場からすればやりがいがあるし、大きな可能性を秘めていると感じますね。

高橋　一昨年の七月に仕事をやめて、去年の三月に八王子で店を始めました。古本屋になる前はIT関連の仕事をしていたので、本の世界と関係はありません。以前、模型の通信販売の会社に五年ほど勤めていたことがありましたが、その時はとても充実していたんですね。問屋さんをまわる、商品が入荷したら取りに行く、そして注文品をお客さんに発送する、そういった一連の作業がとても楽しかった。前職のIT企業では、中小企業や士業の先生に、ホームページを使ったネット活用のコンサルティングをしていたんですが、サービスよりもモノを売るほうが自分には向いているのではないかと感じていました。

古本屋にはよく行っていて、自分でやろうとは考えていませんでしたが、沖縄にある「市場の古本屋ウララ」の宇田智子さんが書いた本を読んだときに「こういう生き方もあるのか、これなら自分にもできるんじゃないか」と思ったんですね。古本屋は本さえあれば、自由に値段を付けて売っていいわけで、参入するハードルが低いというか、すぐにできるんじゃないかなって。

広瀬　屋号はラジオ番組で決まったんですよね？

高橋　TBSラジオに「たまむすび」っていう番組があって、『ハガキで悩み相談』というコーナーに「古本屋を始めるので、屋号を考えてください」と送ったんです。それが採用されて、赤江珠緒さんとピエール瀧さんと大沢悠里さんがそれぞれ考えてくださったんですけど、「むしくい堂」という赤江さんの案を採用させて頂きました。

松井　私は家が神保町にあるのですが、古本屋をやりたいというよりは、自宅を使って商売をしたいと考えていました。母方の祖父が古本屋だったので身近には感じていたし、土地柄的にもやっぱり古本屋が一番いいのかなと。

伊勢亀　組合に加入したきっかけは、以前勤めていた東京書房・和田さんとの出会いが一番大きいですね。主に買取の仕事をしていましたが、お客さんの家を片付けて、しかもお金まで払うっていう、ちょっと矛盾したような営みが商売として成立していることが、とても面白かったんですよ。東京書房でやってきたことをこれからも続けたいと思って独立しました。

藤田　買いだけで食うってことだよね？

伊勢亀　それを目標にはしたいです。

広瀬　日々の業務や交換会の利用に関して、組合に加入する前と後とでギャップを感じることはありますか。
伊勢亀　独立前は入札をしていなかったので、初めて札を入れるときは緊張しました。東京書房の時に出品はしていたから、「このぐらいで落ちていたな」っていう感覚はありましたけど、落札した品物を自分で売って利益を出す作業は経験が少ないので、まだまだ難しいですね。
広瀬　むしくい堂さんはあまり市場を使っていませんよね？
高橋　月に二回ほどは中央市に出品しています。いい物を出せているわけでもないんですが、それでも現実を見たというか、「こんなに安いのか」と思いました。そうは言っても自分の店では売りきれないし現金も欲しいので、換金だと割り切って出品しています。
広瀬　店舗営業はどうでしょうか。
高橋　とにかく大変です。生活ができるギリギリのところで余裕は全然ありません。開店に際して立てた計画よりはだいぶ低い水準だし、とりあえず一年は持ったけど、いつまで続けられるかわかりませんけど、ただ少しずつですが、お客さんは間違いなく増えているので、店の売上げは多少なりとも伸びていくのかなと思っています。買取はお陰様で途切れずあります。あまり多すぎても対応しきれなくなるのではと心配していたのですが、今のところ店の規模に見合うような形で依頼を頂いています。
藤田　神保町に店がある松井さんは買取も多いんじゃないですか。
松井　まだあまり認知されていないのでそこまではありませんね。「日本の古本屋」を見て「ここが一番いいと思った」と持ち込んでくれる方はたまにいます。ただ仕入れのほとんどは市場です。
広瀬　小国さんはいかがですか。
小国　買取は基本的に断らず、何でも引き受けるようにしています。店で売れないものは市場に出品したいところですが、商品を置いておけるスペースがなく、倉庫もありませんから出品用に本を貯めておくことができません。結局は均一に出すか、役割が終わったと判断したものはツブしています。「お金はどうでもいいから引き取ってくれ」という人が多いことには驚きましたけど、それをむげにできないんですよね。行ってみれば到底売り物にはならないんだけど、それを何時間も縛って片付けながら、「いったい何をやってるんだろう」って思います（笑）。
藤田　それはみんなが通る道だね（笑）。

＊＊＊

藤田　扱う商品や営業形態に関わらず、ネット販売が不可欠になっていると思いますが、皆さんはどのサイトに出品していますか。
伊勢亀　ほとんどアマゾンです。ヤフオクも使っていますけど、自分が扱っている商品に合わないんですよね。
藤田　「日本の古本屋」はどう？
伊勢亀　積極的にやろうとは考えていません。「日本の古本屋」がよくないということではなくて、せっかく注文をもらっても他で売れてしまっているというのが嫌なので、なるべく併売はしたくないなって。
松井　ヤフオクにも多少は出していますが、メインは「日本の古本屋」です。ヤフオクは出品中に商品を確保しておかなければいけないけど、いちおう実店舗をやっていますから、商品は棚に並べてお客さんに見て欲しいんですよね。

高橋　基本的にはアマゾンだけです。「日本の古本屋」には登録していますけど、出品はしていません。後納の特約は利用していますが、それも終わってしまいますからね。

藤田　なぜ「日本の古本屋」を使わないんですか。

高橋　日々システムを改良している方には申し訳ないのですが、アマゾンのほうが圧倒的に簡単で、そもそもマニュアルも必要ありません。「日本の古本屋」は出品する以前に店舗情報の登録とか送料の設定とか、考えなければいけないことが多いですよね。もちろん最初だけなんでしょうが、それをどうしようかと考えているうちに面倒になってしまって。受注が届いてからも送料や発送方法を伝えて、その返信を受け取って、「これから発送します」「発送しました」という処理を行わなければいけない。アマゾンだったらその間に本はどんどん売れます。手数料は確かに高いけど、とっつきやすいシステムのように感じました。

小国　アマゾンもヤフオクも利用していますけど、マニュアルを読むことを後回しにしてしまっていて、まだ出品はしていません。「日本の古本屋」も登録はしていません。

アマゾンはやっぱりすごく楽で、登録すればすぐ売れます。自分は店と併売していますけど、下手をすれば店頭価格の倍以上でも売れることがある。そうなると使い分けが難しくなって、店の在庫が痩せ細るのも嫌だし、あまり安売りもしたくはない。店とネットの価格の境界みたいなものがわからなくなってきますね。

広瀬　うちは「日本の古本屋」だけですが、「店に来て頂いたほうが得ですよ」というスタンスでやっています。手数料の意味合いもあるけど、小国さんが言われたように「日本の古本屋」に出すか、店で売るか、悩ましいところはある。自分のなかでは「店でじっくり売りたいもの」と「うちの店には向いていないもの」と区別しているつもりはあるんですが。

しかし松井さん以外は、事実上「日本の古本屋」をやっていないわけですよね。やっぱり最初のハードルが高いのかな。

高橋　古い本はアマゾンに登録がない場合が多いので、「日本の古本屋」に出品したいとは思っているんです。

藤田　取り扱い分野によって向き不向きもあるでしょう。僕は古い雑誌や紙ものしかやらないからアマゾンには出しようがない。必然的にヤフオクを選ぶことになります。

ところで経営員を経験していないお二人に聞きたいのですが、初めて市場に入ったときの印象、また出品や入札をしたときに戸惑ったことを教えてください。

小国　市場というのはもっと恐ろしい場所だと思っていました。不文律が沢山あって、足を踏み入れた瞬間に色々と指摘されるんじゃないかって。一日体験がなかったら、もっとハードルは高かったかもしれませんね。マニュアルだけではわからない部分はどうしてもあります。私は資料会に参加させて頂きましたが、その一日のなかで市場の流れや作業の大変さがよく理解できました。

高橋　新しい世界に飛び込むのだから、もちろん戸惑うことはあります。ただ後から入る立場である以上、予習するのは当然ですから、事前に会館の利用ガイドブックをしっかり読みました。私は中央市を体験させて頂いて、皆さんの作業をただ眺めていただけですけど、幸いアットワンダーの鈴木さんと面識がありましたので、わからないところは直接教えて頂きました。あの一日で市場が大変な労力によって運営されていること、また個人の協力のもとに組合が成り立っていることがよくわかりました。

広瀬　市場の仕事に携わっていると色々な人と仲良くなれますよね。店員時代に経営員を経験していると独立したときの不安も軽くなると思うのですが、いかがですか。

伊勢亀　確かにある程度のつながりはありましたけど、仲良くなるという感じではなかったです。やっぱり皆さんは社長じゃないですか。僕は東京書房から出てきているだけで肩書きはただの店員ですから、「上の人」っていう感覚で見ていましたね。

松井　僕は亀ちゃんよりも一年早く一新会に入りましたけど、その時の幹事の方々は役職経験者が多かったんですよ。普段から組合運営の話をしていたりして、同じように市場で働いてはいても立場が全然違った。いずれ自分もそういうことに関わっていくのかなと思いながら話を聞いていました。

＊＊＊

藤田　面接のときには「組合の役職はなるべく引き受けてください」という話があったと思いますが、そういったことについて率直にどう感じますか。

小国　組合がどういうパワーバランスで運営されているかといった部分に関しては、ほとんど知りません。でもそれでいいのかなと半分思っているところはあります。前の職場で沢山見てきたし、積極的に関わってしまうと、どうして独立したのかわからなくなってしまう。もちろんそういう立場の人ばかりでは、組合が成り立たないことは理解しています。だから全く関わらないとは考えていませんが、距離感というものは大事にしたいですね。

藤田　組合は二年に一回役員を選出しなければいけないわけで、脅すようなことを言うつもりはないけど、組合員数が減っている現状にあっては、自分に回ってくる確率はどうしたって上がってきます。覚悟っていう言葉もおかしいけど、声がかかったらできるだけ受けて欲しいですね。

藤井　向いてない仕事を振られる可能性もあるから、「こういうことならやりたい」と自分から言っておいたほうがいいかもしれないよ。

藤田　亀ちゃんは経営員をやったわけだけど、組合の役職についてはどう？

伊勢亀　最初に回ってくるのはたぶん班長ですよね。それに関しては皆さんやっていることなので、声がかかったら自分も引き受けます。ただ他の仕事については正直どんな役職があるのかもよくわかっていません。

藤田　亀ちゃんが言ったように初めは班長というケースが多いだろうけど、支部の役職に関しては実情に応じて仕事内容も異なりますよね。南部は狭い地域なのに十六も班があって、要するに毎回十六人も班長が選出されるわけです。人が減りつつも南部が組織も市会も機能しているのは、班体制がしっかり整っているからだと思います。

高橋　そもそも組合員である以上、役職に推薦された場合は「やりたくない」とは言えないものだと理解しているんですけど、そうではないんですか。

藤井　みんなでお金を出し合って、仕事を負担して組織を運営するのが協同組合の原則ですから、「できる範囲で引き受けます」というのが本来でしょうね。

高橋　現実的に言えば、今は一人でやっているから難しいので、「三年後にはできます」とか「従業員が雇えるようになったら」という回答になりますね。

藤井　それでいいと思います。自分の仕事をほったらかしにしては本末転倒ですから。私が言いたいのは「自分にはできない」とひたすら断るのではなく、前向きに考えて欲しいということです。誰だって自分の商売を犠牲にして組合の仕事をしているわけです。十五人いる理事のなかにも自分だけで仕事をしている人がいます。かなりの負担であることは間違いないけれど、組合の運営に関わる意味合いを前向きに考えたからこそ、その人は理事を引き受けたと思うんです。

小国　役割を平等に負担するのは難しいですよね。建前としてはそうだろうけど、やっぱり「できる人がやる」という前提が必要で、自分が頼まれたときにできる状況にあれば、積極的に引き受けたいと考えています。もし自分が断ったことで自分よりも苦しい人が引き受けざるを得なくなったり、しかもその人のパーソナリティで断れなかったりしたのであれば、それはものすごく不平等ですよね。「組合の平等」とはどういう状態かを考えることは、とても大切だと思っています。

藤田　加入して間もない小国さんがそこまでの自覚を持っていることに頭が下がる思いです。事実、組合業務の負担は全く平等ではありません。できるはずなのに役職を断り続けている人は僕のまわりにもいます。

広瀬　中央線の話をすると、もちろん班はあるし、支部役員もいて月一回は役員会もやってるけど、人事については人が多すぎて苦労しているところはあります。南部を見ると班長、支部役員、それから理事と段階を踏んでいる感じがするけど、中央線はそういうふうにできないんですよね。

藤井　僕は班長もやってないのにいきなり理事になりましたけどね（笑）。でも別に段階を踏む必要はないと思う。例えばＩＴにすごく強い人だったら、すぐに「日本の古本屋」に携わってもらってもいいじゃないですか。加入前の経歴を見て組合運営の力になるのであれば、期間に関わらず抜擢するべきです。

＊＊＊

藤井　話は戻りますが、決して楽ではない古書業界に皆さんが足を踏み入れた理由をもう少し詳しく教えてください。

高橋　それを聞かれるといつも困ってしまうんですよね。明確な動機はなくて、さっきも言ったようにＩＴよりも客商売のほうが向いているのではないかという直感です。まだ一年しかやっていないのでそれが正しいかはわかりません。ただ毎日は楽しい。経営者としてはまだまだですが、会社員時代のストレスを考えたら独立してよかったと思っています。

藤井　どういう部分が一番楽しいですか。

高橋　やっぱりお客さんと話すことです。会社員の頃はどちらかと言えば人とあまり話さないタイプでしたが、一年やってみて接客を楽しく思ったのは何よりの発見でした。

藤井　小国さんはなぜ古本屋という仕事を選ばれたのでしょうか。

小国　本は絶対に無くさないほうがいいと思っています。むこう百年は無くならないでしょうけど、新刊書店を経験して、なおかつ古本をやるようになったのは、やっぱり新刊だけでは厳しいという現実がある。というよりも、これから先は「新刊だけ」「古書だけ」といったスタイルではやっていけないと考えています。

　うちは新刊も扱っていますが、利益だけを考えるのであれば、一冊でも多く古書を置いたほうがいいわけです。だけど古書として並んでいる商品に対して、「プレゼントしたいから、新刊で取り寄せて欲しい」というニーズがあったとしたら、それに応えられるべきだと思う。本のことを何でも相談できて、解決策が出せるような場所でありたい、そのためには古書店と新刊書店の両方の機能が備わっていなければいけません。でも名乗りとしてはあくまで「古書店」であって、それは好みの問題もありますけど、どっちに軸足を置いているかと言えば圧倒的に古書ですね。

藤井　新刊だって自分で古書にしてしまえるわけです。千円の新刊を九百円で売ったっていい。そういう意味で言えば、セカンドハンズとそうでないものの違いはあるけど、「知識を売っている」という意味では、新刊書店も古書店もはっきりとした区別はありませんね。

小国　おっしゃるように商売としても、意義としても古書店と新刊書店の垣根はどんどん無くなっていくだろうし、自分でもそのスタイルを目指しています。それを踏まえて考えると、利益を抜きにすれば古書店は割と簡単に新刊を扱えますが、逆に新刊書店が古本を扱うことは容易ではありません。古書店は厖大な量の本が出版されてきたこれまでの歴史や価値の変遷に照らし合わせて商品に評価を下しますが、その感覚は新刊書店で働いても培えるものではありませんから。

藤井　商売は順調ですか。

小国　新刊もやっていると出て行くお金がかなりあります。大きな買取があったとしても、それを引き受ける体力はまだないです。

藤田　資金が無くても委託という形にして、後で支払えばいいんですよ。南部なんかだと大量の買入がある場合は支部の人に頼んで、作業を手伝ってもらうこともあります。その人件費も出せなければ売上から払うっていう手もある。とりあえず周りに相談してみたらいいと思いますよ。

藤井　神保町に家があるというのはなかなかない環境だとは思いますが、松井さん自身は古本屋に魅力を感じていたんでしょうか。

松井　身内に古本屋がいたことは大きいですね。さっきも言いましたが、「自分でなにか商売をしたい」という気持ちが強くて、そのなかではやっぱり古本屋かなと。古本屋は神保町の地場産業みたいなものであって、生まれ育った土地ならではの世界に入ってみたいという思いもありました。毎日楽しいので古本屋になってよかったですね。

藤田　亀ちゃんは今どんなことを考えて仕事をしていますか。

伊勢亀　もっと買取に行きたいという気持ちはあります。でも市場で入札して、商品に値段を付けて売るっていう作業はこれまでやってこなかったので、その経験をもっと積み重ねたいですね。そこから得た知識が今後の買取にも活きてくると思いますから。

藤田　色々とお話を伺いましたけど、最後に組合に対する要望や意見があれば教えてください。じゃあ亀ちゃんから。

伊勢亀　特にないです。

藤田　ないの？　松井さんは？

松井　私もありませんね。

藤田　経営員をやっていると言いにくいのかな（笑）。むしくい堂さんはいかがですか。

高橋　意見できるほど組合のことがわかっているわけではないのですが、たとえば出品の荷物を搬入するときに、私はまだ加入したばかりという遠慮もあって、車を荷捌き場ではなく外に止めているんですが、「あの車作業してないのにずっと止まっているよな」と思うことがあります。それに対していちいちマナー違反だと言うつもりはないですが、使い慣れている人とそうでない人の温度差があるのかなと感じることはあります。

藤田　それはでも明確なルール違反ですよ。あそこは荷捌き場であって、駐車場ではありませんから。というか、むしくい堂さんも遠慮せずに荷捌き場を使ってくださいね。

　小国さんはなにかありますか。

小国　マナーみたいなものは指摘されないとわからない場合がありますよね。自分でも気づかないうちにおかしなことをやっているのかもしれないけど、それが言いづらい空気になっているのであれば、それはよくないと思います。

藤田　加入して一年でも何十年でも立場としては同じ組合員だから、注意するのも気を遣うんですよね。「別にいいや」って見過ごしてしまう人も結構いるのかもしれません。

小国　ただそういう状態が続いて、人が来づらくなってしまったら組合にとってはマイナスじゃないですか。明文化したほうが楽でしょうけど、でもあまり禁止事項ばかり増えるのも窮屈だから、気軽に声をかけやすい雰囲気になればいいと思います。

　最初のほうで藤田さんが言われた「買いで食う」っていう言葉にとても驚きました。そういう発想は普通の小売業としてはあり得ないわけで、それができるのも組合があってこそですよね。古本屋の商売は多様性に富んでいて、それを活かすには絶対に組合に入ったほうがいい。今いる人達のマナーにも関わってくると思いますけど、新規加入のハードルを低くするためにも、もっと風通しをよくすることが必要なのかなと感じます。

藤田　協同組合っていうのは確かに近寄りがたいイメージはあります。もう少し取っつきやすい印象を持ってもらえるような活動を行わなければいけないですね。

（487号／2018年4月号）

だから古本屋はやめられない!

座談会「大先輩が語る。」

「ひらめきの東部支部に話を聞く」

出席者
高木伊佐男（高木書店）62歳
高橋俊行（文雅堂書店）59歳
高橋良三（業平駅前書店）59歳
高橋　尚（高橋書店）55歳
桜井博文（三崎堂）54歳
司会
山崎　賢（古書ことば）39歳
東京古書組合機関誌部
（市川　均／安藤正伸）
東部支部機関誌部
（田中大介）

山崎　お忙しいところ、お集まり頂きましてありがとうございます。司会は初めてなのでどうやって進めていけばいいか勝手がわからないんですが、そうだな、今日はこれから大雨になるみたいですけど、まずは皆さんの最近の心模様でも聞いてみましょうか。じゃあ、高木さん。

高木　なんだよそれ。そんなこと聞かれてもわかんないって（笑）。もっと普通の質問してよ。

山崎　無店舗でいらっしゃいますけど、今まで一度もお店はやってないんですか。

高木　うちは親父の代から建場まわり専門だけど、三十歳ぐらいのときから十五年だけ店をやったんだよ。家賃払ってバイトを雇ったんじゃ割に合わないっていう単純な理由でやめちゃったけど。

山崎　高木さんは三河島ですよね。あの辺はその筋の方が多い印象ですけど、実際はどうですか。

高木　店やってる頃には若いのが来て、「年末だからお飾り買ってくれ」とか言われたね。そっちの世界に入った同級生もいて、足を洗って飲み屋を始めたときは八鍬さん（浅草御蔵前書房）に頼んで錦絵をプレゼントしたこともあったな。……って、こんな話して平気？

山崎　桜井さんは高木さんのご近所ということですが、やっぱりそっち方面の方をよく見かけますか？

業平　ちょっと待て、そんな話ばっかするの？　オレの番になったら終わらなくなっちゃうよ（笑）。

山崎　えっと、桜井さんは神田から移っ

てこられてどれくらいでしたっけ。
桜井 十年ってとこかな。田辺さん（たなべ書店）が支部長だったときだよ。
山崎 まだ会館があった頃ですね。「面白い人たち」って言ったら失礼かもしれないけど、個性的な方が会館に集まっていて、いつも楽しかったですよね。
桜井 東部だけで売買できる人はいたし、個人的には会館があった方が良かった気もする。神田に一極集中するのはどうなんだろうなって思うときもあるよ。
会館はなくなっても支部からは理事と役員を選出しなきゃいけない。私も支部長をやったけど、「これから支部員もどんどん減っていくのに、どうやって選べばいいのか」と不安になりました。だけど支部員は減らなかった。会館がなくなったことで市場を手伝わなくて済むから、本部に行けさえすればいい人が東部に集まるようになったんですよね。
山崎 私も会館があった頃に組合に入って、色々と勉強させてもらいました。会館をなくそうっていう方針が決まったときには、できるだけの抵抗はしたつもりです。しかし結局なくなってしまったわけで、私のなかでルサンチマンみたいなものがずっと消えないでいる。だから本音を言えば、今回のような企画にどう協力すればいいのかわからないんですよ。
東部会館は交換会としての機能以上に社交場としての性格が著しかったんですね。他支部・他組合の方もそう感じているようで、先日亡くなられた白鳳書院さんへの追悼文が「古書月報」に掲載されましたけど、本来であれば東部の人が書くべきところを千葉組合の山本書店さんが執筆されています。すごく素敵な文章でしたが、それは東部支部に会館があり、各地から集まってきた人が市場を通じて仲を深めていった、そういう在り方が「文章」という形になって表れたということですよね。
高木 昔から面白い人は沢山いたし、みんなで楽しくやってたよなぁ……。
山崎 「東部はすごいところだな」と強く思ったのは、組合に入って何年か経ったある日、管理人の森田さんに「ことばさん、大変なことがあったのよ」って言われて話を聞いてみたんです。なんでも森田さんがトイレにいるときに、空気を入れ換える扉から煙が入ってきたそうなんですね。火事かもしれないと慌てて表に出てみると、会館の裏にある駐車場でスプリンクラーが動いている。いよいよ火事だと思ってよく見てみたら、ホームレスが立ったまま燃えてたって言うんですよ。いや！　大変なところへ来ちゃったなあと思いましたね。
業平 すごい話だよな。
山崎 あと役員会があったときかな、寒い日だったんですけど、朝早く会館に行ったら入り口の前におじさんが寝ている。ウイスキーの瓶が転がったりして、起こしちゃ悪いなとそっと跨いで中に入ったんです。で、役員会が終わって外に出てみるとおじさんは亡くなっていた、なんてこともありましたよね。
高橋 昼飯食べようと思って外に出るとさ、まぐろみたいに転がってるから飛び越えて行かなきゃいけないんだよな。
山崎 靴を表に置いておくとなくなっちゃうっていう話はよく聞きましたね。
高橋 大雪の日にドラム缶に火を炊いて宴会をやってる連中がいたんだけど、高木さんなんか均一かっぱらわれて薪の代わりに燃やされてんだから。

高木　そうそう。隣の公園でたき火してるんだからまいっちゃったよ。

高橋　高木さんだって酔っぱらって帳場で居眠りしてね、起きたら目の前にお金が置いてあったっていうじゃない。

高木　載せられない話ばっかりだな。

業平　だけどこういうバカ話こそが「東部」なんだよね。

山崎　会館に下駄箱があったじゃないですか。最後の掃除をしているときに一つずつ開けていったんだけど、一個だけ鍵がかかっていたんです。森田さんも鍵を持ってないっていうから、壊して中を見てみると、なんと拳銃が入ってる。一緒にいた英二さん（古書 英二）が「お前、触ってみろよ」って言うから恐る恐る確かめてみたら、まあ、おもちゃだったんですけどね。

高橋　誰かが驚かしてやろうと思ったんだろうな。

山崎　入れた本人も忘れてるでしょうね。

高木　……あのさ、もう少しちゃんとした話しない？（笑）。

＊＊＊

山崎　亀さんは亀戸から業平橋に移ってきて何年になるんですか。

業平　もう十六年だよ。亀戸が十三年半だから、今の方が長いんだよな。

山崎　「業平」さんとは呼ばれないですよね。

業平　みんな変えないから「業ちゃん」って呼べって言ったことはあるけど。

山崎　しかも今は「とうきょうスカイツリー」駅ですもんね。

業平　このあいだね、東京都と墨田区と東武鉄道があの辺の土地を開発するっていうんで説明会を開いたんだけど、その計画ではさ、うちの店は広場になってんだよ。何年後かわからないけど、確実に立ち退きの話が来るんだなって。

山崎　代替案みたいなのは提示されたんですか。

業平　具体的な話はまだないよ。今年中には法案を通すらしいんだけど、オリンピックとの絡みもあるのか、少しもめてるみたい。近所でも説明会があったことすら知らない人もいたからね。予定では来年、再来年で手続きをして工事に移ることになっちゃってるけど。

山崎　屋号を「スカイツリー広場書店」とかに変えればいいんじゃないですか。

業平　店がなくなるんだから意味ないだろ。

文雅堂　「出てってやるから広場でワゴンセールやらせろ」って言ったら？（笑）

業平　あの辺の土地はみんな東武鉄道が持ってるんだけど、どうにかしてタダで追い出そうとするわけ。いきなり不動産屋から「もう古いから半年で出て行ってくれ」みたいな内容証明が送られてきたりしてね。そんなの通用しないよって突っぱねたら大家が不動産屋をクビにしちゃって、今度は別の業者が「一筆お願いします」なんて紙を持ってくる。よく見ると下の方に小さく「契約を終わりにします」みたいなことが書いてあって、そういう詐欺めいた真似をしてでも追い出したいんだよ。こっちも「スカイツリーができてから繁盛している」みたいなことを送ったりしてんだけど、また不動産屋が新しくなっちゃうんだから埒があかない。

機関誌部　実際に売上は良くなったんですか。

業平　開業するまではね。今は観光客ばかりになっちゃって、近所の人がふらっと本を買いに来るなんてことがだいぶ少なくなった。ちょっと自転車止めるだけでもすぐ張り紙されるようになったしね。
なんか個人的な話ばっかりしちゃったな。

山崎　いやいや、今日は司会として皆さんの個人的な話を根掘り葉掘りお伺いするつもりですから。では月島さん、好きな食べ物は？

文雅堂　さっきお寿司を頂いちゃいまして、美味しかったですね。

山崎　お店は今どちらでしたっけ。

文雅堂　森下です。親父の代から月島だけど何度も移転していて、月島の商店街、それから晴海の方に行って、その後は佃寄り。そこも立ち退きの話が出ちゃって、最近は月島も賃料が高くて借りられないから、そんなに遠くない森下に移ったの。

山崎　月島はあまり行ったことないですけど、若い人が増えてるんですかね。

業平　なんたってもんじゃがあるからな。あとレバーフライがいいんだよ。

山崎　もんじゃってそんなに美味しいかなぁ。

文雅堂　私は好きだけどね。小さいときから食べてるよ。

山崎　さて最後にエルさん、ずっと小岩ですか。

高橋　二十五で店を始めたから、もう三十一年だよ。

山崎　すぐ東部に通うようになったんですか。

高橋　役者だった佐藤晟也（佐藤書店）さんに連れてってもらったんだ。あの人が班長だったから組合に入るときも判子をもらってね。初めて東部に行く車のなかで「古本なんか売れないんだから、さっさとやめた方がいいぞ」なんて言われたのをよく覚えてる。でもあの頃に比べたら、今は比較にならないぐらい売れないよね。

山崎　僕が入った頃も「こんな悪いときによく古本屋になったね」って言われました。いつだってそうなんでしょうけど、悪くなったって言うのはいい加減飽きましたよ。本屋だけが特別悪いわけじゃないだろうし。

業平　今はもつ焼き屋なんかすごい流行ってるでしょ。みんな飲み食いにはお金を使うのに、何千円の本は高いっていう感覚はおかしいと思うけど、仕方ないのかな。

＊＊＊

山崎　今日の座談会では「下町」とは何なのかっていうことも話題にしたいと思ったんです。例えば飲みに行って職業を聞かれたときに、「柴又で古本屋をやってる」って答えると「下町特有の人情があるんでしょうね」みたいなことを言われる。でも柴又に人情なんか全然ないんですよね。特定の地域を「下町」と括ってしまうことにどうも納得いかなくて。

文雅堂　「浅草古書のまち」をやってた頃もせこい奴ばっかりだったよ。それに比べたら上野（古書のまち）の客は鷹揚っていうか、気質が全然違ったね。

山崎　高木さんは「俺は下町の本屋だ！」みたいな矜持はあったりします？

高木　ないない。日暮里とか三河島は「場末」っていう感じだね。実際、荒川区と台東区じゃ家賃も全然違うし、下町って言われるのは恥ずかしいよ。柴又なんかはこっちからすれば、差別用語になっちゃうけど「川向う」であって、下町とはまた違うよな。どうしても寅さんの影響が強いんだろうけど。

山崎　私たちは此岸で高木さんの方が彼岸になるわけですよね。寅さんには愛憎半ばするところがあって、週末になるとそれはもう大勢の人が柴又駅にやって来る。でも本当にただそれだけなんですよ。

　桜井さんは神保町から移ってきて、下町を感じましたか。

桜井　こっちの方が居心地はいいよ。見知った顔がいれば普通に声をかけあうし、鍵締めなくても空き巣が入ってこないしさ。

山崎　亀さんとこは前に金属バット持った黒人が店に入ってきたとか言ってましたよね。

業平　あんときはやべえなって思ったよ。夜の九時ぐらいにさ、190ぐらいある黒人がいきなり入ってくるんだもん。帳場に置いてある棒を掴んで身構えたね。そのうち出てっちゃったけど。あとさ、ゴルフクラブをむき出しで持ってくる奴がいるんだけど、あれはやめて欲しいよな。

山崎　完全に襲撃されてるじゃないですか。

業平　昔なんかしたのかなぁ（笑）。

山崎　下町の代名詞のようになっている月島はどうですか。

文雅堂　事件もあんまりないし、のんびりしてるよ。最近は高層ビルやタワーマンションが沢山できちゃって、下町っていうイメージからはだいぶ外れてきたかな。裏の方に行けばまだ昔みたいな風景は残ってるけど、「疑似下町」って感じだね。

山崎　谷根千とかだと古い建物をそのまま生かして新しくアトリエなんかにしますけど、そういうのはないんですか。

文雅堂　あんまり聞かないな。やっぱり賃料が高いからね。オリンピックも近くなって土地の値段もボンボン上がってるでしょ。昔なら月島のなかで空き店舗が見つかれば次に移れたけど、今はもう本屋をやってたんじゃ到底借りられないよ。

業平　どうしても家賃に食われちゃうよな。

山崎　そこでですよ、本じゃないものを同時に売って儲けるわけです。

業平　ブックオフも服とか家電をやってるからな。

山崎　いやいや、それじゃ結局リサイクルの範疇じゃないですか。もっと売れるものじゃないとダメです。やっぱり食べ物ですね。もつ焼きと古本、これで決まりですよ！

業平　あーあ、司会がバカだから話がまとまんねえな……。

＊＊＊

山崎　新しい人が増えているという話もありましたけど、せいぜい忘年会ぐらいで交流の機会が圧倒的に足りないですよね。高木さんみたいにロマンチックで人見知りの方が多いから、なかなかコミュニケーションを取ろうとしないし。

業平　東部会館ってさ、本当に今日みたいにずっとバカ話しながら振りをやってたよね。

機関誌部　また人が増えていけば、市場をやろうっていう話にもなりませんか。

業平　でも最後の方はやっぱり荷が少なくて、これじゃ難しいと思ったよ。神田はほとんど使ったことなかったけど、たまに見に行くといっぱい本があってさ、こういう風にならないといけないのかなって。

山崎　本部会館で東部の市場をやろうっていう話も持ち上がりましたけど、多くの人たちが「あの場所じゃないと意味がない」と言ったんです。それはもう東京の右半分に住む人間の気質なんだろうと思います。もし実現したとしても、良い荷物が出たときに神田の人が声を出すことを妨げられませんしね。本部で東部の市場を開催するのは現実的に不可能なんですよ。

文雅堂　荷物を集めて、現場を仕切れるだけのパワーを持っている人もいないよね。

山崎　各々がどう商売をするかというだけで、支部の今後を考えられる状態じゃないんです。

業平　会館がなくなって二年ぐらいは本部で役員会をやってたけど、話すことなかったもんな。

文雅堂　市場がなくなったことは今でも寂しいと思ってるけどね。

業平　昔は火・金でさ、金曜はとにかく人が沢山集まって座れなかったもんな。

高橋　マンガや文庫なんかは天井まで積んであったよね。何でも値段がついたし、本が欲しくてもなかなか買えなかった。

山崎　初めて本が競りで取引されるのを見たときは本当に感動しましたよ。入札はどうも味気ないと思ってしまいます。

業平　オレは入札が怖いけどね。東部でもたまに優良書市があったけど、全然落ちないんだもん。これからは神田で落札できるようにならなきゃいけないんだろうけど、たまには振り市に行きたいよ。もう声が出せないかも知れないけどさ。

山崎　明古で振りをやってますけど、単価が違いますもんね。「五百！」って言ったら「五百万」だと思われちゃいますよ（笑）。

機関誌部　東部支部の現状はわかりましたが、これからの商売について、抱負のようなものはありませんか。

高木　何十年と古本屋をやってきたけど、お客さんから仕入れたものをただ売るってことを続けてきただけなんですよ。頭はほとんど使ってこなかった。今までのやり方が見事にダメになってきているのは事実だけど、どうすればいいのかわからないんですよね。

山崎　高木さん、抱負ですよ！

高木　だからさあ、わかんないんだって。みんなに教えて欲しいよ。

山崎　いや高木さんのおっしゃりたいことは理解できるし、皆さんも同じような気持ちだと思います。見通しなんか立たないですよね。

業平　それでも古本屋が好きな人はある程度いるわけで、何か新しいことをやってみたいとは思うけど、その時間があったらネットに本を登録した方がいいんじゃないかって気もしちゃうんだよな。

高木　支部再生っていうテーマだって、もう三十年ぐらい前から持ち上がってるわけじゃない。でも今は支部だけが問題を抱えているわけじゃないもんね。

業平　神田なんかは人が増えてるんでしょ？

山崎　ほとんどは事務所じゃないですか。

機関誌部　そうだとしても、今は神田と東部に人が集まっているということになるんですかね。
業平　東部は将来有望ってことだな！
山崎　独立するなら日暮里や三河島がオススメですね。
高木　古本屋の再生は東部から始まるわけだ（笑）。
山崎　店舗販売は厳しいという話がありましたけど、私みたいなネット専門店も同じです。不安要素しか見つけられませんよ。古本屋同士の付き合いがなくなって、どんどん閉鎖的になっている気もするし。
文雅堂　自分の子供に古本屋を継げとは言えないよな。神田なんかはまた別かも知れないけど。
山崎　今回のような企画が組まれるときは「昔は良かった」という話がまずあって、「本が売れなくなった」理由が語られて、最後はいつも「それでもこつこつと頑張るしかない」と結論づけられますよね。それはもっともかもしれないけれど、前向きでいられる人ばかりではないし、景気が悪いことはみんな分かってるんだから、あえて触れないのが粋なんじゃないかと思うんですよ。読者だって同じような話ばかりではつまらないだろうし。
　だから今日は東部会館にあったような雰囲気を少しでも伝えられたらと、バカみたいな話をさせてもらいました。オチも何もなくて申し訳ないですけど、私はすごく楽しかったです。大先輩である皆さんが私にここまで気さくに接してくださるのは、やっぱり会館があったからなんですよ。なくなってから東部に来た人があの楽しみを味わえないのは本当にかわいそうだと思うけど、今だって私たちは新しい人と話してみたいんです。会館があった頃のように気がおけない人たちと仲良くなっていくことが、結局は不景気だなんだというなかで、各々の古本屋を励ますことにつながっていくと思いますから。
機関誌部　最後に何か言い足りないことはありませんか。
山崎　エルさんどうですか。小岩のヤクザに痛い目にあわされたりしてませんか。
高橋　泥棒には二回入られたね。一回目は裏口をバールでこじ開けられて、エロ本とデジカメと売上を持ってかれたの。だから開けられないように強化したんだけど、今度はトイレのガラスを割って入られてさ。怪我をしたのかカウンターの前が血だらけになってて嫌になっちゃったよ。まあ、組合の保険で色々お世話になったけどね。
山崎　最後の最後にいい話が聞けましたね！
業平　っていうかさ、これ「大先輩は語る」っていう企画なんでしょ。オレらよりもっと上に沢山いるけど、大丈夫なのかな。
桜井　なんとなく集めましたって感じのメンバーだよね。
機関誌部　なにか企画名を考えて頂けるとありがたいんですが。
山崎　高木さん、決めてください。
高木　うーん、ちょっと寝不足でさ、ひらめかないなあ……。
山崎　わかりました。「ひらめきの東部支部に話を聞く！」どうですか！
高木　これさ、クレーム来ちゃうんじゃない？

（４７０号／２０１５年６月号）

哀しき日々

古書現世　向井透史

某月某日

昨晩、台風で雨がひどくなる少し前ぐらいの時のことである。高田馬場駅のそばにある友人宅へ届け物があり向かう途中、近くにある大通りの交差点の角にあるビルのエントランスで酔っぱらった女の子を彼氏が抱きかかえるように介抱していた。もう傘が御猪口のようになってしまうような風が吹いてきているというのに大変な状況である。悲惨なような、微笑ましいような、そんな気持ちで見ていたら、戦争映画の死別シーンのように抱えられていた女の子が突然に叫んだ。「キスはいや！　人工呼吸がいい！」。なんだそれは！

某月某日

古本屋の集まりがあった帰り、集団で歩いていると、前の二人が早稲田界隈に新しくできた店を「すぐつぶれそうだなー」「半年持つかなぁ」とか次々と査定しながら歩いている。いつもは言われる側だというのにね……。「あっ、あの店はどうかな？」「もう限界だろな」。おい、そこはうちの店だよ！

某月某日

「あっ、もしもし？　実はね、うちの玄関入ってすぐのところに本棚置いてあるんですけどね、息子が出前でラーメン頼んだんですよ。で、そのラーメンをその本棚の端っこに置いちゃってひっくりかえして汁が全部、本にかかっちゃってね。で、一日経ったら臭いもすごいし、本も開かないしでどうにもならないのよ。おたく、そういうの引き取れます？」。無理だよ！

某月某日

ある週刊誌記者さんから、みかんをたくさんいただいた。自分で買いはしないけど、もらったらとても嬉しい。それがとてもたくさんなので、さすがに自分のところだけで消費できなそうなので、ご近所に配ることにした。ある場所に持っていって喜ばれたのだが、帰り際後方から「あら、今、みかん屋さんにみかんいただいたからあげるわ」という声が。みかん屋じゃないよ、古本屋だよ！

某月某日

歌舞伎町にある知り合いの事務所に買取へ。紙袋ひとつぐらいなんで、いつも飲みがてら閉店後の夜に行く。前から「殺しなさいよ！　やれよ！」と叫ぶ女性を肩に担いで歩いてくる金髪のごつい男が。その程度では誰も振り向かない街を、古本を抱えて歩いている。

＊＊＊

某月某日

朝起きたら、スマホの電源が入らない。あわてて開店前にドコモショップへ。椅子に座って順番待ちをしていると、受付におばさまがやってきた。「今日はどうされましたか？」「あのね、ＬＩＮＥの返事が来ないのよ。既読にはなってるんだけども」。それはここでは解決しないよ！

某月某日

数ヶ月に一度、店に入って来て一直線にレジに来てこちらをじっと見つめ続ける男性がいる。朴訥で真面目そうな人ではあるので、そんなに不気味さは感じないのではあるが。「なにか？」というと無言で帰っていく。その人が今日、初めてポケットティッシュをくれた。とはいえ、そんなものいらないし、なおさら怖くなっただけなのだが……。

某月某日

「なにこれー、百円の本だってー、かわいー！」「かわいー！」と四人組の女の子たちがスマホで店頭にある百円ワゴンの写真を撮りまくって帰っていった。かわいいってなによ……。

某月某日

たまに撮影に使わせてほしいという話がくる。学生さんが作る映画などの話もある。「あのぉ、撮影場所探していましてぇ」「どんなの？」「詳しく説明させてもらいますと、古本屋さんにテント建てさせていただきまして、怪獣が住んだり壊したりして、太陽が爆発して……」全然わからないよ！

某月某日

連休がせまってきて、うちのような吹けば飛ぶよな店でもお釣りが心配である。自営業にとっては連休なんて迷惑以外のなにものでもないのだが。お札を握りしめ、銀行へ両替に向かう。お札を窓口に渡して席に着こうかと思ったら後ろから「あっ、お客様」の声。ふりむくと「あのぉ、こちらが挟まっておりましたので……」と言って返してもらったのは某飲食チェーンのモリモリサービス券。恥ずかしい……。

＊＊＊

某月某日

渋谷でのある事務所の本の買取下見の帰り、山手線車内でずっと西城秀樹の「傷だらけのローラ」の出だしのリズムで「令和〜」としつこく歌っているおじさんがいて、疲れも重なり若干の殺意を覚えた。しばらくおとなしくしていたおじさん、まもなく高田馬場に到着というところで再び「令和〜」。中西進先生に謝れ！

某月某日

ＮＨＫのある場所を三日間定点観測する番組「ドキュメント72時間「学生街・高田馬場　いつかの〝青春ロータリー〟で」が放送されていた。妙にほのぼのとしたステキな感じだったが、馬場のロータリーといえば酔っぱらった学生がドカドカとぶつかってきたりして、一歩間違えたらニュースで報道されてしまうような事件をおかしてしまいそうな衝動を感じられる場所でしかない。それはここ数日の店の売り上げのせいかもしれない。俺のやすらぎよ、どこへ。

某月某日

41歳の無職男性が中学生から「大人をなめるな」と二百円を脅し取ったというニュースを聴き、犯人に想いを寄せてしまった。それはここ数日の店の売り上げのせいかもしれない（しつこい）。

某月某日

自動販売機の釣銭口に次々と

手を入れているお年寄りを見かけた。何も無かったのであろう、大きな舌打ちを聴く。ふと自分の将来に想いを馳せる。それはここ数日の店の売り上げのせいかもしれない（もうやめます）。

某月某日

出張買取に行って、ちょっと昼休みをいただき昼食を食べに出かけた。比較的駅に近いこともあり、どこも入れず結局コンビニで弁当を買って近くの公園で食べることにした。幸せ気分で唐揚げを頬張っていると、目の前の子供が葉っぱを「一億円、二億円、三億円……」と数えている。なんと景気がいい……。そんな子供の遊びに動揺して、自分は唐揚げをひとつ落とした。

某月某日

近所のお客さんがふらり均一本を買いながら世間話。「聞きました？　吉本の芸人の」「ああ、闇営業してたってやつ」「向井さんも気を付けてくださいよ」「古本屋の闇営業ってなんすか（笑）」「いや、闇営業っていうか、困って振込詐欺に手を染めたりさぁ」。どんな心配のされかただよ……。

某月某日

五十代と思われるサラリーマン風の男性が外の本を持って入ってきた。「これいくらかな？」「百円です」「あっ、百円かぁ、高いなあ」。いや、百円が高いって言われたらどうしたらいいんすか！

＊＊＊

某月某日

郵便局で、派手なアイドルっぽい恰好をした女の子が局員さんに「あのぉ、こちらのご住所は……」と聞かれて「あっ、わたし、このメロンソーダ国イチゴジャム市に住んでいることになっていてー」とか答えるステキな場面に出会った。

某月某日

選挙に行くつもりが、気づいたら後楽園に到着。しょうがないから馬の投票もしてみた。結果、こちらは投票しなければよかったみたいです。

某月某日

ついにやってきた。八月。早稲田大学が長き休みに入り砂漠化する夏本番である。どうせいつも売れない売れないばっか書いてるんだから同じでしょ、と思われるかもしれないが売れる売れないから、まったく人が入ってこない季節が始まったのだ（三軒横のパフェ屋さんが満席なのは見てみないふりをしている）。小林虎三郎は贈られた米百俵を売却して未来に投資したが、今の自分なら食べちゃうね、間違いなく（おい）。

某月某日

まったくドアが開かない。クーラーが効いた快適ではあるが敵がいないのに四面楚歌状態の店内。夕方ぐらいになるとつい「タピオカ」「販売」などと検索をしてしまっている。

某月某日

同業者しか入ってこない店。「なんかさぁ、いい薬ないかなあ。『ミセウレール』とかさぁ」『カンコドリー』を服用しちゃってますからねぇ」「『カネハイール』売ってないかなぁ」。人間、お金に困るとこんなことを真面目に話すようになるのか。怖い。

某月某日

毎年この時期になるとふと思うのだが、がんばって二十四時間営業するから募金をいただけないだろうか。もらえませんね。

某月某日

誰も来ないので、トイレに入りわざと水たまりにジョボジョボと小便を豪快に音をさせながら済ます。トイレから出てレジに戻ると、若い女の子が一人いた。時間を戻したい。

＊＊＊

某月某日

東新宿にある知り合いの事務所に本を届けに。用事を終えてビルを出ると、Tシャツがビリビリに破れたまま警察に囲まれて「出来心なんだよぉ〜」と叫ぶおじさんが。顔も血だらけだし、出来心にしては悲惨すぎである。

某月某日

三ヶ月くらいに一度ご来店いただくお客様。名古屋に住んでおられるようで、仕事に来たついでにお寄りいただいているらしいのだが、なぜか毎回「これがあると安心だから！」と『正露丸』を下さるのだが、そんなに使えないですよ！

某月某日

久しぶりに日曜日の買取。隣町まで。到着してチャイムを鳴らすと、奥様が。「えっ、主人は今日、野球しに行っちゃっていて。忘れてたのかしら……。でも昼には帰ってくると言っていたのでしばらくお待ちいただけます？」。しようがなくお茶などいただきつつぼんやりと待つ。奥様の携帯が鳴った。「あっ、はい、はい、わかりましたー」。走ってくるスリッパの音。「すみませんー、なんか試合に勝って祝勝会してから帰るからお昼いらないって……」「えっ、来てることは伝えていただけましたか？」「あっ、忘れてましたー」。どうなってるんですか！

結局、しばらくして赤ら顔でユニフォーム姿のご主人が帰ってきて、持っていく本を指定して祝勝会へ戻っていかれました。

某月某日

知り合いに二千五百冊の本を出品するため業者市に運んでもらい、いつもの店が戻ってきた。その後入ってきたお客様「すごい本だねぇ。山積みで。少しは整理しなさいよあなた」。うちは元に戻っても汚い店だった……。

十月某日

閉店後、歌舞伎町。消費増税になり、クソめんどくさい軽減税率とかいうまやかしも始まり、コンビニでも持ち帰りは８％、イートインは10％ということになったのだが、さすが歌舞伎町、五人中、四人がそのコンビニで買ったものじゃないものを食べているんだからすごい。

某月某日

閉店後、本の整理。巨大な美術全集を縛っていたら、ちょうど店の前を同業者の友人が通った。美術全集を移動するのを少し手伝ってもらう。「あーっ、なんで美術全集ってこんなに重いんだよーっ」と思わず叫ぶと「お前もな」と友人に腹をさすられた。

某月某日

コンビニで行列ができていて、何かと思って聞き耳たてたらレジ前であきらかに関わりたくない雰囲気のやばそうなおばさんが「わたしは消費税払わなくていい人なの」とか言ってごねていた。これが噂の上級国民というやつですか！（絶対違う）

＊＊＊

某月某日

今日は大学での古本市の出番ではない日。とはいえ棚などは自分で直したいので、店から昼過ぎに会場へ。階段を下りたら、ホームレスのおじさんが独特の寝相で椅子の上で寝ていた。通り過ぎる際、さっと顔をのぞくと、それは休憩中の古本屋だった……。

某月某日

閉店後、夜の郵便窓口に荷物を出しに行く。結構な行列ができている（正直言って、不在荷物の引き取りと通常の郵便業務は窓口分けてほしいよ）。なんだか前が進まないなと思っていると若い女性が不在配達を取りに来たらしいのだが、不在連絡票を持っておらず身分証も持っていないというなかなかの方で、ついには「私は私！　私だってことは私が知ってるの！」とか叫びだすと共に、同じく横では「送り先の住所がわからないのよ、ちょっと検索してくださる？　あと息子の会社の名前もわからないの」と白髪のおばさまがでかい声でせまっている。大丈夫なのか、日本！

某月某日

ちょっと陰謀なんじゃないかというほどに雨が続いている。「大工殺すにゃ刃物はいらぬ、雨の三日も降ればよい」と言うが、外仕事じゃなくとも古本屋も死にそうなのである。やはり雨の日に本買うというのもなかなかハードルが高いのであろう。お客さんが入ってきたと思い心躍らせると商店街費の集金だったりと心にも雨が降りますです。

某月某日

店が珍しくめちゃくちゃ売れたので、怖くなって出かけずに家に帰ってきた。ワゴンの下にジュースの缶が置かれていたのも、自宅マンションのエレベーターが最上階に行ってしまっているのも、きっと売れたせいなんだ。出かけたら、交通事故にあうんだきっと。身の回りのことすべてが怖くなる貧乏性。

某月某日

百円にしようかなあ、でももったいないから三百円にしよう、という店主個人の二百円の欲を、お客さんは決して買ってくれない。

某月某日

朝から百円均一の本をひたすら荷出し。拭いて、ブラシでほこり落として、えんぴつで百円と書いてワゴンに入れていく。時間が早く感じられる仕事、いいことだ。真面目に仕事していたら、たまにいいことがある。お客様から、なんと差し入れをいただいてしまった。なんと松屋の新しくレギュラーメニューになった創業ビーフカレーである。主食を差し入れたくなる体形だからかしら……。先日も吉野家の牛丼をもらったばかり。金は来ないが、メシは来るのがわが店。

某月某日

店で飼っている猫が帰ってこないなあ、と店の外を見に行く。声をかけたりきょろきょろと見まわしていると、隣のマンション敷地の茂みの下にて、うちの猫が知らない猫と密会しているのを発見。思わず名前を呼ぶ。そんな時に目が合うと、猫でも週刊文春に撮られた芸能人みたいな顔するんだな……。

某月某日

閉店後、某中華料理屋へ。餃子を頼み、チューハイを飲みながらつまんでいると、今日がクリスマスイブだと気づく。餃子の写真をスマホで撮り、自分のツイッターに「クリスマスケーキです」とあげたら、いくつもの励ましをいただく。せつない。

某月某日

残業中であるがコーヒーを飲みたくなり、並びにある銭湯の前にある自販機まで買いに行く。すると暗闇の中、街灯の淡い光に照らされて人が倒れているではないか。あわてて駆け寄り声をかける。すると仙人のような髭面の老人が顔をこちらに向け怒気を含んだ感じで「あー？」と棘のある唸りを投げてきた。そこで自分は理解した。これは……ただ自販機の下の小銭を漁っていただけだ、と。

＊＊＊

四月某日

国からマスクが一世帯二枚配られるという。チリ紙交換を思い出す。

四月某日

早稲田大学が春季授業をオンラインでやるという。さらに今月から大学が完全閉鎖になるらしい。大学もない、早稲田松竹もない早稲田なんて「新宿区無人島」なんですけど……。生きていける気がしない。

四月某日

古書会館まで閉鎖になるという。「ヨブ記」かよ！　神様！

四月某日

久しぶりに、元いこい書房さんに会ったら「ゴモラ（たぶんコロナのこと）なんか燃やしちゃえばいいんだよ」と言っていた。直後、物凄い厚底靴履いたおじいさんを見た。こんな時は変なことひとつで和やかな気分になる。

四月某日

明日から大学が完全閉鎖になるので、用事で来た先生が結構寄ってくださった。「また生きて会いましょう」。自分はこれから出征するのだろうか。

四月某日

なんか関係ないのかと思っていたら、東京都の感染防止協力金がもらえるらしい。明日から休めば。ほんとにもらえるんかな。

四月某日

通販頼みのこんにちというのにプリンターが壊れ、昨日買い直した。ＰＣにつなげたらなかなかプリンターを認識しない。1時間たってもつながらない。調べたらプリンターの電源が入ってなかった……。バカすぎる。

五月某日

毎日、シャッターを閉めて作業をしている。でも、猫が出入りできるくらいに下を開けている。夜、帰ろうとしたらその隙間から店内に封筒が投げ込まれていた。開けてみたら、励ましの手紙とお金が入っていた。美味しいもの食べて元気だしてください、と。早く、店開けたいな。

＊＊＊

某月某日

営業再開の日。なんか忘れているなと思っていたが、お金だ。小銭を両替しないとスッカラカンではないか。慌てて銀行へ。窓口で待っていると、おじいさんが「今日はご本人様の確認ができるものはお持ちですか？」と聞かれ、まさかの新聞の投稿欄を見せているではないか。「ここに載ってるんだけどね……」。それは無理ですよ！

無事開店。大家さんが一冊買ってくれてこれが口開けになった。近所の方も寄ってくれたりして多すぎず少なすぎずの再開日となった。やはり自分が社会の片隅でもつながっているんだ、という実感がもてうれしい。閉店後の店で、一本だけ缶のレモンサワーを飲んだ。

（４９０号～５０１号／２０１８年10月号～２０２０年８月号）

私の一日

江東文庫　石尾光之祐

私の一日についてあらためて考えてみると、何やら判然としなくなった。

一週間のうち月、水、金は神田の市場に出むく。現在ほとんど仕事をしていないのだが、市場には行く。いろいろのひとが「優雅な生活ですねえ」と言ってくれる。優雅だと言う表現のなかには、仕事をしないでも日が送れることへの羨望があるようにも思えるが、いくら仕事をしても「もう間に合わないのだ」と言う私の諦めにだれも同情している訳ではないし、優雅と言うものが老人にとっては淋しいことだと言う理解に及んでいないふしもある。

市場の帰りに必らず飲酒することにも「道楽商売はうらやましいね」などと言う。ひとは仕事と飲酒を短絡しているらしいが、私は仕事をしていないから当然金がない、だから金もないのに毎晩のように家以外で飲酒をすることに心胆をくだいている有様なので、飲酒によって生じる弊害や疾病にまでとても気を配る余裕がないことに、他人は気づかない。

しかし自分でも仕事が道楽なのか、飲酒が道楽なのか判然としないと言ううらみもある。月水金の夜のために火木土が予備日か休養日と化している現状はひとさまに言う必要もないであろう。

以前は火曜日には支部の市場にも出かけていた。近頃はそれをやめた。おもてむきの理由は支部市には雑本ばかり出品されて、黒っぽいものがないと言うことにしてあるが、事実はややちがっている。

支部市に出かける日は郊外住いだから朝早く起きる。老人は早朝でも目が覚めるだろうと言う偏見があるが、こちらは前の晩のつづきだから早起きが苦痛である。市場では居眠りをしていて本を買ったことがないから、振り手におどかされる。居眠りの方か、本を買わない方を怒っているのかはわからない。昼食の代りに飲酒がはじまり、私も止むを得ず仲間たちにつきあう。私のとりえはつきあいがいいことにちがいない。こんないきさつがつづいて気がつくと、どう言う次第でか見知った町の見知らぬ朝のしらじら明けを迎えていることがある。

このようなだらだらとした区切りのない日は一応反省はしている。

「支部市は健康によくない。もう行くのは止めよう。あんなアル中たちとつきあっていると、まるで自分もアル中になったような気がする。」

月水金の夜は電車に乗るとたいがい終点まで一応行くことになり、そこから下車駅まで戻るから余計時間がかかる。この問題の解決には私が電車の終点駅近くに引越すよりは、私の下車駅を終点にする方がいいが、現在の終点駅の一つは高尾山である。私はいつもこの黒い山を眺めると、四季おりおりの緑の山の美しさが想像出来ないので、なぜこのような黒い山にひとびとがハイキングに行くのかと思っている。

ある真冬の夜には、どうした理由でか山梨県の大月と言う駅で目が覚めた。上りの列車はなかった。駅前には屋台が出ていた。たくさんの人が飲酒をしていた。あつかんの酒を立ちのみしながら彼らの話をきいていると、彼らのすべてが朝の上りの始発を待っていることがわかった。私ひとりでないことは酒の味がよくなることである。酒は孤独ではない。

このようにいつも乗車時間が長いから下車駅に着くとほぼ酔いが醒めると言う欠点がある。止むを得ず、家の手前にある夜明かしの飲み屋で少し飲む。

この少し飲むと言う表現は、家の近くだから近所の手前をはばかる意味あいである。

飲みながら考える。

「一日は一体どこからどこまでが一日なのか。目がさめて眠るまでが一日だとしたら、今夜も私は午前二時近くまで飲酒をしているのだから、まだ今日のうちと言うことになる。飲み屋に入ったとき、ここのママさんは客におはようとは決して言わない。だが、時間の問題から見れば現在は正しく明日になっている。こう言うくいちがいを冷静に考えると、二日に亘って起きている私はいつも明日なき男と言えないこともない。

こんな酒飲みの判然としない一日を解明するってのは、酒を飲みながら考えるテーマとして一番ふさわしくない。

根本的には機関誌の特集が原因である。このような特集は紙の節約になると言う建て前で廃止すべきではないのか。それにしても家までずい分遠いねえ。」

（310号／1988年10月号）

よるべなききくさのたつせはなきや

丘晴《きゅうせい》　堀口　稔

読書経験は幼い頃から少なかった方だと自覚しているのだが、そんな自分がなぜ古本屋になったのかをまず始めにか細い記憶の糸を手繰って本との関わりを探ってみると、遥か昔の事、物心ついた童は鄙の貧しき生まれの身なれば周りに本らしきものなど殆ど存在しなかったようで、それよりも山家育ちらしく一日中野山を駆け巡って飽くことを知らない子には書物に親しむ暇もなかったに違いないと想像するのだが、それでも小学校に上がれば否応なく本には接する事になるので、追々自分でも手に取って読む機会もできたものの、噂には聞いていた図書室へは縁なき聖域と畏れて近づかず、ようやく六年生になった時どういう訳か図書委員を拝命、と云うより押し付けられていきなり本に囲まれることになったが、一旦我が家へ帰ればまたそこは教科書の他には本の姿もなくて、ときたま親の顔色を窺いつつ拝み倒して得た幾許もない小銭を握りしめ目指すは近所の貸本屋、あれこれと立読みをしつつ選びに選んだ一冊の少年漫画月刊誌を貪るように隅から隅まで読み尽くしてはその世界に浸るひとときに陶然となるといった日々を過ごしたのだが、さて中学に入ると、お定まりの新聞配達をはじめ色々なアルバイトで小遣いを作ってようやく自分で新刊書を買うことが出来るようになり初めて本屋に足を踏み入れる日が来たのだが、その時買った本は今考えるとその書名に眩惑されたのか角川文庫の『浮世風呂』とはちょっと変わった選択だったに違いなくて、当然すらすら読める筈もなく良く判らないままに最後迄読み通したのは我ながら感心するが、本当のところはもったいないという生来の貧乏性が働いた故であろうか、今でもその一冊は実家のどこかに眠っている筈で、機会があれば捜し出しても一度対面したくもあるが、ごくありふれた本で果たして感慨の程は如何ならんと訝るうちにもう一冊思い出したのは、やはり中学生になってその存在を知った古本屋という所で手に入れたもので、その古本屋というのは近くの町に行った時に偶然見つけたのだが、お客のいない、おまけに店の人も何故か見当たらない商売っ気のなさそうなところで、薄暗い店内の棚を端から見てゆくと、何やら呼び寄せられるような気がして手に取った国枝史郎の『蔦葛木曽桟』、御存じ平凡社の現代大衆文学全集の第六巻で、その刹那この本は稀少なものに違いないと直感（お笑い召さるるな、その時は初めて古本屋に入ったこと故、またあまりにも古本屋の世界を知らなすぎたのであるからして）し、幾ら払ったか忘れたがとにかく急いで帰ってすぐ読み始めたらさあ止まらない、面白くて面白くて伊藤幾久造の挿絵にも魅せられつつ夢中になって一気呵成に読了してしまった程に印象が強かったので、その後国枝史郎のものは求めて読み耽るようになり今日に至っているが、残念ながらお金に困った時に泣く泣く手放したりして殆ど残っていず、今の人気振りを知れば残念な限りで、再び入手したくても高くて手が出ない為体なのが情けないが、それはさておき、その後幾星霜、徒らに馬齢を重ねるうちに古書との付き合いは細々と続いていたが、高校中退の穴を埋めるべく一念発起して入った専門学校の学費と生活費を得る為に古本屋のアルバイトをしたのがきっかけで、心の片隅に古本屋のオヤジも悪くはないなあという考えが兆し、学校を出たあと就いた仕事も次々と変わってゆく中で選択肢として最後の一つとなってしまったが、相変わらずの赤貧生活では僅かばかりの元手しかなく、どうやって糊口の道を得たらいいのやら、せめて一日二回は飯を喰いたいがままならぬこの厳しい現実を前に悪足掻きとは知りつつも一言、どなたかウチの本を買って下さいまし……って、お客さん誰も聞いちゃいないよね、だってここは楽屋裏だもの。

（404号／2004年6月号）

編集後記

古書落穂舎
栗原勝彦

◆神田古本街の一角、歩道に面したウィンドウの中ちょっとばかり気になる書物が置かれていた。アンチ・ミステリーといわれながら戦後ミステリーのベスト3に数えられ、相変わらず初版本の人気は衰えず、幻想文學とも異端文學ともよばれ異彩を放っている『虚無への供物』（昭和三十九年）。それは塔晶夫こと中井英夫が贈った「三島由紀夫宛の献呈本」なのであった。この本の献呈本は珍しいわけでなく市場でも三度ほど見かけているが、ついに〝耽美派〟作家への最高の供物が出たかという感がする。ちなみに『キョムク』は第八回乱歩賞を狙ったものの、未完ということもあって佐賀潜「華やかな死体」、戸川昌子「大いなる幻影」に譲り次席であった。乱歩自身は大いに惚れこんだが……。しかし、気になるというのは頁の開かれたまま隣に置かれたひとつの雑誌、「虚無への供物」序章が掲載されている『アドニス』ADONIS（昭和三十年）という雑誌のことである。『アドニス』は男性自身のための〝Homosexual〟な会員制同人誌。中井英夫がこのようなまがまがしき紙面に何故自恃たる作品の書き下ろしをしたのであろうか。しかも碧川潭という筆名で。だがそれは四回ばかりの掲載でやめてしまった。彼は短歌雑誌の編集長として、おおくの新人を育て、前衛的な歌人、寺山修司や塚本邦雄らを世に送り出した。なかでも「乳房喪失」の中城ふみ子との感動的な出会いはよく知られている。そのかたわら『アドニス』などと戯れている中井の心中は通常の人間ではわからない。この初出のアドニス版「虚無への供物」と定本版のそれとの比較は好事家に任せるとして、興味を引くのはもうひとつの兄弟誌（文芸版というのだが）『アポロ』にも中井英夫は「とらんぷ譚」など数編載せていること。ところがである。同じ『アポロ』に三島由紀夫自身も名前を変えて執筆していた。聞くところによれば、作品は『憂国』の原型といわれている「愛の処刑」で、〝榊山保〟名とのことだ。どうもこのお二人の作家は、なにか言い知れぬ重くて黒い気質のようなもの、妖しげな独自の〝月光の領域〟を先験的に所有しているようだ。ひとつの優れた作品が地下出版の名のもと埋もれていたと考えるよりは、さしずめ透明なガラス容器の内部で純粋培養された、一種〝人外〟的な感性のみが、ときに芸術的にすぐれた異次元世界を誕生させるということなのだろうか。

（403号／2004年4月号）

◆「江戸川亂歩展」を見る。永遠の開かずの間、亂歩〝藏の中の幻影城〟の扉がはじめて開かれた。とはいっても展覧会のことである。池袋にある乱歩邸の書斎でもあった書庫藏は、誰もが覗き見たかった噂の城である。秘密の部屋のベールがいままさに解かれた。二十一個にも及ぶ自著箱には自らの作品群がぎっしり詰まっていたという。処女作「二銭銅貨」を含む第一創作集『心理試驗』などの創作探偵を代表とする初期作品から、異色作『陰獸』をはじめ、『吸血鬼』、『幻想と怪奇』、『幽靈塔』、『孤島の鬼』おなじみの『少年探偵團』、『明智小五郎』そして稀覯本『江川蘭子』など輝くばかりの著作である。また華やかな表紙で飾られた戦後の仙花紙本に至っては、めったに見られない珍本がいくつか陳列されていた。これらが一堂に集まることは今までなかったことである。

そのなかで今回最も注目されていいのは、全九巻から成る亂歩自らが蒐集作成した『貼雜年譜』であろう。そこには、膨大且つ種々雑多の新聞や雑誌の切り抜き、手書きの地図や絵、書簡・短文、はては紙幣、賞状などの時代の証拠品が、四十七年間分スクラップブックにされ並べられているのだ。日記をつけなかった亂歩は、徒然に貼り付けた自分のための備忘録だといっているが、今日の人間が『貼雜年譜』をひとたび繙くと、不思議なことに亂歩の時代〝モダーン都市東京〟の映像が浮かび、その主人公のひとりとして、いつのまにか歩き出している自身に気がつくのである。そこに貼られた捨て難い、たった一枚の古き紙片が、時代を破壊し人の想像力を異常に促してしまうのか、あるいは、人はいつもどこかで何かを求めているそれがため、過剰に自己の分身を作り上げてしまうのか……。『年譜』が作品以上の作品であるとは亂歩自身も思わなかったかもしれない。ついでだがこの『年譜』自体にも、底に流れている亂歩の特異な性格の一端を発見するのは私だけではないであろう。

ところで、夢野久作の代表作『ドグラ・マグラ』(昭和十年)が硝子ケースの中に端然と置かれていた。言うまでもなく亂歩に宛てた献呈本。久作の署名本は意外にこの著書に多いことは彼の日記でわかる。出版記念会で知人に書き与え、元の題名は「狂人の解放治療」ということもあってか、見知らぬ精神病院にも署名して送ったりしている。すでに全集を出し作家として充実している亂歩に、初めての大作『ドグラ』の単行本を贈った久作の心境はどんなものであったろう。また贈られた亂歩も、デモーニッシュなドグラの世界をどのように夢見たのであろうか。久作、死の一年前のことである。

(397号/2003年4月号)

逐電

白鳳書院　鈴木吉繁

上野駅前の「上野古書の街」は場所を変えつつ七年が過ぎた。私はアルバイト担当・面接が主な仕事だが、真夏の暑いある日ひとりの女の子が大きなバッグを抱えてやってきた。履歴書の住所は大阪になっている。

五日前に大阪から上京してきたとのことで、これは家出だなと閃いた。二十二歳と家出をするには遅い年齢だが、男から身をかわしてきたかもしれず、何れにしても〝わけあり〟をお金を扱う仕事につかせることは無理と判断して、すぐに断ろうと思った刹那、私自身が十五歳のときに家出をして大阪へ行ったときの記憶が、この女の子によって合鏡のように在り在りと蘇ってしまった。

とにかく何でもいいから仕事がしたい、と言う切羽詰った思い詰めた顔を確かに私もしていたはずで、昭和四十五年、万博で賑う大阪の街を十五歳の野良犬のような目で、私はさ迷っていた。大阪へ着いた日の前日には梅田の工事現場で大爆発があり、十数人が死んだ話や、その事故で知人が死んだおっちゃんの話などを聞きつつも、誰も知る人とてないこの町で、一文無で生きていく術ばかり考えていた私には、まったくの他人事だった。

梅田近辺を数日うろついて次は此花区、次は西成、そしてドヤと生活を移しつつ、一ヶ月ほど大阪の底辺をさ迷い歩いて、親切な人が実家へ連絡して親が迎えにくるまで、今から思へば一文無で奇跡のような毎日を過していた。後年よく母親に、あのまま大阪から連れ戻さなければ、私は立派な一流のやくざになって豪邸を建て、ベンツで迎えにきて親孝行ができたものを、と残念がってみせた。

　この体験は若い私に絶大な自信を与えた。体一つで自分の才覚で日本中どこでも生きていける、どんな危機も必ず回避してみせる、と言う謂のない自信。あるいは匂いを嗅ぎ分ける嗅覚のようなもの。いれずみが恐いのではなくて、銀行員みたいな顔をして誠実を装う奴が一番恐いと言う本質を見抜く目を、悲しいかな十五歳で身につけてしまった。

　今から思へばただ幸運なだけだったのだ。思慮浅く無鉄砲なだけだった。美少年系だった私はホモに迫られたり〝アヒル〟と呼ばれる胸まで水に漬かって一日働かせる現場へ連れていかれそうになったり、女を抱かせてやると言われて巨大な倉庫へ連れ込まれそうになったりで、まったく紙一重で無事だっただけのことだった。

　面接にきた女の子を無下に断れなくなった私は、東京で長く暮らすにはまず部屋を借りること、そして住所がはっきりすればここで働いて欲しい、と伝えた。行場がなくて風俗の店にでも行かれるとやはり後味が悪い。大阪で受けた親切や恩を、彼女に返さなければならない。彼女から電話のくる日が数日つづいた。そしてプッツリと跡絶えた。安住の場所を得ただろうか、と気に掛かっている。

（418号／2006年10月号）

神保町物語

書肆ひぐらし　有馬浩一

　真夜中だというのに雷鳴をともない降りつづける激しい雨音は、真夏の夕立のようだ。全国各地で気温は四十度近くを記録し熱中症患者が多発した異常な夏も過ぎ去り、野分は走りあとは秋の深まるばかりと思いきや、これは亜熱帯な夜である。

　蒸し暑さに流れ出る汗にまみれながら、店に積まれてあるボーの（古書市場に出品しても金にならぬ）本の山を真夜中に独り家にも帰れずながめていると、これが二十年近く古本屋をやってきた僕のありさまかと思い情けなく涙も出たくなる。弾も尽き矢も尽きてじっと息をひそめるようにしてジャングルに一人とり残された日本兵のような心細さで、汗をふきながら外の激しい雨音を聞いている。今は秋の読書週間神田青空古本祭りの仕込みの時期、これからが勝負なのだが目の前のボーの山から古本祭り特選会場の目録品を百冊ばかり掘り出さなければならない。何をもって特選と銘打とうか、首をかしげ逆立ちでもしたくなりながら、もう夜明けは間近だ。

しかし、夜が明け空が晴れてでもいてくれたらボーの山も店頭の百円均一棚に並び、店もにわかに活気づき僕も少しは元気が出てきて、ちらりほらりと現れる店頭の常連客にご機嫌を伺う。理由あって市場で本を仕入れることのできぬ今は、店頭の客の情報や知恵が頼りで、百円均一本の中から古書展の目録品を選び出さなければならない。斜向かいのビルにある彷書月刊の編集長なないろさんが通るものなら呼び止めて必ず見てもらう。元祖均一小僧とも言うべき人で、今や某作家の代名詞ともなっている均一小僧というコピーはなないろさんのものではなかろうかと思っているがどうだろう。

どこかで本も処分せねば店内はボーの山で一杯になり片付かないのだが、なないろさんに見せるまではそう簡単には処分できない。彼が目録に使えと店頭から選んでくれた本は古書展で驚くほど良く売れるのだ。彼に教わり面白いと思い目録を書く、面白くも何ともない本を夜中に延々と目録書きしていると泣きたくなるが、そんな目録は客も見てくれないし本が売れるはずもない。古本屋が面白いとか珍しいとか思いながら書いている古書目録を客はやはり正確に読んでいるのに違いない。ところでつらいつらいと思いながら書いているこんな作文は、どんな読まれ方をされるのだろうかと思うと不安にもなるが、目録も作文も書くというところでは同じようなところがある。

それにしてもあれほど幅広い本の知識がありながら神田の古書市場の入札会にも姿を見せないなないろ文庫の独自なスタイルを以前から不思議に思っていたが、特選古書という言い方があるようにその対極に均一小僧なる自己主張もななないろ文庫ふしぎ堂あたりを発祥地としてあるのだろうと思う。

古書市場のペナルティーで自宅謹慎中のような身であるが、古本屋にとって古書市場がいかに生命線であるかを身につまされている。古書市場の役員としてお世話になっているNさんには、うちの商売が危うくなってきた二年前から市場で会う度に酷くボロクソに言われてきたが、そうでなければとっくに古書組合から僕は消えていたかも知れない。面倒見の良さにもいろいろあるが、人とは解らぬものだという感慨もある。

そんな境遇の中でなないろさんには古本の裾野の広さを教えられたようでもあり、僕もまだまだやっていけるような元気も出てきたわけだ。

この夏、一つ異変があった。

今の場所に店を開けたばかりの頃、夢野久作『ドグラ・マグラ』の初版本を持ち込んだ客があった。福岡で初めての全連（全国古書組合大市会）が開催され、『ドグラ・マグラ』が百万円いったかいかなかったかと随分と話題になった頃だ。僕はまだ高価な初版本を扱った経験もなかったが、市場の経営員として働いており、入札会での『ドグラ・マグラ』を自らの手で開札したことがあった。初版本の東西の雄、玉英堂と浪速書林の一騎打ち、手に汗を握り桁を間違えないようドキドキしながら開札した、どちらに軍配が上がったか忘れたが六十万から七十万円の間で決着がついた。そんな経験もあり『ドグラ・マグラ』と聞くと、どこかクラクラしてくるが、それを買うためにサラ金に走った。五十万円で買っても市場で右から左に売れてすぐに返せるとそんな気持ちだったのだろう。それを市場に出品してみると三十万円にも届かず、僕はまっ青になった。本の状態の良悪に思いも及ばぬ程に初版本を商った経験に乏しく、また福岡での全連の評判で、無いと言われていた『ドグラ・マグラ』の初版本が度々市場に顔を見せるようにもなっていたのだ。

思えばそれ以来、サラ金とは長い付き合いとなってしまったが、それがこの夏に突然終わった。一つは営業停止となり、一つは利息を多く払い過ぎていたのだという。徳政令が出たような手品を見せられたような不思議な気持ちもするが、失敗は繰り返さないようにしなければ。

九月二十五日、今日で古書市場でのペナルティーの解ける日だ。空はすがすがしく晴れ渡り、道端には彼岸花も咲いていて赤とんぼも飛んでいるではないか。いつの間にかこんなに秋らしくなって、今日はきっと吉日であろうと思いながら神保町に出かけていった。

またいつの間にか月末にもなっていて、神保町交差点の銀行で一策氏にばったりと出会った。僕は借りがあり、明日には何とかしますからと、今にもサラ金に走っていくような勢いで言った。無理なことをすれば前と同じじゃないか、ところで本当に返せる日はいつだい。一新会の大市には間に合った、青空古本祭りも成功するに違いない。それではその日に約束しようじゃないかと救世軍の前のオープンカフェで元銀行員の一策氏は、金の借り方やら約束ということを静かに話しながら教えてくれている。

僕は変わらなければならないと思った。二ヶ月ぶりに参加できる古書市場には背広を着ていくようにしてもいい。あいつは変わったと、いつか噂されるように。

（424号／2007年10月号）

何があっても我が人生

青木書店　青木正一

近年、古本屋に目覚めた。楽しくて仕方ない。次々に出会う本は、無学な自分に本の楽しさを教えてくれる。店には本があふれ、棚に入らない本が山となる。

古本屋になったのは二十一、二で、何もわからなかった。父が古本屋だったので、家業を継いで二代目となり自分にとって一番ふさわしくない職業となった。行動派の自分にとって、本という内なる宇宙は、苦痛以外の何ものでもなく特に店番は、じっとして居られない我が身にとって、拷問に等しかった。その頃、本というものは、現実に体験出来ぬ人が、本の中で疑似体験する為のものだと信じていた。なぜ本屋など継いでしまったのかと、毎日毎日悔いた。

そんな自分がなぜ今日、古本屋にハマってしまったのだろうか。それは第一に、本が少しだけ見えて来た事にあるだろう。或る日、乱雑に入っていた棚の本を仕分けする事に始まった。本を種目別に分ける作業は、本屋にとって基本的な仕事だが、それが大きな出来事となったのだ。きちんと分野別に整理された本は、とても誇らし気であり、決して高価でもない書物らが、肩を並べ、生き生きとして、光って見えた。

第二に、パラフィン掛けにはまってしまった。それまで、パラフィンなど掛けた事は無かったし、意味も感じていなかった。或る日、父がパラフィンを持ってやって来た。「これ使ってみれば」と渡された。何気なく切れかかった帯に一枚掛けたのが始まり…。とりとめのなかった本が、きちんとエリを正したように立派になった。

その日から、パラフィン消費量は売上とは逆に、ウナギのぼりとなった。父の所有するパラフィンも、一枚残らず使い切ってしまい、製紙会社に注文しては取り寄せた。

パラフィンは、まるで、麻薬のようであった。文庫にまで掛ける時もある程、日々掛けまくった。これらの作業が、本に対する気持を大きく変えた。それは、一冊一冊の本をよく見分し、知らない本は全て調べる、といった事につながって行った為だ。店番は、それらの作業の傍らの店番となり、苦痛はいつの日か消えていた。客のいない店でも、イライラする事はもう無い。

第三に、市場での仕入れだ。店番の苦痛を消し去る為には、沢山の本が要る。途絶える事の無いよう市で仕入れる。これから作業する本が、店の奥の階段に山と積んであると、ホッとする。市では、判らない本は、その分野の第一人者に聞く。自分みたいな不真面目な古本屋が、真面目な顔をして聞くもんだから、驚きのあまり、教えて下さる。「ありがたい。」長老の或る古本店主が、「立派な本屋になんなさいよ。」と言って下さった。思わず「はい。」と言ってしまった。市会の本の山に消えるその主人の後ろ姿に、心の中で手を合わせた。

第四に、お客様である。下町にある我が古本屋では、マンガ本、文庫本、エロ本が売上の中心と言っても過言ではない。父の代からそれらは欠かすことの出来ない商品であった。しかし、売っていて、おもしろみもなく、どうせ売上が上がらぬならと、やめてしまった。少しずつではあるが、本好きのお客様が増え、お客様と話をする事が多くなった。お客様からの情報は、とても勉強になる。自分は、もとより他人と話す事が好きなので、気に入って下さり、二度三度と来店して下さるようになり、中には、旅行の土産まで買って来て下さる。そんなお客様が、義理で本を買わぬよう、いい本を仕入れなければと思っている。

この歳になり、ようやく、古本屋として当たり前の事に目覚めたのだ。（まわり道は決して無駄ではなく）人生には、何が起こるかわからぬものだ。今では、古書店主こそ我が天職、と思っている。

素直な自分に驚きつつ父に捧ぐ。

（373号／1999年4月号）

南部支部旅行

古書明日　田中大士

東京古書籍商業協同組合南部支部の支部旅行が、四月二日・三日の二日間に渡って行われました。支部旅行は南部支部の公式行事で、一年に一度この時期に行われます。

今年の支部旅行の行先は、神奈川県三浦市三崎となりました。三崎漁港は日本でも有数の鮪の水あげ港として有名なのですが、今回の旅行ではそんな三崎を訪れて、昼は観光、夜は旅館で「鮪尽くし」の料理を堪能しようという風に決まりました。鮪の兜焼きを夕飯として研修するというプロジェクトです。

今回、参加者は二十一人となりました。

南部会館のある五反田から、目的地である三崎港まで行くにはまず「京浜急行」を使うのが便利です。なので、車で直接現地入りする人を除き、「品川駅」に事前に集合しました。目的の駅は、終点「三崎口駅」。京急をほとんど端から端まで乗りつぶすわけですが、快特を使って大体一時間二十分くらいの行程です。すごい僻地に行く気分だったのですが、案外近い。まず最初の一時間くらいはビールを飲んで雑談、やがて電車の窓から海が見えてきます。おぉ、と声を上げている内に、三浦海岸駅を過ぎれば後一駅で三崎口駅となります。

三崎口駅からは、次は二十分ほどバスに乗れば三崎港に到着です。

＊

神奈川県と言えば、東京都から見ればついお隣で、「旅行」と呼ぶには近すぎる距離ではあるのだけれど、一泊という縛りがあるとすればいたし方が無いとも思える距離でもある。大体、「遠かったら参加しないしね」とも思っているのだから、これは案外絶妙な距離なのかもしれない。

京浜急行は、ひょんなことで個人的な理由で「馴染み」となってしまったので、旅行という感じはいよいよ薄れる。三崎口といえども、「実家の少し先」という感じだ。

私は、南部支部における「文化厚生部長」という役を預かっているのだけれど、これがどういう役職かと言えば、要するに「葬式と宴会と旅行の係」である。その内の「旅行」があったということで（この文章をカタカタと打っているのもその一環ということになるのだろう）、四月の頭に二十人の諸先輩方を、「実家の少し先」に引率するはめになったわけである。この旅行に葬式が付いてこなけりゃいいな、と思ったのが、一番最初の感想といらか思いであった。

行先は、支部長である安土堂さんの意向があって決まった。私に異存があるわけもなく、「粛々」というか「唯々諾々」というか、まぁ極めてスムーズに決定した。去年の六月、新しい期が始まると同時に支部長からは「マグロのカブト焼」の話を会うたびに聞いていたので、私も周りの人間も旅行は「三崎にマグロのカブト焼」を食べに行くのだろうと、なんとなく思っていて、実際にそうなった。私としては、こうやって決まってくれると本当に楽でなにも考えなくてよいので、ぜひ来年の旅行もこうやって決まって欲しいと思っている。

旅行中のスケジュール表も、「あと何日かで旅行だね」というタイミングで渡された記憶があるので、これもおそらく支部長が決めてくれたものなのだと思う。私としては、こうやって決まってくれると本当に楽でなにも考えなくて（以下略）。

スケジュールは、

1、三崎港にバスで到着後、近いのでとりあえず旅館に荷物を置く。

2、身軽になった後その足で近所を散策。途中、市場で昼食（しらす丼）。

3、腹ごなしに歩いて帰る。旅館のそばにある物産館から出ている、「水中観光船」に乗る。

4、その後は夕食まで自由行動。物産館を見るなり、旅館に帰ってお風呂に入るなり、なんなりと。

5、夕食。

6、寝るなり集まって飲むなりご自由に。

というもの。スケジュールを変更する必要が起こりえない、全く身軽で妥当なもの。観光船以外は、食べて歩いてお土産を見るだけだ。二日目のスケジュールは、朝食後解散という清々しさ。こういうスケジュールを立てられる人は、旅行の幹事にとても向いていると思うし、ぜひ来年もこうだったら良いなと思う。

実際の進行は、大きな変更もなく順調に進んだ（そりゃそうだ）。

皆で散歩がてら、昼食の予約をした市場まで三十分くらい歩いた。見知らぬ町の海岸線を、見知った顔ばかり二十人でぞろぞろと歩く姿は壮観というか、なんだか異様だと私は思ったのだけれど、「これが旅行というものなのだろう」と納得することにした。

途中にあったコンビニでもなんでもないごく普通の「酒屋さん」でビールを買って歩きながら飲む。定価だったけれど気にならない。縁日の屋台よりも安いもの。ちょうど春が立ち上がったばかりというような気候で、天気も良かった。そういえば、行きの電車の中から桜がかなり咲いている姿が見えたな、と思い出す。潮の香りが混ざる風に吹かれながら飲むビールがおいしい。ビールは、南極点の真上に立って飲んでもおいしい飲み物だが、それよりは潮風の中に立って飲む方がおいしいだろうなと思う。

途中、入り江になっているところに、黒い影が大量にゆらめいているので何かと思って目をこらして見ると、魚である。幅十五メートルほどの浅瀬なのだが、そこに黒い魚が一センチほどの間隔でびっしりとたゆたっている。なんじゃこりゃ、と思ったら良くものを知った人が「ボラ」だという。疑っても仕方がないので「ボラ」ということにしておくが、黒いボラがそれこそ何千匹も背丈ほどの浅瀬に密集している。そこの水温がボラたちの好みにピッタリなのか、それとも口を開ければ餌が入ってくるような場所なのか、それとも最後だからとみんなで集まって世界の終わりでも待っているのかは分からないのだけれど、異様な風景だった。網があればいくらでも捕えそうだったが、ボラは食べる魚ではないそうなので、だからほったらかしになっていたのかもしれない。

市場に着くと、すぐに昼食。平日の昼間ということで、お客さんの姿もほとんどなかった。

昼食は「シラス丼」がメイン。ただ、「シラス」は「生シラス」ではなく釜あげ。海の水温が上がらないため、季節ではあるのだけれどまだ始まっていないとのことである。私は生シラスを溺愛しているので（とは言っても何百匹も食べるのだが）、とても残念だった。代わりにサザエを一個付けてくれたのだけれど。

食後、少しだけ市場をうろうろしたのだが、人がいないのでやはり見知った顔ばかりとすれ違う。ここでこうしていても仕方あるまいということで、そばにある海岸まで出て写真を撮る。続いて、その辺に立っていたホテルの出店みたいな喫茶店でコーヒーを飲んで雑談。ようするにやることがないのである。

ダラダラしていると、ということが判明。「観光船の時間が危ない」ということが判明。

「なんかもうそれはいいんじゃないか」という空気になりかけたところ、「私は水中観光船に乗りたい」とちゃんと主張した人がいて、ならばということでバタバタと店を出た。

行きは歩きで、帰りは車。なんとか時間には間に合って、無事に水中観光船「にじいろさかな号」に乗り込むことに成功。

船はまず十五分くらいかけて、波除けを越えて、決まっているとおぼしきポイントに到着。水中観光船のなにが「水中観光船」なのかと言えば、船底の両サイドがガラス張りになっていて、そこから水の中が見える構造になっており、ポイントに着いて係の人が餌を捲くとバシャバシャと魚が寄ってくるという寸法。良く飼いならされた魚たちが、我よ我よと船に押し寄せてくる姿を見ることが出来るという按配。魚は大体三種類くらいしかいないのでわりとすぐに飽きてしまうのだけれど、デッキに上がれば海の風は気持ちよく、まぁいいかという気持ちになる。帰りには飼いならされた海鳥もいて、百円で買った餌をカモメやトンビにあげたりして。ただし、手づから餌をとられるようなサービスはなく、船の航跡に餌を投込んだものを鳥が食べるだけ、というのはちょっと残念。

船から帰ってからは自由時間。観光船の乗船場がある物産館は、三崎口近辺の中心になる場所で（というか他には何もない）、おみやげやら、おやつやら、お茶やらは大体ここで済ます様子。

宿泊先の「三崎館本館」は、これを「歴史的建築物」の風情と取るか、「夏暑くて冬寒そう」と取るかは人それぞれであろうな、というかなり年期の入った建物。バリバリの木造建築で、完全畳敷き。個人的には、どこから入っても最終的には同じ一番上に到着するという変てこな構造が面白いな（変だな）と。

この後は、夕飯を食べて寝るだけ。

食べ物については、帰った直後に書いたメモを下に貼って済ませようと思うので、まだ付き合う余力がある方はご覧くだされば。

なんにせよ、こういう風にして南部支部旅行は事故もなく無事終了。支部旅行はいつも、「親睦を深める」というよりは、「親戚一同で大がかりにご飯を食べに行く」と言う方が個人的にはしっくりくる旅行なのだけれど、終わってみればまぁ良かったような気がすると、行くたびに思っている。

旅行から帰ってきてからは、支部長は今度は「奥飛騨」の話をずっとしているのだけれど、来年の四月にまた二十人くらいで岐阜県にいるのかどうかは、ちょっと分からない。私の感覚では「少し遠い」のだけれど、まぁそのままそうなるような気もしている。生れてこのかた、岐阜県に興味を持ったことがないのだが、標高の高いところで飲むビールも結構おいしそうではないか。

＊

私は「旅行の楽しみは食事」と、ほとんど決め込んでいるのだが、この三崎という町はそういう点ではなかなか良かった。観光資源はさほどなく、売りがマグロと絞られているので、一気のマグロ押しである。マグロコロッケ、とろまん（マグロ入肉まんの亜種）……

さぁ来い！　とばかりに色物に挑戦したのだが、どれもそれなりに調整されていておいしいのが残念だった。特にマグロアイスに関しては以前食べた人間がいて、「以前は人間の食べるものではなかったのに……」とがっかりした声があがったことを書いておく。復刻版の販売を期待したい。

夜は旅館でマグロ尽くし。もうすっかりお腹が一杯で、目の前に鎮座しているマグロの兜焼き（人の顔より大きい）を見て、「俺と同じ目をしている……」という感じだった。鮪の様々な部位が、色んな調理法で出てくるのだが、お腹が一杯すぎて食べてうんちくを言おうという気分にもならない。

昼のシラス・鮪丼の後に、見れば手が出る買い食い三昧に、とどめに三人でマグロラーメン二種二杯を食べたのが完全に敗因なのだが、「勝ちに不思議の勝ち有、負けに不思議の負けなし」とすると必然の敗北である。ただ、何度生まれ変わっても、自分はあそこでラーメンを食べると思う。

旅館の部屋に、マグロの兜を模したおまんじゅうがあって、これが素晴らしい見栄え。中にはちゃんとマグロが入っていて、不味いとのこと。餡子とマグロが合わないそうです。知ってた。

番外編だと、横須賀カレーラムネがマジで不味かったです。ご報告まで。

（470号／2015年6月号）

3・11会館宿泊レポート

組合業務課職員　田代耕一

…結局、眠れたのは正味2時間ぐらいだった。2階の情報コーナーの絨毯にダンボールの3枚も敷けば何とかなるか、と思ったのだが…。

コートを毛布の代用というのも基本的に無理があるんだろうなぁ。あと、枕がないのが決定的だな。

＊＊＊

で、なんでこんなコトになったかとゆうと、あの3月11日のあの時のためなのだ。

私はちょうどその時、4階にいた。最初の揺れから、「うわっ、こりゃ尋常じゃないぞ」という感じだった。（何が起こったか知るのは、このしばらく後のことだ）とりあえず、各階の状況を確認しようとした。3台あるエレベーターは、全て地震の影響で自動停止。幸い人は乗っていなかった。（エレベーターの復旧は、結局翌朝の4時になる）

2階の出品準備室は、満杯のカーゴ1台が、崩れていた。地下の即売展では、被害はなかったがなんとお客さんがまだ半分ぐらい残っていて本をえらんでいるではないか。

結局、人的被害はなし、8階の資料と7階の給湯室で物品がひっくり返ったぐらいで済んだ。問題はその後の事で、JR、私鉄を含めてほぼ全線ストップ。17時を過ぎるころから道路は帰宅困難者であふれかえっていた。自宅に電話するとこちらも無事とのこと。ちなみに私の自宅は、神奈川県で神田から歩いたら、たっぷり20キロはある。さすがに、この距離を夜中テクテク歩きで帰るのは無謀だな、と思った。ので、やむなく会館にお泊りと相成った。ちなみにある職員は、家までの道程の15キロを歩いたそうだ。豪傑である。

とりあえず理事の指示で、会館に残った人を7階に集めて、人員の点呼を行う。職員、即売展の書店さん、さらには即売展に来ていた一般のお客さんが2人、総勢約20名である。

とりあえず、8時ぐらいまでに食事を済ませてその後は、男性は7階の第一会議室、女性は第二で寝ることになった。事務局長の志田さんは、なにかあった場合に備えて、寝ずの番である。この間、ニュース、ネットを通じて東北での事態が判明してくる。この先どうなるんだろう、などと心配しつつも、10時を過ぎると、目の皮がたるんできた。結局、人間欲望には勝てない。6階の自分の椅子でうつらうつらし始めたのだが、どこか横になれて落ち着ける場所を考えた。

この場合、暗くて一人になれて静かな所となると、2階の情報コーナーあたりがよろしかろうとダンボールをもって2

階に下りた。

＊＊＊

で、中途半端にねむれないままに、朝の6時ごろ寝ぼけまなこをこすりながら、6階にあがると、すでにみんな起きてた。普通の土曜日なら私はめでたく帰宅となるのだが、この日は第2土曜日で南部会館の入札市会が開催される日なのだ。8時ごろ南部の役員さんに連絡するもこの時点で会館を開けて開札するかどうか未定だという。そんなわけで、本部から五反田へ出勤する。なんだかんだありながら到着したら、開札は月曜日に変更となりましたとさ。あ〜しんど。

＊＊＊

あれから、2ヶ月が過ぎた。考えてみれば、何の準備もなしにただ会館に泊まるだけだったのだが、それでも色々考えなければならない事がある。現実に、東京直下に地震が発生したら職員も自分の身の安全をまず確保しなければならないだろう。ただ現状として会館には緊急時に対処するような備品は、ほぼ全くない。例えば、予備電源があるだろうと思っていらっしゃる書店さんがいるかもしれないが、そういう設備は存在しない。（乾電池以外は…）真冬で電源が完全に落ちたら、暢気に寝てはいられないだろう。毛布や寝袋、水や食料などの非常物資の備蓄が、どの程度まで可能か？ そもそも保管する場所があるかどうか？ 我々職員だけでどんな対応が出来るか？ 検討しなければならない課題は様々だ。

まず、出来る事は何なのか。それを見極めていくことが、緊急管理マニュアルのような物を作成していくための第一歩ではないだろうか。

追記 地震の翌日の12日（土）に南部会館に着いた私は、地震と共に現れたなどと言われ疫病神呼ばわりされている。あ〜あ、何だかな。

（446号／2011年6月号）

コロナ禍と古本屋

その日、その日

組合広報課職員
関澤哲郎

その日。

夢で小学校の同窓会へ行く。会場の横須賀プリンスホテルに着くと、そこにいる人たちはみんな伊勢丹の紙袋を頭からかぶっている。呼吸を妨げないためか、口元だけが小さくくりぬかれているが、誰が誰だかさっぱりわからない。スタッフらしき人もみな伊勢丹の紙袋。明らかに危険な集団なので、とっとと帰りたいけれど、参加費8千円がもったいないし、ヒロスエにそっくりだったIさんの現在を一目でいいから見たいので、様子を窺いつつ、適当に飲み食いして帰ることに決め、皿にエビマヨ、カニの爪フライ、生ハムなどよそって会場の隅でこそこそ食べていると、うーちゃん、久しぶり、生きてたんだー、と袋を被った3人組が近づいてくる。私は「うーちゃん」では全くないのだが、近況を聞かれたので伝えれば、東京に住んでいること、結婚していること、実家には十数年帰っていないことなどにいちいち声をあげて驚くけれど、まったく表情がつかめない。っていうか、だからそう、なんでみんな伊勢丹の袋をかぶっているのか、まさかドレスコードなのか、とにかく私も紙袋が欲しいので、ところで袋忘れちゃったんだけど、あまってない？　問えば、じゃあ俺のあげるよ、と3人組の一人が紙袋を外すと4年前に自殺した友達だった。

7時半起床。今日は『古書月報』の打ち合わせで、約一週間ぶりに出社。その前に自宅で「日本の古本屋」関連のメールを返す。コロナのあれこれで「日本の古本屋」の受注件数はとんでもないことになっており、一か月（3月→4月）で一万件も増えた。その影響もあって、お問い合わせ件数もぐっと増加している。久しぶりに一人称「小生」様からお叱りのメール。「小生」とへりくだっているようでいながら、文面はとてつもなく上から目線で、しかも「日本の古書屋」「日本の古書店」「日本の古本店」と三度間違われるから、つらい。わざとやっているとしか思えない。台風飯店のロンTを着て外へ。久しぶりに総武線に乗って御茶ノ水まで。車中、家から持ってきた小島信夫『各務原・名古屋・国立』を少し拾い読み、あとは前野健太をシャッフルして聴きながらボケっとしている。本当なら今月10日、京都でマエケンのライブを見るはずだった。

会館に着いて、理事さん3人と打ち合わせ。先日、ことばさん、徳尾さんとオンライン飲みをしたけど、部長殿木さんを含めた生身の機関誌部を見るのは一か月以上ぶり。そして、そう、次号月報はなんと記念すべき500号（！）で、これはとんでもない偉業、というか、はっきり言って、狂気の沙汰だ。一つの団体が内部向けの機関誌をひたすら発行し続け、それがいよいよ500号に至ってしまうなんて、ただただ、ヤバい。機関誌の業務に携わるなかで、内容についてあれこれ言われ、でもそれはまだいいほうで、月報なんか誰も読まない、全然面白くないと耳にすることもあるけれど（全然面白くないわけがない）、最早、内容うんぬんではなく、月報を出す、出し続けるというそのこと自体が古書組合の存在証明であり、月報を出せなくなったら、それこそ組合が立ちいかなくなるときではないか、本気でそう思う。こんな状況なので、500号という記念すべき節目をどかーん！と祝うような誌面にならないことがやや切ないけれど、理事・徳尾さん監修による巻頭の特集がすごい。月報にはもったいないくらいすごい。今号は寄稿者も多数、充実した誌面になりそうで嬉しい（※後日註　とんでもない500号になったでしょう！）。

打ち合わせを終えて、久しぶりに東京堂へ。苦々しい思いで10万円の申請をしたので、散財してやろうと意気込むものの、このところまったく活字が頭に入ってこないので、レジ前の一画をざっと見て、斉藤道雄『治したくない　ひがし町診療所の日々』（みすず書房）、くどうれいん『うたうおばけ』（書肆侃侃房）の二冊だけ。暑いのでビールが飲みたくてたまらず、このままどこか酒場に入ってしまおうか、そう思いながら神保町をうろついていると、「できたての一人前の煮うどんを鍋から食べる　かっこいいから」という短歌がなぜか脳内に浮かんだので、それを作った友達の歌人Hさんにラインを送る。Hさんとやりとりしながら水道橋のほうまで。東京ドームを見に行くことにする。プロ野球がいまだに始まらないので、ほとんど死んでいるような日々を送っている。人間のすべての営みのなかで、私はプロ野球が一番好きなので、だから今はなにをやっても生きている感じがしない。氷結を二本、ドームの正面入り口を見ながら飲みつつ、小声で贔屓の選手の応援歌を口ずさむ。水道橋駅前でずっと探していた「仕事猫」のガチャを見つけ、7回もまわしてしまった。

その口。

年収が五百万円に達しない人はひとしく兵役が課せられることになって、もちろんそんなに年収はないので私は対象になり、近所の体育館で検査を受けることに。そろそろ四十歳だし、体力にそう自信があるわけでもなく、お国の役になんか到底立てないよなあ、つうか愛国精神とか微塵もないんだけどなあ、早くアベさん滅びないかなあ、と不敬な気持ちで朝礼のように列を作って並んでいると、壇上に作務衣姿で坊主頭のおっさんがいきなり現れて、今から私がせーの、と合図をしますので、自分のお父さんの名前を精一杯叫んでくださいね、とバカみたいなことを言う。ではいきます、せーの！とおっさんの前振りに続けて、体育館の人々はそれぞれ自分の父親の名を叫んだようだったが、私はそうしなかった。というか、父の名を思い出せなかった。いいですね、皆さん、元気がよくて、血縁サイコーですよね、では次、お母さんの名前で行きましょう。おっさんはまたせーの！と煽れば、今度はみんな母親の名を叫んだらしかったけれど、やはり私は母の名を思い出せない。もちろん両親の名を叫ばなかった私はその場で即刻処刑されるのだったが、彼らの名前を思い出し、それを発するくらいなら死ぬほうがマシなのでそれでよかった。

5時起床。もっと眠りたかったけれど、目がさえてしまってどうしても眠れない。ギターでチック・コリア『SPAIN』のテーマを一時間ほど弾き続けたら疲れて寝落ち、目が覚めたら11時近くになっていた。またしばらく出勤をしない日々で、「日本の古本屋」関連のメールを返したり、『古書月報』の版下データを作成などして過ごす。メールは本当にじゃんじゃん届く。内容的に目新しいものは特にないけれど、要するに「日本の古本屋」サイトがわかりにくく、不案内で（実際、サイトに関する説明はだいぶ薄い）、他サイトでは当たり前であることが備わっていない、ということなんだろう。細かい部分はちょくちょく改善していくとして、だけど「日本の古本屋」がアマゾンみたいな利便性を持ってしまったら、もし評価制度が導入されちゃったりしたら（おそろしい）、もうそれは「日本の古本屋」じゃなくなっちゃうよなー、と思う。「日本の古本屋」だからこそ許されている（という言い方は完全に甘えだけれど）（でもそれが許されているのだからすごい）部分を上手く維持、拡張しながら、足りない部分を少しずつ埋めていけば、本を探して買えるサイトとしてもっと良くなるはずだ。山崎ナオコーラ『ニキの屈辱』、グーラン『世界の根源』、ハイバイ「おとこたち」の脚本をテキトーにめくる。芥川賞、村上春樹とか島田雅彦なんかどうでもいいけど、ナオコーラさんにあげなかったのは選考委員のセンスがなさすぎる。選評を読んでも才能への嫉妬としか思えない。

小説を少し書いて、20時過ぎに外へ。死んだ友達のバンドVOLUME DEALERSの『UN-DESIGNED』を聞きながら駅前の酒場まで。クエン酸サワー、バイスサワー、キンミヤ梅割り2杯ずつ、ハラミ刺、味玉メンマ。こういう状況でも、住んでいる街の好きな飲み屋は営業を続けていたので、それまでと変わらずに飲みに行っていた。この酒場も連休明け以降は通常営業に戻っていて、それなりにお客さんはいるし、盛り上がってもいる。酒を飲みにわざわざ外へ出かけるというのは、それはそれでけっこう後ろめたい気持ちもあり、けれどもカウンターに一人座って、どうにもならないことを考えたり、高いところに据えてあるテレビをなんとなく眺めたり、嫌いな人を脳内で罵ったり、むかしのことを思い出したりする、そういう無為な時間がなければ、とてもやっていられない。店を出て、ローソンで氷結を買って飲みながら帰宅。プレステ4を立ち上げて『仁王2』で落命しまくり。でも楽しい。落命の快感。

その日。

改札前で人を待っていると、南口のほうから両手に持ったホッチキスをカスタネットのようにカチャカチャ鳴らしながら、長髪白Tシャツの男がゆらゆら歩いてきて、視線があったら絶対に話しかけられる、ヤバい、と身構えつつiPhoneを触っているフリをしていると、男はホッチキスで自動改札を通り抜けようとして、もちろん阻まれる。やってきた駅員に詰問されれば、じゃあ瞼をホッチキスで留めるから、そしたらいいですか、そしたら通らせてもらえますか、とむちゃくちゃなことを言うのでお話にならないが、右も左もどっちも留めるならいいよ、と駅員も恐ろしいことを言って応える。あ、たぶんこれヤバい流れだ、という予感が不意におとずれ、じゃあみなさーん、今からあの人の瞼をホッチキスでふさいじゃいまーす、ホッチキス男が宣言して私を指さす。ああ、やっぱりそうか、そうなるよな、観念したような気になって、それでも形ばかりにその場を離れようと思えば、北口南口から押し寄せてきた人に囲まれ、ホッチキス！ホッチキス！瞼！瞼！と唱和が始まった。

9時起床。今日もまずは「日本の古本屋」にかかわるメールを返す。それから『古書月報』のあれこれ。自宅で仕事をする（そんなにやることもないけど）のはもう限界で、金曜日なのにまったく嬉しくない。というか金曜日の意味がわからない。気持ちがまったく整わず、タブレットPCを電源から落としてしまい、ソファの下に隠して、長風呂をすることに決める。浴室にPlayStation Vitaを持ち込んでぬるい湯につかりながら、自宅待機になってから始めた5周目の『ペルソナ4ザ・ゴールデン』を。あらゆる二次元のキャラクターのなかで、里中千枝がいちばん好きだ。風呂から上がって近所のミニストップへ、塩サバおにぎり、からあげ、三ツ矢サイダーなど買う。仕事を再開する傍ら、国会中継を見て気が狂いそうになる。気が狂わないよう、佐々木中『夜戦と永遠』、チュツオーラ『薬草まじない』、夏目漱石『二百十日・野分』、津村記久子『ディス・イズ・ザ・デイ』など拾い読み、そして小学校からの友人、五島諭『緑の祠』をじっくり。

小説を少し書いて、18時半ごろ外へ。そこいらを歩きながら、自殺した友達の歌を聴く。「ホームセンター」という曲があって、「最後の仕事も終の棲家も間に合うさ／ホームセンターで全部揃えて人生も収納」という箇所を耳にするたびに涙があふれて止まらなくなる。自分で死んで人生を収めてしまったということなのか。泣きながらいつもの酒場へ。生前の友達と最後に会ったのがこの酒場で、2016年10月9日、クライマックスシリーズファーストステージ第2戦目、巨人対DeNAをこの飲み屋のテレビで見た。バイスサワー2、クエン酸サワー2、すだちハイ2、ヨーグルトハイ1、ハムキャベツ、白レバ、ハラミ、アスパラ肉巻き。2つあるテレビはどちらも「天使にラブ・ソングを…」、飲み屋の店員さんが「ウーピー・ゴールドバーグはかっこいいなあ、ウーピーになりたいなあ」と繰り返していた。飲んだ帰りにはだいたいコンビニに寄ってあれこれ買ってしまうのだが、最近は体重がだいぶよろしくないことになってきたので、今日は買い食いなど絶対にせぬ、という強い気持ちで飲み屋を出たものの、駅前で久しぶりにケバブを売っていたので、それはもう買うしかなかった。酔って食べるケバブはだってこの世で一番美味い。もうどうにでもなれとビールも買ってしまって、人のいない公園のベンチに腰かけて飲み食い、なんかもう、どうしようもない人生だなと思って、でも今更どうすればいい？

その日。

裁判を傍聴、裁判の夢のときには確実に私は被告なので、今回はよかった、ありもしない罪に問われることはないのだ、と安堵していると、普段から音も振動も切っているはずなのに私のiPhoneがけたたましく鳴ってしまう。そうなればもう終わりで、私は隣にすわっていた屈強な男たちに身柄を拘束され、そのまま裁かれることに。弁護人なんてもちろんついていず、発言は一切許されず、裁判官は滔々と私に無期懲役を告げた。夢の求刑はなぜかいつも無期懲役だ。いっそ死刑にしてくれりゃいいのに。

8時起床。土曜日。どこに出かける予定もなく、というか、出かけてはならず、本当はヤマビルがわんさか出る前に丹沢山あたり登りたいけれどそれもかなわず、ということであれば家でゲームでもするよりほかなく、『仁王2』でひたすら落命したり、3周目の『P5R』で盗作をした画家の大家を改心させたりしているうちにあっという間に17時過ぎ。私もペルソナ使いになって悪い大人をみんな改心させたい。アルカナは戦車がいい。

風呂に入って再開したての四文屋へ、瓶ビール2本、セロリ、それから串をテキトーにお願いする。四文屋を出ていつもの酒場へ行くと、私がこの世界で一番好きな立ち飲み屋の店主Jさんがいたので少し話す。Jさんの店は3月の終わりからずっと休業中だが、ようやく汁なし担々麺のテイクアウトを始めるとのこと。何故汁なし担々麺、と問えば、俺の好物だからね、と大変わかりやすい。共通の知人の話など少しして、一人になり、クエン酸サワー2、バイスサワー2、ハムキャベツ。これから先、どうやって生きていくんだろう、つうか生きていけるわけないよな、働いてないけどお給料とかどうなんのかな、みたいな、バクっとした不安をおでこの裏側でもやもや漂わせつつ、嫌いな人はみんな滅べ、いや、滅ばなくてもいいけど、暇つぶしに俺に嫌がらせをしないでくれ、権力ある人はいちいち俺みたいな小物を相手にしないでくれ、いや、やっぱ滅べ、金持ちはみんな嫌いだ、土地持ってる奴はずるい、とか暗澹たる気持ちになった。

歩きながらガリガリ君を食べ、引き続き考え事をしたり、FUCKERを聴いたり。FUCKERの「死んだ時に歌う歌」の「俺が死んだら油で揚げてください／故人はとても揚げ物が好きだったので」という歌いだしでぼろクソに泣いてしまう。小岩Bushbashで友達がこの曲をカバーしたとき、「俺が死んだら酒蒸しにしてください／故人はとても日本酒が好きだったので」と歌っていたことを思い出し、近所迷惑になるくらい泣いてしまう。自分が生きているのに、友達が死んでいるその意味がわからない。友達の自殺をどうして防げなかったのか、ずーっと考えている。家に帰って、ことばさんにラインを送ってそれから長々と電話。酔っぱらってなにを話したのかよく覚えていないけれど、「〇〇さんが君のことを熱い奴だって言ってたよ！」みたいなことを教えてくれたそれがなんだか妙にぐっときて、だいぶ救われたような気持ちになる。これからも人に疎まれながら、それでもどうにかやっていくしかない。ままごと『わが星』のDVDを見ながら友達の遺品のレスポール・レコーディングを弾いていたら、いつのまにか寝ていた。

（500号／2020年6月号）

鎌倉コロナ徒然

公文堂書店
原　知子

鎌倉の地で八十年近く、現在は両親と家人との四人で、店売りと買取と催事だけの商いをやってまいりました。街には古本屋が必要だという信念のもと、古書を流通させる窓口として、特に買取に力を入れておりました。二十坪の店は通路も広く風通しもよく、最近ではお客さまが密になることもなく、気を付ければ営業を続けていけるだろうと思っていたのでした。

　これは、そんな気持ちが挫けるまでの記録です。

2月初め　外国人観光客激減。そんなにいたの？と思うほど町から人が減る。

3月初め　今の鎌倉は穴場だよ、などとのんきなツィートをする。

3月11日　能楽師ばかりいる披露宴に出席し「今月は仕事ゼロ」という話をいくつも聞く。まだ少し他人事。久しぶりの友達と呑みすぎる。

3月13日　京都から神田の市場へ。新幹線は一車両に十五人くらい。金曜日は神奈川と東京の市場を掛け持ちしていた私にとって、この日が最後の市会となる。

15日　鎌倉はたくさんの人出。近所の花屋さんと「今月売上いいよね」と話す。

16日　同業者9人で会合。今後どうしていくか話題に上がるが、早く収束するといいね程度の話で終わる。居酒屋がコロナで客の読みを間違ったのか酒も料理もなかなか来ず一度にまとめて注文した結果、呑みすぎる。

17日　バスと電車で通勤する母に店を休んでもらう。私と家人も以後は車と徒歩のみの移動とする。横浜市の自宅から店までは30分くらい。仕事帰りにふらっと飲みに行くことができなくなると悲しみに暮れていたら呑みすぎる。

20日　祝日の鎌倉は結構な人出。今年度最高売上をかっ飛ばしたので呑みすぎる。

21、22日　お彼岸の鎌倉は例年通りなかなかの人出。常連さんの「心配で様子を見に来ました」という優しい言葉に泣きそうになったが新宿湘南ラインで埼玉県から来ていることを思い出して我に返る。葉山も三崎も夏休み以上の渋滞と買い物客だとか。数日後の感染者数が怖くなって呑みすぎる。

25日　鎌倉文学館のアマビエちゃんがかわいい。

27日　都内（市場）に行くのは危険だと判断する。母からは早く店に出たいという圧力。健康のためこの日限りでの禁酒を決めた。

28日　ご近所さんの来店が増しても平日の売上は激減。厳しい。店売りにこだわって頑なに拒んできた通信販売が頭をよぎり、眠れないので禁酒を終了する。

29日　春の雪。行楽シーズンに悪天候を喜ぶ心のかなしさよ。

4月4日　倉庫にてこんなこともあろうかと用意してあった「催事で売れなかったけれど日本の古本屋にはあまり登録されていない本」の棚を眺める。鎌倉市長が週末は鎌倉に来るなとツィートし、天気も悪くて平日並みの人出に。ちょっとほっとして呑みすぎる。

5日　ほっとしたものの、ここ数日の売り上げと外出制限を天秤にかけて悩みは深まるばかりで当然のことながら呑みすぎる。

7日　神奈川でも営業を迷う店が出はじめる。営業時間を短縮し、そして、ついに日本の古本屋を始めることを決断した。景気づけで呑みすぎる。

11日　また週末が来てしまった。市営駐車場の閉鎖や市長のお願いなど関係なしに観光客はやってくる。「東京はみんな閉まってるけど鎌倉のお寺は開いてるからね」と言われて神も仏もあるものかと毒づいてしまい呑みすぎる。

15日　市場に出品できない厳しさが予想より早く訪れる。呑んで忘れようとするが忘れられない。

16日　日本の古本屋、続けるかどうか分からないけれど今はとにかく有り難い。

鎌倉市が市内の事業者の家賃二か月分を負担するとの報道があって喜んだものの夕方には鎌倉市在住の人だけという条件が判明して激しく落ち込む。一票を持たざる者に情けは無用のようだ。もらえないことは最初と変らないのにこの気持ちの凹みたるや呑みすぎても仕方があるまい。

19日　またも週末。土曜日の天気が悪かったせいか日曜日にお客さんが集中する。「ドライブだけならと思ったけどやっぱりお金を落とそうと思って」と言われてもありがとうございますが上手く言えない。

店の通路は車いすもベビーカーも動ける幅だし、広いし、三か所からの換気も可能だ。けれど週末ごとの観光客を見るとこのままでは大型連休も同じような状況になるだろう。ならば足並みを揃えて休業すべきではないか、しかし「図書館も休みだし」「ここが開いていてよかった」と来て下さる地元のお客さんのためにも開けていたい、いっそ休日だけ店を閉めるか、などと堂々巡りで呑みすぎる。

20日　日々の不安と更年期障害の連動を意識してしまって一回休み。

22日　店に貼ったマスクと咳エチケットのお願いを見た常連さんに「気にしすぎだ」と激しく唾を飛ばしながら軽く怒鳴られてあっさりと休業を決める。疲れていたのかもしれない。迷いを断ち切るために呑みすぎる。

23日　最終日、定休日だが臨時営業。休業のお知らせを見た近所の方の来店やお電話に励まされる。今日ぐらい呑みすぎてもいいだろうと思ったがこんな日に限って酒が進まない。

今日は五月十五日。感染と経営と国への憂いが入り交じり、救心と酒とを糧にしての二か月が過ぎました。数字がどれくらい信用できるのかはともかくとして、現在、神奈川県内での人口当たりの感染者数は鎌倉市が最多です。

悩み多き毎日を、同業の仲間やお客様への感謝、これからの商売の在り方、仕事を共にする家人との心のディスタンスと換気、酒の力、いろいろなことを考えながら生きております。店は数日前に営業を再開しました。今後なにが起こるか分かりませんが、コロナ禍が過ぎ去ったあとのこの町が海外と東京資本のチェーン店だけにならないように、肝臓を励ましながら静かに営業を続けてくのがとりあえずの目標です。

（５００号／２０２０年6月号）

機関誌部長不謹慎日記

氷川書房　**殿木祐介**

4月某日　東京に緊急事態宣言が出て何日経っただろうか？

生まれついての引きこもり野郎なので一人でいるとホッとする。人と口をきかなくて済むと思ったから古本屋になった。なってみると古本屋さんには宴会好き、おしゃべり好きな人が多くて驚いた。

今頃みんな苦しいだろうな。

4月某日

TKI定例会議中止の知らせ。ホッ。

4月某日

百年史編集委員会中止の知らせ。ホッ。

4月某日

来る日も来る日も未整理本を黙々と入力して「日本の古本屋」にアップしていく。

だがどういうわけか入力しても入力しても減らない。

ここ10年ほど「自分の処理能力を超えて仕入れないと死んでしまう病」に侵されているので、正直市場がなくなってホッとしている。

未整理品が片付いたら空いた場所に新しい本棚を入れるぞ。これでまた仕入れられる。

4月某日

きょうは何曜日だっけ? 市場がないと曜日の感覚がなくなってくる。

4月24日

用事があって上野へ出る。上野駅構内の「アトレ」はほぼ全店休業。人がほとんどいない! 人混み大嫌いな私はホッとする。

昼飯を食べようと思ったが開いているのは「ハードロックカフェ」だけ。店内には客もまばら。テイクアウトもやっているので買って上野公園へ。公園は思ったより人が多い。

とはいえ普段よりは全然少ないので、先年江戸初期の姿に修理復元工事の成った上野東照宮に寄っていく。

なんかアメリカ人らしきグループが観光してるけど、この人たちどうやって日本に来たの?

4月29日

先日の上野駅の非日常的情景が忘れられない。

ちょっと足を伸ばして日本橋まで出てみる。人はチラホラ。高島屋の地下食品売り場は開いているようだ。

ちょうど昼飯時、蕎麦の「薮伊豆総本店」が開いていたので飛び込んでみる。客が一人もいない!

地下に潜って大手町まで歩く。地下道には見渡す限り誰もいない!

台風の時、川の様子を見に行って流されちゃうおじさんが必ずいるよな。

5月2日

川の様子を見に行きたい!

思い切って成田空港に行ってみる。京成線はガラガラ。同じ車両にビシッとスーツ姿で大きなトランクを引いた男性が乗っている。こんな時に海外出張に行く人もいるんだなぁ。ごくろうさまです。

「成田空港第1ターミナル」駅を降りるとガランガラン。第1ターミナルビルでは「MUJI」と数店の飲食店だけ開いていた。空港職員や航空会社の人が時々通り過ぎる。

巨大な体育館みたいな出発カウンターは照明が半分以上消されて数人の職員がいるだけ。おじさんがせっせと手すりを拭いていた。

出発便の掲示板を見たら今日はソウル便、ホーチミン便、サンフランシスコ便の3便だけだった! まあ成田空港は第3ターミナルまであるから、これがすべてではないけれど。

2階の到着ロビーには私は入れないわけだが、隙間からチラッと覗いてみるとソファーで寝ている人やスマホをいじって時間を潰している人がチラホラいる。あー、これがニュースでやってた検疫のPCR検査待ちの人だな。留学生らしき若い人が多い。外国人もいる。

帰りは成田山新勝寺のあたりでうなぎ屋でも入ってみようと京成成田駅で降りる。参道は意外と人が出ていた。

有名な「川豊本店」に行く。いつもは行列だが今日はすんなり中に通される。案外と客がいる。でもテーブル一つ置きに座らされるので知らない人が隣に来ると落ち着かない私はホッとする。店にすればキャパの半分しか人が入らないから苦しいだろう。

5月某日

成田空港の非日常的情景が忘れられない。

ニュースでは乗客ゼロの便もやむなく飛ばしているとか。

川の様子を見に行きたい。

いっそソウルでも行ってみようか。もしかすると乗客自分ひとりだぞ。ボーイング747プライベートジェット状態だぞ？

いまビザがないとどこにも入国できない（入国できても2週間隔離とか）らしいが、入国しないで帰ってきちゃえばいいじゃん。ソウルなら日帰りできるし。

ああ、パスポートの期限がとっくに切れてるんだった。

5月9日

日光を見ずして結構と言うな。東照宮閉鎖なのに日光に行くバカはいない。なので特急「けごん」は一車両貸し切り状態である。

中禅寺湖に向かうらしいドライブ客は結構いた。杉並木が素晴らしかった。

5月13日

川の様子を見に行きたい。有名観光地ほどガラガラなことがわかってきた。京都なんかどうか？　新幹線ガラガラらしいよ？

今日は機関誌の仕事で5週間ぶりに会館へ。電車に人が多くなってる！

そうか、あの非日常は終わりつつあるのか。

（500号／2020年6月号）

五月十六日無題

書肆田髙
田《た》髙《こう》　稔

おはようございます。夕方です。また寝過ごしました。こんばんは。緊急事態宣言から突然の古書会館休館、それから一ヶ月半ほどの間、もくもくと通販業務をこなしているうちに、寝坊して、それからまた寝坊して、じわりじわりと起きる時間がずれこみ、ついには夕方に起きるようになってしまいました。西から沈んだお日様が東に昇るような生活。本日は五月十六日です。依然先の見えない世の中ですが、近い未来の人はいかがおすごしでしょうか。こちらは、髪が伸びてもなんとなく切りに行く気にもならず、無精ひげがはえ、運動は不足し、常に軽い倦怠感があり、人と話さず、良くはなく、決して何も起こらず、いつもブツブツ呟いている、そういう人になってしまいました。元からそんなものかもしれませんが。

しかしながら、こうも人と関わらぬ暮らしをしていると、他人の目というものがなくなると、まるで自分しかいないような、というかなんでしょう、この狭い部屋の中での自分の位置が、よくわからなくなってきます。誰にも認知されない代わりに、自分が認知する物だけが一方的にある、いわば自分自身は後退して、物の輪郭だけが鮮明で磁気を湛えている。これでは物体のほうが余程あるじのようではないか。しかも近くで何やらぶつぶつと呟く声がする。そこでハッとして、そういえばそういう奴もいたな、と思うわけであります。

最初の頃はまだ、「自粛を要請とかいうアヤしい日本語で責任の所在を曖昧にし、かつ明確な違反を規定しないから、曖昧な悪を見つけようとする人が後をたたなくなるのだ。現代の五人組かのごとき相互監視社会」云々といった社会批判をのべる元気もあったのですが、ひとたび関心を取り繕うことができなくなってからは、時計が反転し、実務的なことだけを行うようになり、朝日を横目に帰り、夜中に今日も雨かと思い、あるいは風が生ぬるく、観葉植物に水をやる日がわからなくなり、家賃を振り込むのを忘れ、存外忙しい……たちまち一週間がすぎ二週間がすぎ……。

すいません。引き籠もりのむずがゆい心象風景ばかりが続いてしまいました。これからどうなるだろうとか、このように世の中に対応していけばとかいったことを書けばいいと思うのですが、今後の状況次第でありますし、状況が終わった後のお客さんの意識がどうなっているか次第なので、なんともいえません。収束後もなんとなく三密状態を避けるような空気感が残ってしまえば店売外売は難しいままでしょうし。個人的には荻窪の名店がコロナと関係なく閉店したという事実が気になるところです。あのお店が最新の正解の一つだとなんとなく思っていましたが、あのようなモデルを続けることがコロナ以前から難しくなっていたということに関しては気に留めておいたほうがいいような気がしています。ネット販売を始めるお店が増えたように思いますが、古書月報４９４号の「発送、どうしてます?」の特集はとても参考になりました。大体、一人でやっているところは月に２００点から３００点位の発送に落ち着くのかな、と思いました。これはうちもそうですが、梱包発送の時間と入力の時間を目一杯とって、その平均がこの位なのでしょう。ある程度やると売れる点数と入力点数が近くなってきて、在庫点数は増えにくくなるはずです。したがって、とにかく数を増やすというよりは、一定の値段をクリアしたものを選んで入力するというのが正攻法だということになりますが、仮に月に百万売り上げるとして（百万は原価次第でやや厳しい売上ですが）、これを２５０点で割ると一点の平均単価が四千円。一人でやっているネット古書店の在庫は大体数千点から一万点位でしょうから（不良在庫次第なところもありますが）、たとえばこれを店売主体のところで始めると、いずれ倉庫を増やす必要があるか、店売りの本をかなりの割合でネット併売にする必要があるはずです。現実的にはここまでにはならず店売りの補助であればいいというのはそうなのですが、このバランスがどうなるか、そもそもネットだけで生計を立てることも成り立たなくなるかもしれませんし、市場の具合や古書全体の相場の変化など、どれかが悪くなったら直ちにやり方を変えなければいけないのではないか、変えるだけで済むのか。という危機感がほぼネット専売の私にも以前からあり、いまや焦燥に変わりつつあります。ともあれ収束までは持ちこたえればいいのですが、収束後も持ちこたえるだけの状態が続きそうならば、あらためて考え直さなければと思っています。以上ひきこもりに戻ります。

（５００号／２０２０年６月号）

おわりに——あるいは古本屋は楽しそうである。のである

中山信如

さて、そもそも、の話の続きである。

そもそも、あなたは知らないだろうが、どこの業界にも組合があるように、古本屋の世界にも組合というものがある。とりわけ新刊書店のように取次を持たぬ古本屋には、これは大事。組合にはいらなくても、古物商の許可証さえ取れば古本屋になれるが、自給自足以外仕入に困る。店に向かぬものの処分先にも困る。そのため俗に言う市場《いちば》、正式には売ったり買ったりするから交換会、これを軸とした組合がある。全国的にある。その一つ東京古書組合、正式名称東京都古書籍商業協同組合は、昨二〇二〇年ちょうど百年を迎えた。擁する組合員五五〇余、七つの支部、四つの会館を有し、各会館では定期的に交換会を開き、和本からマンガまで、あらゆる古書の流通を担っている。とまァ、以上がザックリとしたアナウンスだ。

そしてわが古書組合でも、どこの業界でも出してるように、内部情報誌としての機関誌「古書月報」を出している。「はじめに」でも触れたが、前身の、大正九年組合創立時の組合報から数えると通巻七六七号、戦後「古書月報」の名で復刊されてからでも五〇三号、途中隔月刊に定着しながら、連綿と出し続けられている。

ついでに言えば、東京組合が加盟している全国組織のほうの名は、正式名称全国古書籍商組合連合会、略称全連のち全古書連といい、こちらの本部も東京組合が兼ねており、「全連（のち全古書連）ニュース」という機関誌を出している。つまるところ二年任期で代わる東京組合機関誌部は、ひと月おきで二誌、実際には毎月代わる代わる出しているってわけで、忙しいことこの上ない。が、この機関誌なるものの中身が、ほかの業界でもありがちなのだが、意外や興味深い文章多く、読ませるのだ。

そこでわが組合でも、『百年史』を作るに際し、組合員同胞の動向をさぐる意味でも、まずは「古書月報」を読みかえし、目につくものを洗い直してみるにしくはなしと、この私が名のりをあげ、その荒行に乗りだしたというわけである。が、いざ始めてみると、なにせ先行する『東京古書組合五十年史』以降だけでも五十年分、隔月刊といっても約三百、二年分ずつまとめた合本にしても二十二、ほかに末期の未製本バラ分まで数十冊もあったのである。

そもそも、「古書月報」とはその名が示す通り、折々の人事、行事、報告など録事を主体とした薄っぺらなものだったのだが、それが徐々に読める記事をふやしていくにしたがって、目を引くものが増えはじめたのである。どんな文章だろうと、そこには型通りの録事には見られぬような古本屋同胞の息吹き、肉声が感じられて、業界入り後四十数年、私はこれを読むのが大好きだった。笑っちまったりホロッとさせられたり、驚いたり腹がたったり、なかでも機関誌部の発案により、手を変え品を変え繰りだされる特集随筆などの寄稿文には、ウマいと手をたたきたくなるような掘り出しもの多く、うならされた。

もうその頃には書き手のほうのバラエティも広がり、特集とうたった企画だけではなく、むりやり埋めたとおぼしき退屈なルーティン記事にだって、旅行記や追悼文など、思わぬ人のキラッと光る文があったりして、愛読者をうれしがらせてくれたりした。

今回の『百年史』刊行に際しても、それら生の声を精選して取り上げ一堂に会してみれば、その折々の同胞の、臨場感にあふれた素顔があぶり出せるのではないか。いいや、そうに違いない。「月報」傑作選をまとめんとする目的、コンセプトは、ズバリ、われら古本屋が誇る類い稀なる多様性を、世に知らしめること。そのためにも今回の『百年史』出版は、絶好のチャンスなのだ。日ごろ存在感が薄い、認知度が低いと言われてきた古書組合の存在をアピールするためにも、世間の古本好き、古本屋好きのみならず、古書に関心を持つすべての人々の潜在的興味をふるい立たせる、まさに千載一遇のチャンスなのだ!!

と、まァつい力がはいったが、『百年史』編纂委員を引き受けるに際し私が思い描いたプランとは、そういうことだったのだ。

私は四十二年前の業界入り後、「月報」は一冊たりとて捨ててないはず。だが、あちこちに散らばって揃えにくい自家用分を集めるのはあきらめ、組合の応接室にドンと鎮座まします合本をワンセット借り受け、喰いつなぐための最低限の商売をやるほかは、ひたすら合本をめくりつづけた。四十二年間、そのつどしっかり読んできたつもりだったが、ハッキリ憶えていたもの、すっかり忘れてしまってたもの、いろんな思いにひたりながら、ひたすら読みつづけた。

私がとった、やりかたはこうだ。とりあえず五十年分を十年ずつ五期に分け、おもしろい文にぶつかるたび、フセンがわりに市場で使ってる入札用紙をはさみ込み、要点をまとめて書きとめる。それが十年分合本五冊終るたび、いまだパソコンを使えぬ時代遅れの私は、A4大判レポート用紙に手書きで清書（『百年史』に載せた写真を見てくれ！）。これを一期が終ると二期、二期が終ると三期と、根気よく続けていった。

いくら自分が言いだしっぺだったからといって、なにが悲しくて来る日も来る日も、こんな金にもならぬ、バカなことをやっているのかと思わぬこともなかったが、一度始めるとやめないこと、しつこいことが唯一取得のこの私は、何度か投げだしそうになりながらも、ついに三年!! 読み通し選び通し書き終えた。その数レポート用紙二十八枚。その後編集段階にはいって加筆するたびドンドンふくらんで、もはや何数分になったのかもわからぬが、選んだのは随筆など単発文だけで三百近く、座談会、聞書きなど語りものだけで約八十、計三百八十にはなったろう。ついでに加えた「全古書連ニュース」からの優品三十数点を加えると、総計四百編以上。これには我ながらア然として、天を仰いだ。

そもそも、当初の計画では、粗選りした、いわば第一次候補作のなかから最優品を選び、与えられたスペースにはいるだけ入れて終りにするつもりだったのだが、いざ選んでみたら、おもしろいものはそれなりに枚数も多く、与えられたページ内に押し込めるのは、数十どころか十数編でしかない。これでは多様性どころの話ではないではないか。

弱り果てた私は、最終報告を提出した編纂委員会の席上、手書きレポートの束を前に窮状を訴えると、それを見た同僚委員のなかから、じゃァそっちだけ載せちゃえばァとの大胆なるご提言。言われた当の私も一瞬ボー然として面喰らったが、ヒョータンからコマ、なるほどそれもありかと、委員全員の賛同も得て、本文そのものを載せた傑作選はあきらめ、選んだ傑作の尻に私が付けたコメントのみ載せる、「傑作選寸評集」ということに相成った。

一方、選んだ優品の本文そのものは、どこか然るべき外部の出版社にお願いして、出してもらおう。できれば若年層に支持厚い、本の雑誌社あたりに引き受けてもらえれば言うことなしと、これは当初から私が頭の隅に描いていた望みであり、実現叶ってバン万歳。

てなわけで今回のこの本、先に出た『東京古書組合百年史』の連動企画として生まれた、いわば副産物なのである。いや副産物などではないか。『百年史』の第五章「見よ、古本屋の豊穣なる世界」を読んだら、これを読みたくなる、本書『古本屋的!』を読んだら、『百年史』

も読みたくなる、切っても切れない間柄の、二つで一つのうるわしき姉妹本なのである。

これで、『百年史』に収録叶わなかったあまたの文に陽の目を見せることができた。それでも四百編となると、七百ページ近くを誇った『百年史』まるまる一冊分ついやしてもまだまだ足りず、今回四百四十ページのボリュームを得た『古本屋的！』でも、あと二冊は必要となってしまってとても無理。結果、本の雑誌社編集部と協議を重ね、セレクトの段階で涙を飲んで落としたもの限りなく、『百年史』傑作選では触れていながら、本書では収録叶わなかった筆者語り手には、申し訳ない気持でいっぱいだ。載せるかも載せるかもと気を持たせながら、結局載せずに終った皆さんがた、ほんとにごめんなさい。

それでも今回、数を減らししぼり込むため、編集部と事前に決めたカセが四つもあったのだ。

一つは、『東京古書組合百年史』の連動企画である以上、古書業者以外の文章は外そうというカセ。故に心よく登場して有益な話を開陳してくれた、山口昌男先生も竹内博さんも南陀楼綾繁さんも外させてもらった。なかでも残念だったのがカラサキ・アユミさんで、これは忍びなかった。ただしどこにも例外というものはあるもので、当時即売展のバイトだった照井吾子《アコ》ちゃんのケッサク、「古本屋のオヤジさん」だけは収録させてもらった。のちに知りあった本物の古本屋銀装堂と結婚して、本当に古本屋のオカミさんになっちゃったしね。

二つは、東京組合の関連出版である以上、東京組合員以外は外そうというカセ。故に地方組合員が中心の「全古書連ニュース」発表作は、すべて外させてもらった。もちろん東京組合員も全古書連の一員なのだから、樽見博さんはじめおもしろいものを書いたり話したりしてくれてるのだが、すべて割愛。地方組合員のなかにも、札幌の高木さんや栃木の吉本さんのように是非とも収録したい優品もあったのだが、同じく割愛。ただしここでも例外が一つだけあって、「古書月報」五百号記念に載った鎌倉公文堂原ちゃんの文は、なんともイイし、東京組合での経営員生活も長かったしで、採用。先の吾子ちゃん同様、女に甘いと言われる私ならではの、いわゆるひとつの、エコひいき。

三つは、これこそ返す返すも残念だったが、日ごろ一般の目に触れる機会のない「古書月報」発表作を、一編でも多く読んでもらうため、自著であれアンソロジーであれ、転載再録されたものは外そうというカセ。例えば、直木賞受賞前の出久根達郎さんが書いた珠玉の寄稿も外した。私が推賞してやまない白鳳書院鈴木の文や、若き日三島由紀夫の演出助手だったという天誠書林和久田の文も、外した。同じく大阪の高橋輝次が編んだ古本屋アンソロジーに再録された、古書いとう伊藤昭久や魚山堂伊藤俊一の文も、バッサリ切った。

それどころか肝心カナメの私自身の文でさえ、二〇〇〇年に書いた「世紀末恥部長日記」まで、翌々年刊行の自著『古本屋おやじ』に収録済の一点をもって、すべて外した。おかげで本書に収録できたのは、それ以降に書いた追悼文二編と、機関誌部長時代に書いた漫文レポート、「古本屋考現学」だけになってしまった（これはこれで、おもしろいけどネ）。

そして四つは、どんなにいい文をたくさん書いた人でも、収録するのは一人三本までというカセ。おかげで、私がつねづね業界一と認めてきた石神井書林内堀の文も、どれも再録されてないというのに、三作までにしぼって、あとは外した。正直、これはツラかった。

でもその代わり、その分、これまで陰にかくれがちだった同輩たちの文をより多く収録でき、わが業界の多様性をアピールせんとの所期の目的は、確実に達成できた。これだけは、なによりだった。めでたしめでたし。

以上本書で私が選んだものは、すべて自信をもっておすすめできるものばかり。だから皆さん、どこからなりと、読むがいい。読めば、古本屋の真の実力が、少しはおわかりいただけよう。おわかりいただけたら、こんどは古本屋という職業や人種に興味を持とう。そしてゾロゾロ、ホイホイ、その輪の中に歩を進めよう。

一軒また一軒と、なくなりつつあると言われる古本屋の世界だが、よく見れば、相も変わらず若手の組合新規加入希望者は、途切れることなく増えつづけている。そう、いまこの時代は、古本ブームではなく、古本屋ブームなのだと言われて久しい。古本屋という商売は人気なのである。若者のかかげるキーワードは「おもしろそう」「楽しそう」なのだそうである。だからこんどの『百年史』第五章の前の第三章のタイトルも、「古本屋は儲かりそうではないが楽しそうである。」というのである。

初出「古書月報」

本書中には、現在の目から見ると穏当を欠くと思われる表現、語句が一部見られますが、発表時の時代背景を考え合わせ、原文のままとしました。また「古書月報」の再録については、東京古書組合の協力を得て、すべての執筆者、発言者に連絡を取り、再録許可をいただくべく努力しましたが、連絡が取れない方も数名いらっしゃいました。お心当たりの方は編集部までご一報ください。

中山信如（なかやま・しんにょ）
本名信行。1950年東京下谷竜泉寺生まれ。都立京橋高校卒業。早稲田大学教育学部国語国文学科中退。雑誌編集者、新刊書店員などを経て78年古書業界入り。現在、荒川区三河島で映画関係専門古書店「稲垣書店」を営むかたわら、執筆活動いろいろ。著書に『古本屋「シネブック」漫歩』（1999年ワイズ出版）、『古本屋おやじ―観た、読んだ、書いた』（2002年ちくま文庫）、『一頁のなかの劇場―「日本古書通信」誌上映画文献資料目録全107回集成』（2015年非売品私家版）がある。また2021年に刊行された『東京古書組合百年史』では、編纂副委員長として、第五章「見よ、古本屋の豊穣なる世界―『古書月報』寄稿傑作選寸評集」を担当執筆した。

古本屋的！ 東京古本屋大全

二〇二一年十一月三十日 初版第一刷刊行

編著者――中山信如
編集協力――小野純一
広瀬洋一
後援――東京都古書籍商業協同組合
発行人――浜本茂
印刷――中央精版印刷株式会社
発行所――株式会社 本の雑誌社
〒101-0051
東京都千代田区神田神保町1-37 友田三和ビル 5F
電話 03（3295）1071
振替 00150-3-50378

定価はカバーに表示してあります
ISBN978-4-86011-466-4 C0095